Knaur.

Knaur.

Über die Autorin:
Eva Schweitzer studierte in München und Berlin, sie ist promovierte Amerikanistin. Seit 1998 lebt die frühere *taz*- und *Tagesspiegel*-Redakteurin teils in Berlin, teils in New York, wo sie als Korrespondentin für die *Financial Times Deutschland, Die Zeit,* die *Berliner Zeitung* und die *Frankfurter Rundschau* arbeitet.

Eva Schweitzer

Amerika und der Holocaust
Die verschwiegene Geschichte

Knaur Taschenbuch Verlag

Besuchen Sie uns im Internet:
www.knaur.de

Originalausgabe November 2004
Copyright © 2004 by Knaur Taschenbuch.
Ein Unternehmen der Droemerschen Verlagsanstalt
Th. Knaur Nachf. GmbH & Co. KG, München
Alle Rechte vorbehalten. Das Werk darf – auch teilweise –
nur mit Genehmigung des Verlags wiedergegeben werden.
Redaktion: Regina Carstensen
Umschlaggestaltung: ZERO Werbeagentur, München
Umschlagabbildung: Collage von ZERO Werbeagentur
unter Verwendung eines Fotos von Zefa
Satz: Ventura Publisher im Verlag
Druck und Bindung: Clausen & Bosse, Leck
Printed in Germany
ISBN 3-426-77784-3

2 4 5 3 1

Inhalt

Vorwort 7

Kapitel eins
»Für Hunde, Juden und Neger verboten«.
Antisemitismus in Amerika 13

Kapitel zwei
Die Mauer aus Papier.
Unerwünschte Flüchtlinge aus Europa 48

Kapitel drei
Der Präsident und die Banker des Todes.
Die Rolle der Bush-Familie
bei der Aufrüstung des Dritten Reichs 83

Kapitel vier
Der Horror, reduziert zur trockenen Statistik.
Die Berichterstattung in der amerikanischen Presse 125

Kapitel fünf
Donald Duck als Weltdiplomat.
Hollywood und der Holocaust 161

Kapitel sechs
Spezialkonto »S«. Wall-Street-Geschäfte mit den Nazis 196

Kapitel sieben
Flugbenzin für den Führer.
Wie General Motors die Wehrmacht ausrüstete 228

Kapitel acht
»Der Präsident hätte bloß einen Knopf zu drücken brauchen«.
Roosevelt, Allen Dulles und der deutsche Widerstand 268

Kapitel neun
Die Rattenlinie zu Pinochet.
Wie die CIA alte Nazis anheuerte 304

Kapitel zehn
Der größte Zugraub der Geschichte.
Erbeutete Kunst und das Problem der Restitution 336

Anhang
Anmerkungen 365
Literatur 368
Zeitungs- und Zeitschriftenartikel 377
Archivquellen 381
Register 384

Vorwort

In den Kellern der National Archives in Washington D. C., wo das Gedächtnis Amerikas lagert, stehen dicht an dicht weiße Metallregale auf grauem Beton, jedes um die fünfzehn Meter lang und drei Meter hoch. Eine unfassbare Fülle von Akten und Dokumenten, von Berichten von Geheimdiensten und Botschaften, Briefen von Spionen und Nazi-Kollaborateuren, Hunderttausende von Ordnern und Millionen Seiten von Papieren sind dort in Pappkartons und Bindern bis zur Decke gestapelt. Um Platz zu sparen, werden die Regale per Elektromotor zusammengeschoben, gleich der Müllbeseitigungsanlage vom Todesstern in dem Film *Krieg der Sterne*. Allein die Akten über die IG Farben, die Zyklon B für Auschwitz herstellten, und die mit der Standard Oil of New Jersey der Rockefellers Patente tauschte, umfassen sieben solcher Regale mit Zehntausenden von Kartons.

Manches von dem, was in den National Archives liegt, ist noch geheim. Anderes, insbesondere die Akten der Geheimdienste OSS, CIA und FBI und der U.S. Army aus der Zeit des Dritten Reichs, sind 1998 mit dem »Nazi War Crimes Disclosure Act« freigegeben worden. Einiges davon wurde bereits in Kongressausschüssen oder von Wissenschaftlern ausgewertet. So erschien im Sommer 2004 die Studie *U.S. Intelligence and the Nazis,* deren Autoren herausfanden, dass der US-Geheimdienst beziehungsweise die amerikanische Regierung bereits Anfang 1942 über den Holocaust Bescheid wusste und nicht erst, wie bisher angenommen wurde, Mitte 1942, als der deutsche Bergwerksdirektor Eduard Schulte den Jüdischen Weltkongress alarmierte.

Dennoch: Vieles ist noch nicht bekannt, und bei weitem fehlt es an einer Vorstellung von dem, was sich während der Nazizeit in den USA wirklich abgespielt hat. Die meisten Amerikaner glauben, sie hätten stets auf der Seite der Antifaschisten gestanden. Aber das ist nicht wahr. Tatsächlich bediente die industrielle Elite Amerikas sowohl die Antifaschisten als auch die Faschisten. Die Medien spielten den Holocaust herunter und die Nazis bekamen finanzielle und ideelle Unterstützung aus den USA. Die Menschen, die in New York und Chicago gegen die Verfolgung der Juden demonstrierten, viele Zehntausende sogar, wurden oft genug als Kommunisten, Anarchisten und Unruhestifter denunziert.

Prescott Bush, der Großvater von US-Präsident George Walker Bush, hatte kommerzielle Partnerschaften mit Friedrich Flick und Fritz Thyssen und den Vereinigten Stahlwerken, die erst Ende 1942, nach dem »Trading with the Enemy Act«, beschlagnahmt wurden. Die Bank, bei der Prescott Bush Teilhaber war, besaß Fabriken in Schlesien, die später Stahl bei Auschwitz produzierten. Sie deponierte Anleihen der IG-Farben-Tochter General Aniline & Film auf chilenischen Konten. Und die Züge, die nach Auschwitz rollten, wurden mit Brennstoff befeuert, der aus Bushs Kohleminen stammte.

Aber auch andere US-Firmen haben sich mehr mit den Nazis eingelassen, als gut war. Die Federal Reserve Bank in New York kaufte Raubgold, während die Chase National Bank – heute Chase Manhattan – Geschäfte mit den Nazis in Paris machte. General Motors stattete die Wehrmacht mit LKWs und Kampfbombern aus und versorgte die Luftwaffe mit Flugbenzin. ITT verkaufte elektronische Zündungen für Granaten an das Dritte Reich. Henry Ford verlegte antisemitische Literatur, die Hitler als Vorbild für *Mein Kampf* diente, und beschäftigte Zwangsarbeiter aus Buchenwald. Das sollte die US-Regierung nach dem Krieg nicht hindern, Ford, GM und ITT Entschädigungen für Bombentreffer zu zahlen – aus Geldern, die diese Regierung selbst von Holocaustopfern beschlagnahmt hatte.

Der Verleger der *New York Times,* Arthur Hays Sulzberger, wollte nicht, dass »jüdische Probleme« – sprich: der Holocaust – allzu prominent in der Zeitung auftauchten. Metro-Goldwyn-Mayer produzierte antisemitische Werbespots, um einen, nach Ansicht des Studiobosses Louis B. Mayer, zu fortschrittlichen Kandidaten als

Gouverneur von Kalifornien zu verhindern. Und *Cosmopolitan,* das Magazin von William Randolph Hearst, druckte Kolumnen von Adolf Hitler, Hermann Göring und Benito Mussolini.

Das State Department erließ Richtlinien, die Erteilung von Visa an Juden, so lange es irgend ging, zu verzögern. Amerika nahm keinen einzigen ungarischen Juden auf, obwohl die Regierung wusste, dass die Züge nach Auschwitz rollten, schaffte nach dem Krieg aber deren gesamtes Vermögen in die USA. Der Schweizer Bürochef des CIA-Vorgängers OSS, Allen Dulles, wollte die Attentäter des 20. Juli unterstützen, wurde aber von Präsident Franklin D. Roosevelt zurückgepfiffen. Und nicht nur beschäftigte die CIA nach dem Krieg Offiziere des NS-Geheimdienstes und der Gestapo, die U.S. Army heuerte Nazi-Wissenschaftler an, die Menschenversuche in KZs gemacht hatten und die nach 1945 Giftgas an US-Soldaten testeten.

Natürlich gab es auch Amerikaner, die ihre Karriere oder gar ihr Leben riskierten, um den Juden zu helfen. Varian Fry war einer davon, der Tausende von Künstlern und politisch Verfolgten aus dem besetzten Frankreich gerettet hat, oder Mildred Harnack-Fish, die die Widerstandsorganisation »Die Rote Kapelle« gründete. Oder Finanzminister Henry Morgenthau, der Radiojournalist William L. Shirer, Charlie Chaplin oder der Bühnenautor Ben Hecht. Hecht schaffte es, zusammen mit Peter Bergson, zwanzigtausend Menschen zu mobilisieren, die im März 1943 in New York sein Stück *Wir werden niemals sterben* sahen, das an die zwei Millionen Juden in Europa erinnern sollte, die die Nazis zu diesem Zeitpunkt bereits umgebracht hatten.

Aber es gab auch die anderen – den nazifreundlichen Atlantikflieger Charles Lindbergh, den überaus geschäftstüchtigen IBM-Chef Thomas Watson, den antisemitischen Radiopfarrer Charles Coughlin, den faschistischen Industriellen Irénée du Pont oder den US-Botschafter in London, Joseph Kennedy, der weder Briten noch Juden mochte. Der militärisch-industrielle Komplex der USA sah die Faschisten als hilfreiches Bollwerk gegen den Kommunismus –

und wandte sich erst von den Nazis ab, als es klar war, dass Hitler den Krieg verlieren würde.

Die Vernichtung der europäischen Juden wurde dabei als »Kollateralschaden« in Kauf genommen. US-Präsident Franklin D. Roosevelt sagte den besorgten jüdischen Führern seiner Tage, der beste Weg, die Juden zu retten, sei, den Krieg zu gewinnen. Diese glaubten nun, Roosevelt führe den Krieg, um die Juden zu retten. Und hielten still. Als aber der Krieg gewonnen war, brauchte die U.S. Army Monate, um Essensrationen für wenige zehntausend Holocaust-Überlebende heranzuschaffen.

*

Eine Ausstellung im Hinterzimmer einer New Yorker Fotogalerie mit dem Titel *Eugenics,* zwei Blocks von meiner Wohnung in Manhattan entfernt, hat mich auf das Thema dieses Buches gebracht. Sie dokumentierte die Rassenlehre der Nazis, die diese – wie ich aus der Ausstellung erst erfuhr – aus den USA importiert hatten, so wie Ford-Lastwagen, Coca-Cola und Öl von Texaco. Es war eine sehr persönliche Erfahrung, da meine Schwester behindert ist. Wenig später traf ich den Autor Edwin Black, der darüber ein Buch *(The War Against the Weak)* geschrieben hatte, bei einer Lesung an New Yorks Upper West Side. Das ermunterte mich, weiterzumachen.

Bald danach fing ich an, Informationen über Amerika und seine Kollaboration mit den Nazis zu sammeln, Steinchen für Steinchen, Dokument für Dokument, eine Annäherung an eine tabuisierte Geschichte, die auch ich bisher erst in kleinen Teilen erforschen konnte. Es war eine Reise, die mich an Abgründe führte, von denen ich vorher nicht einmal etwas geahnt hatte. Es ist ein unheimliches Gefühl, in einem amerikanischen Archiv alte Berichte von OSS-Spionen auszugraben, in denen nachzulesen ist, welche Propagandastrategie gegenüber Deutschland eingeschlagen werden sollte.

So gerne die Amerikaner über den Holocaust reden, Filme drehen oder Theaterstücke und Essays schreiben, ihre eigene Rolle dabei ist tabu. Es gibt einzelne, fleißig zusammengetragene wissenschaftliche Werke, die sich meist mit speziellen Facetten der Kollaboration befassen, aber kein populäres, kommerzielles Buch – von Edwin Blacks *IBM und der Holocaust* vielleicht einmal abgesehen. Amerikanische Zeitungen haben sich bis heute nicht an die Geschäfte der Bush-Familie in der Nazizeit herangetraut. Die Lücke, die sie lassen, wird von Verschwörungstheoretikern ausgefüllt, in deren Vorstellungswelt graue Männer heimlich Fäden ziehen, um den Planeten zu unterwerfen, meistenteils in Kollaboration mit jüdischen Bankern und Außerirdischen aus Roswell, New Mexico. Die Wahrheit ist banaler: Es geht ums Geld. Wo Dividenden zu verdienen sind, sind amerikanische Banken und Unternehmen dabei.

Und auch die Politik folgt dem gleichen Muster: »Er ist ein Hurensohn, aber er ist unser Hurensohn«, wie Roosevelt über Anastasio Somoza sagte, den Diktator Nicaraguas. Und die USA haben sich mit vielen Hurensöhnen eingelassen, solange sie sie brauchten. Und sie fallen gelassen, sobald sie ihnen über den Kopf wuchsen: Benito Mussolini, Josef Stalin, Ngo Dinh Diem, Pol Pot, Fulgencio Batista, Augusto Pinochet, Saddam Hussein, Osama Bin Laden, Pervez Musharraf. Hitler war nur eine Nummer größer. Eine Nummer zu groß wahrscheinlich für die genialen Strippenzieher aus Washington.

*

Ich bin vielen Menschen, die mir geholfen haben, zu Dank verpflichtet, vor allem in den Bibliotheken und Archiven, die geduldig meine Anfragen beantwortet haben, insbesondere in den National Archives, in der Library of Congress und in der Columbia Library University. Namentlich danken möchte ich allen voran Bradford Snell, der mich mit seinem langjährigen Wissen über die amerikanische Industrie unterstützt hat, sowie John Buchanan, der mir wertvolle

Hinweise über die Verwicklungen der Bush-Familie in die Geschäfte mit Nazi-Industriellen gegeben hat, Klaus von Münchhausen für seine vielfache Hilfe, außerdem Severin Hochberg vom Holocaust Museum in Washington, Charles Higham, Anita Kugler, Laurel Leff, John Loftus, Alfred Reckendrees, Dieter und Joachim Schröder, Lisa Stallbaumer und meinen Recherchehelfern Douglas London und Maria Waller.

Kapitel eins

»Für Hunde, Juden und Neger verboten«
Antisemitismus in Amerika

Mary Phagan war dreizehn Jahre alt, als sie die National Pencil Factory in Atlanta, Georgia, betrat. Das war im April 1913. Ihr Boss, Leo Frank, war ihr den Lohn der letzten Tage schuldig geblieben: 1 Dollar 20. Wenige Stunden später war sie tot. Leo Frank wurde festgenommen und zum Tode verurteilt. Als Beweis diente die Aussage von Jim Conley, dem schwarzen Hausmeister, der der einzige weitere Verdächtige war.

Als der Gouverneur von Georgia anderthalb Jahre später das Urteil in »lebenslänglich« umwandelte, empörte sich ganz Atlanta. Tom Watson, ein Ku-Klux-Klan-Mann und Verleger des *Jeffersonian Magazine,* forderte Franks Kopf. Schließlich holten zwei Dutzend bewaffnete Männer Frank aus dem Gefängnis und fuhren mit ihm zu einem Waldstück. Dort wurde er erhängt. Als die Nachricht die Runde machte, sammelte sich eine Menschenmenge um die Leiche. Einzelne fingen an, sie zu verstümmeln, andere machten Fotos, die als Souvenir verkauft wurden. Niemand wurde je dafür verurteilt.

Lynchmorde gab es im Süden Amerikas um die Jahrhundertwende Tausende, aber dieser Fall hier war anders. Frank war ein Yankee, er war reich – und er war Jude. Ein, wie Tom Watson geschrieben hatte, »schmutziger, perverser Jude aus New York«. Watson wurde fünf Jahre später zum Senator für Georgia gewählt.

Die antisemitische Gewalttat erschütterte Amerika, und sie teilte das Land. Die Ostküste solidarisierte sich mit Leo Frank: Die *New York Times* hatte schon während des Prozesses plädiert, dass Frank unschuldig sei. Ihr Verleger, Adolph Ochs, der ebenfalls jüdischen Glaubens war, fiel nach dem Lynchmord in eine tiefe Depression.

Ebenfalls in New York wurde die Anti-Defamation League gegründet, eine Abspaltung der B'nai B'rith, der ältesten der großen jüdischen Organisationen der USA. Im Süden hingegen brachte der Streit um den Fall dem rassistischen Ku-Klux-Klan neuen Zulauf. Der Fall Leo Frank bedeutete eine Zäsur für die amerikanischen Juden, für die die USA bisher das gelobte Land gewesen waren. Bereits kurz nach dem Anlegen der Mayflower 1620 in Plymouth waren die ersten tausend Sepharden in Florida gelandet. Im Jahr 1815 kamen nach dem Sturz Napoleons viele Juden aus Frankreich, nach der gescheiterten Paulskirchenrevolution von 1848 emigrierten deutsche Juden, insgesamt eine viertel Million. Sie, assimiliert und liberal, begriffen sich als Teil der deutsch-amerikanischen Gemeinde. Aber erst 1880 begann die Masseneinwanderung osteuropäischer Juden, von denen bis 1924 mehr als zwei Millionen die USA erreichten. Dann gingen die Grenzen zu.

*

Die USA waren ursprünglich ein Siedlungsprojekt für weiße Protestanten gewesen. Die Einwanderer der ersten Stunde bestanden aus Briten, Deutschen und Skandinaviern, die das Land von den Indianern eroberten. 1830 unterzeichnete der siebte Präsident der Vereinigten Staaten, Andrew Jackson, den Indian Removal Act, der die letzten fünf indianischen Völker – die Cherokee, die Seminole, die Creek, die Chickisaw und die Choctaw – aus den Südstaaten vertrieb. 1881 ergab sich Sitting Bull, der Häuptling der Sioux auf den Great Plains im Norden, der U.S. Army.

Schwarze kamen lange Zeit nur als Sklaven ins Land. Nach der Aufhebung der Sklaverei galten im Süden die »Jim Crow«-Gesetze der Rassentrennung: getrennte Züge, getrennte Busse, getrennte Schulen, Krankenhäuser, Büchereien, Restaurants, Billardsäle, Friseure und Toilettenhäuser. In Louisiana mussten die Apartmenthäuser nach schwarz und weiß getrennt sein, und natürlich waren Ehen zwischen einer »Person von kaukasischem Blut mit einem Neger, Mongolen, Malayen oder Hindu« verboten. Chinesen wurde 1881 gesetzlich untersagt, die US-Staatsbürgerschaft zu erwerben. Der Zustrom der Weißen hingegen hielt noch bis weit nach der Jahrhundertwende an. Inzwischen aber emigrierten die meisten Neubürger aus Irland, Italien, Polen oder Russland, viele davon Katholiken oder Juden, die zu dieser Zeit noch nicht als Weiße galten.

Der Schub der osteuropäischen Juden setzte um 1881 ein, als Reaktion auf Pogrome in Russland, die auf die Ermordung von Zar Alexander II. folgten. Hunderttausende von Juden aus Polen, der Ukraine, dem Balkan und Russland erreichten die USA. Viele davon waren arm und trugen orthodoxe Kleidung und Haartracht. »Die russische Immigration versetzte die etablierten deutschen Juden in Schrecken«, schreibt J. J. Goldberg, der renommierte Chefredakteur des *Forward,* in seinem Buch *Jewish Power.* Auch andere Amerikaner waren wenig begeistert. Der New Yorker Polizeichef Theodore Bingham klagte 1908, dass die »Hebrews« ein Viertel der Stadtbevölkerung stellten, aber die Hälfte der Kriminellen.

In diesem Klima kam eine neue Pseudowissenschaft in Mode, die von Charles Darwin abgeleitet war und deren Vertreter zu beweisen suchten, dass die nordische Rasse den dunkelhäutigeren Völkern überlegen sei: *Eugenics.* Es war eine Weltanschauung, die sich gegen Schwarze, Asiaten und Indianer, gegen Arme und Behinderte, aber auch gegen Juden richtete, schreibt der amerikanische Publizist Edwin Black in seinem Buch *War Against The Week.*

Wohlhabende Gönner, aber auch Elite-Universitäten wie Harvard, Yale, Columbia und Princeton standen hinter den Eugenikern. Der wichtigste Förderer davon war der Stahlbaron Andrew Carnegie, der zwölf Millionen Dollar in die Carnegie Institution steckte. Carnegie finanzierte den Biologen Charles Davenport, der das Eugenics Record Office in New York gründete. Auch Mary Harriman, die Witwe des Eisenbahnkönigs Edward Henry Harriman, gab Davenport eine halbe Million Dollar. Davenport machte zudem Geld von der Rockefeller Foundation locker. John D. Rockefeller Jr. teilte Davenports Ansicht, »schwachsinnige Kriminelle« sollten so lange wie möglich hinter Gitter bleiben.

Davenports Assistent Harry Laughlin formulierte ein Gesetz aus, das die Zwangssterilisation von Behinderten erlaubte. Es wurde in 32 Bundesstaaten in Kraft gesetzt (und später von den Nazis ins Deutsche übersetzt). Nun begannen Davenport und Laughlin, Gefängnisse, psychiatrische Anstalten, Waisenhäuser, Krankenhäuser und Schulen für Blinde und Taube nach »genetisch minderwertigen« Menschen zu durchkämmen und sie in Lager zu bringen. Letztlich wurden 60 000 Amerikaner zwangssterilisiert, schreibt Black, darunter viele Indianerinnen.

Zu den von Laughlin entwickelten Instrumentarien gehörten Intelligenztests. Mit deren Hilfe wurden auch gerade eben eingewanderte Juden zu »Schwachsinnigen« erklärt, da sie nur Jiddisch sprachen und in den englischen Tests nicht viele Punkte machen konnten. Manche Eugeniker hatten sogar hauptsächlich Slaven und Juden im Visier. »Unser Land wurde von nordischen Menschen besiedelt und aufgebaut«, hielt etwa der amerikanische Autor Lothrop Stoddard in seinem Werk *Into The Darkness* fest. »Aber inzwischen gibt es eine Invasion von Horden aus den Alpenländern und Mittelmeerstaaten«, dazu »asiatische Elemente wie Levantiner und Juden«.

Ähnlich dachte auch Madison Grant, Präsident der New York Zoological Society. Grant schrieb den Bestseller *The Passing of the Great Race,* wo er sich über die »Schwachen, Gebrochenen und mental Verkrüppelten« beklagte, die vom »Mittelmeer, dem Balkan und dem polnischen Ghetto« in die USA strömten. Er forderte, die Immigration von Süditalienern, Slaven und Juden zugunsten der »nordischen Rasse« zu beschränken.

Laughlin, der dies ebenfalls befürwortete, reiste in den zwanziger Jahren nach Europa und besuchte dort Dutzende von Konsulaten der USA. Er wollte diese überzeugen, bei der Erteilung von Visa die von seinem Eugenics Record Office entwickelten Richtlinien und Tests anzuwenden. 87 Konsulate kooperierten mit ihm, schreibt Black, nur elf weigerten sich. Er wurde vom US-Arbeitsminister James Davis unterstützt, der sich unter Berufung auf Laughlins Daten in der *New York Times* dafür aussprach, die Immigration so zu steuern, dass eine »homogene weiße amerikanische Rasse« entstehe. Aus Laughlins und Davis Arbeit entwickelte sich der Immigration Restriction Act, der 1924 beschlossen wurde und bis 1952 gelten sollte. Dieser beinhaltete ein »Quota System«, das Einwanderungsquoten je Land vorsah. Im Endeffekt waren es hohe Quoten für Großbritannien oder Skandinavien, niedrige für Italien, sehr geringe für Russland oder Polen, woher – wie die Lobbyisten, die das Gesetz durch den Kongress gebracht hatten, sehr wohl wussten – die meisten Juden stammten.

*

Juden hatten damals zwar mehr Rechte als Schwarze oder gar Indianer, aber wirklich gleichberechtigt waren sie nicht. Sie hatten keinen Zutritt zu vornehmeren Clubs. Viele Privatschulen nahmen keine Juden auf. In Hotelbroschüren stand gedruckt: »No Hebrews Allowed«. An manchen Stränden gab es Schilder, wonach »Juden, Hunde und Neger« verboten waren. Harvard, Princeton, Columbia oder Yale führten Quoten für jüdische Studenten ein. In Anzeigen wurde explizit nach »christlichen« Hausangestellten gesucht. Ganze Branchen nahmen keine jüdischen Angestellten, darunter Autohersteller, Telefongesellschaften, Versicherungen, auch Firmen wie Western Union und sogar Sears, Roebuck, dessen größter Aktionär selbst Jude war. In manchen Gegenden verkauften Makler keine Häuser an jüdische Familien. Aus Angst vor noch mehr Diskriminierung protestierten die Juden auch nicht gegen den Immigration Act von 1924.

In dieser Zeit fingen die jüdischen Gemeinden an, sich zusammenzuschließen. Bereits 1906 hatten liberale deutsche Juden das American Jewish Committee gegründet. Vorsitzender war Louis Marshall. Das Komitee wurde auch unterstützt von Bankern wie Jacob Schiff vom Bankhaus Kuhn, Loeb & Co.und seinem Schwiegersohn Felix Warburg, der aus Hamburg stammte. 1917 entstand – allerdings gegen den erbitterten Widerstand des American Jewish Committee, das von Spaltertum sprach – der American Jewish Congress, geleitet von Louis Brandeis und später von Rabbi Stephen Wise. Im Congress waren die osteuropäischen Juden und die Zionisten führend. Kurz darauf wurde die bereits erwähnte Anti-Defamation League (ADL) ins Leben gerufen.

Als die USA in den Ersten Weltkrieg eintraten, wurden auch deutsche Immigranten diskriminiert. Deutsche Zeitungen wurden verboten, auch der Deutschunterricht. In Cincinnati wurden die »Berlin Street« und die »Bremen Street« in »Republic Street« und »Taft Street« umbenannt (und Sauerkraut in »Liberty Cabbage«[1]). Das traf auch die deutschen Juden. Sie wurden verdächtigt, die »fünfte Kolonne Deutschlands zu sein«, schreibt die israelische Historikerin Gulie Ne'eman Arad in ihrem Buch *America, Its Jews and the Rise of Nazism*. Russische Juden waren hingegen entsetzt, dass sich die USA mit dem zaristischen Russland alliieren wollten, vor dessen Pogromen sie geflohen waren. Jacob Schiff hielt den Zar für den »Feind der Menschheit«.

Die kommunistische Revolution brachte einen neuerlichen Schub von Antisemitismus, da sie von vielen Amerikanern als das Werk jüdischer Revolutionäre betrachtet wurde. Der Höhepunkt der Fremdenfeindlichkeit war erreicht, als Generalstaatsanwalt A. Mitchell Palmer die »Palmer Raids« anordnete und Razzien in den Büros sozialistischer und kommunistischer Organisationen in 33 Städten durchführte. Tausende Verdächtige – viele davon Juden – wurden ohne Prozess interniert, mehrere hundert nach Russland deportiert, darunter die berühmte Anarchistin Emma Goldman. Auch italienische Anarchisten kamen ins Fadenkreuz der Behörden – zwei bekannte Opfer waren Nicola Sacco und Bartolomeo Vanzetti.

Beflügelt durch den Aufstieg Mussolinis bildete sich ab 1925 dann auch in den USA eine regelrechte faschistische Bewegung, die stark antisemitische Züge hatte. Deren Rückgrat war das Kleinbürgertum in Industriestädten des Mittleren Westens, vornehmlich Detroit und Chicago; ihre Aushängeschilder waren der Radiopfarrer Charles Coughlin, der Atlantikflieger Charles Lindbergh und der Führer des German-American Bund, Fritz Julius Kuhn. Die Fäden aber zogen eine Hand voll Männer, die die Elite von Politik und Industrie repräsentierten: der Chemiefabrikant Irénée du Pont, der Wall-Street-Banker Jack Morgan, der Ölmagnat John D. Rockefeller und der Bankier und spätere Botschafter Joseph Kennedy. Die wichtigste Person aber war der Autokönig Henry Ford.

*

Ford war eine lebende Legende. Bei einer Umfrage wurde er einmal der drittpopulärste Mann der Geschichte genannt, nach Jesus und Napoleon. 1903 gründete er die Ford Motor Company, die die *Tin Lizzie* produzierte, von der 15 Millionen Stück verkauft wurden. Das machte ihn mit Abstand zum reichsten Mann der USA. Er wurde sogar für den Friedensnobelpreis vorgeschlagen. Henry Ford liebte Tiere, plädierte für Frauenrechte und war der einflussreichste Antisemit der Welt.

Henry Ford – so charakterisierte ihn der amerikanische Biograph Charles Higham – war ein Puritaner, der früh zu Bett ging, hart arbeitete, nicht rauchte, nicht trank und seiner Frau treu war. 1863 wurde er auf einer Farm in Michigan geboren. Seine Eltern waren Episkopaler, die jeden Sonntag in die Kirche gingen, Indianer für minderwertig hielten und Juden als »Orientalen« betrachteten. Als Erwachsener frequentierte Ford populistische Clubs in Detroit, wo viele glaubten, dass die Eisenbahnkonkurse nach dem Bürgerkrieg die

Schuld der »Rothschilds« und anderer »internationaler Banker« seien. Die angeblich von Juden dominierte Wall Street war auch die Hauptquelle für Fords Judenhass. Er übernahm dies von seinem Freund, dem Erfinder Thomas Alva Edison. Ford – schreibt der US-Autor Albert Lee in *Henry Ford and the Jews* – schenkte Edison eine ledergebundene Ausgabe seines antisemitischen Machwerks *The International Jew.*

Ford war ursprünglich Pazifist, der sich im Ersten Weltkrieg vehement gegen den Kriegseintritt der USA engagiert hatte. 1915 charterte er sogar ein »Friedensschiff« nach Europa. Als seine Mission scheiterte, kam er mit der Überzeugung zurück, dass die »deutsch-jüdischen Bankiers« den Krieg verursacht hätten. (Was absurd war, da ja gerade die deutsch-jüdischen Bankiers gegen den Kriegseintritt der USA gewesen waren.) Vier Jahre später erwarb er den *Dearborn Independent,* eine Zeitung an seinem Firmensitz in Dearborn, Michigan. Er steckte zehn Millionen Dollar in das wöchentlich erscheinende Blatt, das eine Auflage von 700 000 erreichte.

Die erste große Serie des *Dearborn Independent* hieß »The International Jew«, die den Einfluss »des Juden« geißelte, wo auch immer Ford diesen wahrzunehmen vermeinte: an der Wall Street, beim Baseball, in der Alkoholdestillation, in der Politik, als Vermieter, Jazzmusiker, Journalist und Bolschewik. Ford stellte die spanische Königin Isabella als »Agentin der Juden« dar, schimpfte über das »unmoralische« Hollywood und machte die Juden für die sinkende Qualität der Schokoriegel verantwortlich.

Bald ließ Ford die Serie zu einem Buch umarbeiten, das ebenfalls den Titel *The International Jew* trug, eben jenes Machwerk, das er Thomas Alva Edison schenkte. Es wurde zu einem Bestseller. Ford verzichtete darauf, das Copyright eintragen zu lassen, sodass es jeder nachdrucken konnte. Allein in den USA wurden zehn Millionen Stück davon verkauft, in einer Zeit, in der viele Amerikaner als einziges Buch die Bibel besaßen. *The International Jew* erschien in Großbritannien und Südamerika, es wurde ins Polnische, Rumänische, Tschechische, Serbokroatische, Ungarische, Griechische, Spanische, Portugiesische, Italienische, Holländische, Schwedische und Arabische übersetzt – und natürlich auch ins Deutsche.

In Deutschland, wo sechs Auflagen erschienen, hieß das Buch *Der ewige Jude* (der *Völkische Beobachter* publizierte eine gekürzte Fassung in 32 Ausgaben). Es war die »Bibel der Antisemiten«, schreiben die amerikanischen Publizisten Suzanne und James Pool in ihrem Buch *Hitlers Wegbereiter zur Macht*. 1940 ließ Goebbels daraus einen Dokumentarfilm machen, der ebenfalls *Der ewige Jude* hieß. Baldur von Schirach, der Leiter der Hitlerjugend (dessen Mutter Amerikanerin war und dessen Großvater im Bürgerkrieg gekämpft hatte), sagte 1945 bei den Nürnberger Kriegsverbrecherprozessen: »Sie haben keine Ahnung, welchen Einfluss dieses Buch auf das Denken der Jugend in Deutschland gehabt hat. Als Ford uns sagte, alles ist die Schuld der Juden, haben wir ihm natürlich geglaubt.«

»Stellt euch vor, nur für einen Moment, es gebe keine Semiten in Europa«, zitiert der *International Jew* einen vorgeblichen »russischen Patrioten«. »Wäre das so schrecklich? Wohl kaum! Sie haben Menschen aller Länder zu Krieg, Revolution und Kommunismus aufgehetzt.« Und Albert Lee schreibt: »Man braucht nicht viel Vorstellungskraft, um in dieser Phantasie den Vorläufer von Hitlers ›Endlösung‹ zu lesen.« In späteren Auflagen von *Der ewige Jude* werden Ford und Hitler als Co-Autoren auf dem Titel genannt.

Als Nächstes veröffentlichte der *Dearborn Independent* die *Protocols of the Elders of Zion*. Diese »Protokolle«, in denen angebliche jüdische Machenschaften zur Beherrschung der Welt geschildert werden, sind die Blaupause für antisemitische Verschwörungstheoretiker. Tatsächlich waren die Protokolle eine Fälschung der zaristischen Geheimpolizei Russlands, die auf französische Quellen zurückgeht (auf ein fiktionales Gespräch zwischen Machiavelli und Montesquieu). Um 1900 wurden die Protokolle erstmals veröffentlicht und breiteten sich wie ein Flächenbrand in ganz Europa aus.

Selbst die Londoner *Times* druckte 1920 die Protokolle als Dokumentation ab, erkannte sie aber kurz darauf als Fälschung und zog sie zurück.[2] Etwa um die gleiche Zeit gelangten die Protokolle in die USA, und zwar durch Boris Brasol. Brasol war ein russischer Geheimagent und Mitglied des antisemitischen, promonarchistischen Verbandes »Schwarze Hundert«. Als er nach Amerika kam, fing er an, für den Geheimdienst der U.S. Army, die Military Intelligence Division, zu arbeiten, den er mit »Informationen« fütterte, wonach die deutschjüdischen Banker der Wall Street die kommunistische Revolution in Russland finanziert hätten und die Regierung der USA stürzen wollten. Gleichzeitig fing Brasol an, für Fords *Dearborn Independent* zu schreiben. »Ich habe den Juden mehr Schaden zugefügt als zehn Pogrome«, brüstete er sich einmal.

Brasol hatte aus Russland eine Kopie der Protokolle mitgebracht, die er an Ernest Liebold verkaufte, den Chefredakteur des *Dearborn Independent*. Die Zeitung erreichte damit eine Auflage von einer halben Million, und auch andere Blätter druckten die 24-teilige Serie nach. Zudem zwang Ford seine Autohändler, den *Independent* in ihren Vertretungen auszulegen. Außerdem fragte eine »erstaunlich hohe Zahl von Pfarrern«, so Albert Lee, nach Bündeln dieser Zeitung. Auch der Ku-Klux-Klan empfahl seinen Mitgliedern ein Abonnement des *Independent*.

Damit war für die jüdischen Organisationen das Fass übergelaufen. Louis Marshall, der Vorsitzende des American Jewish Committee drohte, Ford zu verklagen. In den jüdischen Vierteln von New York und Chicago gab es Demonstrationen gegen den Automobilhersteller; Zeitungsverkäufer, die den *Independent* führten, wurden angegriffen. Bei einer Autoparade in Connecticut zu Ehren von Chaim Weizmann und Albert Einstein wurden Ford-Autos offiziell nicht zugelassen.

Tatsächlich stellte Ford den Abdruck der *Protocols of the Elders of Zion* 1922 ein. Es gibt Gerüchte, dass er einer Drohung von William Fox vom Filmstudio Twentieth Century Fox nachgegeben hatte. Fox, ein ungarisch-jüdischer Immigrant, hatte angekündigt, er werde in seinen Kinos fortlaufend Ford-Autos zeigen, die Pannen oder Unfälle hätten.

Aber bereits zwei Jahre später druckte der *Independent* wieder antisemitische Hetzartikel. Nun reichte Aaron Sapiro, ein gewerkschaftlicher Organisator der Landarbeiter, eine Verleumdungsklage gegen Ford ein. Nach einem langen Prozess mit viel unschöner Publicity akzeptierte Ford einen Vergleich: Er entschuldigte sich im *Dearborn Independent* bei Sapiro und beim jüdischen Volk, und er gab zu, dass die *Protocols of the Elders of Zion* gefälscht waren. 1927 stellte er das Blatt ein.

*

Zwar hatte Ford – vorerst – in den USA den Kürzeren gezogen, aber auf der anderen Seite des Ozeans blieb sein Ruhm ungebrochen. In Deutschland war Ford von jeher ein Volksheld. Seine Autobiographie *Erfolg im Leben* war ein Bestseller, und als er die Eröffnung einer deutschen Niederlassung ankündigte, standen potenzielle Aktionäre die ganze Nacht in Berlin Schlange. »Fordism« war ein gängiges Schlagwort. *Der ewige Jude* erreichte schon eine Millionenauflage, als die Nazis noch unbedeutend waren. Für sie war das Buch wertvolle, unbezahlbare Propaganda. Denn es behauptete – treu nach Ford –, dass die »jüdischen Banker« für den Versailler Vertrag verantwortlich seien. »Ford, konnte man sagen, hatte damals bei dem antisemitischen Teil der Bevölkerung mehr Einfluss als Hitlers grünschnäbelige Nazi-Bewegung«, konstatiert Albert Lee. Aber auch Ford bewunderte die »talentierten fleißigen Deutschen«.

Über Hitler wird oft behauptet, dass er Amerika gehasst habe. Aber davon konnte – zumindest in seinen frühen Jahren – keine Rede sein. Hitler mochte Amerika. Aber nur den Teil Amerikas, den auch Ford mochte: Er begeisterte sich für Autos, Flugzeuge und Wolkenkratzer, bestaunte die Erfindungen von Edison und die Schlagkraft des Ku-Klux-Klan. Hitler schätzte die Farmer des Mittelwestens, er fand zumindest am Anfang lobende Worte für Franklin D. Roosevelts New Deal, er sah Disney-Filme und sein Lieblingsautor war Karl May, von dem man damals noch annahm, er sei tatsächlich in Amerika gewesen. Oft bat er seinen Auslandspressechef Ernst »Putzi« Hanfstaengl, der in Harvard studiert hatte, die Hymne »Three Cheers for Harvard« (Drei Hurras für Harvard) auf dem Klavier zu spielen. Und den Nazi-Gruß mit dem ausgestreckten Arm hat er dem *Boston Globe* zufolge von den Cheerleadern abgeguckt. Was Hitler allerdings nicht mochte, war Hollywood, die Ostküste, Jazzmusik, Gangsterfilme und Asphaltliteratur. Das ist im Übrigen das Amerika, das auch im Mittelwesten recht verhasst ist.

Mit Ford war Hitler bereits vertraut, als er noch in München, der »Hauptstadt der Bewegung«, lebte. Das NSDAP-Büro in der Corneliusstraße war – so schrieb die *New York Times* 1922 – geräumig und mit teuren Möbeln ausgestattet: »Die Wand hinter Hitlers Schreibtisch ist mit einem lebensgroßen Bild von Henry Ford dekoriert. Im Vorzimmer steht ein großer Tisch, darauf liegen alle Bücher in deutscher Übersetzung, die Ford jemals geschrieben oder herausgegeben hat.« Falls Ford nach München komme, werde er wie ein König empfangen werden, meinte der Nazi-Funktionär Christian Weber zum *Times*-Reporter. »Wenn man einen von Hitlers Unterlingen fragt, warum Ford so beliebt ist, wird er wissend lächeln, aber nichts sagen«, stellte die *Times* fest. Aber wie, fragte die Zeitung weiter, könne sich die nationalsozialistische Bewegung solch ein Büro leisten, und erst recht das Personal? Denn Hitler verfüge über ein »Sturmbataillon von tausend jungen Männern, alle in brandneuen Uniformen, alle bewaffnet«, und er selbst werde gleich mit zwei Autos chauffiert. Die *Times* vermutete, dass das Geld von Ford kam.

Es wurde schon damals mehrfach berichtet, dass Ford Geld an Hitler gegeben hatte. Zwar gibt es keine Überweisungsquittung, aber die Ford Motor Company war keine AG, die Aktionären Rechenschaft schuldig gewesen wäre, und Ford war dafür bekannt, große Mengen an Bargeld bei sich zu tragen. Der Dollar stand 1922 bei 1600 Mark, sodass wenige tausend Dollar schon recht substanziell gewesen wären.

Die Ersten, die über die Ford-Hitler-Connection schrieben, waren die Journalisten des *Berliner Tageblatts*. Sie baten sogar die US-Botschaft in Berlin, dem nachzugehen – vergebens. Mitte 1923 reiste Erhart Auer, der Vorsitzende der bayerischen SPD im Landtag, nach Berlin und traf dort einen Reporter der *Chicago Tribune*. Diesem berichtete er, Ford habe Hitler im gesamten vergangenen Jahr moralisch und finanziell unterstützt, weil er dessen Programm, die Vernichtung der Juden in Deutschland, gutheiße. Zwei hochrangige Nazifunktionäre, die in Bayern verhaftet worden seien, hätten amerikanische Dollars (und französische Francs) bei sich gehabt. Der Kontakt zu Hitler sei über Dietrich Eckart von der Pangermanischen Liga geknüpft worden, sowie über einen Agenten von Ford, der nach Deutschland gereist sei, um Traktoren zu verkaufen. Sobald der Agent wieder in Amerika gewesen sei, habe das Geld zu fließen begonnen, sagte Auer der *Tribune*. Hitler würde sich zudem in München öffentlich mit der Unterstützung durch Ford brüsten. Ähnliches berichtete der *Manchester Guardian*.

Der amerikanische Schriftsteller Upton Sinclair wiederum berichtete in »König Kohle«, Ford habe den Nazis 40 000 Dollar gegeben, damit diese seine antisemitische Propaganda nachdruckten, und später noch einmal 300 000 Dollar. Der Transfer sei über den Enkel des Kaisers, Prinz Louis Ferdinand, abgewickelt worden.

Ein weiterer Mittelsmann im Geldtransfer war Boris Brasol, schreiben Suzanne und James Pool. Brasol reiste oft nach Deutschland und ließ dabei einem SA-Führer namens Kurt Lüdecke Geld zukommen. Als Hitler 1924 in Landsberg einsaß, forderte er Lüdecke auf, die German Liberty Movement in Nordamerika um Unterstützung zu bitten. Und so reiste Lüdecke in die USA, und zwar zusammen mit Winifred und Siegfried Wagner.

Winifred Wagner war die britische Schwiegertochter des Komponisten Richard Wagner, und sie teilte dessen antisemitische Ansichten. Sie war auch mit Hitler befreundet – Winifred Wagner hatte ihm das Papier nach Landsberg geschickt, auf dem er *Mein Kampf* schrieb. Die Wagners wollten Geld für den Wiederaufbau des kriegszerstörten Festspielhauses in Bayreuth sammeln. Am 31. Januar 1924 fuhren die Wagners für ein Konzert nach Detroit, wo sie nach Fair Lane, in die Villa von Henry Ford, eingeladen wurden.

Nach einem fast fleischlosen Dinner – Ford war, wie Hitler, Vegetarier – plauderten Winifred und Ford über den wachsenden Einfluss der Juden in den USA, den Kommunismus und Versailles.»Ford wusste über die nationalsozialistische Bewegung erstaunlich gut Bescheid«, erinnerte sich Winifred Wagner in einem Interview mit den Pools.»Er sagte, er habe Hitler bereits mittels der Erlöse von Automobilen und Lastwagen finanziell unterstützt, die er in Deutschland verkauft habe.«

Hitler hätte sich gerne revanchiert. Als er 1923 las, dass Ford darüber nachdachte, als Präsident der USA zu kandidieren, sagte er zur *Chicago Tribune:* »Ich wünschte, ich könnte einige Sturmtruppen nach Chicago und anderen großen amerikanischen Städten schicken, um ihm zu helfen. Wir sehen Heinrich Ford als den Führer der wachsenden faschistischen Partei in Amerika.« Hitlers Bewunderung sollte nicht nachlassen. 1931 sagte er der *Detroit News:* »Ich betrachte Henry Ford als meine Inspiration.«

Wie sehr Ford für Hitler die Inspiration gewesen war, zeigte sich, als er während der Festungshaft in Landsberg *Mein Kampf* schrieb: Er kupferte große Teile davon schlicht aus Fords *Der ewige Jude* ab – Albert Lee nennt es ein »Plagiat«. So schreiben Ford wie Hitler, dass das Judentum keine Religion sei, sondern eine Rasse, die zudem der nordischen Rasse unterlegen sei, dass Juden Prostitution und Korruption förderten und die Banken und die Presse kontrollierten. Beide erwähnen zudem »Schaufenster-Christen«, die die »Front« für jüdische Geschäftemacherei abgäben. Und beide schwärmten für die gleiche schollenverhaftete Blut-und-Boden-Ideologie.

*

Hitlers zweite Inspiration für *Mein Kampf* war die Pseudolehre der amerikanischen Eugeniker, von denen er den Begriff »Master Race« übernahm. Davenports Eugeniker hatten in den zwanziger Jahren dafür gesorgt, dass das Kaiser-Wilhelm-Institut für Psychiatrie in Berlin, das ihnen nahe stand, vier Millionen Dollar von der Rockefeller Foundation erhielt. Als 1927 das Kaiser-Wilhelm-Institut für Anthropologie, menschliche Erblehre und Eugenik in Dahlem gegründet wurde, wurde Eugen Fischer zum Direktor berufen, ein Freund von Charles Davenport und ein Mitglied der Carnegie Institution. Davenport war Ehrengast bei der feierlichen Eröffnung des Instituts. Davenports Zeitschrift *Eugenical News* wiederum druckte Artikel von Fischer ab.

Die Rockefeller Foundation gab dem Kaiser-Wilhelm-Institut für Anthropologie, Erblehre und Eugenik weitere 125 000 Dollar für eine »Anthropologische Untersuchung«, bei der es darum ging, ethnische Gruppen zu vergleichen, um Degeneration festzustellen. Eine der Gruppen war die »jüdische Bevölkerung von Frankfurt«.

1931 wurde Fischers Standardwerk *Grundriss der menschlichen Erblichkeitslehre und Rassenhygiene* in Amerika herausgegeben. In dem Kapitel über die Juden heißt es: »Betrug und der Gebrauch beleidigender Sprache kommt bei Juden oft vor« und »Juden sind herausragend verantwortlich für den Vertrieb obszöner Bücher und Bilder«, und für den »White Slave Trade«, die Zwangsprostitution. Der *Grundriss* bekam eine euphorische Besprechung in den *Eugenical News*. Darin hieß es: »Die Arier sind die großartigen Gründer der Zivilisation … Die Blutmischung, die Verseuchung der Rasse, war der einzige Grund, warum die alten Zivilisationen zugrunde gegangen sind.«

Jüdische Organisationen in den USA, aber auch Zeitschriften wie der *American Hebrew* protestierten bei David Rockefeller jr. persönlich. Um derlei Kritik zu begegnen, druckten Davenports *Eugenical News* den Leserbrief eines Berliner Eugenikers ab, der schrieb, die Juden verließen nur deshalb Deutschland, weil sie von jüdischen Horrorberichten aus den USA erschreckt seien.

1937 brachte Davenports Assistent Harry Laughlin den Propagandafilm *Erbkrank* vom Rassenpolitischen Amt der NSDAP in die USA mit. Darin wurde behauptet, dass »hochwertige nordische Familien« in Slums leben müssten, weil öffentliche Gelder an Häuser für Geisteskranke verschwendet würden. Schuld daran seien, so der Film, jüdische Liberale, zumal das jüdische Volk einen hohen Anteil Kranker habe. Laughlin zeigte den Film in Hochschulen in New Jersey und vor Sozialarbeitern in Connecticut.

*

Mitte der dreißiger Jahre gab es in den USA über 120 faschistische Organisationen, von denen einige über SA-ähnliche Kampftruppen verfügten. Die bekannteren waren die Silver Shirts von William Dudley Pelley und die Defenders of Christian Faith von Reverend Gerald Winrod, die 125 000 Mitglieder hatten. Winrod gab zwei Zeitschriften, den *Constitutionalist* und den *Revealer* heraus, wo behauptet wurde, Juden zettelten alle Kriege an, und Roosevelt sei in Wirklichkeit Jude.[3] Hitlers Erfolg hatte sie ermuntert – vor 1932 hatte es, Albert Lee zufolge, nur fünf offen antisemitische Organisationen gegeben.

Die prominenteste Autorin, die mit den Faschisten sympathisierte, war Elizabeth Dilling. Sie listet in ihrem Buch *The Red Network: A Handbook of Radicalism for Patriots* 400 kommunistische, anarchistische und sozialistische Organisationen der USA und 1300 verdächtige Individuen auf. Darunter waren der Gewerkschaftsdachverband American Federation of Labor, das Jugendherbergswerk YMCA, aber auch die First Lady, Eleanor Roosevelt, Richter Louis Brandeis vom U.S. Supreme Court und Albert Einstein. »Die meisten Kommunisten sind Juden«, schrieb sie. Und da Juden die Rassenmischung propagieren würden, sei der Faschismus die einzige Alternative.

Auch Henry Ford wirkte noch mit, jetzt aber im Hintergrund, da er Boykottdrohungen vermeiden wollte. »Ford hatte den Schneeball des Judenhasses ins Rollen gebracht«, schreibt Albert Lee, »und war nun damit zufrieden, vom Rande aus zuzusehen, wie er wuchs, mit gelegentlicher, unauffälliger Unterstützung.« So sollte Ford das Gehalt von Liebold und William Cameron, einem weiteren Redakteur des *Dearborn Independent,* auch nach der Einstellung der Zeitung weiter zahlen. Cameron schrieb nun für *Destiny,* die Zeitschrift der Anglo-Saxon Federation of America in Detroit. *Destiny* verbreitete die rassistischen Theorien von Eugenikern wie Madison Grant, während die Anglo-Saxon Federation die *Protocols of the Elders of Zion* und *The International Jew* vertrieb.

Eine der wichtigsten quasifaschistischen Organisationen war die American Liberty League, die von den du Ponts gegründet wurde, den größten Munitionsfabrikanten der USA, denen auch General Motors gehörte. Irénée, Pierre und Lammott du Pont verband weit mehr mit Nazi-Deutschland – und mit Mussolinis Italien – als alleiniges Geschäftsinteresse. »Irénée du Pont war besessen von Hitlers Ideen«, schreibt Charles Higham in *Trading With the Enemy.* Am 7. September 1926 hielt er eine Rede vor der American Chemical Society und schlug vor, eine Rasse von Übermenschen zu schaffen, indem man Jungen spezielle Drogen injiziere. Er verlangte von seinen Angestellten, so Higham, dass ihr »Blut so rein sein müsse wie das der Wikinger«.

Die American Liberty League verbreitete Gerüchte, Roosevelt sei Kommunist und er werde von Juden kontrolliert – Roosevelts New Deal wurde damals oft als »Jew Deal« verspottet. Die Du-Pont-Brüder stellten der Liberty League allein im ersten Jahr eine halbe

Million Dollar zur Verfügung. Die Liberty League verfügte, laut Higham, über eine »luxuriöse Bürosuite mit 31 Räumen in New York, Standbeine in 26 Colleges und 15 Ableger im ganzen Land, die jährlich 50 Millionen ihrer nazifreundlichen Pamphlete verteilten«. 1936 half die League Roosevelts republikanischem Gegenkandidaten Alf Landon mit vielen Tausenden von Dollars. Landon hatte auch die Unterstützung des amerikanischen Arms der NSDAP, der American Nazi Party (und die von John Foster Dulles).

Die du Ponts finanzierten noch andere quasifaschistische Organisationen, darunter eine paramilitärische Truppe, die sich »Clark's Crusaders« nannte und die zu ihren besten Zeiten, Higham zufolge, 1,25 Millionen Mitglieder hatte. Anfang 1934, ein Jahr nach Hitlers Machtergreifung, beschlossen die du Ponts einen Umsturzversuch in den Vereinigten Staaten zu initiieren. Ihre Partner waren William S. Knudsen, der Präsident von General Motors, und Thomas Lamont, Teilhaber ihrer Hausbank J. P. Morgan. Drei Millionen Dollar wollten die Putschisten bereitstellen, dazu Remington-Gewehre und Munition für die Crusaders, die gen Washington marschieren und Roosevelt beseitigen sollten (auf den immerhin bereits 1933 ein Attentat verübt worden war).

Die du Ponts und Lamont wussten, dass sie zuvor einen Ersatz für Roosevelt brauchten. Lammott du Pont war mit General Douglas McArthur befreundet, der im Ersten Weltkrieg Stabschef der U.S. Army gewesen war und Roosevelt nicht mochte. Als neuen »Präsidenten« guckten sich die beiden General Smedley Butler aus, ein dekorierter Militär, der den New Deal schon mehrfach öffentlich attackiert hatte.

Aber Butler war entsetzt. Gleichwohl tat er gegenüber Lamont so, als wolle er mitmachen. Tatsächlich aber erzählte er Roosevelt von dem Umsturzversuch. Doch der Präsident wagte es nicht, mitten in der Depression führende Industrielle verhaften zu lassen, schon gar nicht von Blue Chips wie J. P. Morgan und General Motors.

Stattdessen steckte er den Putschplan der Presse. Als Lamont von einer Europareise zurückkehrte und mit dem Schiff in New York einlief, wurde er schon am Pier von Journalisten bestürmt. »Zu lächerlich, um das zu kommentieren«, sagte er. Erst 1934 begann das House Committee on Un-American Activities (HUAC) unter Samuel Dickstein, vor dem auch Butler aussagte, die Putschpläne zu untersuchen.[4] Vier Jahre später hielt das HUAC in einem – als geheim klassifizierten – Bericht fest, dass es den »Versuch gegeben hat, eine faschistische Organisation in diesem Land zu installieren«.

Die du Ponts steckten noch einmal etliche Millionen Dollar in den faschistischen Geheimbund Black Legion, deren Mitglieder schwarze Hauben mit Totenschädeln trugen und dem Ku-Klux-Klan nahe standen. Die Black Legion, die 75 000 Mitglieder hatte, bekämpfte Juden und Kommunisten, vor allem aber die Gewerkschaftler in der Autoindustrie. Sie haben sogar mehrere Gewerkschaftsführer umgebracht.

Der Streit zwischen Roosevelt und den du Ponts hörte erst auf, als Roosevelts Sohn Franklin Jr. im Juni 1937 Ethel du Pont heiratete, die Nichte von Irénée.

Die größte faschistische Organisation der USA war jedoch ein von der NSDAP unterstützter Verein, der zunächst Teutonia, dann Friends of Germany und schließlich German-American Bund hieß, was zu Bund abgekürzt wurde. Dessen Motto war: »Ich bin arischer Abkunft, frei von jüdischen oder farbigen rassischen Spuren.« Der amerikanische Historiker Sander Diamond schrieb in seinem Buch *The Nazi Movement in the U.S.:* »Viele Bund-Mitglieder wurden von der Ford Motor Company finanziert.« Einer davon war Heinz Spanknoebel, der Führer der American Nazi Party. Auch andere Bund-Leute standen auf Fords Gehaltsliste. »Ford und seine Subordinierten haben die chemische Abteilung der Ford Motor Company in das hiesige Hauptquartier der Nazis verwandelt«, stellte der US-Geheimdienstler Casimir Palmer 1937 in einem Brief fest, den Albert Lee in dessen Nachlass entdeckte.

Chef des Bundes war der Deutsche Fritz Julius Kuhn, der der

wichtigste Nazi-Führer der USA war und der von 1931 bis 1936 offiziell bei Ford beschäftigt war. Kuhn war 1927 nach Detroit emigriert, um einer Verurteilung wegen Diebstahls zu entgehen, und er war seit dem Marsch auf die Feldherrnhalle ein Fan des Führers. Kuhn verwandelte den Bund in einen militanten US-Ableger der Nazis, mit Uniformen, Hakenkreuzflaggen, dem Hitlergruß und sogar einer Hitlerjugend, die den Sommer im Ferienlager in New Jersey verbrachte. 1939 wurde Kuhn wegen Unterschlagung nach Sing Sing geschickt.

Aber Ford hatte inzwischen einen neuen Freund gefunden: den Radiopfarrer Charles Coughlin, den berühmtesten Antisemiten seiner Zeit. Der irischstämmige Coughlin war ein Vorläufer der rechtsradikalen US-Talkradiomoderatoren wie Rush Limbaugh und Michael Savage, die heute über Araber oder Franzosen hetzen, so wie Coughlin damals über Juden.[5] Zunächst wollte der Radiopfarrer damit nur Geld für seine Kirche in Royal Oak, Michigan, sammeln, die Shrine of the Little Flower. Bald strahlte CBS jedoch sein Programm nationalweit aus. Mit seinen Attacken auf »internationale Banker« wurde er weit über Detroit hinaus populär. Als CBS das Programm zu radikal wurde, gründete Coughlin seine eigene Rundfunkanstalt, die 47 Stationen hatte und 30 bis 40 Millionen Amerikaner erreichte. Jeden Tag bekam er 250 000 Zuschriften.

Coughlins zweite Stimme war die Zeitschrift *Social Justice,* deren Auflage mehr als eine Million Exemplare erreichte. Darin sprach er sich gegen den Kapitalismus zugunsten eines sozial gerechten Faschismus aus. Seine Taktik war, antisemitische Propaganda unter Berufung auf obskure, angeblich authentische Quellen zu verbreiten, die niemand nachprüfen konnte. So behauptete er, Lincoln habe den Bürgerkrieg angefangen, um den jüdischen Banken einen Gefallen zu tun. Für *Social Justice* schrieb auch der russisch-amerikanische Agent Boris Brasol (unter dem Pseudonym Ben Marcin).

Coughlin nutzte *Social Justice,* um Hitler zu verteidigen. An dessen Antisemitismus, schrieb er, seien nur die amerikanischen Juden schuld, die ihn beleidigten. Zudem veröffentlichte Coughlin unter seinem Namen einen Artikel, in dem er behauptete, die Juden steckten hinter der kommunistischen Machtübernahme in Russland. Tatsächlich stammten die Formulierungen wortwörtlich aus einer Rede, die Goebbels am 13. September 1935 vor dem 7. Nationalsozialistischen Kongress gehalten hatte.

Noch im selben Jahr riefen Coughlin und Fritz Kuhn zu einer profaschistischen Kundgebung in New York auf, zu der 20 000 Amerikaner kamen, die bei den Namen Hitler, Mussolini, Franco und Father Coughlin in donnernden Applaus ausbrachen. Ab 1938 begann *Social Justice* die *Protocols of the Elders of Zion* nachzudrucken. Damals gründete der Radiopfarrer auch die Christian Front, die Sektionen in 85 Städten hatte, die stärksten in Boston und Brooklyn (allein bei der New Yorker Polizei hatte sie 400 Mitglieder). Die Christian Front und der Bund riefen am 20. Februar zu einer Pro-Nazi-Rallye in den Madison Square Garden auf, zu der 20 000 Faschisten kamen. Sie wurde schließlich vom FBI aufgelöst, das in einer Serie von Razzien zahlreiche Waffen und Bomben beschlagnahmte, die von der Nationalgarde gestohlen worden waren.

Einer der Autoren von *Social Justice* war Philip Johnson, der Architekt, der in den zwanziger Jahren in Berlin gelebt hatte. Johnson, der inzwischen fast hundert Jahre alt ist, ist eine schillernde Persönlichkeit: ein Verehrer Hitlers, der homosexuell ist und damals schon die Bauhaus-Architektur liebte, die in Nazi-Deutschland als entartet galt. Aber, wie er selbst einmal gesagt hatte, er würde auch für den Teufel bauen.[6]

Johnson schloss sich Father Coughlin an. Um 1939 ging er für *Social Justice* nach Europa und schrieb von dort Artikel, in denen er die Nazis pries und sich über die Engländer lustig machte. Aus Paris berichtete er über die »Jüdische Frage«: »Selbst ich als Fremder konnte nicht überhören, wie viel Deutsch besonders in besseren Restaurants gesprochen wurde. Deshalb stellen die Franzosen natürlich Fragen, nicht nur über diese immigrierten Juden, sondern auch über deren Co-Religionisten, die hier leben und sich selber Franzosen nennen.« Er sympathisierte auch mit den Eugenikern. So warnte er in deren Zeitschrift *Today's Challenge,* dass die USA »Rassenselbstmord« begingen. Nach Kriegsbeginn hielt er sich in Polen auf, wo er auf den CBS-Korrespondenten William Shirer traf, der ihn für einen Spion der Nazis hielt. Johnsons erster Artikel aus Polen für *Social Justice* war übertitelt mit: »Die Juden dominieren Polen.«

Ein weiterer Faschistenführer war Gerald Smith, ein Mitglied der Silver Shirts, der ebenfalls als Radiopfarrer auftrat und die Anti-Defamation League »Gestapo-Organisation« nannte. Ford sollte auch Smith unterstützen. So stellte er ihm Leibwachen zur Verfügung und finanzierte eine von Smiths drei Radiostationen.

Die größte Hoffnung dieser Leute war Huey Long, der populistische Gouverneur von Louisiana, der als der amerikanische Mussolini galt und dem sogar ernsthafte Chancen eingeräumt wurden, Präsident der USA zu werden. Long war ein Charismatiker und ein begnadeter Redner, der linke und rechte Elemente in seiner Programmatik mischte. Gerald Smith war sein Kampagnenchef, Coughlin unterstützte ihn, und Philip Johnson besuchte den Gouverneur, um zu lernen, wie eine neue Partei aufzubauen sei. Selbst der konservative Zeitungszar William Randolph Hearst, der Coughlin ebenfalls zu seinen Freunden zählte, schickte einen seiner Männer nach Louisiana, um sich zu erkundigen, ob Long fürs Weiße Haus kandidieren wolle. 1935 wurde Huey Long von Carl Weiss erschossen, dem Schwiegersohn eines politischen Widersachers. Roosevelt hatte ihn immer für extrem gefährlich gehalten. »Wenn hier wieder so ein Demagoge wie Huey Long herumläuft«, schrieb er 1938, »könnte in den Straßen von New York mehr Blut fließen als in Berlin.«

*

Die jüdischen Organisationen der USA beschlossen sich zu wehren, als Hitler die Macht ergriffen hatte. Über den Judenhass der Nazis war bereits viel in jüdischen Zeitschriften berichtet worden, von denen einige, wie der *Jewish Daily Forward* oder das *Morgen Journal*, noch bis Anfang 1933 Korrespondenten in Berlin hatten. Nur über den besten Weg, Hitler zu bekämpfen, sollten sie sich noch über 1945 hinaus streiten.

Das wichtigste Druckmittel sollte ein wirtschaftlicher Boykott des Dritten Reichs werden. Getragen wurde dieser vom American Jewish Congress, in erster Linie von Rabbi Stephen Wise. Der Boykott wurde am 1. April 1933 ausgerufen und galt nominell bis 1941. Aber er war immer umstritten. Das American Jewish Committee und die Anti-Defamation League, in denen deutsche Juden wie die Warburgs das Sagen hatten, waren gegen den Boykott.»Viele Mitglieder des Committee hatten Verwandte in Deutschland, sie fürchteten, dass Proteste, Demonstrationen und erst recht Boykotterklärungen die Nazis beleidigen würden und deshalb die Situation der deutschen Juden eher verschlechtern«, konstatiert der US-Publizist Moshe Gottlieb in seinem Buch *American Anti-Nazi Resistance 1933–1941*.

Gottlieb unterstellt dem Committee und der ADL aber auch unlautere Motive.»Zudem hatte der deutsche Orden der B'nai B'rith erhebliche Besitztümer im Reich, vor allem Grundbesitz, und das US-Pendant befürchtete deren Beschlagnahme, falls man eine militante Position gegen die Nazis einnehmen würde«, bemerkt er. Hingegen habe der American Jewish Congress eine harte Linie gefahren, da sich dieser vornehmlich aus osteuropäischen Emigranten zusammengesetzt habe, die die»überassimilierten« deutschen Juden verachteten. Rabbi Stephen Wise schreibt in seiner Autobiographie *Challenging Years* von den»unüberzeugbar superoptimistischen deutsch-jüdischen Patrioten«, denen er vorwarf, den Widerstand gegen Hitler den Sozialdemokraten überlassen zu haben.»Hätten sie in den vergangenen Jahren ein paar tausend Dollar ausgegeben, hätten sie vermutlich ihre derzeitige Not vermeiden können.«

Wise, ein Reformrabbiner und Zionist, der der Gewerkschaftsbewegung nahe stand, war die wichtigste Stimme der amerikanischen Juden. Aber er hatte, das glaubt der amerikanische Historiker David Wyman, eine große Schwäche. Der Rabbi war unfähig, kritisch oder auch nur objektiv gegenüber Präsident Franklin D. Roosevelt zu sein. »Er war überzeugt, dass FDR persönlich bemüht war, den verfolgten europäischen Juden in den dreißiger Jahren zu helfen, dass er alles tat, Juden während des Holocaust zu retten und dass er die zionistische Bewegung unterstützte«, schreibt Wyman in seinem Buch *Das unerwünschte Volk. Amerika und die Vernichtung der europäischen Juden.* »Das war weit entfernt von den Tatsachen und Wise hätte das erkennen können ... Sein völliges Vertrauen in Roosevelt war kein Gewinn.«

Die erste große Protestaktion des American Jewish Congress war für den 27. März 1933 geplant, eine – allerdings heftig umstrittene – Demonstration im Madison Square Garden. Bereits eine Woche zuvor hatten das Committee und die ADL erklärt, es sei, trotz berechtigter Empörung, die »weiseste und effizienteste Politik, dieselbe Geduld und Kraft zu zeigen wie die Juden in Deutschland«. Ernst Wallach, der Vizepräsident der Zentralunion der deutschen Juden, bat Wise sogar, die Demonstration abzusagen, da er sicher sei, dass die deutschen Behörden die antisemitischen Ausschreitungen in den Griff bekämen. Und der Bund der Jüdischen Kriegsveteranen Deutschlands schickte ein Statement an die US-Botschaft in Berlin, wo er sich gegen »Pfeile, aus einem sicheren Refugium verschossen«, wandte, die nur den deutschen Juden schadeten.

Tatsächlich drohte am Vortag der Demonstration Propagandaminister Joseph Goebbels mit einem Boykott jüdischer Läden in Deutschland (der auch tatsächlich stattfand, aber schon lange vorher geplant war). Zu der Demonstration selbst kamen 55 000 New Yorker, darunter mehrere hochrangige Politiker, nicht aber Roosevelt. Wise wandte sich explizit gegen die »Brüder und Schwestern« in Deutschland, deren »beschwerdeloses Einverständnis« und »übervorsichtiges Schweigen« böse Früchte getragen habe.

Das sollte den Streit nicht beenden, im Gegenteil. Zwei Tage später sandte Eric Warburg, der Sohn des Bankiers Max Warburg, ein Telegramm aus Hamburg an seinen Cousin Frederick Warburg in New York und warnte ihn: »Die für heute (den 1. April) angekündigten Boykottdrohungen gegen jüdische Firmen in Deutschland werden wahr gemacht, wenn die Nachrichten über Grausamkeiten und die unfreundliche Propaganda in der ausländischen Presse und auf den Massentreffen nicht sofort aufhören. Wiederholung: Dringender Appell, deinen Einfluss zu nutzen, damit dies aufhört.« Ein ähnliches Telegramm schickte Oscar Wassermann, Direktor der Deutschen Bank, an Cyrus Adler, den Präsidenten des American Jewish Committee.

Aber der American Jewish Congress hielt am Boykott fest, unterstützt von den Jewish War Veterans und der American League for the Defense of Jewish Rights. Im Mai rief das Boykott-Komitee zu einem weiteren Protestmarsch in New York auf, zu dem 100 000 Menschen kamen, die »Nieder mit Hitler« riefen. Geplant waren Flugblätter, Plakate, Zeitungsberichte, Briefe, Radiosendungen, Filme sowie Auftritte jüdischer Persönlichkeiten in mehreren Städten. Auch sollten Gewerkschaften, Handelskammern, Frauengruppen und Kirchen in den Boykott einbezogen werden.

New York wurde das wichtigste Schlachtfeld der Boykotteure. Als Erstes sollte Macy's, das größte Kaufhaus der Stadt, überzeugt werden, keine deutschen Waren mehr einzukaufen. Macy's gehörte der deutsch-jüdischen Familie Straus. Aber die fürchteten, die Aufmerksamkeit von Antisemiten zu erregen.[7] Sie schlossen sich dem Boykott erst an, als sich Mitglieder des Boykott Council mit Plakaten wie »Macy's buys German Goods, We want No Fascism here« (Macy's verkauft deutsche Waren. Wir wollen keinen Faschismus hier) vor dem Kaufhaus aufgestellt hatten. Mit ähnlichen Plakaten wurde auch vor Geschäften deutscher Einwanderer in Yorkville demonstriert, die verdächtigt wurden, mit Nazis zu sympathisieren. Hingegen weigerte sich die Kette Woolworth mitzumachen, da sie um ihre Umsätze in Deutschland fürchtete.

Der Boykott war auch in der Presse umstritten. Die *New York Times* berichtete zwar ausführlich darüber, unterstützte ihn aber nicht. Der jiddische *Forward* sprach sich am 16. Mai 1933 für den Boykott aus. Da die deutschen Juden ohnehin alles verloren hätten, hätten sie nichts mehr zu befürchten – ein für diesen Zeitpunkt recht kühnes Statement.

Drei Monate später fand in Prag der 18. Zionistische Kongress statt, wo Wise hoffte, Unterstützung zu finden. Aber stattdessen musste er erleben, überholt zu werden, und zwar von Vladimir Jabotinsky, Führer der zionistischen Revisionisten (die Vorläufer des Likud). Jabotinsky lebte in Palästina, das vor der Staatsgründung Israels noch britisches Mandatsgebiet war, in das aber seit der Balfour-Deklaration Juden einwanderten.[8] Jabotinsky warf den Amerikanern vor, zu samtpfötig aufzutreten, und erklärte seine Bereitschaft, im Kampf gegen Hitler notfalls alle deutschen Juden opfern zu wollen. »Die deutsche Drohung, eine halbe Million deutsche Juden als Geiseln zu halten, sollte ignoriert werden«, zitiert ihn Gottlieb. »Lasst die deutschen Juden loyal zu Deutschland sein. Aber Hitlerismus ist eine Gefahr für 16 Millionen Juden, und das Schicksal der deutschen Juden kann uns nicht beeinflussen beim Kampf gegen Deutschland.«

Auf dem Zionistischen Kongress wurde allerdings auch bekannt, dass ausgerechnet Palästina dem Boykott in den Rücken gefallen war: Chaim Arlosoroff, ein sozialistischer Führer, hatte mit dem Dritten Reich die »Haavarah« geschlossen. Nach dieser Vereinbarung tauschte Palästina Jaffa-Orangen im Wert von zehn Millionen Mark gegen deutsche Industriegüter, zugleich konnten 50 000 Juden im Tausch gegen englische Pfund nach Palästina auswandern. Das brachte Deutschland Devisen und machte Palästina zum größten Verbreitungsgebiet für Waren aus dem Dritten Reich.

Auch der Versuch, die USA zu einem Boykott der Olympischen Spiele von 1936 in Berlin zu bewegen, erwies sich als kompletter Fehlschlag. Kein Wunder, denn Avery Brundage, Präsident des

American Olympics Committee (AOC), war selbst Antisemit. Brundage beschuldigte die jüdischen Gruppen der USA, die »friedlichen Spiele« auf dem Altar politischer und religiöser Kontroversen opfern zu wollen. Wes Geistes Kinde Brundage wirklich war, zeigte sich, als das AOC die Spielerlisten für Olympia zusammenstellte: Die einzigen beiden jüdisch-amerikanischen Leichtathleten, die sich qualifiziert hatten, Marty Glickman und Sam Stoller, durften nicht mit nach Berlin. Am 11. Oktober 1936 erklärte Hitlers Stellvertreter Rudolf Hess, der Boykott sei besiegt worden.

Als der 17-jährige Herschel Grynszpan im November 1939 Ernst von Rath erschoss, den deutschen Botschafter in Paris, ordnete Hitler die »Kristallnacht« an. SA-Männer demolierten jüdische Geschäfte und zündeten Synagogen in ganz Deutschland an, Zehntausende von Juden wurden interniert, 36 getötet. Die »Kristallnacht« löste Schockwellen in ganz Amerika aus. Nun hoffte der American Jewish Congress, den Boykott wieder aufnehmen zu können. Aber mittlerweile hatte nicht nur Deutschland erheblich an wirtschaftlicher Stärke zugelegt, es gab auch zu viele Länder, die offiziell zu den Achsenmächten zählten. Nicht einmal alle jüdischen Importeure hatten sich in den Jahren davor an den Boykott gehalten: So machte 1937 der »Pelzskandal« Schlagzeilen, als die New Yorker Firma Alexander Bernstein Co. Pelze aus Rumänien importierte, einem Achsenalliierten. Auch belgisch-jüdische Diamantenhändler schmuggelten ihre Steine unter der Nase der Boykotteure nach Deutschland.

Den letzten Versuch unternahm Abraham Bluestein, der neue Vorsitzende des Boykott Council, als er erfuhr, dass die orthodox-antizionistische Agudath Israel Essenspakete nach Polen schickte. Polen zählte seit der Besetzung ebenfalls zum Boykottgebiet. Außerdem würden die Nazis die Essenspakete entweder stehlen oder mit hohen Zöllen belegen, befürchtete Bluestein. Er drohte der Agudath Israel, mit Protestplakaten vor deren New Yorker Büro aufzuziehen. Im August 1940 gab die Agudath nach. Aber wenig später war der Boykott ohnehin offiziell zu Ende.

Welchen Erfolg hatte der Boykott? William Schieffelin vom Volunteer Christian Boykott Committee sagte Mitte 1938, dass in Deutschland nun ein Außenhandelsdefizit von 45 Millionen Dollar entstanden sei und dass das Dritte Reich kurz vor dem wirtschaftlichen Zusammenbruch stehe. Das ist nur teilweise richtig. Zwar litt das Dritte Reich tatsächlich unter einem erheblichen Devisenmangel. Das hatte jedoch wichtigere Ursachen, allen voran, dass die Reichsbank unter Hjalmar Schacht mehrere Milliardenkredite der USA hatte platzen lassen. Seitdem hatte Deutschland als Schuldner Paria-Status.

Moshe Gottlieb glaubt, dass der Boykott die Nazis dazu bewogen habe, mit den Juden weniger gewalttätig umzugehen, als sie es vorgehabt hatten. Dem deutsch-jüdischen American Jewish Committee wirft er Feigheit vor. Nun ist es zwar richtig, dass dieses wohl und noch mehr die deutschen Juden einen übervorsichtigen Kurs gefahren haben. Man muss allerdings auch sehen, dass manche Kritiker des Komitees aus der rechtsradikalen Ecke kommen. Deren eigentliches Ziel war es, das hinter dem Komitee stehende Bankhaus Warburg und dessen New Yorker Partnerbank Kuhn, Loeb & Co. anzugreifen. Das war das alte Feindbild der Antisemiten: die »deutschjüdischen Bankiers«. Solchen Leuten liefert oder lieferte Gottlieb – wenngleich er nicht dazugehörte – Munition.

Die »Kristallnacht« sollte Hitlers Freunde in Amerika nicht beirren. Radiopfarrer Coughlin rechtfertigte das Pogrom: Juden seien eine »Minorität«, die »äußerst aggressiv die Karrieren ihrer Söhne im Journalismus, im Radio, in der Finanzwelt, Wissenschaft und der Kunst« befördere, die Deutschen hätten einfach nur die Geduld verloren. Zudem setze sich Deutschland gegen den Kommunismus zur Wehr, der von Juden erfunden sei und der in Russland das Leben von mehr als 20 Millionen Christen gekostet habe, was das Radio und die Presse in den USA, die jüdisch kontrolliert seien, totschweige. Nach einer Umfrage glaubten damals mehr als die Hälfte der Amerikaner, die Juden seien zumindest teilweise selbst schuld daran, wie sie von

Hitler behandelt würden; 58 Prozent meinten, deren Rechte in den USA sollten eher noch eingeschränkt werden.

Auch die Eugeniker hielten weiter zu Hitler. Ende 1939 gewährte der Führer Lothrop Stoddard von der Eugenics Research Association sogar eine Audienz. Stoddard schrieb danach: »Nichts ist so unverkennbar in Nazi-Deutschland wie Hitlers Ideen über Rasse. In Deutschland wird das jüdische Problem als vorübergehendes Phänomen betrachtet, im Prinzip bereits gelöst, in der Praxis wird es gelöst werden durch die physische Eliminierung der Juden selbst vom Dritten Reich.«

Harry Laughlin von Davenports Eugenics Record Office versorgte auch 1938 und 1939 das State Department und das Senate Immigration Committee mit seinen »Erkenntnissen«. Er warnte beide vor einer bevorstehenden »Verseuchung durch kranke Immigranten«, wobei er die Flüchtlingswelle mit der Einwanderung von Hausratten verglich. Zudem schrieb er, Juden hätten bereits zu große Quoten, da sie fälschlicherweise in die Quoten ihres Heimatlandes eingerechnet würden. Besser sei es, die Judenquote für die USA auf 6000 pro Jahr zu begrenzen. Laughlin sandte eine Kopie des Berichts an führende Nazis, darunter NS-Innenminister Wilhelm Frick.

In den ersten beiden Jahren des Zweiten Weltkriegs tobte in den USA eine öffentliche Auseinandersetzung, ob Amerika in den Krieg eintreten sollte. Die Opposition – schreibt der US-Historiker Ron Chernow in seinem Buch *The House of Morgan* – kam von Farmern des Mittleren Westens deutscher, irischer oder skandinavischer Abstammung, deren politische Heimat die Republikaner waren, von italienischen Immigranten und von Gewerkschaften: »Sie glaubten, dass England die USA in den Krieg zerren würde, um ihr eigenes Imperium zu retten, wie im Ersten Weltkrieg, dessen Opfer sie alle frisch in Erinnerung hatten.« Aber auch einige alte Freunde von Hitler reihten sich ein, allen voran Henry Ford, der das No Foreign Wars Committee und die People's Campaign Against War finanziell unterstützte.

Ford war mit dem Atlantikflieger Charles Lindbergh befreundet. Lindbergh hatte den Autokönig erstmals 1927 in Dearborn besucht, wo er ihn und dessen Sohn Edsel in seiner Spirit of St. Louis mitfliegen ließ. Wie Ford war Lindbergh auch Puritaner und Abstinenzler, der die deutsche Effizienz bewunderte. 1934 machte die *New York Times* eine Umfrage unter Journalistikstudenten, die Roosevelt für den wichtigsten Führer der Welt hielten. Auf Platz zwei kam Hitler, gefolgt von Lindbergh. Lindbergh reiste in den dreißiger Jahren mehrfach nach Berlin. Dabei traf er auf William Shirer, der die Begegnung in seinem *Berliner Tagebuch* folgendermaßen beschrieb:»Die Lindberghs sind hier. Und die Nazis, angeführt von Göring, machen daraus ein großes Schauspiel. Bei einem Mittagessen des Luftfahrtministeriums warnte Lindbergh, dass das Flugzeug ein ›tödliches Instrument der Vernichtung‹ geworden sei, eine passende Bemerkung, da Göring gerade die wohl tödlichste Luftwaffe in ganz Europa aufbaut ... Am Nachmittag hatte die Lufthansa einige Korrespondenten zur Teeparty auf den Flughafen Tempelhof eingeladen. Danach bestiegen wir das größte Flugzeug Deutschlands, die *Feldmarschall von Hindenburg*. Über dem Wannsee übernahm Lindbergh selbst die Kontrollen ... Es heißt, dass die Lindberghs beeindruckt waren von dem, was die Nazis ihnen gezeigt haben.« Im Oktober 1938 verlieh Göring dem Atlantikflieger in der US-Botschaft in Berlin das Große Verdienstkreuz am Bande.

Lindberghs Antisemitismus rührte – vermutet Albert Lee – von der Entführung und Ermordung seines Kindes her. Für den Kriminalfall, der damals, 1932, ungeheures Aufsehen erregte, war ein Zimmermann namens Bruno Hauptmann verurteilt worden, aber Lindbergh traute das diesem nicht zu.[9] 1935 schrieb Julius Streicher, der Chefpropagandist der NSDAP, in einer amerikanischen Nazi-Zeitung, das Lindbergh-Baby sei als Teil eines jüdischen internationalen Komplotts ermordet worden.

Lindbergh war gegen einen Kriegseintritt der USA, der seiner Ansicht nach nur den Interessen Großbritanniens diente und der zu einer Militarisierung Amerikas und der Zerstörung Europas führen würde. Zudem würden die USA – in einer zwangsläufigen Allianz mit Stalin – kommunistisch infiltriert werden. In Radioansprachen drängte er die USA zur Neutralität. »Wenn die weiße Rasse jemals ernsthaft gefährdet ist, dann sollen wir zusammen mit England, Frankreich und Deutschland kämpfen, aber nicht gegeneinander.« Nach einer dieser Ansprachen sagte Roosevelt zu Morgenthau: »Ich bin absolut davon überzeugt, dass Lindbergh ein Nazi ist.« Ab 1941 trat Lindbergh öffentlich als Antisemit in Erscheinung, als er erklärte, die drei Gruppen, die die USA in den Krieg drängten, seien die Briten, die Juden und die Roosevelt-Regierung.

Ähnlich dachte auch Joseph Kennedy, der seit 1938 US-Botschafter in London war. Kennedy war der Sohn eines irischstämmigen Bankers aus Boston. Er hatte erst in das Filmbusiness investiert, dann ins Alkoholgeschäft, Mitte der dreißiger Jahre wechselte er in die Politik. Kennedy war mit Lindbergh, Coughlin, Hearst und Ford befreundet. Er fand immer, dass Roosevelt unter »zu viel jüdischem Einfluss« stand. Kennedy sagte sogar einmal zu ihm, dass Amerika »irgendeine Form von Faschismus« brauche. Seit dem Einmarsch der Wehrmacht ins Sudetenland kämpfte Kennedy gegen den Kriegseintritt der USA. Selbst nach dem Überfall auf Polen, als England dem Dritten Reich den Krieg erklärte, riet er Roosevelt ab, die »dekadenten und schwachen« Engländer zu retten. Stattdessen sollten sich die USA mit der Partei assoziieren, die den Krieg gewinnen würde.

Kennedy stand einer Organisation nahe, die im September 1940 gegründet wurde: dem America First Committee, das gegen den Kriegseintritt der USA agitierte. Eine der führenden Persönlichkeiten war der republikanische Senator Gerald Nye. Bald aber traten auch viele bekannte Antisemiten ein, allen voran Ford und Lindbergh, aber auch Father Charles Coughlin, Gerald Smith, Elizabeth Dilling, Fritz Kuhn und William Cameron. Dazu kamen Mitglieder des Ku-Klux-Klan, der Silver Shirts und der Christian Mobilizers, natürlich welche vom German-American Bund sowie regelrechte Agenten der Nazis. Auf ihrem Höhepunkt hatten die America Firsters 800 000 Mitglieder.

Bald gab sich das America First Committee offen antisemitisch. Es ging sogar so weit, dass die *Protocols of the Elders of Zion* auf den Versammlungen verkauft wurden. Lindbergh selbst fragte auf einer Demonstration in Philadelphia: »Wollen wir zulassen, dass die Juden dieses Land regieren?« Die Masse brach in Jubel aus und zeigte den Hitlergruß. 1941 wiederholte Lindbergh seine Anschuldigungen: Die amerikanischen Juden trieben die USA wegen der Verfolgung ihrer Glaubensgenossen in Deutschland in den Krieg.

Das Komitee fiel nach der Attacke Japans auf Pearl Harbor auseinander. Lindbergh ging wieder nach Detroit zurück, um für Ford zu arbeiten, der inzwischen B-24-Bomber für die U.S. Army produzierte. Coughlins Aktivitäten und seine Zeitschrift *Social Justice* wurden verboten, wie auch William Dudley Pelleys Silver Shirts. Fritz Kuhn kam von Sing Sing in ein amerikanisches Internierungslager für feindliche Ausländer.

Aber der Antisemitismus stieg in den USA eher noch an. 1938 glaubten 36 Prozent der Amerikaner, dass Juden zu viel Macht in den USA hätten, 1945 glaubten dies 58 Prozent. Bei einer Umfrage 1944 meinten 24 Prozent der Amerikaner, dass Juden die größte Gefahr für das Land seien, aber nur neun Prozent glaubten dies von den Japanern und lediglich sechs Prozent von den Deutschen.

Derweil hatte sich bei den jüdischen Organisationen eine neue Front aufgetan. Die »Bergson-Gruppe« um Peter Bergson und den Drehbuchautor Ben Hecht warf dem American Jewish Congress und speziell Stephen Wise vor, zu viel Rücksicht auf die Briten zu nehmen, die eine Einwanderung von Juden nach Palästina blockierten, was ihrer Ansicht nach die einzige Möglichkeit war, die Juden Europas zu retten. Zudem zeigten die etablierten amerikanischen Juden gegenüber Roosevelt, der bisher keinen Finger für ihre verfolgten Glaubensgenossen gerührt hatte, eine zu große Ergebenheit.

Arthur Hertzberg vom American Jewish Committee erinnerte sich in einem Gespräch mit dem US-Filmemacher Martin Ostrow an eine Rede, die sein Vater an Yom Kippur 1940 in seiner Synagoge in Baltimore gehalten hatte. »Unsere Brüder in Europa werden von den Nazis ermordet«, hatte Rabbi Hertzberg gesagt. »Wenn wir als Juden Würde hätten, würden wir nach Washington fahren, das Weiße Haus belagern und verlangen, dass der Präsident seinen Einfluss als neutrale Macht nutzt, damit die Nazis mit dem Töten aufhören. Aber wir zögern, weil unsere Söhne und Töchter Jobs beim New Deal haben, und wir haben Angst, das Boot zu schaukeln.« Eine Stunde später wurde Hertzbergs Vater von der Synagoge gefeuert, wegen »mangelndem Respekt vor dem Präsidenten«.

Bergson und Hecht waren aus einem anderen Holz geschnitzt. Bergson, der eigentlich Hillel Kook hieß, war der Neffe des Großrabbis von Jerusalem, er war mit Jabotinsky und dessen Untergrundarmee Irgun verbunden, deren Ziel es war, die Briten aus Palästina zu bomben. Hecht war ein komödiantischer Broadway-Autor. Das ungleiche Paar gründete die Gruppe American Friend of a Jewish Palestine, die Gelder für die jüdische Armee auftreiben wollte.

Bergson und Hecht gelang es, Washington mithilfe einer aggressiven Kampagne unter Druck zu setzen. Dies gipfelte in dem Theaterstück *We Will Never Die (Wir werden niemals sterben)*, das von Hecht, Kurt Weill und anderen Broadway-Größen geschrieben wurde. Zu der Premiere am 9. März 1942 im Madison Square Garden kamen 40 000 Menschen. Im Hintergrund des Bühnenbildes standen zwei riesige Steintafeln mit den zehn Geboten, und in der Aufführung wurden die Errungenschaften der Juden von Moses bis Einstein dargestellt. Dann sprachen zwanzig Rabbis das Kaddisch, das Totengebet für zwei Millionen Juden. Es war eine ergreifende Vorstellung, die viele mit Tränen in den Augen verließen.

Dies sollte zu einem »neuen jüdischen Schlachtruf führen«, schreibt Hecht in seiner Autobiographie *Child of the Century*, nämlich: »Nieder mit Ben Hecht.« Ihm wurde unterstellt, er sei von

Synagogen, der jüdischen Presse und den Publikationen des American Jewish Congress gekommen, die ihn als »amerikanischen Goebbels« und »Erpresser vom Broadway« darstellten. Wise rief Hecht sogar an und befahl ihm, die Aufführung abzusagen. Und die B'nai B'rith erregte sich über eine Anzeige der Gruppe American Friend of a Jewish Palestine in der *New York Times,* die das State Department attackierte.

Es gab noch Aufführungen in anderen Städten, aber die etablierten Organisationen taten alles, diese zu sabotieren. Sie setzten sogar Sponsoren unter Druck, Geld zurückzuhalten. Die Konsequenz war, schreibt der Historiker David Wyman, dass »die kraftvollste Waffe, die es gegeben hatte, um das Gewissen Amerikas zu wecken, in den Anfängen gestoppt wurde«. Aber warum? »Die Bergson-Gruppe«, erklärt Wyman, »hatte kein legitimes Mandat. Sie war ein Eindringling in den etablierten jüdischen Institutionen.«

Im Mai 1945 ging Henry Ford, mit 88 Jahren, in den Kinosaal der Ford Motor Company und sah sich den ersten ungeschnittenen Dokumentarfilm aus dem Konzentrationslager Majdanek an. Er erlitt kurz darauf einen Schlaganfall, von dem er sich nie mehr erholen sollte. Albert Lee glaubt, dass Ford von seinem schlechten Gewissen eingeholt wurde. Aber als Ford auf dem Totenbett lag, wurde er gefragt, ob die Ford Motor Company jemals an die Börse gehen würde. Er sagte: »Ich nehme lieber meine Fabrik Ziegel für Ziegel auseinander, bevor sie ein jüdischer Spekulant bekommt.«

Die Carnegie Institution hatte bereits 1939 festgestellt, dass Harry Laughlin im Eugenics Record Office lediglich Millionen von Karteikarten ohne rechte Ordnung angehäuft hatte. Aber es dauerte noch ein Jahr, bis Carnegie die Finanzierung einstellte. Laughlin ging in Rente. Als er 1943 starb, stellte sich heraus, dass er Epileptiker gewesen war. Noch nach dem Krieg wurden Zehntausende von Amerikanern sterilisiert, zumeist Indianerinnen. Die letzte Zwangssterilisation fand 1987 in Minnesota statt.

Noch länger hielten sich die »Jim Crow«-Gesetze zur Rassentrennung: 1958 wurde das letzte schwarz-weiße Ehepaar in Virginia wegen »Mischehe« verurteilt. Erst in der Bürgerrechtsbewegung der sechziger Jahre wurden sie geschleift, zuletzt in Alabama, das seit 1999 auch offiziell Ehen zwischen schwarzen und weißen Partnern erlaubt.

Der Architekt Philip Johnson sitzt noch heute im Aufsichtsrat des Museum of Modern Art in New York. »Als 1957 ein Kurator die Geschmacklosigkeit besaß, darauf hinzuweisen, dass Johnson viele Jahre ein Faschist gewesen sei, der gegen Juden hetzte«, schreibt der Architekturkritiker Michael Sorkin in dem Buch *Exquisite Corpse,* »meinte John D. Rockefellers Frau Blanche: ›Jedem jungen Mann sollte es erlaubt sein, einen großen Fehler zu machen.‹« Der *Zeit* sagte Johnson, ihm gingen diese »moralischen Fragen auf die Nerven«.

Der Fall Leo Frank wurde 1937 von dem amerikanischen Regisseur Mervyn LeRoy unter dem Titel *They Won't Forget* verfilmt, ohne dass erwähnt wurde, dass Frank Jude war. Das geschah erst 1999 in dem Musical *Parade,* das ebenfalls auf dieser Geschichte basierte. Als es in Washington Premiere hatte, sagte Tom Watson Brown, der Großenkel des gleichnamigen antisemitischen Verlegers, er glaube immer noch, dass Frank schuldig gewesen sei.

Kapitel zwei

Die Mauer aus Papier
Unerwünschte Flüchtlinge aus Europa

»Die Papiere bekamen wir am Freitag, dem 11. März 1938«, erinnert sich Max Frankel. Das war der Tag, bevor Österreich von der Landkarte verschwand. Für den Siebenjährigen und seine Eltern aus dem thüringischen Weißenfels begann damit eine jahrelange Odyssee durch die Mühlen der deutschen und der amerikanischen Bürokratie, die er in seiner Biographie *The Times of My Life and My Life with the Times* beschreibt. Die Frankels wollten, wie viele deutsche Juden, in die USA auswandern, als die Nazis das Leben für sie unerträglich gemacht hatten. Aber um ein Visum zu bekommen, brauchten sie eben die Papiere: Briefe von Freunden oder Verwandten, die für sie bürgten, deren Gehaltsbescheinigungen oder andere finanzielle Garantien.

Aber diese Papiere reichten dennoch nicht aus, jedenfalls nicht für das amerikanische Konsulat in Berlin. Das Einkommen von Cousin Felix aus New York sei zu gering, das von Cousin Victor hingegen zu hoch, um glaubhaft zu sein, hieß es im Ablehnungsbescheid. Dazu kam, dass die Frankels in Polen geboren waren – und alle in Polen geborenen Juden, hatte das Nazi-Regime beschlossen, seien keine Deutschen. Und das State Department der USA, dem die Konsulate im Ausland unterstanden, folgte dieser antisemitischen Logik. Die Quoten für Polen jedoch, die in die USA wollten, waren auf Jahre ausgebucht. Die Frankels schrieben wieder an ihre Verwandten, aber ihre Hilfsbereitschaft war erschöpft: »Das Leben hier ist auch hart«, kabelte Cousin Felix zurück. »Seid ihr sicher, dass ihr wirklich kommen wollt? Außerdem sind die Quoten sowieso voll.«

Andere Verwandte sprangen ein. Ein dickes Dossier, das den

Frankels umfassende finanzielle Unterstützung in den USA versprach, traf am 1. November 1938 beim US-Konsulat in Berlin ein. Genau an diesem Tag wurden die Frankels von der deutschen Polizei verhaftet und als unerwünschte Ausländer nach Polen abgeschoben.

*

Seit 1924 galt in den USA der Immigration Restriction Act, der die Einwanderung stark einschränkte. Darin wurde ein System festgelegt, das Einwanderungsquoten für alle Länder vorsah. Hohe Quoten für Briten oder Skandinavier, niedrige für Russen oder Polen. Zwar verfuhr das Gesetz nach Staatsbürgerschaft und nicht nach Religion, jedoch wusste Washington ziemlich genau, dass das Gros der Juden aus Osteuropa kam. Sobald die Quote erfüllt war, durften nicht einmal Kinder nachgeholt werden. Ausnahmen gab es nur für bekannte Künstler und Wissenschaftler. Im Jahr vor dem Inkraftreten des Gesetzes waren der Einwanderungsbehörde INS (Immigration and Naturalization Service) zufolge 805 228 Ausländer in den USA eingebürgert worden. 1925 waren es nur noch 294 314. Von diesen kamen lediglich 19 729 aus Osteuropa. Hingegen waren 1914, dem Höhepunkt der Einwanderungswelle, 550 000 Osteuropäer in die USA eingewandert.

Nach der Weltwirtschaftskrise wurden in den USA 1929 zehn Millionen Menschen arbeitslos. Die Stimmung wurde dadurch noch fremdenfeindlicher. 1931 nahmen die USA einzig 97 139 Ausländer auf. Das Rekordtief war 1933 mit 23 068 Immigranten erreicht, 12 383 davon aus Europa – die Italiener mit 3477 bildeten die größte Gruppe.

1933 war auch das Jahr, in dem Hitler an die Macht kam. 600 000 Juden lebten in Deutschland, allein 50 000 flüchteten nach der Machtergreifung. Vor den US-Konsulaten sammelten sich Verzweifelte, aber nur 1919 Visa wurden erteilt. Niemand wurde aufgenommen, nur weil er verfolgt wurde. Es galten vielmehr die klassischen

Arbeitsmarktprinzipien – wer kommen wollte, musste nachweisen, dass er gesund und fähig war, Arbeit aufzunehmen, sowie Freunde oder Verwandte hatte, die für ihn bürgten.

Schon 1933 forderte Rabbi Stephen Wise vom American Jewish Congress, Verfolgte über die Quote hinaus aufzunehmen. Der New Yorker Kongressabgeordnete Hamilton Fish formulierte einen entsprechenden Gesetzesentwurf. Aber viele Amerikaner wollten sich kein »europäisches Problem« aufbürden, und so dachte auch die Mehrheit im Kongress und im Senat. Dies richtete sich noch mehr gegen die Aufnahme von Regimegegnern. Da gerade in den ersten Jahren des Nazi-Regimes viele politisch engagierte Juden flohen, wurden diese zweifach Opfer.

Aber noch dramatischer war, dass das State Department Juden gezielt aus den Visa-Anträgen herausfilterte. Herbert Lehman, Smiths Nachfolger als Gouverneur, beklagte sich darüber 1935 und 1936 in Briefen an US-Präsident Franklin D. Roosevelt. Der amerikanische Sozialwissenschaftler William Nawyn berechnete, dass in den dreißiger Jahren die Quote für Deutsche im Schnitt nur zu 36,7 Prozent ausgeschöpft wurde. Zudem gelangten mehr nichtjüdische Deutsche als deutsche Juden in die USA.

Im Außenministerium arbeitete damals eine starke antisemitische Fraktion. Randolph Paul, ein ehemaliger Beamter des Schatzamtes, nannte das State Department in dem PBS-Dokumentarfilm *America and the Holocaust* (1999) eine »Untergrund-Bewegung, um die Juden töten zu lassen«. Außenminister Cordell Hull lehnte die Aufnahme von Juden ab, obwohl seine Frau Frances jüdischen Glaubens war. Hull bemühte sich allerdings, dies geheim zu halten. Er hatte Angst – wie der US-Historiker Irwin Gellman in seinem Buch *Secret Affairs* vermutet –, dies könne seiner Karriere schaden. Beispielsweise hatte die Zeitschrift *American Bulletin* 1936 geschrieben, Hull sei ein Sklave der Juden, der sein Amt missbrauche, um die »Gier der Geldwechsler« zu befriedigen (angesichts von Hulls Amtsführung ein absurder Vorwurf). Folglich wandte sich Cordell Hull von den

Flüchtlingen ab, besorgt, so Gellman, dass »Antisemiten ihn beschuldigen könnten, dass seine Frau ihn zwinge, jüdische Angelegenheiten zu unterstützen«. Der auswärtige Dienst des State Department war ohnehin ein Old Boys Club. »Wenn ein Schwarzer durch das Netz schlüpfte, wurde er nach Liberia geschickt, bis er seinen Rücktritt einreichte«, schreibt der amerikanische Journalist Christopher Simpson in seinem Buch *The Splendid Blond Beast*. »Mit Juden konnte man nicht so krass umgehen, aber man vermittelte ihnen das Gefühl, sie seien nicht willkommen, und ihnen waren die besseren Posten versperrt.«

Auch Roosevelt machte niemals einen ernsthaften Vorstoß, die Einwanderungsregeln zu ändern. Er musste Rücksicht auf die konservativ-protestantischen Wähler nehmen, die Asyl für Juden strikt ablehnten. Zu deren Lobbys gehörte die American Coalition of Patriotic Societies, deren Leiter John B. Trevor davor warnte, »kommunistische Agitatoren« ins Land zu lassen. (Trevor hatte am Immigration Restriction Act von 1924 mitgearbeitet.) Und Henry Pratt Fairchild, der Vorsitzende der Population Association of America, meinte, dass noch mehr jüdische Flüchtlinge den »in den USA latent vorhandenen Antisemitismus bis hin zu gewalttätigen Ausbrüchen« steigern könnten.

Ob Roosevelt sonderliche Sympathien für deutsche Juden hatte – um die es in diesen Debatten vornehmlich ging –, darf bezweifelt werden. Für Amerikaner ist es ein Tabu, Roosevelt zu kritisieren, der die USA siegreich durch den Zweiten Weltkrieg geführt hat. Deshalb wird seine Haltung in dieser Frage meist als »sphinxhaft«, »vorsichtig« oder »zurückhaltend« beschrieben. Tatsächlich gibt es so gut wie keine Zitate, öffentliche Auftritte oder Gespräche, aus denen man entnehmen könnte, dass Roosevelt überhaupt an der Rettung der Juden interessiert war. Für ihn war dies bestenfalls eine Ablenkung von einem Krieg, in dem es ausschließlich darum ging, Deutschland zur Kapitulation zu zwingen und das britische Empire zu retten.

Dabei erfüllte den Präsidenten schon seit seiner Kindheit eine intensive Abneigung gegen Deutschland, wie es der amerikanische Historiker Michael Beschloss in seinem Buch *The Conquerors* beschreibt. Als Neunjähriger reiste er mit seinen Eltern nach Bad Nauheim, wo die Familie in einem britischen Hotel logierte. Dort beschwerte sich seine Mutter Sara dauernd darüber, dass sie mit »deutschen Schweinen« zusammen essen müssten. Als er 1905 bei seiner Hochzeitsreise wiederum einen deutschen Kurort besuchte, schrieb er an seine Mutter, er gebe sich Mühe, beim Essen so weit wie möglich von den »deutschen Schweinen« zu sitzen, die »Viktualien konsumierten«. 1914, als Roosevelt Offizier bei der Navy war, hoffte er, dass England, Frankreich und Russland bald in Berlin einmarschieren würden. 1918, als die USA in den Krieg eingetreten waren, tourte er durch Frankreich und beschwerte sich über »Haufen von toten Boches«, die »unsere sensiblen Nasen« beleidigten. Dass Roosevelt gegenüber den deutschen Juden – die in den USA ohnehin als »Hofjuden des Kaisers« verachtet wurden – anders fühlte, ist nirgends überliefert.

Der Broadwayautor Ben Hecht hält Roosevelt sogar für einen ausgesprochenen Antisemiten. Hecht erzählt in seiner Autobiographie, wie ein wohlhabender jüdischer Händler, der freigebig für Roosevelts Wahlkampf spendete, den Präsidenten einmal auf die Massaker an den Juden ansprach. »Ich will nicht, dass Sie mit mir über die Juden reden«, unterbrach ihn der Präsident in scharfem Ton. »Jetzt nicht und niemals. Ich habe keine Zeit, mir jüdisches Gejammer anzuhören.« Der Kaufmann, so Hecht weiter, fand heraus, dass Roosevelt einmal von einem anderen Wahlkampffinanzier namens Goldman quasi verraten worden war – dieser Goldman hatte, mitten im Wahlkampf, die Seiten gewechselt. »Die Juden, die in Europa massakriert wurden, und die, die versuchten, dem Mord zu entfliehen, waren für ihn alle bloß Goldmans.«

*

Das einzige Mitglied der US-Regierung, das für die Juden kämpfte, war Henry Morgenthau, der Leiter des Schatzamtes. Morgenthau kam aus einer alteingesessenen jüdischen Familie aus New York, er war im Ersten Weltkrieg US-Botschafter in der Türkei gewesen. Aber Morgenthau sollte letztlich am Präsidenten scheitern.

Dem Leiter des Schatzamtes war die Gründung des Intergovernmental Committee on Refugees (IGC) zu verdanken, dessen Direktor George Rublee war. Im Mai 1938 lud das IGC 32 europäische und lateinamerikanische Staaten zu einer Konferenz über Flüchtlingsfragen nach Evian in der Schweiz ein – mit der Vorgabe von Außenminister Hull, dass von keinem Land erwartet werde, mehr Menschen aufzunehmen, als es dessen Gesetze zuließen. »Und so stand ein Repräsentant nach dem nächsten auf und erklärte, warum man keine Flüchtlinge aufnehmen könne«, schreibt Ruth Gruber, die ehemalige Assistentin von US-Innenminister Harold Ickes in ihrem Buch *Haven*.

Daraufhin machte Morgenthau folgenden Vorschlag: Die USA sollten British-Guayana und Französisch-Guyana erwerben, und dafür die britischen und französischen Kriegsschulden bei den USA streichen. Dort sollten die deutschen Juden angesiedelt werden. Roosevelt war skeptisch. Die Juden würden dort nur Dschungelfieber bekommen, meinte er. Er fragte Morgenthau nach einer Liste der tausend reichsten Juden der USA. Ungehalten erwiderte dieser: »Bevor wir über Geld reden, müssen Sie einen Plan haben.«

Nach dem »Anschluss« Österreichs 1938 flohen praktisch sofort Zehntausende der 150 000 bis 200 000 österreichischen Juden in Panik aus dem Alpenland. Es kam die »Kristallnacht« vom 9. November 1938, als jüdische Geschäfte und Synagogen angesteckt wurden und Zehntausende von Juden in Lager geschafft wurden. Dies endlich verursachte einen Aufschrei in den USA. »Ich kann es kaum glauben, dass so etwas in einem zivilisierten Land im 20. Jahrhundert geschehen kann«, erregte sich Roosevelt. (Hull entschuldigte sich dafür später bei den Nazis.) Aber an der Flüchtlingspolitik sollte sich nichts ändern. Schlimmer noch. Die US-Konsulate wurden von derart vielen Flüchtlingen belagert, dass die restliche deutsche Quote an einem einzigen Wochenende erschöpft war.

*

Henry Ries hatte es in letzter Minute geschafft zu entkommen. Der 21-Jährige lebte mit seiner Familie in Berlin.»Meine Eltern fühlten sich zu alt und meine Schwester war noch ein Kind – ich war der Einzige, der ein Visum hätte bekommen können«, erinnert er sich. Er füllte die Formulare aus, aber er wurde vom US-Konsulat abgelehnt. Ries bestieg den Ozeandampfer nach New York trotzdem, dann eben als Tourist.»Aber nach drei Monaten musste ich nach Deutschland zurückfahren, sonst hätte das INS mich zwangsweise abgeschoben.« Und das hätte ihm jegliche künftige Einreise verwehrt.

Ries, der gelernter Fotograf war, hatte die Zeit in Amerika genutzt.»Ich habe in New York Briefe von Firmen gesammelt, in denen mir Arbeit versprochen wurde, und legte die dann der amerikanischen Botschaft in Berlin vor.« Tatsächlich erteilte die ihm nun doch ein Visum. Der junge Mann überquerte den Ozean ein zweites Mal gen Amerika. Aber dieses Mal durfte er nicht einmal den Dampfer verlassen. Das INS erkannte sein Visum nicht an.»Die haben einfach behauptet, das sei eine Fälschung.« Er fuhr ein zweites Mal zurück.

Ries hatte es nur seiner Großmutter zu verdanken, dass er eine allerletzte Chance bekam. Sie bezahlte sein drittes Ticket.»Die Schiffspassagen kosteten damals selbst in der Holzklasse mehr als einen Monatslohn«, sagt er. Er reihte sich ein drittes Mal in die Schlange vor der US-Botschaft ein, bat um einen neuen Stempel und konnte damit letztlich in die USA einreisen. Im Herbst 1938 kam er im Hafen von New York an – Wochen vor der»Kristallnacht«. Seine Eltern und seine Großmutter hatten zurückbleiben müssen:»Außer meiner Schwester, die von unserer katholischen

Kinderfrau als ihre eigene Tochter ausgegeben wurde, sind alle in Theresienstadt umgebracht worden.«

*

Hinter den Kulissen jedoch verhandelten die NS-Regierung und die Amerikaner über einen – heute in Vergessenheit geratenen – Plan, die deutschen Juden zu retten. Die beiden Akteure waren IGC-Direktor George Rublee, unterstützt vom American Jewish Committee, und Reichsbankpräsident Hjalmar Schacht. Allein, der Plan sollte an zu vielen Widerständen scheitern: Nicht nur Nazi-Hardliner wie Joachim von Ribbentrop, sondern auch die Zionisten und der American Jewish Congress sollten ihn torpedieren.

Von 1933 bis 1941 gab es ein Abkommen zwischen Schacht und Chaim Arlosoroff, einem sozialistischen zionistischen Führer in Palästina (der 1933 ermordet wurde), die so genannte Haavarah, auch als Transfer Agreement bekannt.[10] Das brachte 50 000 deutsche Juden nach Palästina. Das Abkommen blieb aber immer umstritten.

Gleichwohl wurde die Haavarah als Modell für einen ähnlichen Austausch genommen, diesmal zwischen Deutschland und den Alliierten. Diese Verhandlungen begannen am 14. Dezember 1938 in London, wie es der amerikanische Historiker Henry Feingold in seinem Buch *The Politics of Rescue* beschreibt. Dort trafen sich Schacht, sein Freund Montagu Norman von der Bank of England, Rublee und mehrere Vertreter der im IGC vereinten Länder.

Schacht sagte Folgendes: Die Situation der deutschen Juden sei hoffnungslos, sie sollten schnellstmöglich außer Landes geschafft werden. Hitler sei bereit, zwei Drittel der 600 000 deutschen und österreichischen Juden ziehen zu lassen (die Kinder sollten nachgeschickt werden). Jedoch sollten 25 Prozent ihres Kapitals – schätzungsweise 1,5 Milliarden Reichsmark – in einen Fonds platziert werden. Außerdem sollte die internationale jüdische Gemeinschaft eine Organisation gründen, die Anleihen auf Dollarbasis zeichnen sollte. Dafür würde das Reich Zinsen zahlen, und zwar in dem Umfang, in dem sich die deutschen Exporte ins Ausland steigerten. Dieses Geld sollte ebenfalls in den Fonds eingespeist werden. Jeder Emigrant sollte aus dem Fonds 10 000 Dollar bekommen, allerdings nicht in bar, sondern in deutschen Waren.

Mit dem Plan hätte Schacht zwei Fliegen mit einer Klappe geschlagen: Einmal hätte dies die Devisenmengen der Reichsbank gesteigert und die Exporte angekurbelt. Zweitens hätten damit wohlhabende Juden den Exodus ärmerer Glaubensgenossen finanzieren können, was deren Chancen auf ein Visum erhöht hätte.

Die Idee löste eine Protestwelle sondergleichen aus. »Hitler fordert von der Welt, Lösegeld für die Freilassung von Geiseln zu zahlen«, erklärte Roosevelt. Auch die potenziellen Aufnahmeländer, namentlich Großbritannien, Frankreich und Holland, lehnten entsetzt ab. Joseph Tenenbaum, der Vorsitzende des Joint Boycott Council schrieb, der Schacht-Plan sei ein »monströser Betrug«, der den Boykott unterlaufen werde. Kein Jude dürfe auch nur einen Cent dafür geben. Adolph Held vom Jewish Labor Committee warnte davor, dass der Plan Polen oder Rumänien ermuntern könnte, ihre Juden ebenfalls freikaufen zu lassen. Die britischen Juden weigerten sich rundheraus, auch nur einen Penny beizutragen. »Unabhängig davon, was man in Berlin glaubte, fühlten die britischen und amerikanischen Juden keine direkte Verantwortung für die Juden in Deutschland«, bemerkt Feingold.

Der entschiedenste Gegner war Rabbi Wise. »Wir sind bereit, zu ermöglichen, eine große Zahl jüdischer Exilanten von Deutschland nach Palästina zu transferieren, aber eines werden wir niemals zulassen: Wir tun nichts, unterstützen nichts und verabschieden nichts, was dem Nazi-Reich finanzielle Unterstützung verschafft«, formulierte er in seinen Memoiren *Challenging Years*. »Wir erklären, dass jeder Versuch, der in Amerika, England oder einem anderen Land unternommen würde, den Exodus von Deutschen durch eine finanzielle Stärkung von Nazideutschland zu bewerkstelligen, von uns verhindert würde. Die Ehre Israels ... ist mehr wert als das Leben selbst.«

Unterstützung fand Schacht einzig beim American Jewish Committee und dessen Ableger, dem American Jewish Joint Distribution Committee. Der Vorsitzende des Joint war Felix Warburg, dessen Vater Max Warburg ein Freund Schachts war. Paul Baerwald vom Joint bot an, die Gründung der internationalen Organisation zu übernehmen, und begann sogar schon damit, im Auftrag von Warburg Geld einzusammeln.

Im Januar 1939 bot Schacht an, auf die (bisher vom Reich erhobene) Fluchtsteuer zu verzichten, außerdem dürfe jeder Jude seinen gesamten persönlichen Besitz mitnehmen. Statt Anleihen sollte die besagte internationale jüdische Organisation 50 Millionen Dollar in bar zur Verfügung stellen. Aber am 20. Januar, noch während über die Details verhandelt wurde, wurde Schacht als Reichsbankpräsident entlassen.

Die Situation sollte sich rapide verschlechtern, als am 15. März 1939 die Wehrmacht in der Tschechoslowakei einmarschierte. Das Deutsche Reich wollte nun noch weitere 350 000 Juden loswerden. Helmut Wohltat, ein Beamter aus dem Wirtschaftsministerium, der nun die Verhandlungen führte, forderte von der (noch nicht einmal existierenden) internationalen jüdischen Organisation, dass diese 230 Millionen Dollar aufbringe.

Wieder legten die Zionisten der USA ihr Veto ein, allen voran mit dem United Jewish Appeal von Rabbi Abba Hillel Silver. Die Zionisten wollten keinerlei Mittel für eine Immigration zur Verfügung stellen, die nicht Palästina als Ziel hatte. Derweil schlug Roosevelt vor, die Juden nach Angola zu schicken. Der Präsident wollte den Exodus nach Palästina eindämmen, denn das brachte die Alliierten in Schwierigkeiten mit den Arabern, auf deren Öl sie angewiesen waren. Die Verhandlungen wurden im Spätsommer 1939 abgebrochen. Das letzte Treffen des Intergovernmental Committee on Refugees fand am 16. Oktober 1939 in Washington statt. Roosevelt sagte, bald würden bis zu 20 Millionen Flüchtlinge Europa überschwemmen. Damit seien die USA überfordert.

*

Ilse Marcus gehörte zu den fast tausend Passagieren auf der St. Louis, einem der vielen Dutzend Schiffe voller jüdischer Flüchtlinge, die in diesen Monaten gen Südamerika ablegten. Ilse Marcus stammt aus Breslau, wo ihrer Familie ein Kaufhaus gehörte. »Ich hatte immer das Gefühl, mir könne gar nichts passieren«, erinnerte sie sich im Gespräch mit der *Berliner Zeitung*. Bis in der »Kristallnacht« die Scheiben klirrten und SA-Leute ihre Wohnungstür eintraten – Ilses Vater, der Bruder und ihr Mann wurden abtransportiert.

Am nächsten Tag eilte die junge Frau zum Marktplatz von Breslau, wo sich bereits zahlreiche verängstigte jüdische Frauen um einen Polizisten scharten. »Eure Männer sind in Buchenwald«, verriet der. »Aber wenn ihr denen Karten für die Überfahrt nach Kuba kauft, kommen sie frei.« Nach Wochen quälenden Wartens erteilte ihnen das Konsulat die begehrten Papiere. Im Mai 1939 legte die St. Louis mit 937 Passagieren, darunter die Marcus-Familie, in Hamburg ab. »Die Kapelle spielte ›Muss i' denn zum Städtele hinaus‹ und Hakenkreuzfahnen flatterten im Wind«, erinnert sich Ilse Marcus. Aber als das Schiff in Havanna einlief, hieß es: »Eure Papiere sind ungültig.« Der Konsul hatte die Visa auf eigene Faust verkauft. Die St. Louis blieb sechs Tage vor Anker, nur die 23 Nichtjuden durften ins Land. Einige Passagiere drohten mit Selbstmord, und zwei sprangen sogar ins Wasser, aber die Küstenwache brachte sie an Bord zurück.

Am 2. Juni drehte die St. Louis bei und lief Miami, Florida, an. Alle waren erleichtert. »Kein Einziger von uns hat im Traum daran gedacht, dass sich die USA weigern könnten, uns aufzunehmen«, sagt Ilse Marcus. Aber das geschah. Die Zeitungen füllten zwar ihre Spalten mit dem Schicksal der St. Louis, aber viele gaben den

Flüchtlingen eine Mitschuld: Hätten die sich nicht vorher erkundigen können, ob ihre Papiere ausreichten? Als die St. Louis nach Tagen noch immer im Hafen dümpelte, begriff Ilse Marcus: »Der amerikanische Präsident schickte uns in die Hölle.« Drohend fuhr die US-Küstenwache auf. Am 6. Juni 1939 musste die St. Louis wieder Europa ansteuern. Sie landete in Antwerpen, und Ilse wurde nach Brüssel gebracht. Als die deutschen Truppen ein Jahr später Belgien einnahmen, kam sie ins KZ.

*

Im Sommer 1939 sprachen sich nach einer Umfrage des Magazins *Fortune* 83 Prozent aller Amerikaner gegen die Aufnahme von jüdischen Flüchtlingen aus. Nach Umfragen der Opinion Research Corporation glaubten rund 60 Prozent, dass Juden über abstoßende Eigenschaften wie Gier, Unehrlichkeit, Skrupellosigkeit und Aggressivität verfügten. Zwischen 46 und 49 Prozent meinten, Juden hätten zu viel Macht in den USA, und 20 Prozent sprachen sich sogar dafür aus, sie zu deportieren. 12 bis 15 Prozent erklärten sich bereit, eine antisemitische Kampagne aktiv zu unterstützen. Selbst ein Viertel der amerikanischen Juden sprach sich dagegen aus, ihre Glaubensgenossen über die Quote hinaus ins Land zu lassen. Sie hatten Angst, der Antisemitismus könne dadurch gefördert werden.

Es gab trotzdem noch einen Versuch, wenigstens jüdische Kinder zu retten. Senator Robert Wagner und die Abgeordnete Edith Rogers brachten 1939 ein Gesetz ein, den »Wagner-Rogers Bill«, wonach 20 000 Waisen zwischen sechs und 14 Jahren ins Land gelassen werden sollten. Um dafür die politische und gesellschaftliche Unterstützung zu bekommen, gründeten Wagner und Rogers das Non-Sectarian Committee for German Refugee Children. Sie wurden von den Quäkern unterstützt, aber auch von Prominenten aus dem Showbusiness, sogar von der Presse, die der Aufnahme von Flüchtlingen ablehnend gegenüberstand. »Das Leiden der kleinen Kinder

berührte die Herzen der Redakteure und Verleger in einer Weise, wie es das ihrer Eltern nicht vermocht hatte«, schreibt die amerikanische Holocaustforscherin Deborah Lipstadt in *Beyond Belief.*
Aber patriotische Vereine wie die American Legion oder die Daughters of the American Revolution warnten vor der Aufweichung der Quotenregelung. Francis Kinicutt von den Allied Patriotic Societies erklärte, dass von dem Wagner-Rogers-Gesetz vor allem die »jüdische Rasse« profitieren werde. Nach einer Umfrage der *Cincinnati Post* waren 77 Prozent aller Hausfrauen in den USA gegen die Aufnahme von jüdischen Kindern.
Letztlich hätte der Senat das Gesetz nur mit einer Auflage beschlossen: Die Kinder dürften nur innerhalb der Quote kommen. Das hieß aber, dass weniger Erwachsene hätten gerettet werden können. Wagner zog, davon entmutigt, seinen Gesetzesentwurf zurück. Es gab niemals einen jüdischen Kindertransport in die USA. Als ein Jahr später britische Waisen nach Amerika verschifft wurden, meldeten sich 15 000 Familien freiwillig, ein Kind aufzunehmen. Bevorzugt wurde nach einem »blonden englischen Mädchen, sechs Jahre alt« gefragt.

*

Die Frankels – Marie, ihr Mann Jakob und ihr inzwischen achtjähriger Sohn Max – saßen in all dieser Zeit in Polen fest. Erst im Frühjahr 1939 durfte Marie Frankel für vier Wochen nach Deutschland zurückkehren, um ihre Angelegenheiten zu regeln. Sie nahm Max mit. In Weißenfels verschiffte sie ihr Hab und Gut – Möbel, Geschirr, Teppiche – nach New York. Dann reisten beide nach Berlin weiter. »In den drei Wochen, in denen wir noch bleiben konnten, verwandte sie jede freie Stunde darauf, das amerikanische Konsulat zu belagern«, erinnert sich Max Frankel. »Dessen Vorraum war ein unglücklicher Ort mit angespannter Atmosphäre, in dem die Antragsteller Stunde um Stunde saßen. Niemals wagten sie, ein Buch oder eine Zeitung zu lesen, sie hätten ja den vielsagenden Blick eines Offiziellen oder das einerseits beneidete, andererseits ermutigende Lächeln eines erfolgreichen Applikanten verpassen können. Sie waren schweigende, einsame Anbeter des niemals gesehenen Richters, der hinter der Tür ›Consul General‹ saß.«

Gleich am ersten Tag traf Marie Frankel den Vizekonsul. Aber der teilte ihr barsch mit: »Ihre eidesstattlichen Erklärungen taugen nichts.« Auch das neuerliche Dossier aus New York sei nicht glaubwürdig oder hinreichend. Die Verwandten seien zu entfernt, und dass sie arbeiten könne, interessierte den Vizekonsul nicht. Marie Frankel gab nicht auf. Nach zwei Wochen unausgesetzter Besuche traf sie einen vornehm aussehenden Herrn auf dem Flur, den sie am Ärmel festhielt. Es war der Generalkonsul. Er, endlich, glaubte ihren Beteuerungen, sie habe reiche Verwandte in Amerika.

Kurz nachdem Marie und Max nach Polen zurückgekehrt waren, traf in Krakau ein Brief vom US-Konsulat ein: Alle drei Frankels würden tatsächlich Visa für die USA bekommen. Jedoch könne man diese nicht sofort ausstellen: Sie sollten ihre Visa am 12. September 1939 in Berlin abholen, und zwar persönlich.

*

Seit September 1939 hatte Hull einen neuen Stellvertreter: Breckinridge Long. Long, bis dahin US-Botschafter in Italien, war Mussolini-Anhänger. Er hatte Roosevelt überzeugt, kein Embargo gegen Italien zu verhängen, als der Duce in Äthiopien einmarschiert war. Während Hull vor allem an seiner Karriere interessiert war, war Long ein Antisemit, der mit harten Bandagen kämpfte – und Verbündete fand. So notierte er in seinem Tagebuch eine Begegnung mit einem Kollegen, der sich ebenfalls gegen die Aufnahme verfolgter Juden ausgesprochen hatte: »Er (der Kollege) sagte, der generelle Typ dieses Möchtegern-Immigranten ist genau der gleiche wie der

dieser kriminellen Juden, die unsere Untersuchungsgefängnisse in New York bevölkern ... Ich denke, er hat Recht.«
Offiziell behauptete Long, die potenziellen Einwanderer könnten Spione der Nazis sein (was auch Roosevelt glaubte). Um diese »auszufiltern«, schuf er Dutzende von neuen Regeln und verschärfte die Sicherheitsprüfungen für Antragsteller mit Verwandten in Deutschland, Italien oder Russland. Die Fragen bei diesen Prüfungen waren allerdings eher geeignet, Juden und Kommunisten auszufiltern, denn Nazis. Long sandte auch eine Anweisung an alle Botschaften, jüdische Flüchtlinge hinzuhalten, auch bekannte Künstler oder Wissenschaftler. Die Konsulate sollten »immer mehr Belege verlangen und administrative Techniken anwenden, die die Erteilung von Visa verzögern und verzögern und verzögern«. Mit diesen Tricks schaffte es Long, die Zahl der Visa, die in Deutschland erteilt wurden, erst zu halbieren, dann auf ein Viertel zu drücken.

Zudem überzeugte Long die lateinamerikanischen Länder, die Einwanderung aus Europa zu stoppen, um die »Sicherheit der Hemisphäre« zu gewährleisten. Long sollte 1943 behaupten, die USA hätten 580 000 Flüchtlinge aufgenommen, was schlicht gelogen war. »Tatsächlich«, schreibt der Historiker David Wyman in *Das unerwünschte Volk,* »waren nicht mehr als 250 000 gekommen, und viele davon waren keine Juden.«

Nicht nur Long dachte so. Als Avra Warren, der Leiter der Visa-Abteilung des State Departments im Sommer 1940 Europa bereiste, sagte er dem US-Konsul in Lissabon, er solle zusehen, dass es kein »gottverdammter Jude« bis nach Amerika schaffe.

*

Die Frankels warteten in Krakau verzweifelt darauf, dass sie ihre Visa abholen konnten. Inzwischen war Berlin ein gefährliches Pflaster geworden, besonders für jüdische Männer, von denen täglich Hunderte von der Gestapo von der Straße weg verhaftet und nach Buchenwald geschafft wurden. Andererseits mussten die Frankels vor dem 1. August 1939 einreisen und in Deutschland bis zum 12. September auf die Papiere warten. Denn für einen späteren Zeitpunkt hätten sie kein Visum mehr bekommen. Ein so langer Aufenthalt wäre zu gefährlich für Jakob, entschied Marie. Sie fuhr allein mit Max am 31. Juli über die Grenze. In Leipzig kaufte sie mit ihrem letzten Geld drei Schiffspassagen nach New York. Am 1. September wollten sie nach Berlin weiterreisen. Aber noch während Marie mit Max im Bahnhof wartete, um Fahrkarten zu kaufen, dröhnte eine bekannte Stimme aus dem Lautsprecher. Hitlers Stimme. Die Wehrmacht war in Polen einmarschiert. Die Grenze war dicht. Und Jakob Frankel saß dahinter fest.

Verzweifelt klapperte Marie Frankel alle Konsulate ab. Würde irgendein Land sie aufnehmen? Aber keines wollte. Sie mussten sich nun in Berlin als illegale Ausländer verstecken, während britische und polnische Bomber über der Stadt flogen. Am 9. September erfuhr Marie vom amerikanischen Konsulat, dass sie das versprochene Visum nun doch nicht bekommen würde, da ihr Mann in Polen zurückgeblieben sei. »Wir trennen keine Paare«, hieß es. Marie Frankel sandte verzweifelt ein Telegramm nach Amerika: Sie brauche eine Bestätigung, dass auch sie allein aufgenommen würde – sofort! Einen Tag später wurde es Juden verboten, Telegramme zu senden.

Die Antwort aus den USA kam am Abend des 11. September. Am 12. September erließ die NS-Regierung eine neue Bestimmung. Alle Juden, die das Land verlassen wollten, brauchten eine Ausreiseerlaubnis. Dieses Stück Bürokratie aus dem Tollhaus war offensichtlich mit dem State Department abgesprochen: Als Marie Frankel ihren Pass beim US-Konsulat stempeln lassen wollte, zuckte der Beamte nur mit den Schultern: Ohne eine Ausreiseerlaubnis, sagte er, könne er kein Visum einstempeln.

*

Im Sommer 1940 wies Roosevelt das State Department an, 3268 Spezialvisa für Künstler und Wissenschaftler auszustellen, an Thomas Mann, Bruno Walter, Béla Bartók und Arturo Toscanini, sowie an einige der Physiker, die die Atombombe entwickeln sollten, Edward Teller und Leo Szilard. Aber weitere Flüchtlinge wollte Roosevelt nicht ins Land lassen. »Wir werden es nie wissen, wie viele Einsteins, Kissingers, Szilards und Tausende anderer hoch begabter Immigranten verloren sind, weil ihnen der Eintritt verwehrt wurde«, schreibt der aus Italien ausgewanderte Autor Francesco Cordasco in dem *Dictionary of American Immigration History.*

Roosevelt verfügte noch über einige Erleichterungen. Ab 1940 durften US-Konsulate Visa an deutsche Juden ausstellen, die nach Casablanca, Lissabon oder Shanghai geflohen waren und ihren Antrag auf ein Visum dort einreichten. Bisher hätten auch diese ihr Visum in Berlin abholen müssen. Außerdem konnten Flüchtlinge, die nur per Besuchervisum in die USA gelangt waren, nach Kanada reisen und dort die eigentliche Aufenthaltsgenehmigung beantragen, statt, wie zuvor, in Deutschland.

*

Marie und Max Frankel hatten derweil ihr Schiff verpasst und mussten den Winter 1940 in Berlin ausharren. Eine jüdische Hilfsorganisation brachte sie in einem schäbigen Zimmer unter und versorgte sie mit Nahrungsmitteln, da sie keine Lebensmittelkarten hatten. Inzwischen griff die Gestapo nicht nur jüdische Männer, sondern auch Frauen und Kinder auf, um sie ins KZ zu bringen. Marie wagte es nicht, sich bei der Meldestelle der Polizei registrieren zu lassen, da sie staatenlos war. Wie aber kamen sie an eine Ausreisegenehmigung?

An dem jüdischen Feiertag Rosh Hashana nahm die Gestapo die allerletzten jüdischen Männer fest. An Yom Kippur klopften Sturmtruppen an die Türen von Juden und konfiszierten alle Radios.

»Marie sprach jeden Schmuggler in Berlin an«, erinnert sich Max. Aber keiner konnte ihr helfen. Schließlich brachten ihr deutsche Soldaten eine Postkarte von ihren Eltern aus Polen mit. Die warnten sie, bloß wegzubleiben. Marie ahnte, dass dort Furchtbares passierte. Statt auf die Mahnung zu hören, organisierte sie einen Militärpass und fuhr damit nach Krakau. Ihr Vater war tot. Alle Juden der Stadt, stellte sie fest, schlichen wie Geister durch die Straßen, sie trugen den gelben Stern. Max Frankel schreibt weiter: »Marie umarmte ihre Mutter in dem Wissen, dass es das allerletzte Mal war, und wandte sich um, ihr Kind zu retten.«

Im Jüdischen Gemeindehaus erklärte man Marie Frankel für verrückt, aber sie fuhr zur Gestapozentrale in die Prinz-Albrecht-Straße in Berlin. Mit ihrem weißen Pass wurde sie für eine Schweizerin gehalten und durchgelassen. Sie trug dem zuständigen Gestapobeamten, der Joachim Schöller hieß, ihre Bitte vor: Sie wolle einfach nur ausreisen. Schöller war ungehalten. Wie könne sie es wagen, im Krieg gegen Polen als polnische Jüdin Privilegien zu verlangen?, fragte er. »Ich bin staatenlos, ich habe mit Polen nichts zu tun«, sagte Marie. »Und die Deutschen wollen uns nicht mehr.«

Schöller griff zum Stift. »Wann wollen Sie fahren?«, fragte er. »Sofort«, war die Antwort. Am 22. Februar 1940 erreichten Marie und Max Frankel New York. Sie kamen mit einem der letzten Schiffe an, das Juden aus Deutschland in den rettenden Hafen brachte.

*

Trotz des erbitterten Widerstands des State Department schafften es einzelne Amerikaner, Juden zu retten. Nach der Besetzung von Paris durch die Wehrmacht bildete sich in New York eine Gruppe von Intellektuellen, die beschloss, etwas für die Rettung der deutschen Flüchtlinge in Frankreich zu tun. Zu der Gruppe, die sich American Friends of German Freedom nannte, gehörten Erika Mann, der Schriftsteller Hermann Kesten und Ingrid Warburg aus der bekannten Bankiersfamilie. Auch die First Lady, Eleanor Roosevelt, versprach ihre Hilfe. Sie gründeten ein Emergency Rescue Committee, das Varian Fry für seine gefährliche Mission engagierte.

Fry, ein Journalist, trug eine Liste von 200 Namen bei sich. Sein Auftrag war, nach Frankreich zu reisen und herauszufinden, wer von diesen Wissenschaftlern, Künstlern und Schriftstellern noch lebte – und wo. Und ihnen Visa für die USA zu verschaffen. Das Emergency Rescue Committee hatte Fry vor der Abreise mit einigen tausend Dollar versorgt. Auch versprachen die New Yorker, noch mehr Geld nachzuschicken, falls er es benötige.

Im August 1940 kam Fry in Marseille an. Er wies sich als Mitarbeiter des Jugendherbergswerks YMCA aus. Vorsicht war geboten: Die Vichy-Regierung hatte versprochen, jeden, der von der Gestapo gesucht wurde, auszuliefern. Und manche Vichy-Polizisten waren eifriger als die Deutschen. Es kam sogar einmal vor, dass französische Polizisten eigenmächtig zwei Dutzend Juden zusammentrieben und den Nazis übergaben, die diese postwendend wieder in Frankreich aussetzten.

Marseille war der einzige Überseehafen, der noch nicht von den Nazis kontrolliert wurde. Hier sammelten sich Flüchtlinge aus ganz Europa, um über Casablanca oder Lissabon in die USA oder wenigstens auf die französische Karibikinsel Martinique zu kommen (bevor die Briten diese Route sperrten). Verborgen in den Quartieren der Altstadt warteten sie auf das Schiffsticket und den ersehnten Stempel im Pass. Und es gab mehr als genug antisemitisch gesinnte Franzosen – darunter der Bischof von Marseille –, die die deutsch-jüdischen Flüchtlinge nicht nur für die Invasion der Wehrmacht, sondern auch für die Lebensmittelrationierungen verantwortlich machten.

Fry mietete eine Suite im Hotel Splendide, in der er ein Büro eröffnete, das er Centre Americain de Secours nannte, und stellte ein Dutzend Helfer ein. Am nächsten Tag wurde er von Hilfesuchenden bis spät in den Abend bestürmt. Nachts kabelte Fry Listen zu seinen New Yorker Freunden, die sich beim State Department um Visa bemühten. Er traf sich mit den Untergetauchten – darunter Hans und Alma Mahler-Werfel, Lion Feuchtwanger, Heinrich Mann – in Hotelbars und Hafenkaschemmen. Und er begriff, dass viel mehr Menschen Hilfe brauchten als die 200 Namen auf seiner Liste.

Vom US-Konsulat in Marseille, das wurde Fry bei seinem ersten Besuch klar, war keinerlei Unterstützung zu erwarten. Eine lange Schlange stand um den halben Block, im übervollen Warteraum hingen Zettel wie »Quota Transfer von Paris aus ausgesetzt«. Der US-Botschafter in Paris, William C. Bullitt, fand ohnehin, dass die USA Vichy anerkennen sollten – die Botschaft beglückwünschte sogar Vichy-Marschall Henri Petain zur Regierungsübernahme. Und der Vizekonsul von Lyon, Clark Husted, sagte zu Fry, er gebe jüdischen Kindern kein Visum – denn falls deren Eltern interniert würden, würden die Kinder dem amerikanischen Steuerzahler nur zur Last fallen.

Aber eine wertvolle Bekanntschaft machte Fry doch: Camille Delapré, die Sekretärin des Konsulats. Camille, die kokainsüchtig war, hatte Kontakte zur Marseiller Unterwelt. So schaffte es Fry, seine Dollars auf dem Schwarzmarkt in Franc umzutauschen (die USA hatten ein Devisenembargo gegen Frankreich verhängt) und seine Schützlinge mit falschen Pässen zu versorgen. Fry überzeugte die Konsuln von Litauen und der Tschechoslowakei, Pässe auszustellen. Er mietete auch ein Haus am Meer, wo er einige Schützlinge unterbrachte, darunter expressionistische Maler wie Max Ernst.

Im Herbst 1940 schickte Cordell Hull ein Telegramm an den Marseiller Konsul Hugh Fullerton – der es an die Sûreté weiterleitete, die französische Geheimpolizei – und orderte Fry zurück. Zudem befahl Hull allen Konsuln, Fry nicht zu helfen. »Washington«, schreibt der amerikanische Autor Andy Marino in seinem Buch *A Quiet American,* »war entschlossen, auf der richtigen Seite von Vichy zu bleiben und folglich Fry zu opfern.« Auch das Emergency Rescue Committee in New York bekam kalte Füße und rief Fry zurück. Der aber weigerte sich.

Inzwischen hatte Vichy seine Version der Nürnberger Gesetze

erlassen. Auf den Straßen von Marseille gab es Krawalle von Antisemiten. Und selbst einige Gerettete verhielten sich fahrlässig leichtsinnig. Im Dezember 1940, als die Sûreté Tausende von Vichy-Gegnern zusammentrieb, wurde Fry für eine Woche interniert. Das US-Konsulat weigerte sich nicht nur, ihn herauszuholen, Fullerton verlängerte noch nicht einmal seinen abgelaufenen Pass.

Ein halbes Jahr später wurde Fry von der Sûreté festgenommen und nach Spanien ausgewiesen (möglicherweise hat ihn das US-Konsulat denunziert). Von Lissabon flog er nach New York zurück. Letztlich hat er fast 4000 Menschen das Leben gerettet. Darunter war der Filmkritiker Siegfried Kracauer und der Bildhauer Jacques Lipchitz, Maler wie Marcel Duchamp, Marc Chagall und Max Ernst (der bei seiner Ankunft in Ellis Island als unerwünschter Ausländer interniert wurde), Wissenschaftler wie Otto Meyerhoff, Hannah Arendt und Claude Lévi-Strauss, Schriftsteller wie Anna Seghers, Heinrich Mann, Arthur Koestler und Walter Mehring, der Autor der »Weltbühne«.

Aber nicht alle hatten es geschafft. Walter Benjamin vergiftete sich an der spanischen Grenze. Die beiden Sozialdemokraten Rudolf Breitscheid und Rudolf Hilferding wurden Anfang 1941 von der Sûreté festgenommen. Hilferding erhängte sich in einem Pariser Gefängnis. Breitscheid starb später in Buchenwald bei einem Bombenangriff.

In New York wurde auch Varian Fry vom Glück verlassen. Das Emergency Rescue Committee, das den Zorn des State Departments fürchtete, feuerte ihn. Er schrieb nun für die *New Republic* und warnte Amerika vor dem Holocaust.

*

Nach Pearl Harbor, also nach dem 8. Dezember 1941, brachen die USA die diplomatischen Beziehungen zu Deutschland ab. Und das deutsche Innenministerium erließ ein Gesetz, das Juden die Ausreise untersagte. Die Grenze war endgültig dicht. Im Januar 1942 beschlossen Hitler und seine Helfer auf der Wannseekonferenz in Berlin die »Endlösung der Judenfrage«. »Die chronologische Abfolge legt nahe, dass die Entscheidung, die Juden in organisierter Weise zu liquidieren, erst getroffen wurde, als alle Optionen zur Vertreibung erschöpft waren«, bemerkt Feingold.

Ein paar Monate später kam Heinrich Himmler noch einmal auf die Idee, Juden in die USA abzuschieben – wieder gegen Lösegeld. »Himmler schlug vor, ein spezielles Camp für Juden einzurichten, die Verbindungen in die USA hatten«, schreibt der amerikanische Historiker Richard Breitman in seinem Buch *Staatsgeheimnisse*. Daraus habe sich Bergen-Belsen entwickelt. Himmlers Strategie sei es allerdings nicht gewesen, Juden zu retten, sondern die Heuchelei der Alliierten zu entlarven, die, wie er richtig kalkulierte, dies ablehnen sollten.

Mit dem Kriegseintritt der USA verschlechterte sich die Lage dramatisch. Wer aus Deutschland, Italien oder einem anderen Achsenstaat kam, wurde als »Enemy Alien«, feindlicher Ausländer, behandelt. Dabei machten die USA keinen Unterschied zwischen jüdischen und nichtjüdischen Immigranten: Feindliche Ausländer mussten verschärfte Sicherheitsprüfungen bestehen und beweisen, dass ihre Immigration die USA »positiv begünstigt«. Das ab 1943 gültige Formular für ein Visum war anderthalb Meter lang und beidseitig in sechs Kopien auszufüllen. Jeder brauchte zwei Bürgen, die eidesstattlich ihre Vermögensverhältnisse der letzten zehn Jahre darlegen und die ihrerseits zwei Bürgen beibringen mussten. Wer abgelehnt wurde, musste sechs Monate für einen neuen Antrag warten, das State Department teilte aber niemals die Ablehnungsgründe mit. Die Quoten für Achsenflüchtlinge waren von 1943 bis 1945 zu weniger als zehn Prozent erfüllt.

Wer schon in den Vereinigten Staaten lebte, aber noch den deutschen oder italienischen Pass hatte, fuhr nicht viel besser. Das Vermögen dieser Menschen wurde eingefroren, sie mussten Radios,

Kameras und Waffen abliefern und einen rosafarbenen Ausweis mit ihrem Fingerabdruck bei sich tragen, das *Pink Booklet*. Manchen »feindlichen Ausländern« wurden sogar die Kinder weggenommen. Und mehr als zehntausend von ihnen landeten im Lager, hinter Stacheldraht.

Der amerikanische Anwalt Martin Domke, der eine Studie über die *Enemy Aliens* verfasste, berichtet von einem deutschen Juden, der 1933 nach Frankreich ging und 1942 über Marseille entkam. In den USA galt er als »feindlicher Ausländer«. Ähnlich erging es einem bosnischen Juden, der nach Prag zog und von dort aus in die USA flüchtete: Da die Tschechoslowakei mittlerweile unter deutscher Kontrolle sei, sei er ein Enemy Alien, urteilte ein Gericht. In einem Fall wurde ein in Frankreich geborener Sohn deutscher Juden, der 1924 in die USA emigriert war, als Enemy Alien eingestuft. In einem anderen Fall bekam eine Amerikanerin kein Visum für ihr in Österreich geborenes Kind. Außerdem durften sich Deutsche in den USA – auch deutsche Juden – nicht gegen Bombenschäden versichern, die von der U.S. Army verursacht wurden.

Schon früh erhob der Kommissar für Immigration und Naturalization, Earl Harriman, seine Stimme gegen diese Praxis: Die Kategorie »Enemy Aliens« schließe »Personen ein, die im Krieg gegen Hitler gefochten haben, die die Nazis und die Faschisten bekämpft haben, die in Konzentrationslagern waren, deren Besitz beschlagnahmt und denen Deutschland die Staatsbürgerschaft entzogen hatte, solche, die als einziges Land die USA kennen, und sogar solche, deren in Amerika geborene Kinder in der U.S. Army kämpfen«, schrieb er 1942 in der juristischen Fachzeitschrift *Penn Bar Quarterly*. Aber die Praxis sollte sich noch bis in das Jahr 1944 hinein fortsetzen. Nur die Italiener wurden vorzeitig von ihrem Status als »feindliche Ausländer« befreit, da die von italienischen Immigranten kontrollierten Hafengewerkschaften mit Streik drohten.

Noch weit rigoroser gingen die USA gegen japanischstämmige Amerikaner vor. Mehr als 120 000 wurden interniert, hinter Stacheldraht von Soldaten bewacht – in den Bergen oder in Wüstengegenden, oft in Indianerreservaten. Dafür war John McCloy verantwortlich, der stellvertretende US-Kriegsminister, dessen Motto war: »Wir müssen unsere Freiheiten einschränken, um sie zu bewahren.« McCloy wollte erst jeden, der nur ein sechzehntel japanisches Blut hatte, ins Lager bringen, dann aber verschonte er Halbjapaner, falls sie einen »kaukasischen Hintergrund« hatten. Weiße Frauen, die mit Japanern verheiratet waren, mussten ihren Mann verlassen oder ins Lager gehen. Sogar japanische Babys, die von weißen Eltern adoptiert worden waren, wurden abgeholt.

Amerika stand hinter McCloy. Der Verfassungsrichter Felix Frankfurter segnete die Internierung ab, der Kolumnist Walter Lippman warnte vor einer »gefährlichen Kolonie«, und die *New York Times* freute sich im April 1943 über die »neue Heimat«, wohin die japanischstämmigen Bürger zu ihrer eigenen Sicherheit gebracht würden.

*

Schon im ersten Jahr nach Kriegseintritt der USA waren Berichte über Massaker an russischen Juden, aber auch über Auschwitz über den Ozean gelangt. Die wichtigsten Auskünfte stammten von Gerhart Riegner, dem Bürochef des Jüdischen Weltkongresses (eines Ablegers des American Jewish Congress) in der Schweiz. Sein Informant war Eduard Schulte aus Kattowitz, ein Bergwerksdirektor im Sold von Brown Brothers Harriman. Schulte suchte Mitte 1942 in Zürich einen Bekannten auf, Isidor Koppelmann. Dem erzählte er, dass in Hitlers Hauptquartier geplant sei, alle Juden aus Deutschland und den besetzten Ländern, zwischen dreieinhalb und vier Millionen, in den Osten zu transportieren, um sie auszurotten. Dazu solle Giftgas auf Säurebasis verwendet werden, er wisse auch vom Bau eines Lagers und eines gigantischen Krematoriums. Schulte hatte dies von SS-Chef Himmler erfahren, der die Minen in Kattowitz bei

Auschwitz besucht hatte. Er drängte Koppelmann, das schnellstmöglich an Churchill und Roosevelt weiterzugeben.

Koppelmann wandte sich an Benjamin Sagalowitz, der das Informationsbüro der jüdischen Gemeinden in der Schweiz leitete. Der wiederum rief Riegner an. Riegner konsultierte zunächst Paul Guggenheim, den Rechtsberater des Jüdischen Weltkongresses, der ihm riet, die Information über das Krematorium wegzulassen und einen vorsichtigeren Ton anzuschlagen. Erst danach ging Riegner zum amerikanischen Konsulat in Genf und bat Vizekonsul Howard Elting, die US-Regierung zu informieren sowie den Bericht an Rabbi Wise zu senden. Riegner informierte auch Sidney Silverman, den britischen Repräsentanten des Jüdischen Weltkongresses.

Das Konsulat sandte den Bericht an die US-Legation in Bern. Deren Chef Leland Harrison leitete ihn zwar an das State Department in Washington weiter, bezeichnete ihn aber als ein »wildes Gerücht, inspiriert von jüdischen Ängsten«. Das Außenministerium weigerte sich nun, Riegners Telegramm an Rabbi Wise auszuliefern. Wise erhielt den Bericht jedoch am 29. August 1942 aus London, von Silverman. Der Rabbi informierte nun seinerseits Hulls Stellvertreter Sumner Welles. Welles bat Wise jedoch, die Sache für sich zu behalten, bis das State Department mehr Auskünfte beschafft habe. Welles glaubte, dass die Lager in Polen ausschließlich der Zwangsarbeit dienten.

Im September erfuhr die Agudath Israel in New York, dass 100 000 Juden im Warschauer Ghetto umgebracht worden waren (über polnische Leitungen, die nicht von der US-Zensur kontrolliert wurden). Sie informierte ebenfalls Wise, aber auch Roosevelt, von dem, wie David Wyman schreibt, »keine Reaktion überliefert« ist. Wise informierte aber Felix Frankfurter, Innenminister Harold Ickes, Vizepräsident Henry Wallace und Dean Acheson vom State Department.

In den kommenden Wochen liefen noch mehrere Berichte über Deportationen und Tötungen ein, vom polnischen Untergrund, einem schwedischen Geschäftsmann, dem Erzbischof von Canterbury, und zuletzt vom Vatikan. Aber erst Ende November gab Sumner Welles grünes Licht für eine Pressekonferenz in New York, bei der Wise endlich Riegners Telegramm vorstellen durfte. Von 19 Zeitungen, die dort waren, berichteten nur zehn darüber. Nach einer Gallup-Umfrage, die sechs Wochen später stattfand, glaubten einzig 47 Prozent der Amerikaner, dass bereits zwei Millionen Juden getötet wurden. Kurz darauf wies das State Department sein Legation in Bern an, keine »privaten Berichte« mehr nach Washington durchzugeben.

Im Februar 1943 tat sich eine unerwartete Möglichkeit auf, 70 000 (von ehemals 130 000) rumänische Juden zu retten. Die rumänische Regierung gehörte zu den Achsenmächten, aber sie streckte ihre Fühler zu den Alliierten aus und bot an, sämtliche rumänischen Juden, die im KZ Transnistria saßen, auf Schiffen nach Palästina zu bringen. Der Vatikan war zudem bereit, die Schiffe unter seiner Flagge segeln zu lassen. Die Rumänen verlangten allerdings die Kostenübernahme, 130 Dollar pro Person.

Morgenthau erfuhr davon über Cy Sulzberger, der für die *New York Times* in Bukarest saß. Der Finanzminister ging damit zu Roosevelt, der ihn wiederum zu Welles weiterschickte. Welles sagte, dass seine Beamten davon bereits wüssten. Der Vorschlag sei von einem holländischen Kaufmann in Istanbul vermittelt worden. Das State Department hatte aber bereits abgelehnt, da es glaubte, dies sein ein deutscher Propagandatrick.

Welles muss recht überrascht gewesen sein, als drei Tage später eine ganzseitige Anzeige in der *New York Times* erschien: »Zu verkaufen im Namen der Menschlichkeit: 70 000 Juden.« Sie war von der Gruppe um Ben Hecht und Peter Bergson geschaltet worden. Aber da die Zionisten in den USA die radikale Konkurrenz der Bergsoniten ablehnten, verlief die Initiative im Sande.

Nur die Bergsoniten gaben nicht auf. Monate später organisierten sie eine Pilgerfahrt von 400 orthodoxen Rabbinern, die vor dem

Weißen Haus beteten. Roosevelt weigerte sich, sie zu empfangen. Stattdessen fuhr er vorzeitig ins Wochenende.

Wise und Joseph Proskauer vom American Jewish Committee baten derweil Welles und den britischen Außenminister Anthony Eden, als dieser die USA besuchte, Druck auf Deutschland und seine Satelliten auszuüben, damit diese die Juden freilassen – Bulgarien wollte gerade 60 000 bis 70 000 Juden in die Türkei abschieben. Eden lehnte entschieden ab. Er wollte nicht einmal Lebensmittelpakete an die bulgarischen Juden schicken.»Hinter Edens eiserner Opposition dagegen, von Deutschland zu verlangen, die Juden freizulassen, steckte die Furcht, dass dies tatsächlich gelingen könne«, schreibt Wyman. Bei einem Treffen mit Hull und Roosevelt sagte Eden, falls man tatsächlich die bulgarischen Juden heraushole, »wollen die Juden in aller Welt, dass wir das auch Polen und Deutschland vorschlagen. Hitler könnte ein solches Angebot annehmen, und es gibt einfach nicht genug Schiffe auf der Welt, um die alle zu transportieren.« Niemand widersprach. Noch im selben Jahr verschiffte die britische Regierung mehr als 100 000 polnische, jugoslawische und griechische Flüchtlinge nach Afrika.

Tatsächlich fürchtete Eden, ein Exodus nach Palästina könnte die Araber verärgern, ohne deren Öl England den Krieg verloren hätte. Die britische Regierung stellte ihre Haltung in einem Memorandum an das State Department klar: »Es ist möglich, dass die Deutschen ihre Politik der Extermination zu einer der Expulsion ändern und versuchen, andere Länder bloßzustellen, indem sie sie mit ausländischen Fremden überfluten.«

Auch die Amerikaner sahen die Massenflucht der Juden vor dem Holocaust eher als Gefahr denn als Ziel, so Wyman. Die Division of European Affairs des State Department warnte davor, Migrationspläne zu unterstützen, weil dann womöglich die ungarischen Juden nach Palästina wollten. Der Beamte R. Borden Reams schrieb an Hull: »Es gibt die Gefahr, dass die deutsche Regierung einverstanden sein könnte, den USA oder Großbritannien eine große Menge

Juden zu überstellen.« Bereits jetzt, behauptet das State Department, seien die USA stark belastet, da sie sich um Hunderttausende von Kriegsgefangenen, aber auch die 120 000 internierten Japaner kümmern müssten.

Jedoch standen beide Regierungen inzwischen unter großem öffentlichem Druck. Um guten Willen zu beweisen, veranstalteten sie die »Konferenz von Bermuda«, die am 19. April 1943 begann, dem ersten Tag des Aufstands im Warschauer Ghetto. Bermuda fand unter Ausschluss der Presse und der jüdischen Gruppen statt – verspottet von weiteren Anzeigen der Bergsoniten – und war ein völliger Fehlschlag.

Die jüdischen Organisationen trafen sich im August ebenfalls zu der American Jewish Conference in New York. Diese war von Auseinandersetzungen zwischen Zionisten und Anti-Zionisten geprägt. Auf der Konferenz wurde nach langem Streit beschlossen, ein palästinensisches Heimatland in Israel zu fordern. »Aber der Tagesordnungspunkt ›Rettung‹ erfuhr wenig Beachtung«, schreibt Wyman. Denn das sei ohnehin für unrealistisch gehalten worden. Ein Teilnehmer beklagte hinterher, dass »die wichtigste Aufgabe hätte sein sollte, die Juden zu retten, für die Palästina gebraucht wird«.

Henry Morgenthau platzte der Kragen, als er feststellte, dass das State Department einen Plan von Riegner sabotiert hatte, die rumänischen Juden doch noch freizukaufen. Er fragte Long direkt, ob er Antisemit sei, was dieser abstritt. Inzwischen aber hatten die Bergsoniten (immer noch bekämpft vom Jüdischen Weltkongress) mit ihren Aktionen das Repräsentantenhaus wachgerüttelt. Sie waren drauf und dran, eine »Rescue Resolution« durchzubringen, eine offizielle Erklärung des Kongresses, dass dieser willig sei, die Juden zu retten. Es gab dafür sogar einen Termin: den 24. Januar 1944.

Zwei Tage vorher ging Morgenthau zum Präsidenten. Morgenthau sagte ihm, falls diese Rescue Resulution eingebracht werde, würden damit auch Versäumnisse der Regierung öffentlich debattiert werden. Unter diesem Druck gestand Roosevelt ihm zu, eine neue

Rettungsbehörde zu schaffen, das War Refugee Board. John Pehle, ein Morgenthau-Vertrauter, sollte ihr vorstehen. Damit wurde die Rescue Resolution ad acta gelegt.

*

Da das War Refugee Board kaum Gelder hatte, mussten die jüdischen Organisationen Mittel zuschießen. Die Debatte darüber kostete wertvolle Wochen. Für John McCloy, den stellvertretenden Kriegsminister, ging der militärische Einsatz vor. Von den Briten wurde Pehle ignoriert. So sollte sich der Erfolg des War Refugee Board in Grenzen halten.

Letztlich wurde die meiste Zeit darauf verwandt, andere Länder – die Türkei, Spanien, das bereits befreite Süditalien, die Schweiz und Schweden – zur Aufnahme, besseren Behandlung oder wenigstens zum Transit von jüdischen Flüchtlingen zu bewegen. Pehle drohte auch der rumänischen und bulgarischen Regierung mit Sanktionen, falls diese nach dem Abzug der Deutschen aus dem Balkan die überlebenden Juden weiterhin verfolgten. Rumänien schaffte die 48 000 überlebenden Juden aus Transnistria in ein sicheres Gebiet. Wochen später sollten beide gegenüber der Sowjetunion kapitulieren.

Die wichtigste Aufgabe des War Refugee Board wäre die Rettung der 800 000 Juden von Ungarn gewesen. In Ungarn herrschte Miklós Horthy, eine Marionette der Nazis, der bisher nicht gegen die Juden vorgegangen war. Deshalb sandte Hitler im März 1944 Truppen nach Budapest. Adolf Eichmann sollte die ungarischen Juden nach Auschwitz bringen lassen. Im Mai rollten die ersten voll gestopften Viehwagen gen Polen.

Pehle und McCloy begannen, Druck auf Ungarn auszuüben. In BBC-Ansprachen und in abgeworfenen Flugblättern wurde mit Vergeltung gedroht, zudem bombardierte die U.S. Army Budapest. Das Rote Kreuz ließ Horthy einen Bericht über die Zustände in Auschwitz zukommen. Aber erst nach der Verschleppung von 400 000

Juden stoppte Horthy die Deportationen und bot an, alle Juden ausreisen zu lassen.

Die USA suchten nun hektisch nach einem Aufnahmeland. Ein Monat verstrich, dann schlossen die Nazis die Grenzen. Wenigstens gelang es Raoul Wallenberg, einem schwedischen Diplomaten, mit der Hilfe von gefälschten Papieren 20 000 Juden nach Schweden zu bringen. Weitere 30 000 Juden wurden von Diplomaten der Schweiz, Spaniens und des Vatikans gerettet. Dazu ließ Eichmann, der auf einen Separatfrieden mit den USA gegen die Sowjets hoffte, mehrere tausend Juden frei.

Im Winter 1944 kollabierte das Horthy-Regime. Der Faschist Ferenc Szalasi ließ nun mehrere 10 000 Juden umbringen. Weitere 50 000 starben bei Straßenbauarbeiten, zu denen sie von den Nazis verschleppt wurden. Als die Rote Armee in Budapest einmarschierte, lebten noch ungefähr 200 000 Juden. Die Sowjets nahmen Wallenberg gefangen, den sie für einen Spion des US-Geheimdienstes hielten. Er starb in einem sowjetischen Gefängnis. Das War Refugee Board sollte nichts unternehmen, ihm zu helfen.

Es nahm für sich in Anspruch, 200 000 Juden in Ungarn, Bulgarien und Rumänien gerettet zu haben – durch Druck und Drohungen. Tatsächlich wurden von dem Moment an, als sich die Amerikaner eingemischt hatten, eine halbe Million ungarische Juden umgebracht, kein einziger wurde in den Vereinigten Staaten aufgenommen.

*

Die USA sollten lediglich 982 Flüchtlinge ins Land lassen, und auch das nur gegen erbitterten internen Widerstand. Diese Menschen waren von den Armeen der Alliierten aus KZs auf dem Balkan befreit worden, wo ihre Freunde und Verwandten verhungert oder erfroren waren. Mitte 1944 war es ihnen gelungen, Neapel zu erreichen. Aber dort waren sie der U.S. Army, die in Norditalien noch in Kämpfe verwickelt war, im Weg.

Die Frau, die die Flüchtlinge im Auftrag des War Refugee Board von Neapel nach New York bringen sollte, war Ruth Gruber, die Assistentin von US-Innenminister Ickes. Kaum waren die Leinen des Schiffes gelöst, entdeckte Gruber, dass ihr Konvoi von zwei Schiffen voller deutscher Kriegsgefangener angeführt wurde. Die sollten für die US-Soldaten als lebende Schutzschilde dienen, falls die Wehrmacht den Konvoi angriff, erklärte ihr ein Offizier. Vor allem aber brauchte die Landwirtschaft der USA dringend Arbeiter. Gruber mochte das kaum glauben. Den Juden war jahrelang die Einreise verwehrt worden, weil es nicht genügend Schiffe und nicht genügend Arbeitsplätze in den USA gab – aber Hunderttausende von Nazi-Soldaten wurden als Zwangsarbeiter in die USA geschafft?

Die Luftwaffe kreuzte über dem Mittelmeer, im Atlantik drohten deutsche U-Boote. Die GIs auf dem Schiff waren nicht begeistert. »Das ist bloß wegen dir und deinen lausigen Juden«, sagte ein Soldat zu Gruber. Am 3. August 1944 kam das Schiff an der Pier 84 in New York an. Auch hier war der Empfang alles andere als freundlich. Die Männer wurden von den Frauen getrennt. »Wir mussten uns ausziehen«, beklagte sich die 18-jährige Margaretha Spitzer bei Gruber. »Wir mussten nackt vor Soldaten herumlaufen. Dann haben die Soldaten unsere Körper mit DDT besprüht.«

Gruber begleitete die Flüchtlinge in ein Barackenlager – das Fort Ontario – an der kanadischen Grenze. Sobald der Krieg vorbei sei, müssten sie wieder zurück, hieß es. Das Lager war mit einem Maschendrahtzaun umgeben, auf dem mehrere Reihen Stacheldraht angebracht waren. »Ist das«, fragte einer der Männer, »ein Konzentrationslager?« Tatsächlich wurde das Lager von derselben Behörde gemanagt, die auch die KZs für Japaner führte.

Die Flüchtlinge durften das Camp nur für einen Ausgang in die nahe gelegene Kleinstadt Oswego verlassen, und auch das nur für Stunden. Aus dem ganzen Land kamen Leserbriefe wie dieser: »Wir haben im Krieg gekämpft, um Amerika für die Amerikaner und unsere Kinder zu bewahren und nicht für eine Bande von Flüchtlingsjuden.« Um derlei Kritik zu vermeiden, beschloss die Regierung, die Menschen im gleichen Gesundheitszustand zu halten, in dem sie angekommen waren, es gab nicht einmal Vitamine für die Babys. Zudem blieben sogar Ehepaare getrennt. Es gab viel Streit, die Küchen und Bäder verkamen. Im Winter 1945 gab es mehrere Nervenzusammenbrüche und einen Selbstmord.

Ruth Gruber bemühte sich um Hilfe: Kleidung, Medikamente, besseres Essen, sie kämpfte auch darum, dass die Männer, wenigstens vorübergehend, bei der Ernte helfen durften. Vor allem aber wollte Gruber, dass ihre Schützlinge das Lager verlassen durften, zumal mehr als die Hälfte davon Verwandte im Land hatten, sogar Kinder in der Army. Ein Mann, dessen gelähmte Frau in Long Island wohnte, durfte sie nicht einmal an Weihnachten besuchen. Ein anderer Mann starb an den Spätfolgen der Folter, die er im KZ erlitten hatte, noch während seine Frau in Kalifornien um seine Entlassung kämpfte. Aber das War Refugee Board und Roosevelt wollten sie im Lager lassen.

Im Mai 1945 wurde ihnen gesagt, Hitler sei tot. Alle müssten nach Europa zurück. In den kommenden Monaten berichteten Zeitungen, wie Millionen von Menschen durch ein verwüstetes Europa irrten. Gruber schaffte es, den Kongress zu einem Hearing zu bewegen, aber der lehnte eine permanente Aufenthaltsgenehmigung ab. Erst an Weihnachten 1945 erklärte Präsident Harry S. Truman, die Flüchtlinge dürften bleiben. Aber nur innerhalb der Quote. Hunderte von empörten Briefen forderten seinen Rücktritt.

*

Zwischen 1933 und 1945 sind nach der Statistik des Immigration and Naturalization Service insgesamt 506 668 Menschen in die USA emigriert, davon kamen 318 867 aus Europa. Die größte Gruppe, 107 832 Menschen, kam aus Deutschland (und Österreich), die zweitgrößte waren die Italiener mit 48 902 Menschen, gefolgt von Großbritannien und Irland mit 38 538 Einwanderern. Aus Zentral-

und Osteuropa – Polen, Russland, der Ukraine, Ungarn, Rumänien, Bulgarien und dem Baltikum – reisten während des ganzen »Tausendjährigen Reichs« nur 51 647 Menschen ein.

Einer unveröffentlichten Tabelle des Immigration and Naturalization Service zufolge waren 163 423 aller Immigranten jüdischen Glaubens (wobei es keine Zahlen für 1944 und 1945 gibt). Die meisten davon waren Deutsche. Dazu kommen noch einige zehntausend Menschen, die mit einem Besuchervisum einreisten. Diese fanden jedoch entweder zeitversetzt Eingang in die Statistik der Immigranten oder aber sie mussten das Land wieder verlassen. Insgesamt liegt die Zahl der geretteten Juden damit unter 200 000.

Zwar werden in den USA oft höhere Zahlen genannt (nicht zuletzt, weil die USA mit Israel um die Verteilung von Holocaust-Entschädigungen konkurrierten und es dabei auch auf die Zahl der Aufgenommenen ankommt). Aber in diesen Zahlen sind beispielsweise Flüchtlinge hineingerechnet, die es zunächst nur bis Südamerika geschafft hatten und erst nach dem Krieg in die USA übersiedelten. Oder aber es werden dieselben Immigranten zweimal gerechnet, einmal bei der Einreise, einmal bei der Einbürgerung.

Die USA haben damit maximal zehnmal so viele jüdische Flüchtlinge ins Land gelassen wie die Schweiz, sind aber hundertmal so groß. »Im Verhältnis zu seiner Größe war die Schweiz fraglos großzügiger darin, Flüchtlinge aufzunehmen, als jedes andere Land außer Palästina«, bemerkt Wyman. Die Schweiz gab 47 000 Flüchtlingen eine neue Heimat, darunter 20 000 Juden. Allerdings hat auch die Schweiz viele Hilfesuchende abgelehnt. Und inzwischen zahlte sie, nicht zuletzt auf Druck der US-Regierung, Entschädigungen an abgewiesene Flüchtlinge. Vor diesem Hintergrund dürfte es nicht schwierig sein, auch von der US-Regierung gerichtlich eine Entschädigung zu erstreiten, zumal die USA, indem die Quoten nicht erfüllt wurden, gegen ihre eigenen Gesetze verstoßen haben.

*

Nach dem Krieg gab es noch einmal einen Vorstoß, jüdische Flüchtlinge aufzunehmen, als der »Displaced Persons Act« 1948 verabschiedet wurde. Für das Gesetz hatte sich das American Jewish Committee eingesetzt. Das Ziel war, einige hunderttausend Juden, die in deutschen Lagern für verschleppte Personen (Displaced Persons) dahinvegetierten, in die USA zu bringen. Der Displaced Persons Act hatte viele Unterstützer – protestantische Kirchen, katholische Bischöfe, Gewerkschaften –, aber die republikanische Mehrheit im Kongress sabotierte das Gesetz. Beispielsweise wurde die Hälfte dieser Visa nur für Bauern ausgegeben, hingegen stammten die meisten Juden aus Städten. Am Ende waren nur 65 000 der 365 000 Immigranten, die damit kamen, jüdischen Glaubens. Die überwiegende Mehrzahl waren Balten, die vor der Roten Armee geflohen waren, viele davon waren Nazi-Kollaborateure, die im Krieg gegen die Kommunisten gekämpft hatten. Wie der amerikanische Historiker Joseph Bendersky in seinem Buch The »Jewish Threat« schreibt, wurden auch die rund 100 000 KZ-Überlebenden ausgeschlossen, die erst 1946 und 1947 aus Polen in die Displaced Persons Camps geflohen waren.

*

Ilse Marcus, die mit der St. Louis nach Belgien zurückgeschickt wurde, kam nach Auschwitz. Als die Rote Armee das Todeslager befreite, wog sie noch 37 Kilo. Sie war eine von vier Überlebenden der 937 Passagiere. Heute lebt sie in New York.

Auch Max Frankel und Henry Ries gelangten nach New York. Ries ist im Sommer 2004 verstorben. Max Frankels Vater Jakob verbrachte den Krieg in einem Arbeitslager in Russland. Erst Jahre später kam er nach Amerika. Max Frankel und Henry Ries sollten sich später kennen lernen. Ries arbeitete als Fotograf für die *New York Times,* und Frankel wurde dort Chefredakteur.

Ruth Gruber schrieb nach 1945 über das Schicksal der Juden. Unter dem Titel *Haven* wurde ihre Rettungsaktion für das amerikanische Fernsehen verfilmt, nach dem gleichnamigen Buch. Sie hielt mit ihren Schützlingen noch lange Kontakt.

Varian Fry kam in der McCarthy-Ära auf die schwarze Liste. Er starb 1967, allein und vergessen. Erst 1996 ernannte ihn die israelische Gedenkstätte Yad Vashem posthum zu einem Gerechten unter den Völkern. Er war der erste Amerikaner, der diese Ehre erhielt.

Kapitel drei

Der Präsident und die Banker des Todes
Die Rolle der Bush-Familie
bei der Aufrüstung des Dritten Reichs

Der 20. Oktober 1942 war ein ereignisreicher Tag. In Berlin befahl die NSDAP, alle Angestellten der Neuen Synagoge in der Oranienburger Straße zu deportieren. Einige davon versuchten zu fliehen, aber der Gestapo gelang es, sie festzusetzen.

In Warschau rief die Hashomer Hazair, eine jüdische Widerstandsgruppe, zur Tötung von Kollaborateuren auf und erschoss den stellvertretenden Chef der Ghettopolizei. In der französischen Provinz Gironde gelang es Michel Slitinski, einem Kämpfer der Résistance, in letzter Minute der Verhaftung zu entgehen. Der Deportationsbefehl war vom Vichy-Polizeipräfekten Maurice Papon unterzeichnet worden.

In Hamburg wurde der Berufsschullehrer Ernst Mittelbach festgenommen, weil er BBC gehört und Geld an den Widerstand gegeben hatte. Ein halbes Jahr später wurde er hingerichtet. In Nürnberg fand die letzte Hochzeit eines jüdischen Paares statt, von Julius Neuberger und Erna Kolb. Beide wurden bald darauf nach Theresienstadt deportiert.

In Essen schrieb ein gewisser Dr. Wiehle, der Leiter des Krupp-Betriebskrankenhauses, einen Brief an die Geschäftsleitung und beschwerte sich, dass die Sklavenarbeiter bei Krupp keine Schuhe hätten und auf baren Sohlen, gezeichnet von Brandwunden, laufen müssten.

In New York beschlagnahmte der Alien Property Custodian, eine Behörde des US-Justizministeriums, eine Art Treuhänder für Feindvermögen, alle Aktien der Union Banking Corporation, 4000 Stück à 100 Dollar. Die UBC war eine Investmentbank, deren Büro am Broadway 39 lag, gleich um die Ecke der Wall Street. Auch die Konten der UBC wurden eingezogen, 3,13 Millionen Dollar, nach heutigem Wert ungefähr 40 Millionen. Die Rechtsgrundlage war der Trading with the Enemy Act. Das war ein Gesetz, das es Amerikanern verbot, Geschäfte mit dem Feind zu machen, also mit Japan, Italien und Deutschland, mit denen die USA seit Pearl Harbor, dem 8. Dezember 1941, im Krieg waren.

Denn die Union Banking Corporation war eine Tarnfirma für die Nazis. Die Aktien der UBC würden stellvertretend für die Bank voor Handel en Scheepvaart in Rotterdam und die Berliner August-Thyssen-Bank gehalten, stellte Leo T. Crowley fest, der Chef des Alien Property Custodian. Und beide Banken gehörten der Familie Thyssen.

Der Name Fritz Thyssen hatte in den USA schon damals einen legendären Klang. Thyssen war der erste deutsche Industrielle, der den Aufstieg von Adolf Hitler und der NSDAP finanziert hatte, bereits ab 1923. Überdies – stellte der Alien Property Custodian fest – sei die Bank voor Handel en Scheepvaart eng mit den Vereinigten Stahlwerken verflochten, eines der wichtigsten Stahlkombinate des Dritten Reichs, das ebenfalls Thyssen gehörte und an dem auch Friedrich Flick beteiligt war.

Die Razzia des Alien Property Custodian am Broadway war deshalb so brisant, weil die Union Banking Corporation die Tochter einer der größten Investmentbanken der USA war: W. A. Harriman and Co., seit 1931 Brown Brothers Harriman. Die W. A. Harriman and Co. war nach dem Ersten Weltkrieg von zwei Bankern gegründet worden, deren Familien einander über Jahrzehnte geschäftlich verbunden bleiben sollten: William Averell Harriman und George Herbert Walker. Zu den Aufsichtsräten und Managern der UBC zählten neben zwei holländischen Kaufleuten, die von Thyssen kamen, nämlich Hendrick J. Kouwenhoven und Cornelis Lievense, auch Averell Harrimans Bruder E. Roland Harriman und Walkers Schwiegersohn Prescott Sheldon Bush.

Prescott Bush wiederum war nicht irgendein Amerikaner, der verbotene Geschäfte mit dem Dritten Reich machte. Bush hat die Millionen, die er und sein Schwiegervater mit den Nazis erwirtschaftet haben, nach 1945 genutzt, um bei den Republikanern Karriere zu machen. Er gründete eine Politik- und Öldynastie, die bis heute Bestand hat. Der spätere Senator Prescott Bush ist der Vater und Großvater gleich zweier US-Präsidenten: George Herbert Walker Bush und George W. Bush.

In den kommenden Wochen sollten die Beamten des Alien Property Custodian am Broadway 39, aber auch am Hauptsitz von Brown Brothers Harriman an der Wall Street 59 ein und aus gehen. Denn die Wall-Street-Banker hatten noch bei anderen deutschen Firmen die Finger drin, getarnt meist über verschachtelte Beteiligungen. Dazu zählte die Hamburg-Amerika-Linie, der Stahlverarbeitungsbetrieb Seamless Steel Equipment Corporation, der seinerseits mit Rheinmetall-Borsig verbunden war, die Holland-American Trading Corporation, ebenfalls eine deutsche Tarnfirma, die General Aniline & Film Corporation – die US-Schwester der berüchtigten IG Farben –, die Silesian-American Corporation, der die Bergwerksgesellschaft Georg von Giesches Erben gehörte, die Gutehoffnungshütte Oberhausen und die Consolidated Silesian Steel Corporation, an der Harriman und seine Partner ein Drittel von Friedrich Flick erworben hatten.

Vor allem die oberschlesische Kohle- und Stahlproduktion im deutsch-amerikanischen Besitz war politisch brisant. Denn diese lag im von der Wehrmacht besetzten Teil Polens, direkt bei dem Städtchen Oswiecim. Dort hatte um 1940 die SS ein Lager eingerichtet, in dem polnische und russische Zwangsarbeiter und todgeweihte jüdische Sklaven schufteten. Es hieß Auschwitz.

Die Stahl- und Kohlekombinate von Flick und Thyssen, die Bush, Walker und Harriman mit Millionen von Dollar unterstützt hatten, waren die Stützen des Dritten Reichs. Flick, den die *Süddeutsche Zeitung* den »wichtigsten Waffenlieferanten des Führers« nennt, war Mitglied im »Freundeskreis Heinrich Himmler«, einem SS-Eliteclub, der das Projekt »Ahnenerbe« finanzierte, die Glorifizierung der Nazi-Rassenlehre, wozu medizinische Experimente in Dachau gehörten (auch die deutschen Chefs von IG Farben, Standard Oil, Ford und ITT gehörten dem »Freundeskreis Heinrich Himmler« an). Flick spendete an Hitler, Thyssen gab darüber hinaus Geld an Hermann Göring und Albert Speer. Beide sollten vor das Nürnberger Kriegsgericht gelangen. Aber ihre US-Kollaborateure blieben ungeschoren.

Aber W. Averell Harriman, Herb Walker und Prescott Bush waren mehr als nur zufällige Holocaust-Profiteure. W. A. Harriman and Co. war über zahlreiche Aufsichtsratssitze und Beteiligungen mit einer nicht allzu großen, aber finanzkräftigen Gruppe von amerikanischen Banken und Unternehmen verbunden. Dazu zählten die Harriman-Partnerbanken Dillon, Read & Co., die National City Bank und die Guaranty Trust Company, die ihrerseits J. P. Morgan und den Rockefellers unterstand. Diese wiederum kontrollierten die Chase National Bank (heute Chase Manhattan) sowie Standard Oil of New Jersey. Auch der Waffenhersteller Remington Arms unter Samuel Pryor war mit Harriman, Walker und den Rockefellers geschäftlich und personell verflochten.

Harriman und die Rockefellers wiederum waren Teil einer einflussreichen Clique von amerikanischen Wirtschaftsbossen, Bankern und Anwälten – allen voran Ford, Standard Oil und ITT –, die sich in den zwanziger und dreißiger Jahren mit konservativen Industriellen in Deutschland zusammengetan hatten, um in die Schwerindustrie, die Luftfahrt, die Chemie und die Waffenproduktion zu investieren. Sie wollten vor allem das Vermögen ihrer amerikanischen Anleger vermehren. Aber letztlich finanzierten sie dadurch die Aufrüstung der Wehrmacht – und mehr: Über ihre deutschen Tochterfirmen lieferten sie die Technik für die KZs, sie profitierten von Zwangsarbeit und Besetzung. Einige dieser Männer sollten ihre Nazi-Kontakte sogar noch bis über den Dezember 1941 hinaus pflegen, als die USA in den Krieg eintraten. Als ab 1947 die Marshallplan-Gelder bewilligt wurden, waren sie die Ersten, die anklopften. Und der Mann, der im Auftrag von Präsident Harry S. Truman diese Gelder verteilte, war W. Averell Harriman.

So gut wie alle diese Unternehmen wurden juristisch von der Wall-Street-Kanzlei Sullivan & Cromwell vertreten, von dem Brüderpaar John Foster und Allen Welsh Dulles. Zu den Dulles-Klienten zählten Standard Oil und deren Tochter General Aniline & Film, General Motors, Ford, ITT, Alcoa, International Nickel und natürlich das Bankenimperium von Harriman, Walker und Bush. Die Dulles-Brüder vertraten aber auch deutsche Firmen auf dem US-Markt, darunter die IG Farben und die Vereinigten Stahlwerke.

Allen Dulles sollte ab 1942 in die Welt der Geheimdienste wechseln und das Büro des Office of Strategic Services (OSS) in der Schweiz aufbauen. Daraus erwuchs die CIA, deren Chef Dulles 1953 wurde – und wo viele ehemalige Nazis unterkamen. Einer von Dulles Nachfolgern bei der CIA war Prescotts Sohn George Herbert Walker Bush.

Wie wichtig waren diese Männer für den Siegeszug des Faschismus? Sehr wichtig, glaubt John Loftus, ein früherer Staatsanwalt, der heute das Holocaust Museum in Florida leitet.»Die Nazis wären eine Splitterpartei geblieben und Deutschland ein armes, waffenloses und machtloses Land, wenn es damals nicht diesen massiven Zufluss ausländischen Investmentkapitals gegeben hätte«, schreibt er zusammen mit Mark Aarons in dem Buch *The Secret War Against the Jews*. Und nicht alle waren ausschließlich des Geldes wegen dabei.»Einige dieser Amerikaner waren Fanatiker und verbanden sich mit Deutschland durch Allen Dulles Firma Sullivan & Cromwell, weil sie den Faschismus unterstützten.«

Auch der amerikanische Publizist Kevin Phillips hat sich in seiner Biographie der Bush-Familie *Die amerikanische Geldaristokratie* mit dieser Frage befasst. Er glaubt, dass die US-Banker und die deutschen Industriellen in ihren Ansichten übereinstimmten. »Manche dieser Deutschen, zu denen die Amerikaner Kontakt hielten, waren Konservative alter Schule, die zwischendurch überlegten, mit den Alliierten zu verhandeln oder gegen Hitler zu putschen und eine Allianz gegen die Sowjets zu bilden«, schreibt Phillips. Beide Seiten hofften, die Zusammenarbeit nach dem Krieg wieder aufzunehmen – was in vielen Fällen auch geschah.

Es ist übrigens eine seltene Ironie der Geschichte, dass zu den Freunden des Dritten Reichs nicht nur Prescott Bush zählte, sondern auch Joseph Kennedy, der als Botschafter der USA in London jahrelang gegen den Kriegseintritt Amerikas gekämpft hatte. Auch Kennedy sollte nach dem Krieg eine Präsidentendynastie begründen.

*

Prescott Bushs Vorfahren stammten aus jener protestantisch-angelsächsischen Elite, die schon vor der Unabhängigkeit eingewandert war. Sein Vater, Samuel Bush, war der Präsident von *Buckeye Steel,* ein Stahlproduzent aus Columbus, Ohio, der die Eisenbahn ausrüstete, deren Strecken im 19. Jahrhundert über Abertausende von Meilen durch den ganzen Kontinent gezogen wurden. So gelangte Samuel Bush in den Aufsichtsrat mehrerer Eisenbahngesellschaften, der Huntington National Bank und der Federal Reserve Bank of Cleveland. Dabei lernte er auch den Eisenbahnkönig Edward Henry Harriman kennen. E. H. Harriman hatte 1897 die Union Pacific Railroad aufgekauft, die wenige Jahre zuvor spektakulär Pleite gegangen war.

Samuels einziger Sohn Prescott sollte 1921 Dorothy Walker heiraten, die Tochter von George »Herb« Walker. Walker war ein wohlhabender Investmentbanker aus St. Louis, Missouri. Die Hochzeit bescherte Walker einen lebenslangen Partner und Ersatzsohn. Und auch Prescott Bush sah den Älteren als zweiten Vater an, zumal

Samuel Bush nach dem Unfalltod seiner Frau in eine tiefe Depression verfallen war.

Herb Walker und Prescott Bush waren zwei sehr verschiedene Charaktere. Walker war ein raubauziger schottischer Katholik, der mit seiner Familie gebrochen hatte, als er gegen deren Willen eine Protestantin heiratete. Als junger Mann war er Amateurboxer im Schwergewicht gewesen. Er liebte Scotch, Golf und Rennpferde und er verprügelte regelmäßig seine eigenen Söhne. Der Publizist Kevin Phillips nennt den Banker, der niemals ein Geschäft aus moralischen Gründen abgelehnt hat, einen »Business-Piraten«. »Er war ein harter Vater, ein harter alter Bastard«, erzählte seine Enkelin Elsie Walker dem Reporter Michael Kranish vom *Boston Globe*. »Seine Söhne haben ihn nicht geliebt.« Ähnliches berichtet sein Sohn Herbie Walker: »Vater hatte nie viel Freude an seiner richtigen Familie«, meinte er. »Er redete mehr über die Bushs als über uns. Das hat mich teuflisch genervt.« Und auch sein Bruder Ray Walker musste feststellen, dass sein Vater und Prescott Bush nicht nur persönlich besser harmonierten als die eigentliche Familie, sondern auch in ihren Ansichten über Macht und Geld übereinstimmten.

Bush verkörperte all das, was Walker und dessen eigenen Söhnen fehlte. Der junge Bush, ein passionierter Golf- und Tennisspieler, war hoch gewachsen und schlank, sah gut aus, war charmant, aufgeschlossen und gebildet. Ein Kollege bei Brown Brothers Harriman verglich Prescotts Anblick später einmal mit einem »römischen Senator auf einem Hügel«. Und auch Bushs Söhne haben gute Erinnerungen an ihren Vater. »Er hat von seiner Familie einen hohen moralischen Standard verlangt«, sagte William Bush, ein Bruder von George Bush Sr., zum *Boston Globe*. »Er lebte die zehn Gebote.«

An die Harrimans sollte Prescott Bush geraten, als er an der Eliteuniversität Yale studierte, wo schon sein Vater Samuel Bush gewesen war. In Yale lernte er die beiden Söhne des Eisenbahnkönigs kennen, Averell und Roland. »Mit Roland Harriman war ich nicht nur in einer Klasse«, erzählte Prescott Bush in seinen handschriftlichen Lebenserinnerungen, die er der Columbia University in New York überließ.»Er wurde für mich auch ein sehr guter, intimer Freund.« Averell, Roland und Prescott waren zudem Mitglieder im berühmt-berüchtigten Geheimbund Skull & Bones. Aber Yale hatte noch in anderer Weise Einfluss auf das Denken der drei. Die Elite-Universität pflegte damals – wie andere »Ivy-League«-Universitäten auch – das Prinzip, Juden möglichst fernzuhalten. Noch 1945 ist in dem Jahresbericht von Yale von einem »jüdischen Problem« die Rede. Denn, heißt es darin weiter: Das »Verhältnis der Juden ... ist etwas zu hoch, um angenehm zu sein.«

Herbert Walker kannte E. H. Harriman ebenfalls, da beide im Eisenbahngeschäft waren. Als der Herrscher über Union Pacific 1909 starb, blieb sein Sohn Averell dem älteren Walker geschäftlich verbunden. Aber W. Averell Harriman war eher ein politischer Kopf, denn ein Kaufmann. Er war ambitioniert und stand gerne im Scheinwerferlicht.»Averell war dauernd unterwegs, oft in Washington, wo er sich mit Roosevelt traf«, erinnerte sich Prescott Bush. Anders als der eher grob gestrickte Selfmademan Walker war Averell Harriman weltgewandt und beredt. Er sollte in den zwanziger Jahren immer wieder Europa und Asien bereisen, sich mit Männern wie Josef Stalin, Hjalmar Schacht oder Benito Mussolini treffen.

Harriman und Walker begannen im Ersten Weltkrieg zusammenzuarbeiten, als sie den Verkauf von Waffen an Großbritannien finanzierten. Ihr wichtigster Klient war Remington Arms, der größte US-Hersteller von Handgewehren. Remington Arms, die von Walkers Freund Samuel Pryor geführt wurden, sollten 69 Prozent des Bedarfs der U.S. Army und 50 Prozent aller Waffen produzieren, die an die Alliierten gingen.

Als die USA 1917 in den Krieg eintraten, wurde der Waffenhandel von Washington koordiniert, und zwar durch die Allied Purchasing Commission und das War Industries Board, Gremien, in denen Vertreter von Staat und Industrie den Waffenverkauf koordinierten. John Foster Dulles vertrat die Armee im War Industries Board. Und in beiden Gremien saßen noch mehr gute Bekannte von Harriman und Walker, darunter Robert Lovett, der Geschäftsführer von Union Pacific, Clarence Dillon vom Bankhaus Dillon, Read und Samuel Bush. »Samuel Bush und George H. Walker«, schreibt Phillips, »waren beide, in verschiedenen Rollen, präsent, als der militärisch-industrielle Komplex der USA und seine geheimdienstlichen Hilfsorganisationen geschaffen wurden.« Und von den dreißiger bis zu den sechziger Jahren, so Phillips weiter, würde auch Prescott Bush seine »eigene, substanzielle, wenn auch unentdeckte Rolle« spielen.

1918 drohte der Waffenmarkt einzubrechen. Die Kommunisten in Russland hatten sich nach der Revolution geweigert, Remingtons Rechnungen zu bezahlen. Deshalb beschlossen die Banker, sich auf Geschäfte mit dem zuverlässigeren Deutschland zu verlegen. Koordiniert werden sollte dies von der American International Corporation (AIC), die zu diesem Zweck bereits 1915 von einem guten Dutzend US-Banker und Industriellen gegründet worden war. Neben Harriman und Percy Rockefeller, einem der Söhne des Patriarchen John D. Rockefeller, waren daran auch Walker und Pryor beteiligt.

Über die Aktivitäten der American International Corporation ist wenig erhalten. Bekannt ist aber, dass Walker und Harriman nun beschlossen, ihre Kräfte offiziell zu vereinen. Walker wurde Präsident einer von Harriman gegründeten Investmentbank mit Sitz am Broadway 39, W. A. Harriman and Co. Im Aufsichtsrat von W. A. Harriman and Co. saßen – neben Walker, Harriman und dessen Bruder E. Roland Harriman – Männer, mit denen beide seit dem Ersten Weltkrieg verbunden waren: Samuel Pryor, Percy Rockefeller und Matthew Brush, der Präsident der American International Corp.

Auch in den Aufsichtsräten der Tochterfirmen und Partnerbanken von Walker und Harriman tauchten immer wieder die gleichen

Namen auf. Neben den genannten waren das James Stillman und Frank Vanderlip von der National City Bank, deren Vorstand wiederum Percy Rockefeller war, sowie Prescott Bush. »Interlocking Directorates«, verzahnte Aufsichtsräte, nennt man diese in den USA recht übliche Praxis. Juristisch vertreten wurde W. A. Harriman and Co. von John Foster und Allen Dulles.

*

Die Geschäfte von Walker und Harriman in Deutschland begannen um 1920, als sich die beiden in die Hamburg-Amerika-Linie einkauften. Die Schifffahrtsgesellschaft, als Hapag (heute Hapag-Lloyd) bekannt, war damals die führende Transatlantiklinie. Sie wurde 1847 von Hamburger Kaufleuten gegründet, seit 1918 war Wilhelm Cuno der Generaldirektor. Der wichtigste Mann war jedoch der Hamburger Bankier Max Warburg, der auch im Aufsichtsrat der Hapag saß. Cuno und Warburg schlossen einen Vertrag mit der American Ship & Commerce Corp. von Harriman und Walker ab, der eine Beteiligung von 50 Prozent eingeräumt wurde. Auch Warburgs Schwesterbank in New York Kuhn, Loeb & Co. – hier arbeiteten Max Warburgs Brüder Felix und Paul Warburg – war an der Hamburg-Amerika-Linie beteiligt sowie Samuel Pryor von Remington Arms.

Dies waren die turbulenten Jahre nach dem Ersten Weltkrieg. 1919 hatte der Kaiser abgedankt, 1920 war der Kapp-Putsch der Militärs zurückgeschlagen worden, Gustav Stresemann hatte die Weimarer Republik ausgerufen, die aber von den Konservativen nie wirklich akzeptiert wurde. Das Reizthema dieser Jahre war der Versailler Vertrag, der Deutschland um die 20 bis 30 Milliarden Dollar an Reparationen an England, Frankreich und Belgien aufbürdete (heute mehr als 300 Milliarden Dollar). Zudem hatte das Reich Elsass-Lothringen an Frankreich und halb Oberschlesien an Polen abtreten müssen. Um die Reparationen bezahlen zu können, ließ die

Reichsregierung massenhaft Geld nachdrucken, was wiederum eine exorbitante Inflation auslöste.

1923 sollte das Schicksalsjahr werden: Als die Reparationszahlungen stockten, besetzten französische und belgische Truppen das Ruhrgebiet. Wilhelm Cuno – der seit einem Jahr Reichskanzler war – rief zum passiven Widerstand auf. Arbeiter verübten Sabotageakte, die Franzosen erschossen Streikende und verhafteten Stahlbosse wie Krupp und Thyssen. Im August trat Cuno nach einem Generalstreik von seinem Amt zurück. In Sachsen und Thüringen kamen die Kommunisten an die Macht, in Hamburg rief Ernst Thälmann die Revolte aus, Bayern kündigte eigenmächtig den Versailler Vertrag und erwog, die Unabhängigkeit vom Reich zu erklären. Die Inflation erreichte eine unfassbare Höhe. Am 11. November 1923 stand der Dollar bei 631 Milliarden Mark. Dies war auch das Jahr, in dem der Stahlbaron Fritz Thyssen zwei Kontakte knüpfte: zu Averell Harriman und zu Adolf Hitler.

Hitler war damals ein noch wenig bekannter Österreicher, dessen neue Partei, die NSDAP, einen Schuldigen an der Misere – und an allen anderen Übeln dieser Welt – ausgemacht hatte: die Juden.»Die Nazis haben die jüdischen Bankiers beschuldigt, dass die sich verschworen hätten, Deutschland zur Beute der internationalen Finanz zu machen«, schrieb Thyssen in seinem Buch *I Paid Hitler,* das er 1941, nach seiner Flucht in die Schweiz, in den USA veröffentlichte, eine mutige, wenngleich viel zu späte Abrechnung mit dem Nationalsozialismus.»Völliger Unsinn. Die jüdischen Banker haben Deutschlands Ökonomie nach dem Krieg gerettet. Sie haben die amerikanischen Banken durch ihre Garantien überzeugt, Kredite an deutsche Geschäftsleute zu geben.«

Fritz Thyssen war der Sohn des Bankiers August Thyssen, ein Gegner von Versailles und ein glühender Antikommunist, der mit dem Kaiser und mit dem Geheimrat Wolfgang Kapp sympathisierte. »Hitler übte auf ihn als Verteidiger der Kapitalismus gegen den Bolschewismus hohe Anziehungskraft aus«, schrieb die *New York*

Herald Tribune 1941 über ihn. »Er wollte Hitler auf Wege führen, die sein Vermögen gesichert hätten, wie andere deutsche Industrielle ja auch. Aber seine vermeintliche Marionette verwandelte sich in Frankensteins Monster.«

Thyssen lernte Hitler im Herbst 1923 über General Erich von Ludendorff kennen, den er in München besucht hatte, dem »Zentrum von Disziplin und Autorität«, wie er in *I Paid Hitler* schrieb. Ludendorff empfahl Thyssen wärmstens einen Besuch bei Hitler, dessen nationalsozialistische Partei das Ziel habe, den Sozialismus zu beseitigen.

Als das Treffen zustande kam, schlug Hitler vor, Bayern solle Truppen nach Sachsen schicken, um die Kommunisten dort zu stürzen. Allein, den Putschisten fehlte das Geld. Zwar verfügte Ludendorff über Mittel aus Interviews, die er amerikanischen Zeitungen gab, aber das war nicht genug. So sprang Thyssen ein, beeindruckt vom Redetalent des späteren Führers. »Ich gab ihnen hunderttausend Goldmark«, erinnert er sich. »Das war meine erste Spende an die Nationalsozialistische Partei.« Im November 1923 rief Hitler in München, unterstützt von Ludendorff, zum Marsch auf die Feldherrnhalle auf. Der wurde jedoch niedergeschlagen, Hitler wurde verhaftet. Er verbrachte die nächsten anderthalb Jahre in der Festung in Landsberg, wo er *Mein Kampf* schrieb.

Im selben Jahr reisten auch Averell Harriman und Herbert Walker nach Deutschland. Sie eröffneten eine Dependance ihrer Bank in Berlin, in der Charlottenstraße 48, um die Ecke vom Hotel Adlon. Dort traf sich Harriman mit den deutschen Finanzgrößen, unter anderem mit Reichsbank-Präsident Hjalmar Horace Greeley Schacht, dem er einen »Plan für eine neue Notfallwährung« überreichte. Und er einigte sich auf eine Kooperation mit Thyssen, der, in den Zeiten von Hyperinflation und Ruhrkrise, dringend auf der Suche nach einem amerikanischen Partner war.

Thyssens Hauptsitz war Düsseldorf, aber er verfügte noch über ein Standbein im holländischen Rotterdam, dem Containerhafen am

Niederrhein. Dazu gehörte die Holland-American Investment Corporation und die Bank voor Handel en Scheepvaart. Thyssen sandte deren Manager Hendrick J. Kouwenhoven nach New York, um mit seinen Partnern Harriman und Walker eine gemeinsame Bank zu gründen.

Dies war die besagte Union Banking Corporation (UBC), die 1924 beim Staat New York als Aktiengesellschaft eingetragen wurde. Das Stammkapital der UBC, 400 000 Dollar, kamen von Thyssens Bank voor Handel en Scheepvaart. Die Geschäfte der UBC in den USA führte zunächst Herb Walker, anfangs saß auch Samuel Pryor von Remington Arms im Aufsichtsrat. Zwei Jahre später kam Prescott Bush an Bord. Gleichzeitig sandte Thyssen eine zweite Vertrauensperson nach New York, Cornelis Lievense, der ebenfalls im Aufsichtsrat seiner Bank voor Handel en Scheepvaart saß.

Lievense richtete sein Büro am Broadway 39 im 25. Stock ein, im gleichen Gebäude, wo W. A. Harriman and Co. residierte. Hier kamen auch die übrigen Joint Ventures von Thyssen und Walker unter. Die wichtigsten davon waren die Holland-American Trading Corporation, die Seamless Steel Equipment Corporation und die Domestic Fuel Corporation, die Kohle aus dem Ruhrgebiet nach Kanada und in die USA schiffte.

Am 1. Mai 1926 sollte auch Prescott Bush bei W. A. Harriman and Co. einsteigen, die inzwischen zu den 30 größten Banken der USA zählte. Prescott Bush war damals 29 Jahre alt und arbeitete bei U.S. Rubber, bei einer mit seinem Yale-Kommilitonen Harriman verbundenen Gummifirma. »Mein Schwiegervater war an mir interessiert und er hatte Vertrauen in mich«, erinnerte er sich. Der zweite Grund sei gewesen, dass Roland Harriman, sein guter Freund aus Yale, schon dort war. Beide, Roland und Bert Walker, »fanden, dass ich das Potenzial hatte, das sie suchten«.

Es war ein gewaltiger Karriereschritt. »Prescott Bush arbeitete nun bei der blaublütigsten aller blaublütigen Firmen, an einem Rollsekretär in dem holzgetäfelten Raum«, schreibt Michael Kranish.

Bush war, wie alle Teilhaber bei W. A. Harriman and Co., am Gewinn beteiligt. Jedoch haftete er mit seinem persönlichen Vermögen, wenn er Verluste einfuhr. Das Modell versprach hohe Belohnungen, barg aber auch hohe Risiken.

»Mein Job war, neue Klienten zu finden und Geldeinlagen für unsere Bank zu akquirieren«, erinnerte sich Bush. »Wenn zu uns jemand kam und sagte: ›Ich habe eine halbe Million, aber ich weiß nicht so recht, was ich damit anfangen soll‹, dem sagten wir: ›Lass uns das machen. Wir legen dein Geld gut an – wir investieren ja auch unser Geld und das unserer Familien.‹« 270 Millionen Dollar an Guthaben hatte die Bank in dieser Zeit akquiriert. »Wir waren Pioniere, und wir waren erfolgreich«, sagte Bush.

Die Betreuung von Thyssens Union Banking Corporation gehörte zu Bushs Aufgaben. Er sollte bald in den Aufsichtsrat einrücken, zusammen mit Roland Harriman. Die UBC eröffnete ihrerseits Konten bei der Chase National Bank, der National City Bank und der Guaranty Trust Company. Ihr Geschäftszweck war zunächst, Anleihen aus Deutschland in den USA zu vertreiben. Bis 1927 verkaufte die UBC Rentenpapiere im Wert von mehr als 50 Millionen Dollar in den Vereinigten Staaten. Aber bald sollte sie auch damit anfangen, in den USA Kapital für die Stahlproduktion von Thyssen zu mobilisieren, vornehmlich für die Vereinigten Stahlwerke, an denen auch Flick beteiligt war.

Bush addierte einen Klienten zum nächsten, darunter etwa die Bergwerksgesellschaft Anaconda Copper. Zudem vertrat er die Hamburg-Amerika-Linie, den Sender Columbia Broadcasting System (CBS), an dem Harriman Anteile hielt, die Pan American Airlines und die Vanadium Corporation of America, die für das »Manhattan Project«, den Bau der Atombombe, das Uran lieferte. Er war so erfolgreich, dass er zum Vizepräsidenten von W. A. Harriman and Co. befördert wurde. Einer seiner Klienten war Dresser Industries, die Ausrüstungen für Ölbohrungen produzierten und später von W. A. Harriman and Co. aufgekauft wurden. Dresser stellte die

Brandbomben her, die auf Tokyo geworfen wurden. Nach dem Krieg sollte Prescotts Sohn George Bush Sr. bei Dresser seinen ersten Job bekommen. 1998 wurde Dresser vom Öldienstleister Halliburton aufgekauft – der Firma von Dick Cheney, dem Vizepräsidenten von George Bush Jr.

Harriman hatte derweil eine weitere Reise nach Europa angetreten. Ein amerikanisches Bankergremium hatte 1925 den so genannten Dawes-Plan ausgearbeitet, wonach US-Banken der deutschen Industrie Geld leihen würden, damit die Reparationen bezahlt werden konnten. Die Dawes-Gelder im Rücken, fuhr Harriman nach Wien, in die Türkei und nach Deutschland, wo er Thyssen, Krupp und die Banker Max Warburg und Baron Kurt von Schröder traf (der später der SS beitreten sollte). Schröder vermittelte einen 200 000-Dollar-Kredit von W. A. Harriman and Co. an die Vereinigten Stahlwerke.

Vermutlich war es diese Reise, auf der Harriman Friedrich Flick kennen lernte, der bei der Gelsenkirchener Bergwerks AG (GBAG) involviert war, die später mit den Vereinigten Stahlwerken fusionierte. Der Gelsenkirchener Bergwerks AG gehörten Manganminen in der Sowjetunion, in Georgien an der irakischen Grenze, an denen Harriman interessiert war. (Mangan wird für die Produktion von waffenfähigem Stahl benötigt.) Er traf sich auch mit Benito Mussolini, dem faschistischen Diktator Italiens. Das Gespräch muss erfolgreich verlaufen sein, denn Mussolini hatte, einem Telegramm von Harriman zufolge, »unseren Vertrag vom 15. Juni bestätigt«. »Ich war sehr beeindruckt von der Entwicklung in Italien«, diktierte Harriman den Reportern der *New York Times* und dem *Wall Street Journal* in den Block, als er im Februar 1927 in New York das Schiff verließ.

Die wichtigsten Verhandlungen aber hatten in Breslau stattgefunden, wo sich Harriman mit Eduard Schulte getroffen hatte. Schulte war der Generaldirektor der 1704 gegründeten Bergwerksgesellschaft Georg von Giesches Erben. Giesche besaß Kohle- und Zinkminen,

Metallverarbeitungsstätten und Bleischmelzereien bei Kattowitz, im Herzen des oberschlesischen Industriereviers. Die Giesche-Besitztümer lagen allerdings teilweise in dem Teil Schlesiens, den Deutschland nach dem Ersten Weltkrieg an Polen hatte abtreten müssen.

Giesche wollte die Amerikaner unbedingt ins Boot holen. Denn die polnische Regierung machte Druck, die Minen zu »polonisieren«, und Schulte hoffte, dies durch eine US-Beteiligung abwehren zu können. Im Januar 1926 wurden sich beide Seiten einig. W. A. Harriman and Co. steckte, zusammen mit der Anaconda Mining Company aus Montana, einer Tochter der Standard Oil of New Jersey, zehn Millionen Dollar in Giesche. Im Gegenzug übernahmen die Amerikaner die Mehrheit am Aktienpaket der Bergwerksgesellschaft. Die gemeinsame Firma von Harriman und Anaconda hieß Silesian-American Corporation, sie gehörte ihrerseits der Silesian Holding Co. Beide residierten am Broadway 39, im Büro von W. A. Harriman and Co., sollten aber später ein paar Häuser weiter zum Broadway 25 ziehen. Vorsitzender des Aufsichtsrats der Silesian-American Corp. war Averell Harriman, außerdem saßen darin Cornelius Kelley von der Anaconda, Herb Walker – der Präsident der Company war –, Harrimans Berliner Bürochef Irving Rossi, der Anwalt John Foster Dulles sowie drei Direktoren von Giesche.

Die Silesian-American Corp. fing noch im gleichen Jahr an, Anleihen auszugeben, die von US-Aktionären gezeichnet werden konnten. Giesche sei, hieß es im Prospekt für die Anleger, »eines der führenden Bergwerksunternehmen der Welt«, das über die »größten bekannten Zinkvorkommen von Kontinentaleuropa« verfüge, dazu über »extensive Kohlefelder« und »große Fabrikanlagen, wo Zink, Blei, Silber und Schwefel« verarbeitet würden. Auch die beiden Harriman-Brüder sowie Herb Walker und Prescott Bush deckten sich mit Anteilen an der Silesian-American Corp. ein. Im September 1926 holte Harriman noch seine langjährigen Partner vom Guaranty Trust und von Dillon, Read & Co. mit ins Boot. Diese seien fortan, hieß es in einem Bericht des *Berliner Börsen-Couriers,* »an allen von Harrimans Unternehmungen in Polen beteiligt«.

Bald aber tauchten Probleme auf. Zum einen hatten die Polen deutlich andere Vorstellungen von dem fälligen Steuersatz als die Amerikaner. Zudem gab es Streit um die Arbeitsplätze. Allein bei einer Mine, der Bleischarley-Mine, wollten die US-Manager hundert Frauen entlassen, zur Empörung der polnischen Presse. »Offenbar kennen die Amerikaner unsere Gesetze nicht oder sie wollen sie nicht kennen«, kommentierte die Zeitung *Polak* am 13. September 1926. »Denn in Amerika gibt es keine Arbeitsgesetze, jeder muss dort arbeiten, um Geld zu verdienen, und wer das nicht schafft, wird einfach herausgeworfen.« Zudem sprächen die leitenden Angestellten alle deutsch, obgleich Harriman versprochen habe, Polen einzustellen.

Mit den Deutschen verstand sich Harriman wesentlich besser. Im Sommer 1928 lud er Eduard Schulte in die USA ein. Schulte besichtigte New York, danach unternahmen beide eine Reise zu der Anaconda-Mine in Montana. »Ich bin sehr stolz«, schrieb Schulte danach an Harriman, »dass Giesche in einer Partnerschaft mit einem solch mächtigen Konzern wie Anaconda ist.«

Davon ermutigt, beschlossen Harriman und Walker im selben Jahr, nochmals in die Kohle- und Stahlproduktion in Oberschlesien zu investieren. Diesmal war ihr Partner ein Mann, den Harriman schon mehrfach in Berlin getroffen hatte: Friedrich Flick.

Flick war in der gleichen Liga wie Thyssen. Beide kontrollierten – zusammen mit dem Gelsenkirchener Stahlbaron Albert Vögler – das größte Stahlkombinat des Reichs, die Vereinigten Stahlwerke, eine Fusion der Gelsenkirchener Bergwerks AG, der Mitteldeutschen Stahlwerke in Berlin und der Oberschlesischen Hüttenwerke in Gleiwitz, die im Zweiten Weltkrieg rund 40 Prozent des deutschen Stahlbedarfs deckten. Das Stahl- und Kohlekartell war zudem mit der AEG, den Phoenix-Stahlwerken, der Deutschen Bank, der Dresdner Bank und Thyssens Bank voor Handel en Scheepvaart verflochten, dazu mit der Hamburg-Amerika-Linie. So saß Vögler im Aufsichtsrat sowohl der Schifffahrtslinie als auch der holländischen Bank. Um 1926 brachte Flick auch die Kattowitzer Bergbau AG im polnischen Teil Schlesiens unter seine Kontrolle, zu der drei Stahlhütten gehörten: die Bismarckhütte, die Laurahütte und die Königshütte.

Flick hatte damals in Polen ähnliche Probleme wie Giesche: Die polnische Regierung versuchte, die Deutschen aus den Stahlbetrieben hinauszudrängen. In einem Schreiben an das Auswärtige Amt in Berlin vom August 1928 beklagte sich Flick über den »zunehmenden Druck der Woiwoden auf die Verwaltung und Terrorakte gegen einzelne Beamte«, betonte aber auch die »Erfordernis, finanzielle Mittel zu beschaffen«. Das hieß für Flick: amerikanisches Kapital. Er begann, mit Harriman zu verhandeln.

1929 erwarb W. A. Harriman and Co. ein Drittel der Flick'schen Stahl- und Eisenwerke für 50 Millionen Dollar, während Flick noch zwei Drittel behielt. Unter den Beteiligungen waren die Bismarckhütte, die Laurahütte, die Königshütte und zahlreiche weitere Anlagen. »Diese Fabriken, die 30 000 Arbeiter beschäftigen, sind die am besten ausgerüsteten im polnisch-schlesischen Industrierevier«, berichtete die *New York Times*.

Die gemeinsame Firma, in deren Aufsichtsrat Flick, Harriman und Irving Rossi vom Berliner Harriman-Büro saßen, hieß Consolidated Silesian Steel Corporation. Ihr stand Oskar Sempell vor, der auch im Vorstand der Vereinigten Stahlwerke war. Obwohl Harriman nur ein Drittel hielt, kontrollierte er 50 Prozent der stimmberechtigten Aktien, schreibt der Sozialwissenschaftler Alfred Reckendrees in seinem Buch *Das »Stahltrust«-Projekt*. Die polnische Regierung sagte zu, auf eine weitere »Polonisierung« und auf das Liquidationsrecht zu verzichten, falls Harriman an dem »ehemals deutschen Werke ein mitbestimmendes Interesse« nehme.

1930 wurden sowohl die so genannten »preferred shares«, die nicht stimmberechtigten Vorzugsaktien der Consolidated Silesian Steel, als auch die Silesian Holding Co., die Muttergesellschaft von

Giesche, in die Harriman Fifteen Corporation überführt, die ihren Sitz am Broadway 39 hatte. Im Aufsichtsrat der Harriman Fifteen saßen Averell Harriman, Herb Walker und Prescott Bush. Diese drei Männer kontrollierten damit praktisch die halbe Kohle- und Stahlförderung des Deutschen Reichs.

*

Die Beziehungen zwischen der deutschen Großindustrie und den US-Bankern erlitten einen herben Rückschlag, als diese ein neues Finanzierungsmodell für die deutschen Reparationen vorlegten: den so genannten Young-Plan, der Zahlungen bis ins Jahr 1988 festlegte. Die »Schuldhaft auf ewig« provozierte einen Aufschrei unter den Konservativen. Thyssen schrieb in *I Paid Hitler,* dass der Young-Plan, eine »Katastrophe für Deutschland« und eine der wichtigsten Ursachen für den Anstieg des Nationalsozialismus gewesen sei. Ähnliche Befürchtungen hegte ein amerikanisch-jüdischer Freund von Thyssen, Clarence Dillon von Dillon, Read & Co. Dillon hatte von 1925 bis 1927 Anleihen im Wert von 85 Millionen Dollar zugunsten von Thyssen in den USA ausgegeben (und sollte in den dreißiger Jahren die Umstrukturierung der Vereinigten Stahlwerke finanzieren). Dillon, so Thyssen, habe ihm damals gesagt: »Wenn ich Ihnen einen guten Rat geben darf, unterzeichnen Sie nicht.«

Thyssen sollte noch lange gegen den Young-Plan kämpfen. Im Oktober 1931 fuhr er auf Einladung der Columbia University nach New York, zu einer Tagung im Hotel Waldorf Astoria, zusammen mit solch illustren industriellen Freunden wie Henry Ford, Charles Schwab, Walter Chrysler und André Citroën. Thyssen plädierte dafür, Deutschland gänzlich von dieses Lasten zu befreien. »Mein Land hat ein Anrecht darauf, ohne äußere Ausbeutung und ohne Unterdrückung zu leben«, zitiert ihn der Journalist Hans Otto Eglau in seiner Biographie *Fritz Thyssen. Hitlers Gönner und Geisel.*

Dafür müsse gerade Amerika Verständnis haben, das immer »Freiheit und Ehre seines Landes« über alles gesetzt habe.

Aber mittlerweile war etwas passiert, das der Weimarer Republik ohnehin den Todesstoß versetzen sollte: der Schwarze Freitag an der New Yorker Börse, der 25. Oktober 1929. In den Jahren der Weltwirtschaftskrise, die nun folgten, verloren sechs Millionen Deutsche ihre Arbeit. Kommunisten und ein wachsende Zahl von Nazis schlugen sich auf den Straßen. Auch viele der amerikanischen Kapitalgeber – die allein im Jahr 1929 rund 1,2 Milliarden Dollar in die deutsche Wirtschaft gepumpt hatten – erlebten ein bitteres Erwachen. Sie mussten ein Gutteil ihrer Kredite abschreiben.

Es war in dieser Zeit, vermutlich Anfang 1933, dass Thyssen in die NSDAP eintrat. Schon in der ersten Zeit seiner Bekanntschaft mit Hitler hatte Thyssen ihm 200 000 bis 250 000 Mark über Ludendorff gegeben, wie er nach 1945 den Vernehmern der Alliierten erzählte. Dazu kam noch einmal ein Kredit um 1929, ein weiterer an Hitlers Stellvertreter Rudolf Heß, der sich auf 250 000 bis 300 000 Goldmark belief. Und Hermann Göring bekam von ihm zweimal 50 000 Mark – mindestens. Außerdem erwarb der Stahlbaron das »Braune Haus« in der Brienner Straße in München und schenkte es der Partei.

Aber das Geld, in absoluten Summen, war nicht das Wichtigste. Wichtiger war, dass Thyssen Hitler eine seriöse Aura verlieh. Es war Thyssen, der 1932 den späteren Führer einlud, vor dem Düsseldorfer Industrieclub zu sprechen. Das war nicht nur ein Prestigeerfolg für die NSDAP, danach fingen ebenso andere Industrielle an, für Hitlers Wahlkampf zu spenden – den Wahlkampf, der ihn 1933 an die Macht bringen sollte. Auch Flick, Vögler und Schulte von der Bergwerksgesellschaft Georg von Giesche.

Das Gros der Thyssen-Spenden an die NSDAP lief über die Bank voor Handel en Scheepvaart und deren Tochter Union Banking Corporation in New York, deren Aufsichtsrat Prescott Bush war. Thyssen wählte ein ausländisches Geldinstitut – wie er den amerikanischen Vernehmern in Nürnberg sagte –, damit der Transfer den deutschen Behörden nicht so auffiel. So entwickelte sich die UBC – schreibt John Loftus, der sich auf Quellen aus US-Geheimdiensten beruft – zur »Nazi-Geldwaschanlage«.

*

Der Schwarze Freitag hatte natürlich auch die Wall Street erschüttert. Die Wege von Harriman und Walker trennten sich – offiziell. 1931 gründete Walker seine eigene Bank, die G. H. Walker and Company. Deren Sitz war Wall Street 1, an der Ecke zum Broadway, wo auch die Harriman Fifteen ihren Sitz genommen hatte. Die Hintergründe für die Trennung sind bis heute im Dunkeln geblieben. Wir wissen aber, dass sich – laut *Boston Globe* – Knight Woolley, einer der Teilhaber von W. A. Harriman and Co., um 1930 beschwerte, dass Walker »gefährliche Geschäfte« mache, die der Firma schaden könnten.

W. A. Harriman and Co. wiederum schlossen sich 1931 mit der Londoner Bank Brown Brothers zusammen. Seitdem firmiert die New Yorker Firma als Brown Brothers Harriman. Die Bank verlegte zudem ihren Sitz ein paar Blocks weiter an die Wall Street 59, wobei allerdings die UBC und die American Ship and Commerce Corp. am Broadway 39 blieben. Ohnehin sollte die Trennung die Zusammenarbeit zwischen Walker und Harriman nicht beeinträchtigen. Die beiden Banker blieben einander persönlich und durch mehrere Aufsichtsräte und Firmenbeteiligungen verbunden.

Die wichtigste Verbindung aber war Walkers Schwiegersohn Prescott Bush, der bei Harriman blieb. »Manche sagen, dass Walker Prescott Bush bei Harriman zurückließ, damit der für ihn den Sack aufhielt«, meint John Loftus, der sich wiederum auf seine üblichen Geheimdienstquellen bezieht. »Andere sagen, dass sich Bush auf die britischen Investoren in Nazi-Deutschland spezialisiert hatte, während sich Walker um die Amerikaner kümmerte.« Diese Aufgabenteilung – die nach einer Fusion mit einer britischen Bank durchaus sinnvoll war — habe zudem dafür gesorgt, Brown Brothers Harriman den britischen Geheimdienst vom Hals zu halten. Prescott hatte aus seiner Militärzeit gute Kontakte zu Stewart Menzies, dem Chef des britischen MI 6.»Menzies wusste, dass es zu viele britische Investoren bei Brown Brothers Harriman gab, als dass er wegen deren Unterstützung für Nazi-Deutschland Streit angefangen hätte«, so Loftus.»Für ihn war es besser, den Skandal zu begraben.«

Die Londoner Bank Brown Brothers war eine Institution in der Finanzwelt.»Als Präsident Woodrow Wilson zur Friedenskonferenz nach Paris fuhr, hatte er einen ›Letter of Credit‹ von Brown Brothers mit sich«, erinnerte sich Prescott Bush.»Und das war kein Travellerscheck. Das war ein Dokument, auf das jede Bank im Ausland Tausende von Dollars auszahlen würde.« Bush hatte nur glückliche Erinnerungen an die Fusion:»Wir Teilhaber waren alle Freunde: Robert Lovett, Ellery James, der mein liebster Freund von Yale war, Knight Woolley, Charley Dickey, der später Teilhaber bei J. P. Morgan wurde, Ray Morris, auch Thatcher Brown, der schon ein älterer Herr war. Wir kannten uns alle. Deshalb arbeiteten wir alle sehr gut zusammen.«

Da Harriman so oft auf Reisen war, blieb das Geschäft bei den übrigen Teilhabern hängen.»Es waren immer nur drei oder vier von uns, die sich um die tagtäglichen Entscheidungen gekümmert haben«, so Bush.»Das waren im Grunde ich selbst und Knight Woolley. Und auch Roland Harriman hat den Laden zusammengehalten.«

Der Start allerdings war holprig, denn in der Depression machten auch Brown Brothers Harriman herbe Verluste. Es war so dramatisch, dass Bush als persönlich haftendem Teilhaber der Konkurs drohte. Jedoch schoss W. Averell Harriman – der dank des Vermögens seines Vaters immer noch einer der reichsten Männer der USA war – mehrere Millionen Dollar nach und rettete Bush.»Wir haben so viel Geld verloren, dass wir praktisch unter Wasser waren«, erinnerte sich Bush.»Aber Harriman war sehr großzügig. So kamen wir rasch wieder nach oben.« Bush hat dies jedoch lange geheim gehalten: »Ich hoffte immer, dass ich tot bin, bevor es jemand herausfindet.«

Wesentlich besser ging es der G. H. Walker. Walker war Republikaner (während Harriman Demokrat war), und er hatte mehrere wohlhabende Republikaner als Kunden zu seiner neuen Firma mitgenommen. Und so beschloss Prescott Bush, sich ebenfalls der Grand Old Party anzuschließen. Der Hauptgrund für Walkers Erfolg war aber dessen Engagement im Deutschlandgeschäft, vor allem ab 1933.»Während die USA in der Depression dahindümpelten, machte Walker Millionen für seine Klienten, indem er in den wirtschaftlichen Aufschwung in Deutschland investierte«, bemerkt John Loftus.

Nicht alle diese Geschäfte waren legal. Auf den Schiffen der Hamburg-Amerika-Linie, an der Walkers und Samuel Pryors American Ship and Commerce Corp. beteiligt war, wurden Anfang der dreißiger Jahre Gewehre und Munition aus der Produktion von Pryors Waffenschmiede Remington Arms an die Nazis geliefert. Finanziert wurde dies über Thyssens Bank voor Handel en Scheepvaart, die Partnerbank von Walker und Bushs Union Banking Corporation, in deren Aufsichtsrat Pryor ebenfalls saß.

Auf die Schliche kam die US-Regierung den Schmugglern durch einen Doppelagenten namens Dan Harkins, berichtet Loftus. Harkins war einer von Walkers Angestellten, der gegenüber seinem Boss so tat, als sei er ein Nazi-Sympathisant. Tatsächlich aber berichtete er dem Geheimdienst der U.S. Navy, was auf den Schiffen wirklich geschah. 1934 gab es sogar eine parlamentarische Untersuchung, das Special Committee on Investigation of the Munitions Industry, auch Nye-Committee genannt, nach seinem Vorsitzenden, dem Senator Gerald Nye. Im Volksmund firmierte es bald als die Anhörung der »Merchants of Death« – der Kaufleute des Todes.

Das Nye-Committee verhörte unter anderem William Taylor, den Bevollmächtigten der du Ponts in Paris (die du Ponts, die größten

Munitionsfabrikanten der USA, hatten in den dreißiger Jahren Remington Arms übernommen). Taylor hatte in einem Brief an die DuPont-Zentrale in Delaware vom Juni 1932 berichtet, dass er bei seinem letzten Besuch in Holland gehört habe, dass »deutsche politische Organisationen wie die Nazis alle mit amerikanischen Revolvern und Thompson-Maschinenpistolen bewaffnet« seien. Es gebe ein richtiges Business mit »Schmuggeln von Handwaffen von Amerika nach Deutschland«. Das Zentrum sei Köln, und die meisten Schmuggler seien Holländer.

Ein Jahr später schrieb Taylor noch einmal an du Pont, um mitzuteilen, dass sich die Schmuggelszene nach Hamburg verlagert hatte – dem Hafen der Hamburg-Amerika-Linie. Es gebe vier große Waffenschmuggler in Deutschland, und alle vier nutzten den Freihafen. Allein im Jahr 1932 seien mindestens 400, wenn nicht 2000 Tonnen Schießpulver über Hamburg umgeschlagen worden – mehr als über den legalen Handel. Taylor: »Ein gewisser Teil dieser Kontrabande, die über die Flüsse weiter verschifft wird, vor allem die Waffen, kommt aus Amerika. Waffen aller Art aus Amerika werden in die Schelde gebracht und dort auf Kähne verladen, noch bevor die Schiffe, die sie (die Waffen) geborgen hatten, in Antwerpen angekommen sind. So können sie durch Holland geschippert werden, ohne dass die Polizei eingreift. Auf diesem Wege bekommen die Hitleristen und die Kommunisten ihre Waffen.« Die meisten US-Waffen seien, fügte Taylor hinzu, die besagten Thompson-Maschinenpistolen und eine große Anzahl Gewehre.

Die Untersuchung verlief im Sande, weil das State Department Druck auf das Komitee machte, die Untersuchung nicht übermäßig auszudehnen – das schreibt der amerikanische Historiker Matthew Coulter in seinem Buch *Beyond the Merchants of Death*. Weder Herb Walker noch Prescott Bush mussten zur Vernehmung antreten (und der politisch gut verbundene Averell Harriman schon gar nicht). Zwar verhörte das Committee Samuel Pryor, wurde aber angehalten, das Ergebnis geheim zu halten. »Es ist nicht wahrschein-

lich, dass Walker persönlich Gewehre zu deutschen Extremisten verschiffte«, glaubt der Bush-Biograph Kevin Phillips. »Aber Bush und Walker kannten einige der allseits verachteten Händler sehr gut.«
Die Schiffe der Hamburg-Amerika-Linie sollte noch weiter eine Rolle im deutsch-amerikanischen Austausch spielen: Auf ihnen wurden Nazi-Spione – die offiziell im Auftrag der IG Farben unterwegs waren – in die USA geschmuggelt, dazu Flugblätter und Drucksachen, die antisemitische Hetze und Nazi-Propaganda enthielten. Dies deckte ein weiterer Untersuchungsausschuss des Kongresses auf, das House Committee on Un-American Activities unter dem Abgeordneten Samuel Dickstein.[11] Dieses Komitee stellte in seinem Bericht fest, dass die »Hamburg-Amerika-Linie eine große Spanne von Pro-Nazi-Propaganda sowohl in Deutschland als auch in den Vereinigten Staaten subventionierte«. Einer der vernommenen Zeugen war John Schroeder, der Direktor der Hamburg-Amerika-Linie. Er gab zu, dass die amerikanische Nazi-Organisation Friends of the New Germany auf den in New York angedockten Schiffen unter »Heil Hitler«-Rufen feierte, wobei auch die Hakenkreuzflagge geschwenkt wurde.

*

Hitler, dessen NSDAP mit 33,09 Prozent die stärkste Partei im Reichstag war, wurde am 30. Januar 1933 von Paul Hindenburg zum Reichskanzler ernannt, in einer Koalition mit den Deutschnationalen. Am 27. Februar 1933 brannte der Reichstag. Hitler verhängte den Ausnahmezustand. KPD und SPD wurden verboten, ihre Funktionäre verhaftet, viele davon umgebracht. Ende 1933 waren Gewerkschaften und Verbände gleichgeschaltet. 1934 ließ Hitler mit Ernst Röhm den letzten innerparteilichen Widersacher beseitigen. Ein Jahr später waren Juden durch die Nürnberger Gesetze entrechtet.
Aber all das sollte die Amerikaner nicht abschrecken. »Das US-

Investment in Übersee endete nicht mit Hitlers Aufstieg zur Macht«, schreibt der Publizist Kevin Phillips. Die Nazis waren sogar gut fürs Geschäft. »Als Konsequenz der Machtübernahme der Hitler-Regierung in Deutschland setzte nach einer Periode der tiefsten Depression ein wirtschaftlicher Aufschwung ein«, heißt es in dem Aktionärsbericht der Hamburg-Amerika-Linie, der pflichtschuldigst an W. A. Harriman and Co. nach New York gesandt wurde.

Max Warburg freilich, der deutsch-jüdische Bankier aus Hamburg, wurde von den Nazis gezwungen, aus dem Aufsichtsrat der Schifffahrtslinie zurückzutreten. Statt seiner trat der SS-Offizier Wilhelm Keppler in den Aufsichtsrat ein. Das hielt Harriman nicht davon ab, die Dividenden zu kassieren – 1936 verdoppelte sich der Profit der Hamburg-Amerika-Linie auf zehn Millionen Reichsmark. Überdies lud Harriman den Hapag-Reeder Rudolph Brinckmann – der später die arisierte Warburg-Bank in Hamburg leiten sollte – nach New York ein.

Brown Brothers Harriman sollten sogar die maßgeblichen US-Banker für das Geschäft mit Deutschland werden. Als die Reichsbank 1934 eine Sperre für amerikanisches Kapital auf deutschen Konten verhängte, organisierten Brown Brothers Harriman ein Syndicate of American Creditors, dem über 150 amerikanische Firmen angehörten. Das Syndikat verhandelte mit Reichsbankchef Hjalmar Schacht die Konditionen, unter denen die US-Kreditgeber ihr Geld zurückbekommen konnten. Wer sein Geld wenigstens ansatzweise wiedersehen wollte, kam an Harriman nicht vorbei.

»In den späten dreißiger Jahren«, schreibt Phillips, »waren Brown Brothers Harriman bemerkenswert aktive Investoren in einem Deutschland, das unter Hitler rasant aufrüstete.« Die Bank war etwa am Ethylexport an die Nazis beteiligt. Ethyl ist ein Bestandteil von Flugbenzin, der das Klopfen von Flugzeugmotoren verhindert. Produziert wurde Ethyl damals exklusiv von der Ethyl Gasoline Corporation, einer gemeinsamen Firma von General Motors und Standard Oil of New Jersey, in deren Aufsichtsrat zwei bekennende

Antisemiten saßen, Walter Teagle und William Farish von Standard Oil. Als 1938 der deutsche Einmarsch in der Tschechoslowakei unmittelbar bevorstand, orderte die Wehrmacht 500 Tonnen Ethyl bei Farish und Teagle. Laut einem Brief vom 21. September 1938 wurde die nötige Absicherung für den Kredit von Brown Brothers Harriman organisiert.

Und auch Prescott Bush mischte mit, wenn auch eher im Hintergrund: So übersah er – zusammen mit John Foster Dulles – die German-American Cable Company, die Deutsch-Atlantische Telegraphen-Gesellschaft, eine ITT-Tochter, in der ebenfalls Geld von Brown Brothers Harriman steckte. Zwar war Amerikanern der Handel mit den Nazis in den dreißiger Jahren nicht verboten. Aber anrüchig war es schon, zumal Harrimans jüdische Bankpartner wie Felix Warburg oder Solomon Loeb mit zunehmendem Schrecken Artikel lasen, dass jüdische Passanten auf den Straßen von Berlin von SA-Männern zusammengeschlagen wurden.

Um derlei Kritik zu begegnen, engagierte Bushs Bank um 1936 zwei Anwälte, deren sorgsam ausgetüftelte juristische Konstruktionen dafür sorgen sollten, dass die deutsch-amerikanische Liaison nicht mehr so auffiel: John Foster und Allen Dulles. In Dulles' Unterlagen findet sich eine Notiz vom Januar 1937, wonach dieser eine Akte »Brown Brothers Harriman – Schroeder – Rock« führt. »Rock« steht für Rockefeller und »Schroeder« für die mit Kurt von Schröder verbundene J. Henry Schroeder Bank in London. In dieser Zeit wurden die Vereinigten Stahlwerke an der Börse von New York notiert.

*

Die wichtigeren Aktivitäten der Harriman-Gruppe sollten sich in Oberschlesien entfalten. Denn dort lagen die Kohle- und Stahlfabriken, die bald die Kriegsmaschine befeuern sollten. Zwar war Schlesien in den Jahren nach der Machtergreifung noch polnisch, aber schon sehr früh waren Konflikte zwischen Deutschen und Polen aufgetreten, die auch die Harriman-Beteiligungen in Mitleidenschaft zogen.

Der erste offene Streit brach 1934 bei der Consolidated Silesian Steel Corp. aus, dem Stahlimperium von Flicks Vereinigten Stahlwerken und der Harriman Fifteen Corp., das die Laurahütte, die Königshütte und die Bismarckhütte betrieb. Die polnische Regierung beschuldigte Flick – schrieb die *New York Times* – des Missmanagements. Die Firma soll sich überschuldet haben, Bücher gefälscht und sich verspekuliert haben, dazu stünden Steuern in Millionenhöhe aus. Gegen mehrere Aufsichtsräte seien bereits Haftbefehle wegen Steuerhinterziehung erlassen worden. Sie seien nach Deutschland geflohen und durch Polen ersetzt worden. Daraufhin habe Flick sämtliche Kredite gesperrt, sodass dem neuen Management das Geld fehle, die Arbeiter zu bezahlen.

Bush und Flick gelang es zwar, sich mit den Polen auf einen Vergleich zu einigen, aber Harriman wurde offenbar der Boden zu heiß unter den Füßen: Er trat 1934 aus dem Aufsichtsrat zurück. Ein Jahr später stieß die Harriman Fifteen Corp. – die Holding von Harriman, Walker und Bush – die 8000 Vorzugsaktien der Consolidated Silesian Steel Corp. ab, behielt aber die stimmberechtigten Aktien.

1938 übernahm die Consolidated Silesian Steel Corp. auch die schlesischen Kohleminen der Petscheks, einer wohlhabenden tschechisch-jüdischen Familie, mit der anwaltlichen Hilfe von John Foster Dulles. Der Journalist Robert von Rimscha schreibt in seinem Buch *Die Bushs,* dass danach eine der Stahlhütten in Auschwitz an Thyssens UBC verkauft wurde. Und deren Geschäftsführer war wiederum Prescott Bush. Sodann habe Bush das Werk in die Silesian-American Corporation überführt (die ihrerseits in die Harriman Fitheen eingegliedert wurde).

Die Königshütte, die Bismarckhütte und die Laurahütte wurden ab 1940 als Außenlager von Auschwitz geführt. Hier mussten Kriegsgefangene und KZ-Häftlinge, Juden und Polen unter unmenschlichen Bedingungen Flugabwehrkanonen, Panzerfahrzeuge und Panzerabwehrkanonen herstellen. Allein in der Laurahütte arbeiteten gegen Ende des Krieges fast 13 000 KZ-Gefangene, die teilweise aus Buchenwald hergeschafft worden waren. »Friedrich Flick wusste von den schrecklichen Vorhaben der Nazis, die Juden zu verfolgen und auszurotten. Das war allgemein bekannt seit der Geburt der Partei«, warfen ihm die Ankläger in den Nürnberger Kriegsverbrecherprozessen vor.

Wie lange die Kommunikation mit den deutschen Stahlbaronen weiterging, ist unklar. So schrieb ein New Yorker Anwalt im Juli 1939 an die UBC, er wolle die amerikanischen Aktionäre informieren, dass bei den Vereinigten Stahlwerken (in deren Aufsichtsrat Flick saß) nach deren Fusion mit der Gelsenkirchener Bergwerks AG nunmehr Hermann Wenzel im Vorstand sei, der darum bitte, in New York registriert zu werden. Nach dem Einmarsch der Wehrmacht wurden die schlesischen Betriebe der Haupttreuhandstelle Ost unterstellt. Aber das sollte das amerikanische Engagement nicht unbedingt beenden.

Während Flick zum wichtigsten Industriellen des Nazi-Regimes aufstieg, hatte sich Fritz Thyssen von Hitler entfremdet. Am 2. September 1939, einen Tag nach dem Einmarsch der Wehrmacht in Polen, flüchtete Thyssen erst in die Schweiz und reiste von dort aus nach Frankreich weiter, wo er verhaftet wurde. Er wollte die USA vor Hitler warnen und nach Argentinien ausreisen – aber zu spät: Die Gestapo fasste den Flüchtling an der Riviera. Am 21. Dezember 1941 wurde er verhaftet und nach Deutschland gebracht. Er wurde unter Hausarrest gestellt und landete im KZ Sachsenhausen.

Die Nazis hatten schon kurz nach Thyssens Flucht den Bankier und SS-Oberführer Kurt von Schröder beauftragt, das Thyssen'sche Vermögen zu beschlagnahmen. (Albert Vögler wurde eingesetzt, die Vereinigten Stahlwerke zu leiten). Jetzt erwies es sich als weise, dass der Stahlbaron zumindest einen Teil seines Geldes via Bank voor Handel en Scheepvaart bei der Union Banking Corporation in New York geparkt hatte. Seine New Yorker Freunde wussten allerdings, dass spätestens nun die Luft brannte – zumal Kanada bereits im Herbst 1940 die UBC-Tochter Domestic Fuel Corporation, die Thyssen-Kohle nach Kanada brachte, auf die schwarze Liste hatte setzen lassen.

Knight Woolley, der Vorsichtigste aus dem Brown-Brothers-Harriman-Tross, wandte sich am 14. Januar 1941 an William White von der New Yorker Bankenaufsicht. Woolley fragte an, ob Harriman seine Aufsichtsräte – neben Prescott Bush waren das E. Roland Harriman, Ray Morris und H. D. Pennington – aus der UBC abziehen solle. Denn diese sei die New Yorker Dependance der Bank voor Handel en Scheepvaart. Das sei zwar eine holländische Bank, aber es gebe eine »gewisse Unsicherheit«, ob es sich nicht vielleicht doch um ein deutsches Institut handele (dies von einem Bankhaus, dessen Gründer persönlich den Vertrag mit Thyssen unterzeichnet hatte). Die UBC, fügte Woolley hinzu, agiere allerdings sehr limitiert und Harriman habe darin keinerlei finanzielle Interessen. Im Mai 1941 schrieb Bankaufseher White wunschgemäß zurück und bat Woolley, die Harriman-Aufsichtsräte bei der UBC zu belassen, damit die Bank von »verantwortungsbewussten Personen durch die Krise gesteuert werden konnte«.

Aber das nutzte nichts. Als Prescott Bush am 31. Juli 1941 die *New York Herald Tribune* aufschlug, dürfte ihm das Frühstücksei nicht mehr geschmeckt haben. »Thyssen hat 3 000 000 Dollar Cash in New Yorker Tresoren«, titelte die *Tribune* und führte aus: »Die Union Banking Corp. hat vielleicht einen Notgroschen für die hochrangigen Nazis versteckt, die Thyssen einst unterstützt hat.« Der Zeitung zufolge hatte Thyssen drei Millionen Dollar – heute gut das Zehnfache – bei der Union Banking Corporation geparkt. Hinter dieser verberge sich ein halbes Dutzend der Thyssen-Konzerne, Schifffahrt, Ex- und Import sowie Kohle und Stahl. Vielleicht, vermutete die *Tribune,* gehöre das Geld in Wirklichkeit sogar Göring, Goebbels, Himmler oder Hitler selbst und solle in dem New Yorker Tresor nur aufgehoben werden, bis die schwierigen Zeiten vorüber seien.

Die drei Millionen allerdings waren nun von der US-Regierung eingefroren worden. Denn de jure war das Geld im Besitz der Bank voor Handel en Scheepvaart – und als die Wehrmacht Holland besetzt hatte, waren alle Exilvermögen sichergestellt worden. Wem aber gehörte das Geld wirklich? Eine komplizierte Frage, umso mehr, als die Rotterdamer Bank im Mai 1940 einem Bombenangriff zum Opfer gefallen war. Die *New York Herald Tribune* befragte dazu Cornelis Lievense, der seit 15 Jahren im Dienst der Union Banking Corporation stand und sowohl bei der August-Thyssen-Bank als auch bei Thyssens Frachtunternehmen Handelscompagnie Ruilverkeer im Aufsichtsrat saß. Erstaunlicherweise hatte Lievense nicht die leiseste Ahnung, für wen genau er eigentlich arbeitete.»Ich weiß überhaupt nicht, wer diese drei Millionen besitzt, diese Bank oder alle diese Gesellschaften«, meinte der Holländer zur *Tribune*.»Ich weiß auch nicht, ob Herr Thyssen damit etwas zu tun hat. Wer weiß das schon?«

Prescott Bush, der im Aufsichtsrat der UBC saß, wusste immerhin, dass er nun ein Imageproblem hatte. Und so voluntierte er für den Vorsitz der Spendengala der USO, der Truppenbetreuung. Sein Schwiegervater Walker hingegen bereitete sich angesichts des bevorstehenden Kriegseintritts der USA darauf vor, das nächste Fiasko abzuwenden. Denn das Trio Bush, Harriman und Walker war ja an einem weiteren deutschen Konzern beteiligt, der im besetzten Polen Kohle für die Wehrmacht förderte: die Bergwerksgesellschaft Georg von Giesches Erben.

Zwar war es Walker bereits gelungen, diese Beteiligung mithilfe einer komplizierten Holdingkonstruktion zu verbergen: Giesche existierte unter dem Mantel der Silesian Holding Co., der Silesian-American Corp., der Harriman Fifteen Corp. und der Rockefeller'schen Anaconda, die inzwischen als Harriman Anaconda firmierte. Aber Walker rechnete damit, dass die US-Behörden dies irgendwann durchschauen würden.

Giesche war seit Beginn des amerikanischen Engagements ein

Problembetrieb gewesen – schon 1936 beschwerte sich Ray Morris, einer der Aufsichtsräte der Silesian-American Corp., über die »romantischen Ansinnen der polnischen Regierung«, die doch froh sein solle, dass es »wenigstens einen amerikanischen Industriebetrieb gibt, der in Polen floriert«. Wenn Polen den auch noch ruiniere, käme überhaupt kein Kapital mehr ins Land.

Am 25. August 1939 schließlich eskalierte der Streit. Polen, das den bevorstehenden deutschen Einmarsch antizipierte, erklärte den Notstand und stellte alle kriegswichtigen Industrien unter staatliche Kontrolle. Die polnische Regierung rückte mit eigenen Leuten an, die Giesche übernahmen. Den amerikanischen Managern wurde befohlen, das Land zu verlassen. Sie flohen nach Rotterdam. Als wenige Tage später die Wehrmacht tatsächlich einmarschierte, wurde bei Giesche ein deutscher Kommissar eingesetzt. »Seit diesem Tag«, schrieb Cornelius Kelley, der Präsident der Silesian-American Corp. im November 1939 an US-Außenminister Cordell Hull, »haben wir immer wieder darum gebeten, dass die amerikanische Belegschaft wieder die Kontrolle übernehmen darf.«

Als alles Bitten nichts nützte, fragte die Silesian-American Corp. einen Anwalt um Rat: Heinrich Albert von der Kanzlei Albert & Westrick, dem Berliner Partnerbüro von Sullivan & Cromwell, das bereits die Fusion begleitet hatte (und das auch die IG Farben vertrat). Albert riet den Amerikanern ab, laut zu protestieren. Ähnlich dachte Giesche-Generaldirektor Eduard Schulte, der ebenfalls in Rotterdam festsaß. Er sagte, dass alle oberschlesischen Betriebe dem Kommissar unterstünden, nicht bloß Giesche.

Auf den guten Rat von Albert und Schulte hin sandte Kelley einen Brief an Hitlers Innenminister Wilhelm Frick, der so devot wie möglich abgefasst war. Darin hieß es: »Wir sind bereit und wir wünschen, so früh wie irgend möglich das Management unseres Betriebes wieder zu übernehmen, in Übereinstimmung mit den Gesetzen Ihrer Regierung. Wir versichern Ihnen, dass wir unseren Besitz in effizienter Weise und unter gewissenhafter und strenger

Befolgung der deutschen Gesetze und Regularien führen werden.« Mit anderen Worten: Wenige Wochen nachdem das Dritte Reich die Menschheit in den Zweiten Weltkrieg gestürzt hatte, bot das US-Konglomerat von Walker, Harriman und Bush dem Hitler-Regime an, die kriegswichtige Kohleförderung zur vollen Zufriedenheit der Nazis zu führen.

Es ist unklar, ob die Amerikaner zurück nach Schlesien durften – und auch, ob das an den Nazis lag oder am Einspruch von Hull –, aber in jedem Fall konnte der Walker-Vertraute Eduard Schulte die Geschäftsführung in Kattowitz wieder aufnehmen. Er schickte nun regelmäßig Einladungen zu den Aktionärsversammlungen nach New York. Wobei das nicht einfach war: Auf einem Brief von Schulte, der im September 1941 ankam, heißt es, dass die Einladung »ordnungsgemäß als eingeschriebene Drucksache an Sie zur Absendung gebracht worden war«, da sie jedoch zurückgekommen sei, werde versucht, »Ihnen auf diesem Wege Kenntnis von dem Termin« zu geben – unterzeichnet: »Glück auf!«

Dem geschäftstüchtigen Trio in New York war klar, dass es nun geboten war, die Partnerschaft in Schlesien unter der Decke zu halten. Walker, der Mann fürs Grobe, sollte eine Lösung finden. Zugleich gab es noch ein zweites Problem: Deutschland gestattete nicht mehr, Devisen auszuführen, stattdessen mussten Gewinne im Reich reinvestiert werden. Mitte 1941 wurde jedoch die Dividende für die amerikanischen Anleihezeichner der Silesian-American Corp. fällig. Walker kam nun auf eine Idee, mit der er hoffte, zwei Fliegen mit einer Klappe zu schlagen: Schweizer Banken.

Eine Gruppe dieser Banken unter der Führung der Union Bank aus Zürich – die bereits zuvor Kredite an Giesche vergeben hatte – sollte die US-Anteile der Silesian-American Corp. übernehmen. Das würde aus den Minen, zumindest auf dem Papier, Schweizer Besitz machen (wobei die eigentliche Kohle- und Zinkförderung natürlich immer noch für die Wehrmacht verwendet würde). Die Schweizer würden dafür echtes Geld bezahlen – das über den Umweg einer

Kreditrückzahlung in Wirklichkeit von Giesche aufgebracht würde – sodass die US-Aktionäre ausgezahlt werden könnten. Walker stellte den Vorschlag auf der Aktionärsversammlung der Silesian-American Corp. im September 1941 in New York vor, und er wurde einstimmig angenommen. Nun jedoch legte US-Finanzminister Henry Morgenthau sein Veto ein. Er vermutete, dass die Schweizer Banken nur als Strohleute für eine Verbindung fungierten, die in Wirklichkeit eine deutschamerikanische blieb (obgleich die Banker der US-Regierung versichert hatten, das Geschäft diene nur dem »Wohl der Schweizer Ökonomie«). Was die US-Regierung misstrauisch machte, war die hohe Summe, die die Schweizer Banken für ein Aktienpaket aufzubringen bereit waren, das bei Kriegseintritt der USA von der deutschen Regierung sowieso konfisziert werden würde. Außerdem war eine dazwischengeschaltete Gesellschaft, die Non-Ferrum, zwar nominell eine Schweizer GmbH, wurde aber von einem Deutschen geführt.

Laut *New York Times* vom 9. November 1983 hatte Giesche letztlich das Aktienpaket übernommen, um die »belastende amerikanische Verbindung« zu lösen.[12] Das kann allerdings nicht stimmen, denn den amerikanischen Aktionären wurde ihre Dividende nicht ausbezahlt. Wenig später liquidierte Walker die Harriman Fifteen Corp., die die Anteile an der Silesian-American gehalten hatte. Allerdings hatte Walker es nicht aufgegeben, doch noch Gewinne zu realisieren. In einem Brief vom Dezember 1941 – wenige Tage nach Kriegseintritt der USA – appellierte er an die Aktionäre der Harriman Fifteen Corp., ihre Silesian-Holding-Papiere auf gar keinen Fall abzustoßen. »Wir versichern Ihnen, dass diejenigen Aktionäre, die mit dem Management der Harriman Fifteen betraut sind, nämlich die Herren G. H. Walker, E. R. Harriman, W. A. Harriman und P. S. Bush, ihre Anteile an diesen Firmen auch nicht verkauft haben.«

Bald darauf standen die schlesischen Bergwerke im Dienst von Krieg und Holocaust. Giesche wurden knapp 2000 russische Kriegsgefangene als Zwangsarbeiter zugeteilt. Im Mai 1942 fertigte ein amerikanischer Spion einen vertraulichen Bericht für den US-Konsul in der Schweiz, Maurice W. Altaffer, an. »Giftgas in großen Mengen wird von Giesches Erben produziert, einer bekannten Firma in Oberschlesien«, berichtete der Mann, der in der Gegend von Kattowitz gewesen war, wo Giesche schürfte. Und weiter: »Ein SS-Mann in Polen soll das Eiserne Kreuz dafür bekommen haben, dass er 1200 Polen erschoss.« Juden würden in die Sümpfe getrieben und mit Maschinengewehren niedergeschossen. »Danach fliegen Flugzeuge über die Sümpfe, um sie zu desinfizieren. An anderen Orten werden Juden gezwungen, ihre eigenen Gräber zu graben, dann werden sie erschossen und hineingestoßen.«

Walker, Bush und Harriman mussten über den Judenmord in Polen, der in ihren Fabriken und Bergwerken geschah, Bescheid gewusst haben. Denn der Mann, der bald darauf die Welt über die ganze Dimension des Holocaust aufklären sollte, war ausgerechnet Eduard Schulte, der Generaldirektor von Giesches Erben.

Schulte reiste im Juli 1942 in die Schweiz – er verhandelte noch immer mit den Schweizer Banken – und suchte dabei auch Isidor Koppelmann auf, einen jüdischen Anlageberater, der ein alter Bekannter von ihm war. Dem berichtete er Furchtbares: Im Führerhauptquartier, sagte Schulte, werde ein Plan diskutiert, der »das Ziel habe, alle Juden Europas, zwischen dreieinhalb und vier Millionen, in die Länder Osteuropas zu transportieren, um sie dort auszurotten«. Schulte hatte dies erfahren, als SS-Chef Heinrich Himmler 1942 Auschwitz besucht und dabei vor Führungskräften von Giesches Erben den Plan zur Ermordung der Juden verkündet hatte. Schulte sprach auch von dem Bau eines »Lagers und eines großen Krematoriums« bei Auschwitz. Er drängte Koppelmann, die USA und Großbritannien zu informieren, »bis hinauf zu Roosevelt«.

Der entsetzte Koppelmann wandte sich an Benjamin Sagalowitz vom Schweizerischen-Israelitischen Gemeindebund. Der rief bei Gerhart Riegner in Genf an, dem Schweizer Bürochef des World Jewish Congress, des Jüdischen Weltkongresses. Riegner setzte das berühmte »Riegner-Telegramm« nach New York auf, das die Welt vom Holocaust informierte.

Wenn Schulte nicht nur von der Vernichtung der Juden gewusst hat, sondern sogar den Jüdischen Weltkongress in den USA warnen konnte (und sich später auch mit Allen Dulles, Harrimans Anwalt, in Verbindung setzte, als er das OSS-Büro in der Schweiz leitete) – wie wahrscheinlich ist es, dass seine gut vernetzten amerikanischen Geschäftspartner nichts von Auschwitz ahnten?

Nicht alles, was Brown Brothers Harriman im Zweiten Weltkrieg taten, ist inzwischen bekannt. So gibt es eine Verbindung zwischen der Bank und der berüchtigten IG Farben, die – wie Giesche und Flick – Produktionsanlagen in Auschwitz hatte. Der britische Geheimdienst hat einen Brief von Brown Brothers Harriman an Hans Sturzenegger in Basel abgefangen (und an das FBI in New York weitergeleitet), in dem die Bank mitteilt, sie habe Dollaranleihen in Chile deponiert – am 26. Juni 1942. Der Bankier Sturzenegger war damals der Vorsitzende der IG Chemie, der schweizerisch-amerikanischen Schwester der IG Farben, die einander personell und geschäftlich verbunden waren. Wieweit diese Verbindung geht, harrt noch der Erforschung.

*

Ende 1942 riss der US-Regierung die Geduld mit Brown Brothers Harriman und G. H. Walker. Der Alien Property Custodian beschlagnahmte alle deutschen Beteiligungen, auch die Silesian-American Corp. Diese sei, heißt es in der Begründung, eine Holding für deutsche und polnische Tochterfirmen, die wertvolle Kohle- und Zinkvorkommen in Schlesien, Polen und Deutschland besitzen. »Seit September 1939 war dieses Eigentum im Besitz und unter Aufsicht der deutschen Regierung.« Und der Alien Property Custodian schrieb weiter: Die Kohle- und Zinkminen seien zweifelsohne eine »beträchtliche Unterstützung für dieses Land in seiner Kriegsführung« gewesen. Mit der Ausnahme eines deutschen Direktors (Konrad von Ilberg, der in der Behrenstraße in Berlin residierte), bestehe das komplette Management der Silesian-American Corp. aus »Bürgern der USA, die alle verantwortliche Positionen in bekannten amerikanischen Firmen« hätten. Dazu gehörte auch Prescott Bushs Schwiegervater Herbert Walker.

Aber die Muttergesellschaft der Silesian-American Corp., die Silesian Holding Co., war dem Alien Property Custodian entgangen. Harriman sollte das Unternehmen noch jahrelang kontrollieren, und zwar als Vertreter von institutionellen Anlegern bei der Aktionärsversammlung, wo er auch jedes Mal mit abstimmte. Dieses Mandat sollte er erst niederlegen, als alles verloren war – am 3. April 1945. Das war nicht einmal vier Wochen, bevor Hitler im Führerbunker Zyankali schluckte.

Dass Bush, Walker und Harriman die Wehrmacht aufgerüstet haben, sogar entgegen dem Trading with the Enemy Act, hatte niemals Konsequenzen. Im Gegenteil: Roosevelt machte Harriman ein knappes Jahr nach der Razzia des Alien Property Custodian zum Botschafter in Moskau. 1945 sollte Harriman den Präsidenten bei der Konferenz von Jalta beraten, wo Roosevelt, Churchill und Stalin die Welt neu aufteilten.

Auch die Karriere von Prescott Bush wurde von seinen Geschäften mit den Nazis nicht beeinträchtigt. Bush-Biograph Phillips vermutet, dass dem Trio die Bekanntschaft mit den Geheimdienstlern vom OSS geholfen habe, allen voran Allen Dulles. »Denen galt wohl die Verwicklung ins Deutschlandgeschäft zwar als unglücklich, aber letztlich doch als ›Business as usual‹«, meint Kevin Phillips. Vielleicht habe aber auch jemand ganz oben in der Regierung geglaubt, deren Verbindungen könnten nützlich für den Geheimdienst sein – nach dem Motto: »Sag uns doch, was du über Deutschland weißt.«

Wirtschaftlich geschadet hat das Deutschlandgeschäft auch Brown Brothers Harriman nicht. »Nach dem Stand vom 30. Juni 1944 haben wir das höchste Niveau an Einlagen, das wir jemals erzielen konnten –

148,5 Millionen Dollar«, schreibt Prescott Bush im Juli 1944 an Averell Harriman. »Trotzdem rechnen wir nicht damit, dass das gesamte Jahr so gut sein wird wie 1943.« Im selben Jahr sollte Bush in einen weiteren Aufsichtsrat einrücken: in den der Pan American Airlines. Er freue sich darauf – schreibt er weiter – dort gute Freunde zu treffen. Wie Samuel Pryor jr., den Sohn des Waffenhändlers.

*

Als die U.S. Army 1945 im Ruhrgebiet einmarschierte, wurden auch die Stahlbosse festgesetzt, außer Albert Vögler, der auf eine Giftkapsel biss, als ihn GIs in Gewahrsam nehmen wollten. Flick wurde verhaftet, auch Thyssen, der aus Sachsenhausen in ein amerikanisches Lager verlegt wurde, wo bereits Ferdinand Porsche, Hjalmar Schacht, Albert Speer und der Raketenforscher Wernher von Braun einsaßen (der bald im Dienst der NASA rehabilitiert werden sollte). Thyssen wurde durch mehrere Gefängnisse gereicht, bis ihm in Nürnberg der Prozess gemacht wurde. Hauptbeweismittel war sein Buch *I Paid Hitler*. Die U.S. Army gab den Fall zwar an die hessischen Landesbehörden ab, aber Washington machte klar, dass man eine Verurteilung wünschte.

1948 wurde Thyssen als Mitläufer eingestuft. Sein Vermögen, das die Nazis ohnehin konfisziert hatten, wurde einbehalten, die Stahlöfen von den Briten demontiert. Jedoch kam Thyssen – nach sieben Jahren Haft, erst bei den Nazis, dann bei der U.S. Army – auf freien Fuß. Er emigrierte 1949 nach Argentinien, wo er 1951 starb.

Nach Thyssens Tod erhielt Prescott Bush von Alien Property Custodian seinen Anteil an der UBC zurück, 1,5 Millionen Dollar. Dabei dürfte vor allem ein Mann hilfreich gewesen sein: Allen Dulles, der Anwalt von Brown Brothers Harriman, der den Krieg ebenfalls in der Schweiz verbracht hatte (als Dulles 1946 nach New York zurückkehrte, war einer der ersten Männer, mit denen er sich zum Lunch traf, Prescott Bush). Dulles hatte einen guten Draht zu Leo T.

Crowley, dem Chef des Alien Property Custodian: Crowley wurde von der J. Henry Schroeder Bank bezahlt, in deren Aufsichtsrat beide Dulles-Brüder saßen, schreibt der amerikanische Publizist Burton Hersh in *The Old Boys*, einem Buch über die Ursprünge der CIA. Die Zink- und Kohlebergwerke von Georg von Giesches Erben, aber auch Flicks Stahlhütten bei Auschwitz lagen nun jedoch in der russischen Besatzungszone – hier verzichtete das geschäftstüchtige Trio in New York wohlweislich darauf, den Besitz zurückzufordern.

Friedrich Flick, dessen Stahlfabriken den Krieg erst möglich gemacht haben, wurde in Nürnberg angeklagt, Zwangsarbeiter beschäftigt, besetzte Länder ausgeplündert und jüdisches Eigentum an sich gerissen zu haben. Zudem sei er Mitglied in der SS und mehreren ihrer Organisationen gewesen. Er wurde zu sieben Jahren Haft verurteilt. 1951 wurde er vorzeitig entlassen, auf Anweisung von John McCloy, dem amerikanischen Hochkommissar für Deutschland, einem alten Freund von W. A. Harriman und Allen Dulles.

Flick hat immer abgestritten, Verbrechen begangen zu haben – nach den Gesetzen der Nazis sei alles legal gewesen. Hätte er nicht mitgemacht, hätte er finanzielle Verluste erlitten. »Aber das Nürnberger Tribunal forderte von ihm einen höheren Standard«, schreibt die amerikanische Historikerin Lisa Stallbaumer in dem Sammelband *Holocaust and Genocide Studies*. »Es glaubte, dass es eine universelle Moral gebe, auch für Konzerne.«

Im Kalten Krieg fragte niemand mehr nach den amerikanischen Kollaborateuren der Nazis – fast niemand. »1933, als Hitler an die Macht kam, hat die Bank von Brown Brothers Harriman eine Milliarde Dollar an amerikanischen Investorengeldern nach Deutschland geschafft«, schrieb der Kolumnist Drew Pearson 1948 in der *Washington Post*. »Weitere Hunderte von Millionen Dollar kamen von der Bank Dillon, Read & Co. Und John Foster Dulles überzeugte damals die Amerikaner, in die Ruhrgebietsindustrie zu investieren. Heute ist Dulles der wichtigste Berater der Truman-Regierung,

James Forrestal von Dillon, Read & Co. ist Verteidigungsminister, Averell Harriman ist der Botschafter des Marshallplans und sein Bankpartner Robert Lovett ist stellvertretender Außenminister.« Pearson berichtete weiter: »Diese Herren haben entschieden, dass die Ruhr an die deutschen Kartelle zurückgeht.« Dieselben Kartelle, die in den Dreißigern ihre Partner waren.

W. A. Harrimans letzter öffentlicher Auftritt war als Berater von Präsident Lyndon B. Johnson. Er war bei den (gescheiterten) Friedensverhandlungen mit Nordvietnam in Paris dabei. W. A. Harriman starb 1986. Brown Brothers Harriman hat heute einen Milliardenumsatz und residiert inzwischen am Broadway 140. Das alte Bürohaus an der Wall Street 59 wurde renoviert – mithilfe von 132,5 Millionen Dollar an zinsfreien Steuergeldern, einem Fonds, der nach der Zerstörung des World Trade Centers aufgelegt wurde.

George »Herb« Walker scheffelte im Krieg ein Vermögen. Als der Bankier 1953 starb, besaß er Walker's Point, die Familienvilla in Kennebunkport, Maine, ein Landhaus auf Long Island, ein Stadthaus am Sutton Place, Manhattans teurer Upper East Side, und einen Jagdgrund in South Carolina mit Golfplatz, Pferden, einem Dutzend Bediensteten und einer privaten Bahn, dazu eine Yacht und ein Boot namens Tomboy. Dies war das Erbe, das Prescott Bush antreten sollte – und dessen Sohn und Enkel George W. Bush.

Prescott nutzte die Millionen, die er mit dem Teufel verdient hatte, um seine politische Karriere zu finanzieren. Er brachte es bis zum Senator von Connecticut. Sein Sohn, George Bush Sr., sollte den Familienreichtum nutzen, um seine erste Ölfirma zu kaufen. Als Ronald Reagan ihn 1981 zum Vizepräsidenten machte, übergab Bush Sr. sein Vermögen einem Treuhänder – dem alten Familienfreund William Farish III. Dessen Großvater war der Standard-Oil-Chef William Farish, der noch im Krieg wegen krimineller Verschwörung zum Vorteil der IG Farben abgeurteilt wurde.

George Bush Jr. und sein Vater haben sich niemals ihrer dunklen Vergangenheit gestellt, geschweige denn Entschädigung an Holocaust-Überlebende gezahlt. Das Holocaust Museum in Florida fordert, dass die Familie – auch Jeb Bush, der Gouverneur von Florida – zumindest die 1,5 Millionen Dollar der UBC in einen Fonds einzahlt. »Es ist schlimm genug, dass die Bush-Familie Thyssen geholfen hat, das Geld zu verdienen, das er Hitler in den zwanziger Jahren gegeben hat, aber dem Feind im Krieg zu helfen, ist Verrat«, sagt John Loftus. »Und zum Holocaust anzustiften, ist noch schlimmer.«

Die etablierten jüdischen Gruppen hingegen sind vorsichtiger – wer legt sich schon gerne öffentlich mit dem Präsidenten der USA an? Die Anti-Defamation League nennt die Vorwürfe gegen die Bush-Familie »politisch motiviert«. Auch die amerikanischen Medien mochten sich bisher nicht mit dem blutigen Erbe von George W. Bush befassen – oder allenfalls in Kurzmeldungen, weiter hinten in der Zeitung, ähnlich übrigens, wie US-Zeitungen damals über den Holocaust berichtet hatten.

Einer der wenigen, der das Thema überhaupt anpackte, war der Journalist Joe Conason vom *New York Observer*. Und er verteidigte den Präsidenten. »Ja, Prescott Bush hat sein Geld damals mit den Nazis verdient«, schreibt Conason. »Aber nun ist er tot. Was auch immer der Großvater des Präsidenten getan hat, was hat das mit Bush zu tun? Wenn er dafür verantwortlich wäre, hieße das, man müsste die Nachkömmlinge aller Politiker und Geschäftsleute der USA, deren Haltung gegenüber den Nazis bestenfalls ambivalent war, genauso behandeln. Sollte jeder, der Kennedy, Harriman, du Pont oder Fish heißt, für die Sünden ihrer toten Vorfahren vor Gericht gestellt werden? Sollte jeder Ford boykottieren? Die offensichtliche Antwort ist Nein.«

Conason berührt ein amerikanisches Tabu. Wenn die Bushs noch heute für ihre damalige Kollaboration mit den Nazis verantwortlich gemacht werden können, wer noch? Müssten sich dann nicht all jene, die Blutgeld mit Bergwerks- und Stahl- und Schiffsaktien in Nazi-Deutschland verdient haben, ihrer Verantwortung stellen? Und was ist mit denen, die ihr Familienvermögen mit Sklavenhandel, der

Ausrottung der Indianer oder der Produktion von Napalm für Vietnam verdient haben?»In den USA machen wir die Söhne nicht für die Schuld ihrer Väter verantwortlich«, schreibt Conason. Und für ihre eigene auch nicht.

»Schlimmer als Holocaust-Leugner«, meint die Holocaust-Forscherin Deborah Lipstadt in einem Interview der *Frankfurter Rundschau* zu Flick und seinen Geschäften im Dritten Reich, »sind diejenigen, die Geschichte nicht leugnen, sondern verhüllen.« So wie W. A. Harriman, Herb Walker und Prescott Bush.

Kapitel vier

Der Horror, reduziert zur trockenen Statistik
Die Berichterstattung in der amerikanischen Presse

Seine Augen haben fast die Farbe von blauem Rittersporn, neugierig wie ein Kind und redlich. Nicht bohrend wie die von Mussolini, sondern eher wie die inwendig blickenden Augen eines Mannes, der seiner eigenen Visionen gewärtig ist«, schrieb Anne O'Hare McCormick im Juli 1933 über Adolf Hitler. »Herr Hitler hatte keine Manieriertheiten. Er wirkt unermüdbar und unbekümmert. Seine Stimme ist so ruhig wie seine dunkle Krawatte und sein schwarzer Anzug. Wenn er zu sprechen beginnt, redet er langsam und feierlich, aber wenn er lächelt – und er lächelt oft während des Interviews – und vor allem wenn er locker wird und die Zuhörerin im Fluss seiner Rede vergisst, dann ist es einfach, zu sehen, wie er die Massen bewegt. Denn er spricht wie ein Mann, der beherrscht ist und zweifellos aufrichtig ... Hitler hat die sensible Hand des Künstlers.«

Das Porträt des Reichskanzlers erschien unter der Überschrift: »Hitler will Arbeitsplätze für alle Deutschen – ›Ist irgendetwas anderes wichtig?‹, sagt er und betont, mit welchen Anstrengungen er die Arbeitslosigkeit beseitigt.« Und weiter heißt es dort: »Cromwell ist sein Held. Kanzler bewundert Roosevelt, der sich für seine Ziele über den Kongress und die Lobbys hinwegsetzt.« Die Reporterin, die ein halbes Jahr nach der Machtergreifung der Faschisten so warme Worte für Hitler findet, war damals in den USA wohlbekannt. Anne O'Hare McCormick war eine der wenigen Frauen, die aus Europa berichteten, und sie hatte eine Leserschaft von Millionen von Menschen. Denn sie schrieb für die *New York Times*.

Dabei war Anne McCormick nicht die einzige Autorin der *Times*, die sich, zumindest in den ersten Jahren, für Hitler erwärmte. Als *Mein Kampf* im Oktober 1933 in den USA erschien, erläuterte James W. Gerard, der frühere US-Botschafter in Deutschland, das Buch folgendermaßen in der New Yorker Zeitung: »Stellen Sie sich Hitler nicht als einen Mann ohne Verstand vor und glauben Sie nicht den Gerüchten, er sei moralisch verdorben (d. h. homosexuell) ... Hitler tut viel für Deutschland: Seine Einheit der Deutschen, die Zerstörung des Kommunismus, sportliches Training für die Jugend, die Schaffung eines spartanischen Staates, belebt von Patriotismus, die Beschränkung der parlamentarischen Regierung, die so gar nicht zum deutschen Charakter passt, der Schutz des Rechtes auf Privateigentum ... Das ist alles gut – außer einer Sache: die Verfolgung und praktische Ausweisung der Juden.«[13] Diese Rezension erschien, als in Deutschland bereits Zehntausende von Kommunisten und Sozialdemokraten in Gefängnissen und Konzentrationslagern saßen und Tausende von Regimegegnern umgebracht worden waren.

Aber die *Times* schätzte damals nicht nur Hitler falsch ein. Die Zeitung mit dem Motto »All the News That's Fit to Print« (Alle Nachrichten, die der Veröffentlichung wert sind) hatte noch bis Mitte 1942 Korrespondenten in Berlin. Trotzdem versäumte sie es, die USA wachzurütteln, als die Nazis die europäischen Juden ermordeten. Zwar berichtete die Zeitung über den Holocaust, aber meist nur in Meldungen, vergraben auf hinteren Seiten, unter Anzeigen. Sogar als das State Department Ende 1942 Informationen des Jüdischen Weltkongresses bestätigte – dass Hitler die systematische Ausrottung der Juden plane und bereits zwei Millionen umgebracht habe –, meldete die *Times* das lediglich in wenigen Zeilen auf Seite zehn. »Die *Times* hat es nie geschafft, abzubilden, was wirklich geschah«, sagt Laurel Leff, die an der Northeastern University in Boston Journalistik lehrt. Zwischen 1939 und 1945 habe die Zeitung den Holocaust zwar 1147-mal erwähnt, aber das waren meist »winzige Meldungen im Mischmasch der übrigen Berichte«. In dieser gesamten Zeit gelangte die Information, dass es Juden waren, die ermordet wurden, nur sechsmal auf die Seite eins.»Man hätte 1939 und 1940 alle Titelseiten der *Times* lesen können, ohne zu erfahren, dass Millionen von Juden nach Polen deportiert, in Ghettos gesperrt wurden und an Hunger und Krankheiten gestorben sind«, weiß Laurel Leff. »Der Horror wurde zur trockenen Statistik reduziert.« Und das war fatal.»Die *Times* als führendes Blatt setzte die politische Agenda in den USA«, sagt Leff weiter. Zudem hingen damals kleinere Zeitungen, die sich keine eigenen Korrespondenten in Deutschland leisten konnten, vom Nachrichtendienst der New Yorker Zeitung ab.

Viele andere Publikationen, darunter die *Washington Post,* das *Wall Street Journal,* die *Los Angeles Times,* die *Chicago Tribune,* der *Christian Science Monitor* und die Blätter des konservativen Pressezaren William Randolph Hearst waren ebenfalls über 1941 hinaus in Berlin vertreten, dazu Agenturen wie Associated Press und United Press International sowie die nationalen Rundfunkanstalten National Broadcasting Company (NBC) und Columbia Broadcasting System (CBS). Sie waren die einzigen öffentlich zugänglichen Quellen, aus denen sich jeder Amerikaner und, wenngleich stark eingeschränkt, auch Deutsche über den Holocaust informieren konnten.

Aber die meisten US-Journalisten haben den Holocaust heruntergespielt. Dabei wussten sie es besser.»Amerikanische Reporter sahen die Brutalitäten gegen Juden, die Effekte der Nürnberger Gesetze, die Enteignung jüdischen Besitzes, sie sahen, dass Juden gezwungen wurden, ein Zeichen zur Identifizierung zu tragen«, schreibt die US-Historikerin Deborah Lipstadt in ihrem Buch *Beyond Belief.*»Sie begleiteten polnische Juden, die aus Deutschland verjagt wurden, und sie hörten, wie Soldaten auf Urlaub über Massaker an Zivilisten in Russland redeten.« 1940 sah der amerikanische Journalist Fred Oechsner von United Press, wie deutsche Juden im Winter ohne warme Kleidung und ohne Essensrationen Schnee schaufeln mussten. 1941 beobachtete Percy Knauth von der *New York Times,* wie Juden zur»Umsiedlung« in den Osten in Züge verladen wurden. Im selben Jahr besichtigten US-Reporter Konzentrationslager in Frankreich und machten sogar Fotos.

Ein Grund für die Zurückhaltung war, dass sowohl das deutsche Außenamt als auch das State Department der USA ein wachsames Auge auf die Presse hatten. Anfangs drängten Washingtons Diplomaten ihre Reporter sogar, sich im Ton gegenüber Hitler zurückzuhalten, während das Auswärtige Amt den gleichgeschalteten deutschen Zeitungen befahl, US-Präsident Franklin D. Roosevelt nicht zu kritisieren. Der amerikanische Außenminister Cordell Hull glaubte sowieso, dass die Berichte über Gewaltakte gegen Juden übertrieben seien. 1933 sagte er in einer Presseerklärung, diese Ausschreitungen seien nun vorbei. (Hull sollte sich sogar bei Hitler entschuldigen, als der New Yorker Bürgermeister Fiorello LaGuardia den Führer auf einer Protestkundgebung angriff.) Auch der spätere Geheimdienstchef Allen Dulles sagte nach einem Besuch in Berlin dem Korrespondenten der *Chicago Daily News,* dieser nehme die »deutsche Situation zu ernst«. Dazu kam, dass die NS-Regierung allzu unbotmäßigen Journalisten mit der Ausweisung drohte, was auch tatsächlich vorkam.

Außerdem hatten amerikanische Zeitungen im Ersten Weltkrieg ungeprüft britische Propaganda über vermeintliche deutsche Grausamkeiten in Belgien gedruckt – über ermordete Babys und verstümmelte Nonnen. »Im Zweiten Weltkrieg, als die Reporter Beweise über Massentötungen hatten, zweifelten sie daran, weil die Geschichten denen aus dem vorherigen Krieg so ähnlich waren«, konstatiert Lipstadt. Und selbst wenn die Reporter sie glaubten, galt das noch lange nicht für deren Redaktion, die entschied, was gedruckt wurde. »Das, was die Reporter in die Heimat übermittelten, war nicht unbedingt das, was die Amerikaner am Frühstückstisch lasen«, so Lipstadt.

Nur einige wenige dieser Korrespondenten haben schon früh über die Verfolgung der Juden berichtet, wie William Shirer, der für CBS aus Berlin sendete, oder die Reporter des *Manchester Guardian,* des liberalen Flaggschiffs der britischen Presse. Dessen Korrespondenten wurden allerdings im April 1933 hinausgeworfen. Der *Guardian* hatte nämlich geschrieben, Tausende von Deutschen hätten nur einen Wunsch – das Land zu verlassen, und: »Deutschland wird gerade in ein riesiges Gefängnis verwandelt.« Hingegen betonte die *Times* 1933 in einem wohlwollenden Porträt des Nazi-Finanzgenies Hjalmar Schacht, alle ihre Berichte hätten die »Nazi-Zensoren passiert«.

Die *Times* gehört der deutsch-jüdischen Familie Ochs-Sulzberger, die auch heute noch die stimmberechtigten Aktien hält. Die Familie von Adolph Ochs war aus der Pfalz nach Tennessee emigriert. Dort hatte er die *Chattanooga Times* gekauft.

1896 reiste Ochs nach New York, um die *New York Times* zu erwerben. Die hatte damals eine Auflage von nur noch 9000 Stück, und war praktisch Stunden vom Konkurs entfernt. Um die Kontrolle über die Zeitung zu erlangen, musste Ochs die Aktionäre – darunter Isidor Straus von Macy's und die Banker Jacob Schiff, J. Pierpont Morgan und August Belmont – überreden, ihre Anteile gegen neue Aktien zu tauschen, die nur noch ein Fünftel des vorherigen Nennwertes hatten. Das gelang ihm.

Nachdem Hitler an die Macht kam, hoffte Ochs, dass die Deutschen ihn durchschauen und bald abwählen würden. Als aber die Wellen in den USA über Hitlers Exzesse hochschlugen, entschied er sich, Leserbriefe, die Hitler erwähnten, nicht zu drucken. Denn hätte er Briefe gegen Hitler veröffentlicht, hätte er sich verpflichtet gefühlt, auch Pro-Hitler-Briefe zu drucken, die meist antisemitisch waren. Aber die Lage in Deutschland trieb ihn in Depressionen.

Der Schwiegersohn von Adolph Ochs, Arthur Hays Sulzberger, der das Blatt 1935 übernahm, wollte ebenfalls nicht, dass die *Times* als »jüdische Zeitung« wahrgenommen würde. Er erlebte selbst Antisemitismus, als ihm verweigert wurde, einer Verbindung an der Columbia University beizutreten. »Auf ein starkes antisemitisches Klima in den USA reagierend, fürchtete Sulzberger einen gesellschaftlichen Rückschlag sowie einen Rückgang der verkauften Auflage, falls die Zeitung jüdische Angelegenheiten zu auffällig und zu oft präsentierte«, stellt die Journalistikprofessorin Laurel Leff fest. Sulzberger, schreiben die amerikanischen Autoren Susan Tifft und Alex Jones in ihrem Buch *The Trust,* habe in der damaligen Atmosphäre das Gefühl gehabt, die *Times* müsse sich anstrengen, um in ihren Geschichten über Juden »objektiv und ausgewogen« zu sein. Ausgewogen hieß: Die *Times* veröffentlichte Stellenanzeigen, in denen stand: »nur ausgesuchtes Personal«, was hieß: keine Juden. Auch druckte die Zeitung keine Namenszeilen, die zu jüdisch klangen. Chefredakteur Abraham Rosenthal firmierte bis zu seiner Pensionierung als A. M. Rosenthal. Diese Haltung wirkte sich letztlich auf die Berichterstattung aus. »Es gab kein Schild an der Wand, man solle den Holocaust herunterspielen, aber manchmal werden Dinge nicht gesagt, sondern einfach getan«, konstatierte Rosenthal, der 1943 als Student bei der *Times* angefangen hatte, gegenüber dem Sender PBS. Und Arthur »Punch« Sulzberger, der Sohn des damaligen Verlegers, erinnerte sich 1984 in einem Gespräch mit dem American Jewish Committee: »Meine Eltern wussten über den Holocaust Bescheid, aber zu Hause wurde nicht darüber gesprochen.«

Sulzberger war sogar unbehaglich bei der Idee, dass Juden in der Öffentlichkeit eine prominente Rolle spielen könnten. So riet er Roosevelt ab, Felix Frankfurter als Verfassungsrichter zu ernennen, weil ein Jude auf einer so herausgehobenen Position Antisemitismus provozieren könne. Roosevelt, schreibt J. J. Goldberg in seinem Buch *Jewish Power,* hätte ihn gefragt, ob es denn nicht auch Antisemitismus provozieren könne, wenn ein Jude Herausgeber der *New York Times* sei, und warf Sulzberger hinaus.

Sulzberger hatte ohnehin nicht das beste Verhältnis zu Roosevelt: Nachdem Ochs gestorben war, hätte er eine massive Erbschaftssteuer zahlen müssen, die womöglich dazu geführt hätte, dass die Familie die Mehrheit an den kontrollierenden Aktien hätte aufgeben müssen. Aber Sulzberger hatte einen formaljuristisch korrekten Weg gefunden, die Erbschaftssteuer der *New York Times Company* aufzubürden. Als Roosevelt davon hörte, schäumte er und sprach von einem »schmutzigen jüdischen Trick«. Sulzberger sollte dies Roosevelt noch jahrelang nachtragen.

Es gab jedoch auch Verleger, die sogar mit Hitler sympathisierten, vor allem, weil sie seinen Antikommunismus teilten. Der wichtigste davon war William Randolph Hearst.

*

Hearst, der Sprößling einer wohlhabenden Verlegerfamilie aus San Francisco, war 1895 nach New York gekommen. Er war hoch gewachsen, meinungsfreudig und bereit, sich überall einzumischen. »Hearst war ein Gigant, der zu einem Ungeheuer wurde«, schreibt der amerikanische Autor John Mosedale in seinem Buch *The Men who Invented Broadway.* Der Verleger, der zwischendurch schon mal als Bürgermeister von New York kandidierte, trieb die USA in den spanisch-kubanischen Krieg, provozierte Straßenschlachten in New York und rief zur Ermordung von Präsident William McKinley auf. Er baute eine Kette von Zeitungen und Zeitschriften auf, darunter den *San Francisco Examiner,* den *New York American,* das *Morning Journal* und das *Evening Journal.* Sein Flaggschiff war *Cosmopolitan.* Zudem hatte er ein Joint Venture mit dem Studio Metro Goldwyn Mayer.

Als die *New York Times* 1904 ihren ersten Wolkenkratzer am nach ihr benannten Times Square errichtete, rasselte Hearst mit Ochs zusammen. Hearst glaubte, dass Ochs und August Belmont hinter den Kulissen kungelten – Belmont war in dem Bauprojekt von Adolph Ochs involviert. Im *New York American* beschrieb er Ochs als »ungebildeten öligen kleinen Geschäftsmann mit unterwürfig gekrümmten Schultern«, der Befehle von Belmont, dem »jüdischen Bankier« entgegennehme. »Ochs war so entsetzt über dieses Shylock-artige Porträt, dass er Hearst wegen Beleidigung verklagte«, schreiben Susan Tifft und Alex Jones.

Ob Hearst ein Faschist war, wurde in den dreißiger Jahren in den USA oft debattiert, und nicht ganz grundlos. Immerhin leitete der erzkonservative Pressezar – der durch Orson Welles' Film *Citizen Kane* ewige Berühmtheit erlangen sollte – sein eigenes Imperium wie ein Diktator. Und ohne Gewerkschaften. Hearst nannte Felix Frankfurter, der den New Deal unterstützte, einen Kommunisten und Roosevelt eine »Marionette Moskaus«. Er lud den antisemitischen Radiopfarrer Charles Coughlin in sein kalifornisches Schloss San Simeon ein und unterstützte Benito Mussolini, Francisco Franco und den mexikanischen Diktator Porfirio Diaz. Er interessierte sich für Louisianas Populisten Huey Long, was umso erstaunlicher war, als Long Millionäre besteuern wollte.

William Dodd, der amerikanische Botschafter in Berlin, berichtete damals an Roosevelt, dass Hearst »Nazi-Deutschland wirklich nahe steht«. Der linke US-Journalist George Seldes schrieb 1943, dass es einen »endlosen Streit gibt, ob Henry Ford oder William Randolph Hearst dem Geist Amerikas mehr Schaden zugefügt haben, aber es gibt keinen Zweifel, dass sie mehr faschistisches Gift verspritzt haben als jedes andere prominente Paar«.

Milder beurteilt ihn der amerikanische Autor William A. Swanberg in seiner Biographie *Citizen Hearst*. »Hearst sah im Faschismus ein nützliches Bollwerk gegen den Kommunismus, der seine Freiheit und sein Eigentum bedrohte«, urteilt Swanberg. »Aber er hätte trotzdem die amerikanische Demokratie vorgezogen.« Vermutlich wäre Hearst – wie vielen Amerikanern – ein Faschismus à la Mussolini am liebsten gewesen, der sich darauf beschränkt hätte, Kommunisten, Gewerkschaftler, Homosexuelle und Kleinkriminelle zu verfolgen.

Hearsts Blätter, allen voran *Cosmopolitan,* druckten Kolumnen von Adolf Hitler und seinen Paladinen Joseph Goebbels und Hermann Göring. Sie erschienen in der Beilage *March of Events,* die sich mit »berühmten Autoren« schmückte. Deren berühmtester und bestbezahlter aber war Mussolini. »Mussolini ist ein fabelhafter

Mann«, schrieb Hearst an eine Bekannte. »Es ist erstaunlich, wie er sich um jedes Detail seines Jobs kümmert.«

Mussolinis Geliebte, Margherita Sarfatti, handelte den Vertrag zwischen Hearst und Mussolini aus. Dieser sah zehn Kolumnen pro Jahr vor, für jede bekam der Duce 1500 Dollar (heute das Zehnfache). Sarfatti – die eigentliche Autorin – erklärte sich einverstanden, nur Themen zu behandeln, die von Hearst genehmigt wurden. Botschafter Dodd vermutete, dass das Geschäft auf Gegenseitigkeit beruhte. Eine Bank an der Westküste, die Mussolini nahe stehe, habe Hearst – dessen Zeitungsimperium in der Weltwirtschaftskrise angeschlagen war – ein Millionendarlehen gegeben.

Hitler hingegen bekam nur 1000 Mark pro Kolumne, 240 Dollar. Das war aber immer noch genug, dass er im Hotel Kaiserhof in Berlin absteigen konnte, schreibt der amerikanische Historiker David Nasaw in seinem Buch *The Chief*. Hitlers erstes Editorial erschien am 28. September 1930 und wurde zuvor eine Woche lang von Hearst beworben. »Die Welt soll sich nicht täuschen«, formulierte der Führer der NSDAP. »Deutschland wird entweder wieder ein freies Land werden oder jeglichen Glauben an die Zukunft verlieren, und dann in die Arme des Bolschewismus getrieben werden.« Das war eine – in millionenfacher Auflage verbreitete – Botschaft, die viele konservative Amerikaner für Hitler einnahm.

Hearst war begeistert von Hitlers Ansichten und von dessen pointierter Schreibweise. Das Honorar sollte bald auf 500 Dollar steigen. Aber der US-Verleger war unzufrieden damit, dass die Ablieferungstermine ständig um ganze Tage überzogen wurden. Letztlich gab Hearst den Vertrag auf, weil Hitler genauso viel Geld verlangte wie Mussolini. Hitler wurde durch Göring ersetzt. Aber auch der konnte feilschen. »Wir haben ihm sowieso einen Spitzenpreis gezahlt, und er fragte nach immer mehr Geld«, erinnerte sich William Shirer, der zwischenzeitlich für Hearst arbeitete, in seinem Buch *Twenthieth Century Journey*. »Er sagte, kommt, euer Herr Hearst ist ein Milliardär, oder? Was bedeuten ihm schon 1000 Dollar pro

Artikel?« Nun wechselten sich Göring und Mussolini in ihren Kolumnen ab.»Hearsts Zeitungen wurden so die offiziellen Sprachrohre für die Hitleristen und Italien«, schreibt Nasaw.

Hearsts offensichtliche Nähe zu Hitler veranlasste Carl Laemmle, Chef von Universal Studios und ein deutscher Jude aus Laupheim, dem Zeitungsbaron einen Brief zu schreiben, in dem er davor warnte, dass die Sicherheit von »vielen tausend Juden in Deutschland« gefährdet sei, wenn Hitler gewählt würde. Er bat Hearst, seine Stimme gegen Hitlers beißenden Antisemitismus zu erheben. Aber der reagierte nicht.

*

Da die deutschen Zeitungen unter der Kontrolle der NSDAP standen, wandten sich viele Berliner an die amerikanischen Korrespondenten, um informiert zu sein.»In ihrem Lieblingsbistro, der Taverne, teilten sich diese Journalisten des Abends Informationen von Deutschen, die ihr Leben bei heimlichen Treffen in Parks, Bahnhöfen oder Cafés riskiert hatten«, beschreibt es die US-Journalistin Shareen Blair Brysac in ihrem Buch über Mildred.

Aber nicht alle Korrespondenten waren verkappte Widerstandskämpfer. Louis Lochner von der Nachrichtenagentur AP gab Partys, zu denen hochrangige Nazis eingeladen waren. Sigrid Schultz von der *Chicago Tribune* mochte die Nazis zwar nicht, aber sie veranstaltete Bierabende, zu denen Göring und Goebbels kamen. Die *Tribune* gehörte Colonel Robert McCormick, der Hitler als Verhinderer der »kommunistischen Bedrohung« sah. McCormick glaubte, dessen Antisemitismus sei die Folge der Härte des Versailler Vertrags und eine »nationale psychologische Reaktion, offiziell beschuldigt zu sein, die Schuld am Ersten Weltkrieg zu tragen«, konstatiert Deborah Lipstadt.

Der Berliner Büroleiter von Hearst war Karl von Wiegand. Wiegand war in den ersten Monaten noch halbwegs kritisch. Aber im

August 1933 fand Hearst, dass Wiegand zu viele Anti-Nazi-Artikel schickte, und wies die New Yorker Redaktion an, dies abzustellen. »Von Wiegands Artikel und Nachrichten scheinen zu aufrührerisch. Er sollte generell interessante Nachrichten ohne Parteilichkeit schicken«, verfügte Hearst. Gleichwohl drohte 1935 das deutsche Propagandaministerium, Wiegand die Einreise zu verweigern; aber die Reichswehr, von Wiegand im Ersten Weltkrieg immer freundlich behandelt, protestierte, und so wurde sein Visum verlängert.

1933 traf sich Wiegand in Long Island mit Edward L. Bernays. Bernays war ein Werbefachmann – und ein Neffe von Sigmund Freud –, dessen Buch *Crystalyzing Public Opinion* (Biographie einer Idee) das Standardwerk der Public Relations war. Wiegand erzählte Bernays, dass er bei Goebbels zu Gast gewesen sei. Der habe ihn durch seine Bibliothek geführt, in der sämtliche Werke über Propaganda standen, auch *Crystalyzing Public Opinion*. Da habe er begriffen – schreibt der US-Journalist John Stauber in seinem Buch *Toxic Sludge is Good for You* –, dass die Attacken auf die Juden absichtlich und kalkuliert von den Nazis geplant seien. Bernays war entsetzt, sein Buch hier zu finden.

Der Büroleiter der *New York Times* in Berlin war Frederick T. Birchall, ein alter Hase. Zunächst war er Hitler gegenüber nicht unfreundlich. Er sagte im März 1933 auf CBS, Hitler sei kein Diktator. Er sei Vegetarier, rauche und trinke nicht, arbeite hart und habe sein ganzes Leben der nationalsozialistischen Bewegung gewidmet. Bald jedoch wurden seine Berichte kritischer. Seine Reportage über die Bücherverbrennung bekam den Pulitzerpreis. Er schrieb auch mehrere Stücke darüber, wie die Rechte von Juden, Regimekritikern, Künstlern und Gewerkschaftlern außer Kraft gesetzt wurden.

In der Berichterstattung der dreißiger Jahre spielte die Verfolgung von Kommunisten und Sozialdemokraten bei der *Times* eine untergeordnete Rolle, und die Inhaftierung der Homosexuellen und die Repressalien gegen Roma und Sinti kamen überhaupt nicht vor. Was hingegen oft berichtet wurde, waren Repressionen gegen Christen.

Wenn von der Verfolgung der Juden die Rede war, dann meist in einem Atemzug mit der von Katholiken (obwohl Hitler selbst Katholik war). Dies ist umso absurder, als man heute weiß, wie sehr die Kirchen in Deutschland und auch der Papst mit den Nazis kollaboriert haben.

Deborah Lipstadt beklagt, dass es den Medien in den USA nicht gelungen sei, die Einzigartigkeit der Judenverfolgung herauszustellen. Das allerdings ist eine eher ahistorische Betrachtungsweise: Denn sowohl die jüdischen Organisationen der USA als auch die Hitler-kritischen Zeitungen haben sich ja gerade explizit bemüht, die Politik der Nazis als gegen die Menschheit und insbesondere gegen die Christenheit gerichtet darzustellen, um die amerikanischen Kirchen im Kampf gegen Hitler mit ins Boot zu holen. Angesichts des massiven Antisemitismus, der damals in den USA herrschte, wäre es vollkommen aussichtslos gewesen, die öffentliche Meinung gegen einen Diktator zu mobilisieren, dessen Opfer vornehmlich Juden, Kommunisten und Homosexuelle waren.

Im Jahr der Machtergreifung brachte die *Times* zwar mehr als tausend Artikel, die sich mit der Verfolgung der deutschen Juden auseinander setzten. Jedoch befasste sich ein Großteil davon mit dem Streit um den vom American Jewish Congress initiierten Boykott. Was in Deutschland selbst geschah, diesen Tatsachen wurde weit weniger Platz eingeräumt. Es gab zwar viele Artikel, wo ein aus dem KZ entlassener Sozialdemokrat, ein reisender Schriftsteller oder ein jüdischer Funktionär aus New York schreckliche Details über die Lage der Juden berichtete, die aber durch andere Berichte konterkariert wurden, in denen ein Bankier von der deutsch-amerikanischen Handelskammer oder ein Kirchenmann diesen Erzählungen entgegenhielt, dass alles in Ordnung sei. Für einen Leser, der weit weg von Deutschland war, war dieses breite, ungefilterte Spektrum eher verwirrend.

Am 25. März 1933 veröffentlichte die *Times* gar eine Presseerklärung des Central-Vereins deutscher Staatsbürger jüdischen Glaubens, in der es hieß, dass »Berichte in der ausländischen Presse über Grausamkeiten gegen deutsche Juden durch die Nazis reine Erfindung« seien. Im April 1933 besuchte G. E. R. Gedye für die *Times* die Baustelle des Konzentrationslagers Dachau und stellte schon in der Überschrift klar: »Nazi wollen 5000 im Lager bei Dachau festhalten. 300 kommunistische Gefangene bereiten Gebäude vor. Internierte Männer haben keine Beschwerden über Behandlung – wer sich benimmt, wird in einem Monat freigelassen.« Der *Manchester Guardian,* der auf demselben Termin war, schrieb, dass das Ausmaß des Terrors bereits an der Größe des Lagers erkennbar sei, das im Übrigen nur eines von vielen sei. Und weiter hieß es: »Das Statement des Münchner Polizeipräsidenten hat keinen Zweifel daran gelassen, dass Sozialisten und Republikaner genauso behandelt werden wie Kommunisten.«

Übrigens wurden nicht nur Hitler (und Schacht) von der *Times* anfangs freundlich behandelt, sondern auch Mussolini und Stalin. Anne O'Hare McCormick schrieb am 1. September 1935, Mussolini sei eine »interessante Kombination aus Cäsar und dem einfachen Bauern Italiens«, der der Muttererde Italiens nahe sei, und verglich den Duce mit Roosevelt: »Hinter dem Charme und der Offenheit von beiden liegt etwas Fließend-Unergründliches.« Der *Times*-Korrespondent in der Sowjetunion, Walter Duranty, erlangte nachhaltigen »Ruhm« als der schlimmste Stalin-Propagandist aller Zeiten. Duranty verschwieg wissentlich Stalins Völkermord an acht Millionen Ukrainern und sagte, daraufhin angesprochen: »Wer ein Omelett machen will, muss Eier aufschlagen.«

Ähnlich ambivalent wie die *Times* waren auch die anderen Zeitungen. Zwar meldeten sie immer wieder Übergriffe gegen Juden, aber glaubten auch den Beschwichtigungen der Nazis. So titelte die *Los Angeles Times* am 27. März 1933: »Razzien gegen Juden sind erklärtermaßen vorbei.« Nur die linke Zeitschrift *The Nation* formulierte Ende 1933: »Jedesmal, wenn über Gewalt gegen Juden in Deutschland berichtet wird, gibt die deutsche Regierung Dementis heraus, bestraft Juden, die ›Hetzpropaganda‹ verbreiten, wirft ehrliche Korrespondenten hinaus und ermuntert zu eben den Gewalttaten, die sie bestreitet.«

Manche Zeitungen entschuldigten sogar die Übergriffe gegen Juden. Der *Christian Science Monitor* meinte, dass die Deutschen das Recht hätten, sich über »Gräuelpropaganda« von amerikanisch-jüdischen Organisationen zu empören und diejenigen zu bestrafen, die diese verbreiteten. Im Übrigen sei der Hauptgrund, weshalb die Juden Probleme hätten, ihre eigene »kommerzielle Klanhaftigkeit«. *The Christian Century* hingegen fand, Juden müssten sich fragen, ob es unter ihnen nicht »zu viele Kommunisten« gebe.

Ähnliches geschah, als die Nazis am 15. September 1935 die Nürnberger Gesetze verabschiedeten, die Juden das Recht nahmen, zu wählen, in die Armee einzutreten, in den Staatsdienst zu gehen, Nichtjuden als Hausangestellte zu beschäftigen oder zu heiraten. Damit wurde auch die Hakenkreuzflagge zur offiziellen Fahne Deutschlands erklärt. In der *New York Sun,* der *Washington Post,* der *New York Herald Tribune* und der *Times* wurde beides als Reaktion auf einen Zwischenfall vom 26. Juli erklärt, als Demonstranten die SS Bremen im New Yorker Hafen enterten und die Hakenkreuzflagge vom Mast rissen. *Newsweek* und die *Times* melden die Hakenkreuzflagge als Hauptnachricht und die Nürnberger Gesetze als nachrangig. Die *Los Angeles Times* und der *St. Louis Dispatch* fanden die Gesetze nicht weiter dramatisch: Es gebe in Deutschland sowieso keine Bürgerrechte und keine Wahlen, demnach hätten die Juden nicht viel verloren.

Gänzlich der Nazi-Propaganda ergaben sich die amerikanischen Zeitungen, als Berlin 1936 die Olympischen Spiele ausrichtete. Zwar wurde vor der Olympiade noch diskutiert, ob ein Boykott sinnvoll sei. Als aber die amerikanischen Athleten in Berlin antraten, kannte die Begeisterung der US-Presse keine Grenzen mehr, die Freundlichkeit, die Wärme, die Höflichkeit, die Ordnung und die Fröhlichkeit der Deutschen wurden enthusiastisch beschrieben.

Alan Gould von AP kritisierte sogar die Weigerung des US-Teams, den Hitlergruß zu zeigen. Frederick T. Birchall von der *New York Times* schrieb, dass Deutschland einen »nahezu perfekten Job als Gastgeber« geleistet hätte und dass nicht »der kleinste Beweis von religiösen, politischen oder rassischen Vorurteilen sichtbar« sei. In einem Kommentar hoffte die *Times,* dass die Olympischen Spiele »Fairness in den Beziehungen der Menschen zueinander« fördern würden.

*

Die guten Kontakte zwischen den Nazis und der amerikanischen Presse wurden vor allem durch einen Mann gewährleistet: Ernst Franz Sedgwick Hanfstaengl, genannt Putzi, Hitlers Attaché für die Auslandspresse. Der charmante, fast zwei Meter große Hanfstaengl stammte aus einer wohlhabenden Familie. Sein Vater war ein Münchner Kunsthändler, seine Mutter war Amerikanerin. Die Familie besaß in München einen Verlag und an der Fifth Avenue in New York eine Galerie. Hanfstaengl hatte in Harvard studiert, wo er sich mit Journalisten wie Walter Lippmann befreundete, aber auch mit dem Bankier J. Pierpont Morgan jr. und dem späteren Präsidenten Franklin D. Roosevelt. Nach dem Studium leitete er in New York für ein paar Jahre die Familiengalerie.

Im November 1922 – inzwischen lebte Hanfstaengl wieder in München – ging er zu einer von Hitlers Redeveranstaltungen. Er folgte einer Empfehlung von Truman Smith, dem stellvertretenden Militärattaché der USA. »Der Bursche hat genau die richtige Melodie auf der Zunge, die die hungrigen Deutschen heute hören wollen – national und sozial«, sagte Smith. Hanfstaengl war, wie er Smith hinterher berichtete, von Hitler begeistert. Wenige Tage später trat er in die NSDAP ein. Er fand, dass Hitler in seiner Naturverbundenheit dem früheren US-Präsidenten Theodore Roosevelt, einem Verwandten von FDR, ähnelte.

Hanfstaengl war ein Konservativer, aber kein Antisemit. Hitlers Judenhass erschien ihm als Abirrung, die sich irgendwann schon legen werde. »Hanfstaengl«, schreiben Suzanne und James Pool in *Hitlers Wegbereiter zur Macht,* »hatte im Ersten Weltkrieg nicht gedient und kompensierte sein schlechtes Gewissen, indem er sich der nationalistischsten deutschen Partei anschloss, die er finden konnte – die Nazis.« Hitler beklagte sich, dass er kein Geld habe, eine gute Zeitung zu produzieren. Daraufhin stellte ihm Hanfstaengl 1000 Dollar zur Verfügung, während der Hyperinflation eine ungeheure Summe. Hitler kaufte damit zwei Druckpressen in Amerika und ließ den *Völkischen Beobachter* nun als vollformatige Tageszeitung drucken. Hanfstaengl öffnete seine großbürgerliche Münchner Wohnung für Hitler und dessen Freunde und spielte für ihn auf dem Klavier Wagner und Mozart.

Nach dem gescheiterten Novemberputsch rettete er Hitler sogar das Leben. »Der Führer hatte Zuflucht in Hanfstaengls Haus am bayerischen Staffelsee gesucht, dort wurde er auch verhaftet«, schreibt der *Spiegel* im März 1999. »Er hätte sich eine Kugel durch den Kopf geschossen, wenn die beherzte Frau Hanfstaengl, eine Amerikanerin, ihn nicht mit einem Jiu-Jitsu-Griff entwaffnet hätte.« Hanfstaengl behielt aber auch sein Standbein in den USA. 1933, als Roosevelt Präsident geworden war, lud er Hanfstaengl in das Weiße Haus ein. Er hoffte, dass dieser einen »mäßigenden Einfluss« auf Hitler hatte.

Im Juni 1934 besuchte Hanfstaengl das Ehemaligentreffen von Harvard. Bereits auf der Europa, dem Flaggschiff der Hamburg-Amerika-Linie, hatte er Interviews gegeben, wobei er zur Lage der Juden in Deutschland nichts sagen wolte – dies sei »politisch«. Als die Europa am Pier in New York ankam, erwarteten ihn 1500 Demonstranten mit Anti-Hitler-Plakaten, die von der *Times* als »Kommunisten« beschrieben wurden. Aber Hanfstaengl ließ sich in einem Boot zu einer Anlegestelle weiter nördlich bringen, beschützt von der New Yorker Polizei.

In Harvard nahm Hanfstaengl an einer Konfettischlacht und mehreren Trinkgelagen teil. Zu den scherzhaften Einlagen gehörte eine Parade, bei der Studenten den Hitlergruß zeigten und ein Plakat trugen: »Hanfstaengl for President«. In Deutschland hatte gerade die »Nacht der langen Messer« stattgefunden, in der Totenkopfkolonnen der SS die innerparteilichen Gegner Hitlers umbrachten, darunter die SA-Führung unter Ernst Röhm, aber auch Konservative wie Kurt von Schleicher oder Gregor Strasser.

*

Hearst machte Hitler zwei Monate nach der »Nacht der langen Messer« seine Aufwartung, bei einer Europareise, zu der er mit seiner Frau, seinen drei Söhnen, seinem Sekretär, seiner Geliebten Marion Davies und seinem Dackel Helena aufbrach. Die Reise führte ihn erst nach New York, wo er ein Lunch mit Roosevelt hatte. In Großbritannien traf er seinen Freund Louis B. Mayer, den Chef von MGM. Mayer drängte ihn, Hitler zu bitten, freundlicher mit den Juden umzugehen. Hearst versprach es.

Schließlich reiste der US-Verleger über Oberammergau nach München weiter. »Hearst liebte München«, schreibt Swanberg. »Die Stadt, die Umgebung, das Klima, die freundlichen Menschen, die Geschäfte, die Theater, die Museen – und das Bier.« Er sandte eine Postkarte (mit einem Wehrmachtssoldaten darauf) an eine Bekannte, der er schrieb: »Alle hier sind für Hitler. Wir in Amerika halten ihn für einen Tyrannen, aber seine eigenen Leute denken anders. Sie sehen ihn als Retter ... Sogar die Arbeiter, die zuvor Kommunisten waren, sind für ihn. Die Hauptopposition ist religiös. Die Katholiken haben ein paar Einwände, und die Juden hassen ihn natürlich. Alles ist sehr ruhig und ordentlich hier.«

In München traf Hearst den aus Harvard zurückgekehrten Hanfstaengl, der die Gruppe nach Bad Nauheim begleitete und die Weisheiten, die Hearst von sich gab, an die deutsche Presse weiterleitete, etwa: »Wenn es Hitler gelingt, den Weg zu Frieden und Ordnung zu weisen, dann wird er viel Gutes nicht nur für sein eigenes Volk, sondern für die ganze Menschheit geleistet haben.« Hanfstaengl fügte noch eigenmächtig hinzu, Hearst werde den kommenden Reichsparteitag in Nürnberg besuchen.

In Bad Nauheim traf sich Hearst mit Hitlers Chefideologen Alfred Rosenberg, dem er ein Interview gab, das sowohl vom *Völkischen Beobachter* als auch von den Hearst-Blättern gedruckt wurde. Hearst würdigte darin die »Ruhe und Ordnung«, die unter Hitler eingekehrt seien, und schlug vor, dass sich die »Vereinigten Staaten von Europa«, die »okzidentalische Zivilisation«, gegen die »orientalische Invasion« verteidigten.

Es war bereits September, als Hearst die ersehnte Audienz bei Hitler bekam. Auf Veranlassung von Hanfstaengl wurde er in Bad Nauheim von vier SS-Männern zu einem Flugzeug begleitet, das ihn nach Berlin brachte. In der Reichskanzlei beriet der Zeitungszar den Führer im Sinne seines Freundes Mayer, wie er in den USA beliebter werden könne. Der Nationalsozialismus, sagte er, hätte mehr Freunde, wenn die Verfolgung von Juden aufhörte. Daraufhin versicherte ihm Hitler, diese Maßnahmen seien nur temporär, der Nationalsozialismus sei eine vollständig demokratische Bewegung. »Hearst beendete das Interview in der Überzeugung, er habe etwas Gutes erreicht«, schreibt Swanberg.

Als Hearst die Reichskanzlei verließ, stand dort Rosenberg mit ein paar Pressefotografen. Die Aufnahme von Hearst und Rosenberg sowie die vielen Zitate, die via Nachrichtenagentur die USA erreicht hatten, führten dort zu einiger Aufregung. Hearst sagte später, er sei falsch zitiert worden.

Als sein Schiff, die Europa, im New Yorker Hafen einlief, warteten dort schon die Reporter. Der Zeitungsbaron sagte zu ihnen, Hitler sei bei den deutschen Massen populär, weil er ein vereintes Deutschland propagiere, das in der Lage sei, sich Ungerechtigkeiten zu widersetzen, die ihm von ausländischen Mächten aufgezwungen seien. Hitler werde seine Politik gegenüber den Juden abmildern – tatsächlich sei dies ein so offensichtlicher Fehler, dass Hitler bereits dabei sei, sie aufzugeben.

Nach dem Treffen mit Hitler wurde Hearst in den USA von Linken und Liberalen attackiert. Gewerkschaften wie die American Federation of Teachers, die United Auto Workers und die Zeitungsgilde traten gegen ihn auf, die prokommunistische League Against War and Fascism nannte ihn »Hitlers Mann in Amerika« und rief zu einem Boykott aller Hearst-Blätter auf.

Überdies – schreibt David Nasaw – geisterte in den USA die Geschichte herum, Hearst würde den Führer nur deshalb so freundlich behandeln, weil er Goebbels Propagandaministerium gegen ein Honorar von 400 000 Dollar mit den Nachrichten des Hearst-Agenturdienstes versorgen dürfe. Die Geschichte stammte ursprünglich von Botschafter William Dodd, der sie der *New York Times* gesteckt hatte. Die druckte sie in ihrer Morgenausgabe vom 1. Januar 1935 ab, zog sie aber in der Abendausgabe zurück, da sie eine Klage von Hearst fürchtete. Gleichwohl wurde sie von linken Blättern mehrmals aufgegriffen, bis Hearst schließlich 1941 die Zeitschrift *Liberty* verklagte. Zudem engagierte er – um bessere Publicity zu bekommen – Elliott Roosevelt, den Sohn des Präsidenten, als Vizechef für seine Radiounternehmen.

*

Ein Umschwung der öffentlichen Meinung der USA kam erst mit der so genannten Reichskristallnacht im November 1938. Das Pogrom bestimmte drei Wochen lang die Schlagzeilen, in mehr als tausend Kommentaren wurde Deutschland verdammt. Hearst brauchte einige Tage, bis er jene so bezeichnete Kristallnacht »Deutschlands brutale Unterdrückung des jüdischen Volkes« nannte. Er zeigte zudem seine persönliche Enttäuschung, was Hitler betraf: »Du hattest vor, dein Land zu befreien. Aber nun isolierst du es ... Du machst die

Flagge des Nationalsozialismus zu einem Symbol nationaler Grausamkeit.«

Trotz der Empörung über die »Kristallnacht« blieben die meisten Zeitungen gegen eine großzügigere Flüchtlingspolitik eingestellt. Die *Detroit News* warnte, dass sich die Flüchtlinge in New York niederlassen würden, was nicht im Interesse von »deren eigenen Leuten« sei. *The Christian Century* glaubte, Immigration würde das »jüdische Problem Amerikas« verstärken. Der *Allentown Chronicle* fand, dass Juden unfähig seien, sich in »andere Rassen zu assimilieren«. Die *Cincinnati Times* sprach sich sogar dagegen aus, deutsche Juden, die es per Touristenvisum in die USA geschafft hatten, dort zu behalten. Die *Binghamton Press* und die *Tulsa World* warnten, dass es Pläne gebe, alle Juden ins Land zu lassen. Und der *Miami Herald* wollte nicht mehr Immigranten einlassen, als sich an die amerikanische Lebensart anpassen könnten.

Als 1939 die St. Louis wochenlang erst vor Havanna und dann vor Miami ankerte, bis sie nach Deutschland zurückkehren musste, plädierte kein Blatt für die Aufnahme der 900 verzweifelten Flüchtlinge. Das galt auch für die *New York Times*. Sie beklagte zwar, dass diese Menschen nun in Konzentrationslager gebracht würden, drängte aber die US-Regierung nicht, die Flüchtlinge aufzunehmen. Stattdessen klagte sie Kuba an (das bis 1959 de facto eine US-Kolonie war), das wenigstens einen vorübergehenden Hafen hätte bieten sollen. Dazu waren die USA selbst allerdings nie bereit. Die restriktive Flüchtlingspolitik wurde von der überwiegenden Mehrheit der Bevölkerung getragen, und die *Times* wollte nicht riskieren, Leser zu verlieren. Selbst in einem Kommentar kurz nach der »Kristallnacht« hieß es, von den USA könne heute nicht mehr erwartet werden, dass sie diesen historischen Service wieder aufnähmen.

Die *Times* unterstützte die Regierung in ihrer harten Linie sogar noch 1940, als das Vichy-Regime in Frankreich Zehntausende von Flüchtlingen aus Deutschland, teils politisch Verfolgte, teils jüdische Künstler und Wissenschaftler, in die USA abschieben wollte. Das hätte diese vor den Vernichtungslagern bewahrt. Roosevelt hatte sich jedoch geweigert, die Flüchtlinge aufzunehmen, und die New Yorker Zeitung zeigte dafür Verständnis. »Wir können nicht zulassen, dass uns eine ausländische Regierung diktiert, nach welchen Prioritäten wir Immigranten Einlass gewähren«, hieß es in ihrem Kommentar.

Andere Maßstäbe galten für die eigene Familie: Während Vichy französische Juden deportieren ließ, schaffte es Arthur Hays Sulzberger, eine angeheiratete Cousine aus Gurs freizukaufen, dem berüchtigten Konzentrationslager in den Pyrenäen. Und zwar für ein Bestechungsgeld von 3000 Dollar, das offiziell als Visagebühr deklariert war. »Der Deal wurde über das Büro der *Times* in Kuba eingefädelt«, fand Laurel Leff heraus.

Iphigene Sulzberger erinnerte sich in ihren Memoiren *Iphigene*, sie habe zwei Dutzend Verwandte gerettet, indem sie die notwendigen Bürgschaftsbriefe unterzeichnet habe. Aber sehr viel mehr Menschen wollten flüchten. »Wir bekamen eine Flut von Bittbriefen von Leuten, die behaupteten, sie seien mit uns verwandt«, schrieb sie. »Aber viele hatten wohl bloß unseren Namen aus dem Telefonbuch herausgesucht.« Irgendwann war Schluss. »Arthur und ich fühlten, dass wir keine Garantie für völlig Fremde übernehmen konnten und legten deren Briefe beiseite.«

Einer jener, deren Briefe die Sulzbergers beiseite legten, war ein entfernter Verwandter, der bat, der Familie seiner Schwester zu helfen, die neun Monate in einem KZ gewesen war. Ähnlich ging es Louis Zinn, einem Cousin zweiten Grades, der homosexuell war und 1936 in ein Lager eingeliefert wurde. Sulzberger teilte Fred Birchall mit, er solle nichts für Zinn tun, um die Nazis nicht zu verärgern. Zinn wurde zwar im Februar 1937 entlassen, aber als Jude und aufgrund seiner Homosexualität Vorbestrafter hatte er keine Chance auf ein Visum. Im Januar 1938 erhängte er sich. Sulzberger lehnte auch ab, den Theaterkritiker Alfred Kerr einzustellen, worum ihn Albert Einstein gebeten hatte. Sulzberger hielt es für unklug, politische Artikel eines Flüchtlings zu drucken.

Am 30. Januar 1939, nach dem Anschluss Österreichs und der Annexion des Sudetenlandes, hielt Adolf Hitler eine viel beachtete Rede im Reichstag. Es war eine Bilanz dessen, was er bisher erreicht hatte und was er vorhatte. Die Rede gelangte über die Wochenschauen in die Kinos der USA, auch die Presse berichtete darüber ausführlich. Allein die *New York Times* brachte dazu ein halbes Dutzend Artikel und druckte die Rede im Wortlaut ab, was zwei Zeitungsseiten füllte.

Die wichtigste Nachricht in der Rede von Hitler war aus Sicht der *Times,* dass Deutschland mit seinen 80 Millionen Einwohnern zu wenig »Lebensraum« habe und deshalb seine Kolonien in Afrika von England zurückhaben wolle – womöglich aber auch plane, sich nach Osteuropa auszudehnen. Diesen Überlegungen widmete die *Times* sogar einen Kommentar. Verborgen in der zweiten Seite der Bleiwüste war folgendes Zitat von Hitler untergebracht: »Deutschland hat keine Hassgefühle gegen England, Amerika oder Frankreich ... Aber diese Nationen werden ständig zum Hass gegen Deutschland und das deutsche Volk aufgehetzt, durch jüdische und nichtjüdische Agitatoren ... Wenn es den internationalen jüdischen Finanziers innerhalb und außerhalb Europas gelingen sollte, die Welt in einen weiteren Weltkrieg zu stürzen, dann wird das Ergebnis nicht die Bolschewisierung der Erde und damit der Sieg der Juden sein, sondern die Vernichtung der jüdischen Rasse in Europa.«

Dies war die offizielle Ankündung des Holocaust durch Hitler. Und die *Times* hatte es nicht bemerkt.

*

Die Wende von der Verfolgung und Diskriminierung der Juden zur Vernichtung setzte anderthalb Jahre nach dem Einmarsch in Polen ein. Mitte 1941 fingen SS-Verbände an, Juden in Russland zu erschießen. Im Januar 1942 wurde auf der Wannseekonferenz die »Endlösung der Judenfrage« beschlossen. Und einige Monate später gingen die Krematorien in Auschwitz in Betrieb. Während sich aber die Entrechtung der Juden in Deutschland vor den Augen der Welt abgespielt hatte, wurden die Massaker im Osten, die mit dem Vormarsch der Wehrmacht geschahen, geheim gehalten. Die Zeitungen waren auf britisches oder russisches Geheimdienstmaterial sowie geflüchtete polnische Widerstandskämpfer angewiesen, die in London Pressekonferenzen gaben, allen voran Ignacy Schwartzbart und Szmuel Zygielbojm, zwei zionistisch-sozialistische Führer.

Viele Amerikaner glaubten, dass die KZs Erfindungen der britischen Propaganda waren, um die USA in den Krieg zu verwickeln. Noch unglaubwürdiger – und unbeliebter – war Stalin. »Das England der Torys war bereits ein Land, für das es nicht wert war zu sterben, aber die Sowjetunion war ein Ideal, das viele Amerikaner nicht einmal erhalten wollten«, schreibt Deborah Lipstadt. Die Wehrmacht nutzte dies aus, indem sie US-Reporter an die Front brachte und Leichen von Ukrainern und Polen zeigte, die angeblich von der Roten Armee getötet worden waren. In Hearst-Blättern erschienen daraufhin Artikel über »Raubzüge und Verwüstung« im von Russland besetzten Polen.

Gleichwohl gab es vereinzelte Berichte über den Holocaust, meist aber beschränkt auf die ethnisch-jüdische Presse (die damals, laut Richard Breitman, eine Gesamtauflage von etwa 400 000 Stück hatte). Im Juli 1941 erschienen in jiddischen Zeitungen und bei der Agentur Jewish Telegraphic Agency Berichte über Massenerschießungen von Juden in Minsk, Brest-Litowsk, Lvov und anderen Städten.

Dagegen hielt sich die allgemeine Presse zurück. Sie berichtete zwar über Massaker, aber nur kurz und mit dem Hinweis auf anonyme Quellen, zumal manche Reporter das selbst nicht recht glaubten. »Die systematische Vernichtung eines ganzen Volkes schien jenseits des Möglichen«, schreibt Lipstadt. Eine erstaunliche Ansicht für ein Land, dessen Existenz sich der systematischen Ausrottung ganzer Indianervölker verdankt.

Wer allerdings wollte, konnte wissen, was geschah. »Man musste nur zu einem Bahnhofswarteraum im östlichen Berlin gehen, um den SS-Männern zuzuhören, die erzählten, wie sie Polen und Juden in Keller gesperrt und Handgranaten hineingeworfen haben«, erinnerte sich Sigrid Schultz von der *Chicago Tribune*. Ein Reporter der *Saturday Evening Post* besichtigte im April 1941 das Warschauer Ghetto in Begleitung eines Wehrmachtsoffiziers. Am 26. Oktober 1941 berichtete die *New York Times* über ein Massaker an 15 000 Juden in Galizien, gestützt auf Augenzeugen und Briefe. Einen Monat später schrieb sogar Hearsts *New York Journal American,* dass 25 000 Juden in Rumänien umgebracht worden seien, und weitere 52 000 in Kiew und in der Schlucht Babi-Yar in der Nähe der ukrainischen Hauptstadt.

Im Winter 1941 begann die Deportation der letzten deutschen Juden. United Press zufolge wurden jede Nacht mindestens tausend Menschen in Berlin auf Wagen verladen, die in Richung Polen fuhren. Viele von ihnen waren bereits zuvor aus ihren Häusern vertrieben worden. Sie litten Hunger und sie mussten bereits seit Monaten den gelben Stern tragen. Dabei hielt die NS-Führung – von Details wie der Lage der KZs abgesehen – nicht damit hinter dem Berg, was sie vorhatte. »Die Presse konnte sich direkt an die Nazis wenden, um Informationen zu bekommen«, berichtet Lipstadt. Auch das Schwarze Korps der SS erzählte freimütig, ihr Ziel sei ein »judenreines Europa«. So wurden zahllose Details über Massaker und Deportationen von Frankreich über Norwegen bis zum Balkan bekannt. Trotzdem wurden diese Informationen zumeist nur als Kurzmeldungen auf hintere Seiten platziert. Die einzige größere Geschichte in US-Zeitungen war, als der Berliner Priester Bernard Lichtenberg im November 1941 verhaftet wurde, nachdem er in der St.-Hedwigs-Kathedrale für die Juden gebetet hatte.

*

Nach Pearl Harbor wurden die Korrespondenten in Deutschland unter Hausarrest gestellt. Sie kamen in ein Hotel nach Bad Nauheim, wo sie von einem Gestapo-Offizier bewacht wurden. »Die Amerikaner konnten jedoch auf einem geheimen, batteriebetriebenen Radio jede Nacht BBC hören, dadurch blieben sie auf dem Laufenden«, schreibt Richard Breitman in seinem Buch *Staatsgeheimnisse*.

Im Frühjahr 1942 verteilte der amerikanische Militärattaché Colonel W. D. Hohenthal Fragebögen an das internierte Pressecorps. Er wollte erfahren, wie die öffentliche Meinung in Deutschland sei und wie die Journalisten die Kriegspropaganda des ausländischen Radios einschätzten. Besonders interessierte ihn, wie die Propaganda der USA – die per Radio sowie durch Flugblätter und Einflussagenten geschah – mit den Deportationen und Massenexekutionen von Juden umgehen solle. Ziel sei, sagte Hohenthal, einen Keil zwischen die Nazis und das deutsche Volk zu treiben.

Die Mehrheit der befragten Journalisten hielt es für kontraproduktiv, das Leiden der Juden zum Thema zu machen. P. C. Fisher von NBC schlug vor, dass die USA zwar die Brutalität der Nazis thematisieren sollten, jedoch sei es nicht passend, die »jüdische Frage« in den Mittelpunkt zu stellen. Schon gar nicht sollten Juden daran beteiligt sein. »Alles, was von einem jüdischen Gesichtspunkt aus verfasst wurde oder jüdisch klingt, kommt in Deutschland nicht gut an.« Auch Alvin Steinkopf von AP warnte davor, »jüdischen Immigranten in den USA zu erlauben, Anti-Nazi-Propaganda zu fabrizieren«.

Sein AP-Kollege J. M. Fleischer riet, Grausamkeiten gegen Juden lieber ganz zu ignorieren. Denn durch die Propaganda, die im Ersten Weltkrieg über die Gräueltaten der Deutschen verbreitet worden sei, sei so etwas diskreditiert. Ähnlich dachte Fred Oechsner von UP. Einzig UP-Reporter Glen Stadler empfahl, nicht nur eine Medienkampagne gegen die Nazis zu initiieren, sondern sogar Informationen über Konzentrationslager mit genauen Angaben über die Zahl der dort zu Tode Gekommenen zu veröffentlichen. Er plädierte für eine Strategie der »Wahrheit, Genauigkeit und Sympathie für das deutsche Volk«. Hingegen warnte Louis Lochner davor, dass viele Deutsche der Nazi-Propaganda erlegen seien. Ein Beispiel sei Folgendes: Da der gelbe Stern in Deutschland unpopulär sei, behaupte das Goebbels-Ministerium, Juden müssten nur deshalb den Stern tragen, weil Amerika alle Deutschen in den USA zwänge, Hakenkreuze auf ihre Jacken zu nähen.

Einige Korrespondenten schlugen vor, Gerüchte zu streuen, dem Euthanasie-Programm gegen Behinderte würden auch verwundete Soldaten zum Opfer fallen.

»Der Militärattaché beschloss daraufhin, dass es nicht ratsam sei, die jüdische Sache zu verteidigen«, meint Richard Breitman. Mitte 1942 wurden die Reporter gegen deutsche Korrespondenten ausgetauscht, die in den USA interniert worden waren.

Bereits vor Kriegseintritt der USA war eine Behörde geschaffen worden, das Office of Facts and Figures, dem der Dichter und Bibliothekar Archibald MacLeish vorstand. Inzwischen firmierte es als »Office of War Information« und war für Propaganda zuständig. Es gab eine enge Kollaboration zwischen den Geheimdiensten, der U.S. Army und den Medien – so war etwa John Oakes, *Times*-Autor und Cousin von Verleger Sulzberger, Mitarbeiter des CIA-Vorläufers OSS. Und *Times*-Reporter saßen in Armeebombern, die über Berlin flogen.

Das Office of War Information war zunächst darauf bedacht, keine harte Linie zu fahren, da dies als kontraproduktiv eingeschätzt wurde. Falls Deutschland eine Bestrafung nach dem Krieg angedroht würde, könnte das dessen Kapitulation hinauszögern. Als der deutsche Theologe Paul Tillich, der in die USA emigriert war, im November 1942 im Radio sagen wollte, wenn die Deutschen nicht aufhörten, die Juden zu verfolgen, werde man sie genauso behandeln, wurde ihm das vom Office of War Information untersagt.

Generell waren US-Offizielle skeptisch, in den Medien das Schicksal der Juden zu thematisieren, die, so Breitman, »nicht zu den populärsten Gruppen in den USA gehörten, und auch sonst nirgends auf der Welt«. Vor allem John McCloy, die rechte Hand von Kriegsminister Henry Stimson, dachte so. McCloy fürchtete, dass Deutsche in den USA attackiert werden könnten, und die Deutschen würden sich dann wiederum an amerikanischen Kriegsgefangenen rächen. Zudem behauptete die Propagandamaschine der Nazis ohnehin schon, dass die Alliierten den Kampf nur wegen der Juden führten, was die Moral der Truppe zu untergraben drohte.

Eine andere Linie fuhren die Briten. Mit dem Kriegseintritt der USA beschloss das britische Political Warfare Executive, dass von nun an die Gräueltaten der Nazis gegen die Juden hervorgehoben werden sollten – insbesondere in den Ausstrahlungen des deutschsprachigen Dienstes der BBC. Zwar war es in Deutschland seit 1939 nicht nur unter Strafe gestellt, BBC zu hören, sondern sogar, Nachrichten zu verbreiten, die dort zu hören waren. Aber trotzdem schalteten Hunderttausende heimlich die BBC ein.

Der britische Geheimdienst knüpfte auch Kontakte zu amerikanischen Journalisten, um die Front der Isolationisten zu durchbrechen. Dazu gehörten Kolumnisten wie Walter Winchell, Walter Lippman und Drew Pearson, aber auch Verleger wie Helen Ogden Reid von der *New York Herald Tribune* und Arthur Hays Sulzberger. Das Auslandsbüro British Security Coordination pflanzte Geschichten über Nazis in Londoner Zeitungen, die ihren Weg über den Atlantik fanden. Die Briten versuchten sogar, Hearst in den Konkurs zu treiben. Als sie hörten, dass der Verleger in Kanada 10,5 Millionen Dollar Schulden hatte, planten sie, die Schuldpapiere aufzukaufen und das Geld einzutreiben, das Hearst nicht hätte aufbringen können. Der Plan scheiterte am britischen Schatzamt.

*

Nach dem Kriegseintritt der USA berichteten amerikanische Reporter aus der Schweiz weiter. Auch die *New York Times* verlegte ihr Deutschland-Büro mit Guido Enderis und Daniel Brigham ins grenznahe Basel, wo nicht nur deutsches Radio zu empfangen war, sondern auch deutsche Zeitungen erhältlich waren.

Die *Times* warf ihren ganzen Apparat hinter die Kriegsberichterstattung. Der Holocaust jedoch reduzierte sich auf Meldungen. Schlagzeilen machte der Mord an den Juden erst am 13. Juni 1942 unter der Überschrift »Nazis geben Juden die Schuld an Bomben«. Goebbels hatte am Vortag im deutschen Radio erklärt, man werde die »Vernichtung der Rasse der Juden in ganz Europa und vielleicht noch darüber hinaus« durchführen, um sich für die Bombardements der Alliierten zu rächen, da die »jüdische Presse« in London und New York mit ihrer »blutdürstigen Bosheit« die Bomben auf die deutschen Städte verursacht habe. Die *Times* brauchte eben immer das offizielle Siegel einer Regierung – und wenn es die Nazi-Regierung war –, um das Unfassbare zu drucken.

Zwei Wochen später schrieb die *Times,* dass dem »größten Massenmord in der Geschichte« 700 000 polnische Juden zum Opfer gefallen seien. Maschinengewehre, Handgranaten, Gaskammern, Konzentrationslager, Peitschen, Folterinstrumente hätten das verursacht, auch der Hunger. Die Kurzmeldung stand auf Seite fünf unter der schmalen Überschrift: »Jew's Toll 700 000«. Auf Seite eins derselben Ausgabe war eine große Geschichte abgedruckt, in der stand, dass der New Yorker Gouverneur seine Tennisschuhe für den Krieg spendete. In einer Meldung wenig später wurde die Zahl der Opfer auf eine Million erhöht.

Zu einem Leitartikel über den Holocaust schwang sich die *Times* in all dieser Zeit nur einmal auf – am 2. Dezember 1942, als das State Department Informationen des American Jewish Congress bestätigte, wonach bereits zwei Millionen Juden in Polen getötet worden seien und fünf Millionen dem Tode entgegensähen. »Aber selbst in diesem Editorial hieß es, dass ›die Juden zwar die Ersten seien, die litten, aber dass das gleiche Schicksal auch Menschen anderen Glaubens und vielen Rassen zugedacht sei, unsere eigene Bastard-Nation eingeschlossen und sogar Hitlers Alliierte in Japan, falls er den Krieg gewinne«", stellte der frühere Chefredakteur Max Frankel fest. Frankel nahm zum 150-jährigen Jubiläum der Zeitung die Berichterstattung über den Holocaust unter die Lupe. In weiteren Meldungen hieß es, die Todesrate sei nun auf drei Millionen (August 1943), vier Millionen (Juli 1944) und 5,5 Millionen (November 1944) gestiegen.

Am 18. Dezember 1942 schaffte es der Holocaust wieder auf die Seite eins der *Times*. Die US-Regierung hatte ihre Propagandastrategie geändert. Nun endlich gab es eine öffentliche Verurteilung Deutschlands und seiner »bestialischen Politik kaltblütiger Extermination« von »vielen Hunderttausenden von Juden« durch Zwangsarbeit, Hunger oder Massenexekutionen im »Schlachthaus Polen«. Unterzeichnet war die Erklärung, die in allen großen Zeitungen und im Rundfunk verbreitet wurde, von Roosevelt und zehn Alliierten (Großbritannien, die Sowjetunion und die Exilregierungen acht besetzter Länder).

Über den blutig niedergeschlagenen Aufstand des Warschauer Ghettos hingegen berichtete die *Times* zwar, aber nur sporadisch. Und in ihren Kommentaren erwähnte sie nicht, dass es Juden waren, die sich gegen Nazis erhoben und zu Zehntausenden starben. Hingegen sendete NBC 1943, weniger als sechs Monate später und am Abend von Yom Kippur, das Doku-Drama *The Battle of the Warsaw Ghetto*.

So ging es weiter. Am 11. Februar 1944 hieß es in den letzten zwei Absätzen eines Artikels über Griechenland, dass »zuverlässigen Informationen zufolge alle Juden in Saloniki ausgelöscht wurden«. Einen Tag später gab es eine 29-Zeilen-Meldung, in der ein Flüchtling aus Polen erzählte, wie Züge, beladen mit Juden, zu einem Krematorium im Osten fuhren. Im selben Monat meldete die *Times* auf Seite sieben, dass alle 180 000 Juden in Holland vollständig vernichtet worden seien. Daneben war ein langes Feature abgedruckt, darin stand, wie der König und die Königin von England einen schlafenden Soldaten weckten.

Das änderte sich auch nicht, als die ungarischen Juden ermordet wurden. Am 2. Juli 1944 berichtete die *Times* in einer Meldung auf Seite zwölf, dass 400 000 ungarische Juden in den sicheren Tod deportiert worden seien und weitere 350 000 die nächsten Wochen getötet würden. In weiteren Einspaltern hieß es, eine Million ungarische Juden seien zum Tode verurteilt. Der letzte Akt der Tragödie habe begonnen. Dabei waren diesmal neutrale Diplomaten und nicht etwa jüdische Flüchtlinge die Quellen.

Die *Times* befand sich im Einklang mit den meisten Zeitungen der USA, die Meldungen über Massaker möglichst unauffällig und im Konjunktiv druckten. Was schlimmer war: Keine einzige Zeitung rief die US-Regierung dazu auf, den Juden zu helfen. Stattdessen glaubten sie der offiziellen Linie Roosevelts und des State Department, die einzige Möglichkeit zur Rettung sei der amerikanische Sieg (der noch Jahre entfernt war). Die *Times* kommentierte im Dezember 1942, der »tragischste Aspekt der Situation ist die Hilflosigkeit der Welt, den Horror zu stoppen, solange der Krieg weitergeht«.

Wesentlich radikaler und wirkungsvoller als die Artikel waren ein halbes Dutzend ganzseitige Anzeigen, die die zionistische Irgun um Peter Bergson und Ben Hecht in der *Times* geschaltet hatte. Unter dem Motto: »Aktion – kein Mitleid« rief sie dazu auf, eine jüdische Armee in Palästina zu bilden und Juden mit der Waffe in der Hand zu retten. In einer Anzeige hieß es: »Wie gut schläfst du? War da etwas, das du hättest tun können, um Millionen unschuldige Menschen – Männer, Frauen und Kinder – vor Folter und Tod zu bewahren?«

Die Irgun ging Sulzberger entschieden gegen den Strich, denn er war gegen einen jüdischen Staat in Palästina. Der Verleger besuchte einmal sogar eigens den Madison Avenue Temple in Baltimore und rief alle Juden auf, die jüdische Armee der Zionisten nicht zu unterstützen. Die Zeitschrift *The Jewish Record* nannte Sulzberger daraufhin einen »selbsthassenden Juden«. Und Rabbi Abba Hillel Silver vom American Zionist Emergency Council beschuldigte ihn, seine Zeitung für »antizionistische Propaganda« zu missbrauchen. Daraufhin warf Sulzberger dem Rabbi »Goebbels-Methoden« vor.

Die jüdischen Organisationen und Zeitungen wie der *Jewish Daily Forward* und die *Jewish Times* liefen Sturm dagegen, wie die *Times* den Holocaust herunterspielte. Das Boulevardblatt *PM* titelte im Dezember 1943: »Die Juden sagen, dass Sulzberger die *Times* missbraucht.« Die Park-Synagoge in New York zog sogar aus Protest gegen die Berichterstattung der *Times* ihre Anzeigen zurück und inserierte stattdessen in der *New York Herald Tribune.* »Wir fahren besser mit einem Nichtjuden, der geradeheraus ist, als mit einem seelenkranken, ängstlichen Juden«, stellte Rabbi Milton Steinberg damals in einer Sitzung seiner Synagoge fest. Sulzberger engagierte daraufhin Bernard Richards, einen jüdischen Journalisten aus Litauen, der die jüdische Presse beobachtete und immer, wenn Ärger drohte, Leserbriefe an die *Times* schrieb, in denen er deren Berichterstattung pries.

An der redaktionellen Linie der Zeitung änderte das nichts. Als das von Roosevelts Finanzminister Henry Morgenthau gegründete War Refugee Board im Januar 1944 neue Richtlinien erließ, wie die US-Botschaften mit jüdischen Flüchtlingen umgehen sollten, berichtete die *Times* nicht. Nun rief Morgenthau sogar selbst bei Sulzberger an und fragte, ob ein »spezielles Interesse« die Zeitung davon abgehalten habe. »Morgenthau vermutete, dass Sulzberger die *Times* nicht als jüdische Zeitung erscheinen lassen wollte und deshalb diese Meldungen unterdrückt hat«, sagt die Journalistikprofessorin Laurel Leff, die die Aufzeichnung über das Telefongespräch in Morgenthaus persönlichem Archiv fand.

Die *Times* blieb immer dagegen eingestellt, die Quoten für Flüchtlinge anzuheben. Es sollte bis Mitte 1944 dauern, bis sie in einem Kommentar forderte, Flüchtlinge wenigstens vorübergehend in den USA aufzunehmen und in Lagern unterzubringen, ohne dabei allerdings zu erwähnen, dass es um jüdische Flüchtlinge ging. Noch schlimmer war nur noch die *Washington Post,* die den Holocaust fast völlig ignorierte und die Bergson-Gruppe als Betrüger bezeichnete. Als die polnische Exilregierung im März 1944 über die Existenz von Auschwitz mit den Krematorien und den Gaskammern berichtete, war das der *Washington Post* zwölf Zeilen wert. Die *New York Times* berichtete immerhin einen Monat später, dass in Auschwitz 1,5 bis 1,7 Millionen Juden mit Zyanidgas umgebracht worden seien. Aber erst als das War Refugee Board am 26. November 1944 den Massenmord in Auschwitz bestätigte – nach der Befreiung des KZs durch die Rote Armee –, machte das in der amerikanischen Presse Schlagzeilen.

*

William Randolph Hearst hingegen änderte seine Position mit dem Kriegseintritt der USA um 180 Grad – vielleicht, weil Archibald MacLeish vom Office of War Information ihn und andere Isolationisten wie Robert McCormick als unpatriotisch angegriffen hatte, vielleicht aber auch, weil er seine frühe Sympathie für Hitler bereute. 1942 fing Hearst an, die Bergson-Gruppe zu unterstützen und für die Aufnahme von jüdischen Immigranten zu plädieren. Seine Zeitungen unterstützten auch die Forderung nach freien Häfen, in denen Flüchtlinge unabhängig von Quoten temporär Aufnahme in den USA finden konnten (die sich aber nicht durchsetzte).1943 begann er, für eine Heimat für die Juden zu kämpfen – Israel.»Hearst«, schreibt David Wyman,»war darin aktiver als jeder andere Verleger der USA.« Über das schreckliche Leiden der europäischen Juden habe er immer gesagt:»Denkt daran, Amerikaner. Dies ist kein jüdisches Problem. Es ist ein menschliches Problem.«

Was sich nicht ändern sollte, war Hearsts Antikommunismus. Schon während des Krieges ließ er eine Liste mit Autoren zusammenstellen, die scharfe Antikommunisten waren, darunter Walt Winchell und Karl von Wiegand. Er fing auch an, die Aktivitäten des House Committee on Un-American Activities (HUAC) zu unterstützen, das sich 1944 neu formierte. 1947 rief er alle Amerikaner zum Kampf gegen Russland auf.

Hearst starb 1951 in Beverly Hills, mit 88 Jahren. Die Begräbnisfeier in der Grace Episcopal Church war fast ein Staatsakt. Unter den Gästen waren sein langjähriger Freund Louis B. Mayer, Herbert Hoover, Robert McCormick von der *Chicago Tribune,* Helen Ogden Reid von der *New York Herald Tribune* und Arthur Hays Sulzberger.

*

John McCloy, der stellvertretende Kriegsminister, bekam im Juli 1942 einen Anruf von Roosevelt. Er solle sich um einen alten Bekannten kümmern: Ernst »Putzi« Hanfstaengl. Hanfstaengl war bereits 1937 in Ungnade gefallen. Die Nazis hatten gedroht, ihn aus einem Flugzeug über »rotem Gebiet« in Spanien abzuwerfen. Daraufhin war er nach England geflüchtet. Die Briten hatten ihn in ein kanadisches Internierungslager gesteckt. Erst nach einiger Zeit war es ihm gelungen, Kontakt mit seinem alten Harvard-Kommilitonen Roosevelt aufzunehmen. Ein Korrespondent von Hearst, den Hanfstaengl kannte, hatte das Lager besucht und für den Deutschen einen Brief an Cordell Hull herausgeschmuggelt. Der Präsident bat McCloy, den früheren Presseattaché Adolf Hitlers ohne jegliches Aufsehen nach Washington zu bringen. McCloy war nicht sehr gut auf Hanfstaengl zu sprechen, den er verdächtigte, im Ersten Weltkrieg an einem Sabotageanschlag auf den New Yorker Hafen beteiligt gewesen zu sein. Aber er gehorchte. Jedoch forderte er vom Präsidenten, dass seinem Ministerium ein neues Hauptquartier genehmigt werde, das Pentagon. Hanfstaengl wurde in einer Villa bei Washington untergebracht, in der auch ein Steinwayflügel nicht fehlte. Er wurde bewacht von seinem eigenen Sohn, dem Sergeanten der U.S. Army, Egon Hanfstaengl.

Von nun an arbeitete Hanfstaengl als Spion für Roosevelt. Die meiste Zeit interpretierte er die deutsche Propaganda im Radio. Er ordnete beispielsweise den Massenmord an polnischen Offizieren in Katyn – richtigerweise – Stalins Roter Armee zu. Er versuchte auch, Roosevelt von seiner Forderung der »bedingungslosen Kapitulation« abzubringen. Hanfstaengl wollte die deutschen Offiziere um Stauffenberg nicht entmutigen, die Hitler beseitigen wollten. Aber Roosevelt und Churchill blieben hart. Bei der Invasion der USA in der Normandie schlug Hanfstaengl (vergebens) vor, einen Hitler-Imitator einzusetzen, der der Wehrmacht befehlen sollte, zu kapitulieren. Ende 1944 wurde der ehemalige Presseattaché nach England geschafft und dort längere Zeit interniert, gelangte aber nach Kriegsende wieder nach Bayern. Dort wurde er 1949 entnazifiziert. Hanfstaengl starb 1975.

*

Die *Times* sollte ihre Haltung, was die »jüdische Frage« betraf, auch 1945 nicht ändern. Sulzbergers Schwager Julius Adler besuchte Dachau und Buchenwald mit der U.S. Army. Aber im Bericht über die Befreiung von Dachau im April 1945 beschrieb die Zeitung die 30 000 Insassen als Franzosen, Russen, Polen, Tschechen und Österreicher. Auch die Reporter anderer Zeitungen erwähnten die Juden allenfalls am Rande. Selbst als Cy Sulzberger, der Neffe des Verlegers, der als Balkankorrespondent der *Times* seit 1939 über Osteuropa berichtete, eine russische Analyse über die Todeszahlen in Auschwitz veröffentlichte, schrieb er nicht, dass die meisten Opfer Juden waren.

Heute kann keiner der *Times* den Vorwurf machen, zu wenig über den Holocaust zu berichten – die Zeitung bringt jedes Jahr genauso viele Artikel darüber wie insgesamt zwischen 1933 und 1945. Aber warum die New Yorker Zeitung damals so zurückhaltend war, ist ein Thema, mit dem sich dort niemand so gerne beschäftigt. Weder Laurel Leff noch den Autoren einer PBS-Dokumentation noch den Kuratoren einer Ausstellung über die *Times* und den Holocaust gelang es, mit einem Mitglied der Verleger-Familie darüber zu reden (und auch nicht der Autorin dieses Buches). Arthur Sulzberger Jr., der Enkel von Arthur Hays Sulzberger, hat sich immerhin beim 150-jährigen Jubiläum der Zeitung entschuldigt – dies sei das bitterste Versagen der *Times* gewesen. Darauf angesprochen sagte er jedoch, er habe einfach nicht das Wissen, solche Fragen beantworten zu können. Als der *Times*-Reporter Meyer Berger 1951 eine Chronologie der Zeitung verfasste, erwähnte er den Holocaust überhaupt nicht. Als der langjährige Berlin-Korrespondent Roger Cohen im Jahr 2000 auf einem Podium der Freien Universität danach gefragt wurde, gab er zurück, woher denn bloß die *Times* damals vom Holocaust hätte wissen können. (Cohen wurde später Chef der Auslandsredaktion, wo er für ein Dutzend Berichte über den angeblichen Fund von Massenvernichtungswaffen im Irak verantwortlich war.)

Die *Times* ist nicht nur zurückhaltend, was ihre eigene Rolle betrifft. Sie hat bisher auch darauf verzichtet, die Kollaboration von Unternehmen wie Disney, IBM, Ford, General Motors und DuPont, Hearst, Chase, J. P. Morgan oder der US-Ölindustrie mit den Nazis unter die Lupe zu nehmen. Als der Kongress der USA im Jahr 2000 – spät genug – einen Bericht über die Verstrickung der USA in der Nazizeit vorstellte, handelte die *Times* dies in einem Zweispalter ab, der sich überdies auf Raubkunst in US-Museen beschränkte. Immerhin ist die *Times* ein Aktienunternehmen, an dem die fusionierte Bank J. P. Morgan Chase Anteile hat und das über Grundstücksgeschäfte mit der Disney-Tochter ABC verbunden ist. Die *New York Times Company* ist zudem über ihren Aufsichtsrat mit Ford, IBM, Texaco, Seagram (denen bis vor kurzem DuPont gehörte), der Carlyle Group und J. P. Morgan verbunden. Das war auch in den dreißiger Jahren nicht anders: Als Standard Oil of New Jersey wegen seiner Nähe zur IG Farben Verrat vorgeworfen wurde, eilte die *New York Times* den Rockefellers zu Hilfe.

Öffentlich mit der *Times* und dem Holocaust hat sich bislang –

neben Frankel – nur der frühere Chefredakteur Abraham Rosenthal auseinander gesetzt, der 1996 in der *Times* schrieb: »Vor einigen Monaten bat Arthur Sulzberger Jr. ein paar Redakteure zusammen, um herauszufinden, wie das hatte geschehen können. Auch Elie Wiesel war eingeladen, als ob er unseren dunklen Moment hätte erläutern können ... Es gibt keine Notizen mehr, dies zu erklären, keine Redakteure oder Manager, die am Leben wären. Wir kamen zu der Annahme, dass sich die *Times* eingeredet hat – wie es auch die Linie der Alliierten war –, dass die Wahrheit über den Holocaust zu erzählen bedeutet hätte, den Sieg zu riskieren. Nur, wieso das den Sieg riskiert hätte, war uns nicht klar.«

Über eines ist sich Rosenthal allerdings sicher: »Hätte die *Times* den Holocaust damals groß herausgebracht, hätte sie etwas bewirken können.« So sieht es auch Laurel Leff: »Hätte *die New York Times* die Grausamkeiten der Nazis deutlicher gemacht, wären viele Amerikaner viel eher über den Horror des Holocaust aufgewacht. Und die Presse hätte die Regierung zwingen können, weit mehr jüdische Flüchtlinge zu retten.«

Die 1990 verstorbene Iphigene Sulzberger machte sich zeitlebens Vorwürfe, nicht mehr von den Menschen gerettet zu haben, die sie damals um Hilfe gebeten hatten. »Ich wünsche mir heute, ich hätte es getan, ich wünsche zu Gott, ich hätte«, schrieb sie in ihren Memoiren. »Für die, die wir zurückgelassen haben, haben wir nur noch das Gefühl unserer schrecklichen Schuld.«

Viele Jahre nach dem Krieg sprach sie darüber mit dem Jazzsänger Cole Porter, der im selben Krankenhaus lag wie ihr Mann Arthur. Porter gestand ihr, dass ihn damals eine jüdische Frau aus Deutschland, die er flüchtig gekannt habe, gebeten habe, einen Bürgschaftsbrief für sie zu verfassen, um sie in die USA zu holen. »Ich habe mir gedacht, sie hat bestimmt Freunde, die ihr näher stehen, deshalb habe ich nicht unterschrieben. Ich habe nie wieder von ihr gehört. Ich weiß nicht, was ihr passiert ist. Aber ich habe heute noch Albträume, wenn ich daran denke.«

Kapitel fünf

Donald Duck als Weltdiplomat
Hollywood und der Holocaust

Voller Hoffnung sollte Deutschlands berühmteste Filmemacherin das Schiff über den Atlantik besteigen: Leni Riefenstahl wollte den allmächtigen Studiobossen in Hollywood ihre Dokumentation *Olympia* vorführen. Die Olympischen Spiele in Berlin hatten auch die USA begeistert, zumal der Athlet Jesse Owens eine Goldmedaille gewonnen hatte. Anfang November kam sie in New York an und wurde schon am Hafen von Journalisten mit Fragen über die Zustände in Deutschland bestürmt. Am nächsten Tag reiste sie nach Hollywood, wo sie in einem Bungalow in Beverly Hills unterkam. Als sie am nächsten Tag erwachte, kannten die Zeitungen nur ein Thema: die »Kristallnacht«.

Über Nacht war Riefenstahl zum Paria geworden. Die Mogule, mit denen sie Termine gebucht hatte, sagten reihenweise ab. Aber einen gab es noch, der sie durch sein Studio führte. Walt Disney, der Zeichentrickkönig. Disney stand in seinem Denken dem Führer nicht allzu fern. Wie Hitler glaubte er, dass Juden gefährliche Subjekte seien. Und die Sympathie war gegenseitig: Hitler liebte Disneys Zeichentrickfilme so sehr, dass er sie sogar nach Deutschland schmuggeln ließ. Die Rechte an *Olympia* wollte Disney aber doch nicht kaufen: Er fürchtete, dass ihn Hollywood boykottieren könnte.

Hollywood und Hitler – dies ist eine Beziehung, wie sie schizoider nicht sein könnte. Als die Weimarer Republik ums Überleben kämpfte, vermarktete Hollywood Filme, die der Nazi-Propaganda in die Hände spielten. Als die Nazis die Hollywood-Filialen in Berlin »arisierten«, überschlugen sich die Mogule in vorauseilendem Gehorsam. Als die Gestapo Juden in ganz Europa zusammentrieb, war es den Studios wichtiger, ihre Märkte in Übersee zu pflegen. Als amerikanische Nazi-Sympathisanten vor den Kinos gegen das »kriegstreibende« Hollywood demonstrierten, wagten es die Studios nicht, den Holocaust zu thematisieren. Erst nach Vietnam, als Amerika dringend Ablenkung von dem blutigen Desaster brauchte, entdeckte Hollywood die Marktlücke – selbstredend, ohne die Lieferanten ihrer Drehbuchideen zu entschädigen. Oscar Schindlers Witwe, an deren Schicksal Universal Pictures Millionen von Dollar verdient hat, starb in Armut.

Ronald Reagan, der damals ein junger Schauspieler war, spielte in Propagandafilmen mit, die vom Pentagon bezahlt wurden. Er verbrachte praktisch den gesamten Krieg auf dem Studiogelände in Culver City, Kalifornien, in Uniform. Jahrzehnte später, als er Präsident der USA war, erzählte er dem israelischen Premierminister Yitzhak Shamir, er habe geholfen, Auschwitz zu befreien, und habe sogar Bildmaterial mitgebracht. Es gibt kein besseres Beispiel, Hollywoods Rolle im Holocaust zu beschreiben.

*

Hollywood wurde 1913 erfunden. Das war das Jahr, als Regisseur Cecil B. DeMille im Auftrag von Jesse L. Lasky und Samuel Goldwyn nach Flaggstaff, Arizona, reiste. Er wollte einen Drehort für seinen Film *The Squaw Man (Der Mann der Indianerin)* finden. Lasky und Goldwyn hatten gerade ein Studio in New York gegründet, aus dem wenig später Paramount erwachsen sollte. DeMille sandte den beiden ein Telegramm: »Flaggstaff nicht gut für unseren Zweck. Bin nach Kalifornien weitergereist. Erbitte Erlaubnis, Scheune in einem Ort namens Hollywood für 75 Dollar im Monat zu mieten. Cecil.« Lasky kabelte zurück: »Erlaubnis erteilt, Scheune zu mieten, aber nur auf Monat-zu-Monat-Basis. Mach keinerlei langfristige Zusagen. Jesse.«

Die meisten Gründer der großen Hollywood-Studios stammten

aus den Ghettos von Warschau, Vilnius oder Kiew. Paramount-Chef Adolph Zukor und Twentieth-Century-Fox-Gründer William Fox waren aus Ungarn emigriert, Markus Loew kam aus Wien, Louis B. Mayer kam aus Russland und Lewis Selznick aus der Ukraine. Die Familie der Warner Brothers – Sam, Jack, Harry und Albert – stammte aus Polen. Harry Cohn, der Columbia Pictures gründen sollte, war der Einzige, der in New York geboren war. Sie wuchsen im Mietskasernenelend der Lower East Side oder in den Slums von Chicago auf. Und sie alle waren von dem festen Willen getrieben, sich in Amerika zu assimilieren, koste es, was es wolle. Das Symbol ihres Erfolgs – schreibt der amerikanische Filmjournalist Neal Gabler in seinem Buch *Ein eigenes Reich. Wie jüdische Emigranten Hollywood erfanden* – war ihr Imperium an der Westküste: Hollywood. Ein glamouröser Ort, wo zuvor nur Indianer, Goldgräber und Orangenfarmer gelebt hatten. »Sie sollten«, schreibt Gabler, »ein Imperium nach dem Bild Amerikas schaffen, so wie sie sich selbst als Bild eines wohlhabenden Amerikaners neu erschaffen sollten.« Assimilieren hieß aber auch: möglichst nicht anecken bei der protestantischen Mehrheit in den Vereinigten Staaten und auf gar keinen Fall Geschichten verfilmen, die »zu jüdisch« waren.

Cecil B. DeMille produzierte Bibelfilme wie *The King of Kings (König der Könige)*, wo Juden als barbarische Mörder von Jesus Christus dargestellt wurden. Sogar der vorsichtige *New York Times*-Verleger Adolph Ochs empörte sich darüber: Als er 1928 Hollywood besuchte, stauchte er DeMille zusammen: Der Film bringe »nichts als Unglück für die Juden«. Louis B. Mayer von MGM befreundete sich mit William Randolph Hearst, der Hitlers Kolumnen druckte, und zwang seine Frau, ihr koscheres Geschirr wegzuwerfen. Harry Cohn von Columbia saß auch an Yom Kippur, dem höchsten jüdischen Feiertag, in seinem Büro. Seine Frau, die zum Katholizismus konvertiert war, erzog die Kinder katholisch. Jack Warner aß Eier mit Speck – ein Tabu für traditionell erzogene Juden. Warner und Lasky besuchten Gottesdienste der Christian Scientists, einer freikirchlichen Sekte. Es war das distanzierte Verhältnis zu ihrer eigenen Herkunft, verbunden mit dem Bedürfnis nach Anpassung, das die Hollywood-Mogule davon abhalten sollte, gegen den Holocaust zu protestieren.

*

Carl Laemmle war der Erste, der ein Filmstudio gründen sollte: Universal Pictures. Er erschien – so beschreibt ihn Gabler – wie ein zwergenhaftes Fabelwesen. Klein, fröhliche Augen, konstantes Lächeln, Glatze und ein kleines Bäuchlein.»Er sah den Humor in allem, auch auf seine eigenen Kosten«, sagte ein Geschäftspartner über ihn. Aber Laemmle war weit zäher, als es den Anschein hatte.

Carl Laemmle, der aus einer assimilierten Familie im württembergischen Laupheim stammte, emigrierte 1884, mit nur 16 Jahren, in den Mittelwesten. 1906 beschloss er, ein Nickelodeon zu eröffnen, ein einfach ausgestattetes Fünf-Cent-Kino, in dem kurze Schwarz-Weiß-Filme liefen. Daraus entwickelte sich eine Kette. Schon drei Jahre später produzierte er seinen ersten Film: *Hiawatha*.

Zu Anfang des Jahrhunderts wurde der amerikanische Filmmarkt noch von den Franzosen dominiert. Das Studio Charles Pathé vertrieb um 1908 doppelt so viele Filme in Amerika wie alle US-Studios zusammen. Aber als mit dem Ersten Weltkrieg die Filmproduktion in Europa zusammenbrach, wagten sich die Amerikaner nach Übersee (noch bis 1927 waren alle Filme stumm, sodass Sprachbarrieren keine Rolle spielten). Nun ging es Schlag auf Schlag. Bereits um 1916 hatte Hollywood Tochterfirmen in Frankreich, Italien, Australien, Japan und Lateinamerika eröffnet. Als Russland kollabierte, stand dem Siegeszug des amerikanischen Films nichts mehr entgegen. Jesse L. Lasky war nicht der Einzige, der glaubte – so der ehemalige US-Produzent David Puttnam in seinem Buch *Movies and Money* –, dass die »amerikanische Dominanz auf dem internationalen Filmmarkt« auf den Ersten Weltkrieg zurückgehe.

Zu Kriegsbeginn hatte es in den USA eine starke pazifistische Stimmung gegeben. Die aber kippte im Mai 1915, als deutsche U-Boote die britische Lusitania versenkten. Vitagraph – ein längst vergessenes Studio dreier in New York lebender Briten – drehte den Film *The Battle Cry of Peace,* in dem eine Hunnenarmee Amerika angreift. Und Laemmle machte sich in seiner früheren Heimat mit dem Film *The Kaiser – The Beast of Berlin (Der Kaiser – Die Bestie von Berlin)* unbeliebt. Dabei hatte Hollywood gar keinen eigenen politischen Standpunkt. Den Mogulen ging es nur um das Wohlwollen des anglo-protestantischen Mainstreams.

Ab 1917 verbot es der Espionage Act ohnehin, kriegskritische Filme zu machen. Dafür vergab Wilson Aufträge an Hollywood, während Stars wie Charlie Chaplin für Kriegsanleihen warben. Der wichtigste Propagandafilm war *My Four Years in Germany* von Warner Bros. Der Film, der zumeist frei erfundene deutsche Grausamkeiten vom Abschlachten belgischer Babys bis zur Tötung von Kriegsgefangenen aneinander reihte, war nach einem Buch des US-Botschafters in Berlin, James Gerard, entstanden. Das Deutsche Reich zog schon früh daraus Lehren: Alfred Hugenberg – der später Hitlers Pressebaron werden sollte – schuf 1916 die Deutsche Lichtbild Gesellschaft, die Kriegspropaganda im Hollywood-Stil fabrizierte. Ein Jahr später entstand aus dieser Gesellschaft die Universum-Film AG, besser bekannt als UFA, unterstützt von General von Ludendorff und Georg Emil von Stauss von der Deutschen Bank. Auch Stauss sollte, wie Hugenberg, zu einer Stütze des Hitler-Regimes werden. Zu den Finanziers der UFA gehörte alles, was Rang und Namen hatte: die Deutsche Bank, die Dresdner Bank, die AEG, Robert Bosch sowie die Norddeutsche Lloyd mit der Hamburg-Amerika-Linie.

Nachdem sich die UFA auch auf dem Balkan und in Skandinavien ausgebreitet hatte, wurde sie zur größten Filmgesellschaft Europas, größer als Pathé. In den zwanziger Jahren drehten Regisseure wie Fritz Lang und Ernst Lubitsch expressionistische Klassiker, im Kampf mit Hollywood um Marktanteile. Was der deutschen Filmindustrie am meisten half, war die Hyperinflation: Für das Ausland war es spottbillig, deutsche Produktionen zu kaufen, hingegen waren amerikanische Filme für den deutschen Vertrieb unbezahlbar. Hollywood reagierte sauer. Puttnam zitiert einen Filmjournalisten, der schrieb, dass es keine zwei Länder gebe, die so weit voneinander entfernt seien wie Deutschland und Amerika: »Deutschland wird geschüttelt von Klassenkämpfen, sexueller Unmoral und einem voyeuristischen Vergnügen an Horror und Leiden auf der Leinwand«, während Amerika an die »glanzvolle Jugend, die Glorie der Mutterschaft, das ehrliche Geschäft und an gleiche Möglichkeiten für alle« glaube.

Das Blatt wendete sich erst, als sich ab 1924 die Reichsmark stabilisierte. Zudem kam Amerika in Deutschland in Mode: Amerikanische Autos, amerikanische Musik, amerikanische Filme überschwemmten den deutschen Markt. Ein Jahr später war die UFA bankrott. Nun lieferte sich Hollywood einen Wettlauf um das Babelsberger Haus. Die Bosse von Paramount, MGM und Universal buchten am gleichen Tag Passagen, aber in verschiedenen Schiffen. »In London angekommen, nahmen Paramount und MGM das Flugzeug, während Carl Laemmle auf dem Landweg blieb«, schreibt Puttnam. So machten Paramount und MGM das Rennen. Der erste Film, den die UFA unter US-Kommando in Deutschland vertrieb, war allerdings ausgerechnet *The Four Horsemen of the Apocalypse (Die vier apokalyptischen Reiter)*, ein weiterer Propagandafilm aus dem Ersten Weltkrieg, der Deutsche als barbarische Hunnen porträtierte. Der Film floppte nicht nur spektakulär, der dadurch ausgelöste Skandal riss die UFA ein zweites Mal in den finanziellen Abgrund. Paramount und MGM waren 1927 gezwungen, wieder an Hugenberg zu verkaufen. Die kurze, aber heftige Beziehung zwischen Deutschland und Hollywood war erst einmal zu Ende.

*

Im damaligen Los Angeles gab es zwei jüdische Gemeinden, eine deutsche und eine osteuropäische. »Für die deutschen Juden war ein russischer Jude ein Barbar«, erzählte Edgar Magnin, der Rabbiner der Synagoge am Wilshire Boulevard, der mit Neal Gabler sprach. Von den 400 000 Angelenos waren 20 000 jüdisch, zumeist assimilierte Deutsche. »Neulich sahen wir einen dieser russischen Immigranten mit einer Mütze aus Biberfell«, war etwa um 1915 im *B'Nai B'rith Messinger* zu lesen. »Ihre Freunde sollten diese Leute daran erinnern, dass sie hier in Los Angeles sind und nicht in Sibirien.«

Die deutschen Juden pflegten ihren eigenen Club, Concordia genannt, dessen wichtigstes Fest Weihnachten war. Die osteuropäischen Neuankömmlinge siedelten sich in einem ärmlichen irischen Barackenviertel namens Boyle Heights an. Die Filmmogule wiederum standen zwischen beiden Gruppen: Zwar waren fast alle osteuropäischer Herkunft, aber sie mochten mit Boyle Heights dann doch nicht allzu viel zu tun haben. Und die deutschen Juden, schreibt Neal Gabler, verachteten sie als »Nouveau Riche«.

Je mehr arme Einwanderer kamen, desto schwerer wurde es für die, die sich etabliert wähnten – so wurde die Tochter von Louis B. Mayer nicht auf eine private Schule aufgenommen. Und auch die Country Clubs, wo Golf und Tennis gespielt wurden, akzeptierten keine Juden. Rabbi Magnin und andere deutsche Juden gründeten nun einen eigenen Verein, den Hillcrest Country Club. Es durften auch Juden aus Osteuropa beitreten, aber erst, als die Depression dessen Mitgliedschaft dezimierte. Adolph Zukor, Jack und Harry Warner, Harry Cohn, Louis B. Mayer – sie alle wurden Mitglieder.

Die Nestwärme war nötig, denn das Klima in den USA fing an, sich rapide zu wandeln. Hollywood war zur Zielscheibe von Antisemiten geworden, die das »moderne Babylon« bezichtigten, Sex und Gewalt zu verkaufen. Hollywood hatte gleich zwei Gruppen als Feinde, schreibt der amerikanische Filmhistoriker Jeffrey Shandler in *Entertaining America:* Die einen waren die »Nativists«, die in den USA geborenen Angelsachsen, welche Juden als fremde »Orientalen« sahen. Die anderen waren die Antikommunisten. Nach der bolschewistischen Revolution in Russland wurde die USA von der Angst vor den Roten beherrscht.

Aber auch Kirchenmänner bekämpften Hollywood. Ein Reverend namens Wilbur Fisk Crafts gründete das Internal Reform Bureau, das vom Kongress verlangte, dass dieser die »Filmindustrie aus der Hand des Teufels und 500 unchristlicher Juden« rette. Crafts veröffentlichte dieses Pamphlet auch im *Dearborn Independent,* dem antisemitischen Hetzblatt des Autokönigs Henry Ford. Auch Ford wetterte über die »jüdische Kontrolle über amerikanische Kultur«. »Wer kontrolliert die Millionen Menschen, die sich täglich durch die Türen der Kinos drängen?« Er beschuldigte die Juden der »Manipulation des öffentlichen Bewusstseins«, weil sie ihre Macht für »selbstsüchtige, kommerzielle und unpatriotische Zwecke« nutzten. »Viele dieser Produzenten semitischen Ursprungs wissen nicht einmal, wie schmutzig ihr Zeug ist – für sie ist das ganz natürlich.«

Sogar in der Filmindustrie gab es Antisemitismus. Einmal traf sich der Regisseur Howard Hawks mit der Schauspielerin Lauren Bacall in einem Restaurant zum Lunch, als Leo Forbstein hereinkam, der Vorstand von Warner Music. »Hast du bemerkt, wie viel lauter es plötzlich geworden ist?«, sagte Hawks zu Bacall. »Das ist Forbstein. Juden müssen immer Krach machen.« Bacall hielt den Mund – sie fürchtete, Hawk könne herausfinden, dass sie selbst jüdisch war, und sie feuern. Wie Bacall (die als Betty Perske geboren wurde), benannten sich viele jüdische Regisseure, Schreiber und Schauspieler vorsichtshalber um, um nicht aufzufallen.

Um den Angriffen der bigotten Kirchenmänner zu begegnen, engagierten die Studiobosse einen Kontrolleur. Das war William Hays. Hays sollte von 1922 an mehr als zwei Jahrzehnte lang der Motion Picture Producers and Distributors of America (MPPDA) vorstehen.[14] Hays war ein Republikaner aus Indiana und Kirchenältester bei den Presbyterianern. Er entwickelte einen Anstandscode für Filme, nach dem sich Produzenten richten mussten. Aber er überzeugte nicht jeden Kritiker. Der Reverend Robert Shuler nannte Hays einmal den »angestellten Mann einer Bande reicher Juden, der sich um die Politik kümmert wie deren Haustier«.

MGM-Chef Louis B. Mayer beschloss damals außerdem, der inoffizielle Botschafter Hollywoods in Washington zu werden. Für Mayer war es die Rolle seines Lebens. Er liebte das Bombastische, das Exzessive, das Sentimentale. Es reichte nicht, dass er sich als Patriot bezeichnete. Er sagte immer, er habe vergessen, wann und wo er geboren sei, deshalb sci sein Geburtstag mithin der 4. Juli, der amerikanische Nationalfeiertag. »Wenn du einen Termin mit Louis B. Mayer hattest, war das immer ein Erlebnis«, schrieb Gabler. »Er warf sich auf den Boden, er betete, er sang und er spielte den Film so vor, wie du ihn machen solltest.« Mayer konnte aber auch energisch werden – einmal schlug er Chaplin nieder, als der ihn beschuldigte, sich in seine Ehe einzumischen.

Nun sollte Mayer jeden Kongressabgeordneten, Senator oder Gouverneur, der nach Los Angeles kam, in sein Studio einladen und ihn zusammen mit Filmstars wie Greta Garbo oder Clark Gable zum Lunch bitten. Ab 1928 begann Mayer eine Freundschaft zu Präsident Herbert Hoover zu entwickeln. Er wurde sogar von Hoover eingeladen, im Weißen Haus zu übernachten, damals noch ungewöhnlich für einen Hollywood-Mogul.

*

Als der Faschismus 1925 mit Benito Mussolini aufkam, war Hollywood erst einmal nicht abgeneigt, zumal Mussolini ohnehin einer der populärsten ausländischen Politiker in den USA war. Der Duce teilte allerdings auch nicht Hitlers Antisemitismus; er hatte sogar eine jüdische Geliebte, die Sozialistin Margherita Sarfatti.

Mussolinis größter Fan in Hollywood war Harry Cohn, der Präsident von Columbia Pictures, der seine eigene Macht ebenfalls gerne zelebrierte. Cohn hatte einen Ruf als der »gemeinste Mann Hollywoods«. Sein Motto war:»›Ich bekomme keine Magengeschwüre – ich verpasse welche.‹« Der Mogul ließ sich Anfang der dreißiger Jahre von Mussolini nach Rom einladen, wo der Columbia-Dokumentarfilm *Mussolini Speaks* uraufgeführt wurde. Cohn war vom Duce schwer beeindruckt. Wieder in Hollywood, ließ er sein Büro so umbauen, dass es dem von Mussolini glich, bis hin zu dessen gewaltigem, halbrundem Schreibtisch, auf dem er sogar ein Foto Mussolinis platzierte. (Charlie Chaplin parodierte den Effekt in seinem Film *The Great Dictator – Der große Diktator*).

Der Duce genoss noch lange Sympathien. Als er 1935 in Äthiopien einmarschierte, brachte es Hollywood nicht fertig, einen Film zu drehen, in dem sympathische Schwarze gezeigt wurden, die Italiener töteten, und verschwieg diesen Krieg lieber ganz.

Auch im Büro von Walt Disney hing ein Porträt von Mussolini. Disney schlug seine Zelte erst 1924 in Hollywood auf, als alle anderen, Radio Keith Orpheum (RKO) ausgenommen, längst dort waren. Und er war von Anbeginn an ein Außenseiter. Disney war ein Protestant, der in einem Dorf in Missouri aufgewachsen war, ein neurotischer, sexuell gehemmter Zwangscharakter, dessen tyrannischer Vater Elias ihn und seine Brüder verprügelte, bis der 17-jährige Walt von zu Hause weglief. Elias Disney hatte sich in verschiedenen Professionen versucht, meistenteils erfolglos. Die Schuld gab er immer den gleichen Übeltätern: den Juden, und er schimpfte vor seinen Söhnen oft über die »jüdisch-kapitalistischen« Ausbeuter. Walt seinerseits sollte später über die jüdisch kontrollierten Gewerkschaften wettern, die den Kapitalisten das Leben schwer machten. Er sollte sogar einen Zeichner feuern, als er herausfand, dass der Mann Jude war. Und seine Tochter schickte er auf eine Privatschule, die keine Juden aufnahm.

Die ersten filmischen Laufversuche von Walt Disney waren schwierig. Erst 1928 gelang ihm mit dem Mickey Mouse-Cartoon *Steamboat Willie* der Durchbruch. *Steamboat Willie* war der erste Zeichentrickfilm mit Ton, und er brachte seinem Erfinder eine Menge Geld ein. Aber das war nicht der einzige Grund, weshalb Disney nun von den gleichen Mogulen hofiert wurde, die ihm kurz vorher noch die Tür gewiesen hatten. Disney war für »Sin City« die Rettung, schreibt der amerikanische Autor Marc Eliot in seinem Buch *Walt Disney:* »Inmitten wachsender Anschuldigungen von Unmoral, hinter denen, fürchteten die Studiobosse, teils nur schlecht verhohlener Antisemitismus steckte, wurde ein Mann in den Vordergrund geschoben: der gute, fundamentalistische Familienmann und Filmemacher Walt Disney.« Denn Disney machte familienfreundliche, harmlose, unpolitische Filme.

*

Die Machtergreifung Hitlers 1933 beunruhigte auch Hollywood, denn die Traumfabrik ahnte, was nun in Deutschland bevorstand. Bereits 1930 war der Universal-Antikriegsfilm *Im Westen nichts Neues* (nach dem gleichnamigen Roman von Erich Maria Remarque) von der Weimarer Filmprüfstelle verboten worden, mit der Begründung, es sei »mit der Würde eines Volkes ... nicht vereinbar, wenn es seine eigene Niederlage, noch dazu verfilmt durch eine ausländische Herstellungsfirma, sich vorspielen ließe«. Vorausgegangen waren gewalttätige Proteste von NSDAP-Anhängern in den Kinos von Berlin, die sogar Polizeischutz erforderlich gemacht hatten. Für die Nazi-Partei war das Verbot ein gewaltiger publizistischer Erfolg, der ihr zudem Wählerstimmen bringen sollte. Nun fürchtete Hollywood, den deutschen Markt und ihre Produktionsstätten dort zu verlieren.

Bereits im April 1933 verlangte Propagandaminister Joseph Goebbels, dass Hollywood seine Berliner Dependancen »arisierte«, also sämtliche Juden entlasse. Das war Jeffrey Shandler zufolge mehr als die Hälfte des Personals. Es gab ein paar schwache Proteste aus Amerika, aber ansonsten folgten die Studios den Befehlen der Nazis. Dieses »appeasement« sollte ihnen jedoch nichts nutzen –

Goebbels verbannte kurz darauf alle Filme mit jüdischen Schauspielern. Auch das sollte Hollywood jedoch nicht aus Deutschland fern halten. Nur Warner Bros. zogen sich 1934 zurück. SA-Männer hatten das Warner-Büro in Berlin gestürmt, verwüstet und einen jüdischen Angestellten namens Joe Kauffmann erstochen. Hingegen blieben Fox, MGM und Paramount noch bis 1939 mit Deutschland im Geschäft, wenn sie auch immer weniger Filme verkaufen durften.

1934 reiste Mayers rechte Hand Irving Thalberg, der aus Koblenz stammte, nach Deutschland. Thalberg kam mit der Beobachtung zurück: »Eine Menge Juden werden ihr Leben verlieren, aber Hitler und der Hitlerismus werden vorbeigehen.« Als Freunde irritiert nachhakten, sagte er, die deutschen Juden sollten sich nicht wehren und die Juden der Welt sollten sich nicht einmischen: »Hitler ist irgendwann vorbei.«

Carl Laemmle war etwas vorausschauender. Ihn hatte es besonders empört, dass seine Heimatstadt Laupheim die Laemmle-Straße in Hitler-Straße umbenannt hatte. Nun drängte er seine Verwandten, zu emigrieren. Dabei stellte er nicht nur für sie, sondern für sämtliche 250 Juden von Laupheim die Bürgschaften, die sie benötigten, um in die USA einzureisen. Als das State Department misstrauisch nachzufragen begann, drängte er Freunde und Bekannte, Bürgschaften auszustellen, und versprach, dafür selbst aufzukommen.

Adolph Zukor, der Chef von Paramount, half seinem Bruder Arthur, der Rabbiner in Berlin war, nach Palästina zu emigrieren. Es gelang ihm auch, seine eigene Familie aus Ungarn herauszuholen. Aber Zukor war dagegen, Filme über die Verfolgung der Juden zu machen. »Hollywood sollte sich mit nichts anderem als Entertainment beschäftigen«, sagte er damals in einem Interview. »Politische Filme zu machen, ist ein Fehler.« Ähnlich äußerte sich auch Samuel Goldwyn – noch im Jahr 1939.

Und so dachten alle Studiobosse. Es gab Anfang der dreißiger

Jahre nur wenige Filme, die sich mit dem Faschismus beschäftigten. Sie wurden fast nie von den großen Studios produziert. Einer davon war *The Wandering Jew* (von Jewish American Film Arts und in Jiddisch), ein anderer *I Was Captive of Nazi Germany*, finanziert von der quasikommunistischen League Against War and Fascism. Einzig die Marx Brothers drehten 1933 die Komödie *Duck Soup (Die Marx Brothers im Krieg)*. *Duck Soup* spielt in dem fiktiven Land Freedonia, dessen verrückter Diktator mit dem Ausruf »Hail! Freedonia!« seine Nachbarn mit Krieg bedroht. Im selben Jahr brachte MGM den Film *Men Must Fight* ins Kino, in dem ein junger Amerikaner in den Krieg gegen ein fiktives »Eurasien« zieht, mit marschierenden Nazis und Japanern als Gegner.

Paramount wiederum reagierte 1934 mit *The President Vanishes* auf das aktuelle Geschehen in den USA: Eine mit Munition handelnde, kriegslüsterne Faschistentruppe, die »Gray Shirts«, droht, den Präsidenten zu stürzen. Ein ähnliches Thema behandelten Warner Bros. 1937 in *Black Legion (Schwarze Legion,* mit Humphrey Bogart), einem Film, der im Ku-Klux-Klan-Milieu in Detroit spielt. Es gab aber auch Filme, die sich, zumindest indirekt, gegen eine Intervention in Europa wandten, darunter der Western *Border G-Men* (RKO, 1938).

*

Jeder, der sich in den USA gegen Hitler aussprach, musste mit Vorwürfen rechnen, er sympathisiere mit dem Kommunismus. Um sich davon abzugrenzen, taten die Mogule alles. Als der Sohn eines MGM-Chefs nach einer Russland-Reise Sympathien für den Kommunismus zeigte, stauchte Harry Warner ihn zusammen: »Vergiss nicht, du bist Jude. Jüdische Kommunisten werden den Zorn der Welt auf den Rest der Juden herabbringen.« Paramount feuerte den russisch-jüdischen Regiestar Sergej M. Eisenstein, als Antisemiten eine Kampagne gegen ihn initiiert hatten. Genauso rigide bekämpften sie noch bis Ende der dreißiger Jahre die Studiogewerkschaften als »kommunistisch unterwandert«.

Wie wenig die Mogule kommunistisch gesinnt waren, zeigte sich, als sie gegen den sozialistischen Schriftsteller Upton Sinclair mobilisierten, der 1934 als Gouverneur von Kalifornien kandidiert hatte. Sinclair war in Tinseltown noch nie sonderlich beliebt gewesen. MGM hatte zwar einmal die Filmrechte eines Sinclair-Buches gekauft, aber Irving Thalberg wies den Drehbuchautor an: »Halte mir bloß diesen Bolschewiken vom Hals.«

Sinclair war mit William Fox lose befreundet, den die Weltwirtschaftskrise seines Studios beraubt hatte. Seitdem verfluchte Fox Louis B. Mayer und Nicholas Schenck, der nun die Twentieth Century Fox leitete, und forderte, dass die Filmindustrie staatlich reguliert werden müsse. Fox erzählte Sinclair viele saftige Details aus dem Privatleben der Studiobosse, und Sinclair veröffentlichte dies als Buch (mehr oder weniger hinter Fox' Rücken). Schenck drohte daraufhin seinen Angestellten mit der Kündigung, falls diese das Buch lasen. Dass Sinclair als Gouverneur die Ökonomie von Kalifornien retten wollte, indem er die Studios stärker besteuerte, machte ihn nicht wesentlich beliebter.

Die Studios unterstützten vehement Sinclairs Gegenkandidaten Frank Merriam, einen konservativen Republikaner. Nicht nur zwangen Warner, MGM, Columbia und natürlich Walt Disney ihre Angestellten, insgesamt eine halbe Million von ihren eigenen Gagen für Merriams Kampagne abzuzweigen. MGM ließ sogar »Nachrichten« im *Newsreel*-Stil drehen (Wochenschauen, die vor dem Hauptfilm liefen), in denen Schauspieler, die wie orthodoxe Juden gekleidet waren, in hebräisch akzentuiertem Englisch sagten, sie würden für Sinclair stimmen. Schließlich habe das kommunistische System ja auch in Russland funktioniert. So sollten Mayer und Thalberg klassische antisemitische Propaganda, die Judentum mit Bolschewismus verbindet, produzieren.

Nach der verlorenen Wahl unterstützte Sinclair den Filmemacher

Max Knepper, der ein Exposé über einen jüdischen Mogul verfasste, der sich unschuldige amerikanische Frauen gefügig machen wolle – ein anderes antisemitisches Stereotyp.

*

Politisches Bewusstsein sollte sich in Hollywood zwar irgendwann doch bilden, aber nur gegen die Mogule. Das geschah, als progressive Drehbuchautoren – darunter Ben Hecht, Dorothy Parker, George S. Kaufman, F. Scott Fitzgerald und Dashiell Hammett – an die Westküste zogen. Zu ihnen gesellten sich bald Flüchtlinge aus Europa, die meisten davon ebenfalls links, jüdisch oder beides. Dazu zählten Bert Brecht, Kurt Weill, Alfred Döblin, Conradt Veidt, Ernst Lubitsch, Thomas Mann, Billy Wilder und Fritz Lang. Viele Deutsche allerdings fassten nie so richtig Fuß. Das lag an der Sprachbarriere, der Umstellung vom idealistisch-radikalen Berlin der Goldenen Zwanziger auf das kommerziell-oberflächliche Kalifornien und an dem Schock, plötzlich wieder unbekannt zu sein.

Der Katalysator für Hollywoods Linke war der Spanische Bürgerkrieg. Als dieser 1936 ausgebrochen war, gründeten sie die Hollywood Anti-Nazi League. Neben Hecht, Parker, Lang und Lubitsch gehörten ihr Schauspieler wie Eddie Cantor und der Bühnenautor Oscar Hammerstein an. In ihren besten Zeiten hatte die League 5000 Mitglieder. Sie organisierte Demonstrationen gegen Deutschland, sponserte zwei wöchentliche Radiosendungen und gab die Boulevardzeitung *Hollywood Now* heraus. Erst der Hitler-Stalin-Pakt von 1939 versetzte der League einen Rückschlag, sie wurde dadurch, so Jeffrey Shandler, in »Konfusion geworfen«.

Einer ihrer heftigsten Gegner war Joseph Breen, ein ehemaliger Hollywood-Reporter, der in den dreißiger Jahren Vorsitzender der Production Code Administration war, die William Hays und seinem Dachverband Motion Picture Producers and Distributors of America unterstand. Breen war ein erklärter Antisemit – er schrieb einmal an einen Freund, »diese Juden denken an nichts anderes als an Geldverdienen und sexuellen Genuss ... sie sind der Abschaum der Erde«. Breen mochte die League schon deshalb nicht, weil er selbst auf der Seite von Francos Falangisten stand. Er sollte später zusammen mit einem jesuitischen Priester namens Daniel Lord die League beim House Committee on Un-American Activities (HUAC) als Kommunisten anschwärzen.

Als der Paramount-Autor Herman Mankiewitz einen Anti-Hitler-Film namens *Mad Dog of Europe* plante, riet Breen ihm ab. Zwar schaffte es Mankiewitz, den Film doch zu verkaufen, nun aber warnte Hays dessen Agenten, dass es ein »starkes prodeutsches und antisemitisches Gefühl in diesem Land gibt, und deshalb würden sicherlich Vorwürfe erhoben, dass die Juden, als Klasse, hinter dem Anti-Hitler-Film stecken und die Leinwand für ihre eigene Propagandazwecke nutzen«. Der Film wurde nie gedreht. Breen lehnte auch einen weiteren antifaschistischen Film ab, *Personal History*, in dem der Held, gespielt von Henry Fonda, Juden aus Deutschland retten sollte.

In diesen Jahren nahm die Zahl der Nazi-Sympathisanten in Hollywood dramatisch zu. Der German-American Bund hatte eine recht aktive Organisation in Los Angeles, die antisemitische Flugblätter verteilte und zum Boykott von Filmen aufrief, die von »internationalen Juden« produziert würden. Gelegentlich zogen die Männer vom Bund auch mit Protestplakaten vor den Kinos auf. Einmal gelang es dem Bund sogar (mit der Hilfe von Druckern, die mit Hitler sympathisierten), ein antisemitisches Pamphlet in die *Los Angeles Times* einzulegen. Die faschistischen Silver Shirts betrieben einen Buchladen, den Aryan Book Store. Und überall in Los Angeles wurden Zeitungen verkauft, die vor der jüdischen Gefahr und der jüdischen Kontrolle der Presse warnten.

Arthur Babbitt, ein früherer Disney-Animator, erinnerte sich im Gespräch mit Marc Eliot an diese Zeit: »Bis unmittelbar vor dem Krieg gab es hier eine kleine, aber grimmig loyale Anhängerschaft der Nazi-Partei, die wohl legal war. Man konnte *Mein Kampf* an jedem Kiosk in Hollywood kaufen.«Babbitt ging einmal selbst zu einer Versammlung dieser Leute – aus Neugier, wie er sagte – und erlebte eine Überraschung: Er sah seinen Boss, Walt Disney, begleitet von dessen Anwalt Gunther Lessing.

»Disney ging die ganze Zeit zu diesen Treffen«, erzählte Arthur Babbitt. Der Animator traf auf diesen Versammlungen auch andere Filmpersönlichkeiten. Er wurde sogar von Schauspielern und Musikern nach Hause eingeladen, die der amerikanischen Nazi-Partei angehörten. Schließlich erzählte Babbitt dies einer Freundin. Die ermutigte ihn, alles aufzuschreiben und es dem FBI zu übergeben. Er tat das, hörte aber nie wieder etwas davon. Es sollte sich allerdings herausstellen, dass das FBI zwei Jahre später Disney angeworben hatte, um die Linke von Hollywood auszuspähen.

Eliot vermutet, dass Disney und Lessing von der Hoffnung motiviert waren, ihre Filme in den von Nazis besetzten Ländern vertreiben zu dürfen. Aber Disney war auch ein ausgesprochener Isolationist und Mitglied des America First Committee, das gegen den Kriegseintritt der USA agierte. Er nahm an der Seite des Atlantikfliegers Charles Lindbergh an Demonstrationen der America Firsters in New York und anderen Städten teil. Er war auch mit Henry Ford befreundet, der den Meister der Mäuse dafür bewunderte, dass er ein »erfolgreicher Protestant in einem Bereich war, der von Juden dominiert war«. Das alles sollte die *B'nai B'rith* in Hollywood nicht davon abhalten, Walt Disney 1955 zum »Mann des Jahres« zu wählen.

Disney war aber noch harmlos, verglichen mit dem Seeräuberdarsteller Errol Flynn: Flynn war – wie der amerikanische Biograph Charles Higham enthüllte – ein Spion für die Deutschen. Dies kam allerdings erst 1946 heraus, als ein gewisser Hermann Erben aus Österreich wegen Spionage vor Gericht stand. Higham fand in den geheimen Unterlagen des State Department eine Akte über Errol Flynn, markiert mit den Worten »Vermutete subversive Aktivitäten«. Die Akte war 1933 eröffnet worden, nachdem Flynn Hermann Erben kennen gelernt hatte. Im September desselben Jahres schrieb er dem neuen Freund einen Brief, in dem er sich beschwerte, dass ein »schleimiger Jude« versuche, ihn zu betrügen. »Ich wünschte, wir könnten Hitler zu uns herüberbringen, um diese Isaacs eine Lektion zu lehren.«

Nachdem Flynn 1937 auch auf einer Party im englischen Mayfair Nazi-freundliche Bemerkungen gemacht hatte, wurde der britische Geheimdienst auf ihn aufmerksam. MI-6-Agenten registrierten ein Treffen in Paris mit hochrangigen Deutschen und dem Duke of Windsor (dem Ex-König Edward VIII., einem bekannten Nazi-Sympathisanten). Kurz darauf soll Flynn sogar ein geheimes Treffen mit Hitler in Berchtesgaden gehabt haben, sagte Erben in seinem Prozess. Erben hatte während des Krieges via Istanbul mit Flynn kommuniziert, und nach seiner Haft hätte Flynn ihm 10 000 Dollar geschickt.

Ebenfalls 1937 begleitete Flynn seinen Freund Erben auf eine Spionagemission nach Spanien, wo er Namen des Thälmann-Bataillons, das Franco bekämpfte, an den Geheimdienst des Diktators in Paris lieferte, der die Gestapo verständigte. Das brachte viele von deren Familienangehörigen ins KZ. Auch der Geheimdienst der U.S. Navy hielt ein Auge auf Flynn, als er 1941 in Hawaii den Film *Dive Bomber* drehte, der auch den US-Seehafen Pearl Harbor zeigte. Die Japaner schafften es über einen deutschen Agenten in New York, eine Kopie der Filmaufnahmen zu bekommen. »Der Geheimdienst der Navy hielt es für möglich, dass Flynn ein Verräter war; aber nichts geschah«, so Higham.

*

Unter Druck von allen Seiten, hielten sich die Studios weiter zurück. Es sollte in der Vorkriegszeit überhaupt nur zwei wichtige Filme geben, in denen Hollywood sich traute, Hitler offen anzugreifen. Beide entstanden erst nach der »Kristallnacht« – und beide Produzenten mussten sich viel Kritik anhören. Der eine war *The Great Dictator (Der große Diktator)* von Charlie Chaplin, der andere *Confessions of a Nazi Spy (Ich war ein Spion der Nazis)* von Warner Bros. Als *Confessions of a Nazi Spy* 1939 erschien, hob Groucho Marx bei einem Anti-Nazi-Treffen das Glas und prostete Jack Warner zu: der leite das einzige »Studio mit Mumm«. Jack und Harry Warner waren sehr verschieden. Neal Gabler beschreibt Jack Warner als einen »schnell redenden, oberflächlichen Broadway-Typen, der sich selbst für witzig hält und der bei seinen Scherzen ziemlich schlechten Geschmack beweist«. Jack trug laute grelle Jacken und war nicht nur »ungehobelt, vulgär, seicht, aufdringlich, unbeständig und unangenehm«, sondern kultivierte diese Eigenschaften sogar. Harry hingegen sah immer so aus, als wolle er sich für seinen Bruder entschuldigen. Er war nüchtern, ernsthaft, konservativ, oft verlegen, ein »volkstümlicher Mensch, ein stiller Familienmann, der nie angab«. Nur in einem waren sich die Warner Brothers einig: Sie wollten Flagge zeigen gegen die Nazis. Sie sollten nicht nur die Hollywood Anti-Nazi League unterstützen, sondern sich auch die Einmischung von Hays und Breen verbeten (die ja letztlich Angestellte der Studio-Hierarchie waren).

Confessions of a Nazi Spy ist eine Semi-Dokumentation nach dem Buch des FBI-Agenten Leon G. Turrow mit dem Titel *The Nazi Conspiracy in America*. Das Werk erzählt die – wahre, wenngleich recht ausgeschmückte – Geschichte von vier Nazi-Spionen, die von einem FBI-Agenten gefasst wurden, gespielt von Edward G. Robinson. Das Drehbuch stammt von John Wexley, und der Regisseur war Anatole Litvak, beides Flüchtlinge vor Hitler und Mitglieder der Hollywood Anti-Nazi League. Sie verwendeten *Newsreels* von einem Nazi-Treffen in Yorkville, dem deutschen Viertel New Yorks. Der Film zeigt auch einen amerikanischen Nazi-Führer, der im Riefenstahl-Stil auf ein »Horst-Wessel-Camp« in New Jersey zufährt, wo ein Heinrich-Himmler-Double vor Hakenkreuz-Flaggen dazu aufruft, »Amerika vor dem Chaos zu retten, das durch Demokratie und die Gleichheit der Rassen« verursacht werde. Die Botschaft des Filmes ist klar: Es kann auch hier passieren.

Als *Nazi Spy* Premiere hatte, zogen Nazi-Sympathisanten mit Plakaten vor den Kinos auf, sodass Warner für die Kinos in New York extra Sicherheitskräfte ordern musste. Ein Kino in Wilwaukee, Wisconsin, wurde sogar angesteckt. Die Legion of Decency – die zuvor Leni Riefenstahl bei ihrem USA-Besuch verteidigt hatte – nannte den Film »weniger anti-Nazi denn pro-kommunistisch«. Und der antisemitische Radiopfarrer Charles Coughlin bezeichnete die Warner Brothers und ihren Hauptdarsteller Robinson im Radio als »Juden, deren Patriotismus nur so tief ist wie ihr Hass gegen Hitler«. Er meinte damit: Sie würden nur so tun, als seien sie patriotisch, tatsächlich wollten sie nur die USA gegen Hitler in Stellung bringen.

Noch empörter war das Deutsche Reich. Der deutsche Konsul in Los Angeles reichte eine formelle Protestnote bei Joseph Breen von der Motion Picture Producers and Distributors of America ein. Der reichte sie an Jack Warner weiter, der sie seinerseits wegwarf. Hitler selbst beschuldigte in einer Rede in Berlin Hollywoods »gigantische jüdisch-kapitalistische Propaganda«, die Beziehungen zwischen den USA und Deutschland zu zerstören, die ansonsten so gut seien – ein reichlich absurder Vorwurf gegenüber einem Film, den nur wenige hunderttausend Kinogänger gesehen hatten.

Es waren auch die Warners, die eine Brücke zu US-Präsident Franklin D. Roosevelt schlagen sollten (die meisten Mogule, allen voran Louis B. Mayer, standen den Republikanern nahe). Und Roosevelt begriff sehr gut, welche Macht Hollywood hatte. Er bat die Warners schon 1932 um Unterstützung für seinen Wahlkampf, vermittelt durch Joseph Kennedy (den Vater des künftigen US-Präsidenten John F. Kennedy) und den früheren General-Motors-Vorsitzenden John Raskob. Sie überredeten Jack Warner, Vorsitzender der Organisation der Filmindustrie »Roosevelt for President« zu werden.

*

Als Harry Warner Mitte 1939 nach Europa reiste, war er schockiert. »Er begriff, dass der bevorstehende Krieg den gesamten europäischen Markt verschwinden lassen würde«, schreibt David Puttnam. Dabei fühlte sich die Industrie bereits in den USA gebeutelt. Das US-Justizministerium betrieb gerade eine Klage gegen die Studios wegen Kartellbildung. Warner sandte einen eindringlichen Brief an Roosevelt: Der Präsident solle unbedingt dafür sorgen, dass der Kartellprozess ad acta gelegt oder wenigstens bis nach dem Krieg ausgesetzt werde. »Er gibt keinen direkten Beweis, dass Roosevelt von Warners Argumenten überzeugt war«, so Puttnam. »Aber die Erinnerung an die strategische Bedeutung der Filmindustrie im Krieg von 1914 bis 1918 hat die Regierung wohl überzeugt, dass eine konziliantere Haltung allen helfen würde.«

Als der Zweite Weltkrieg tatsächlich ausbrach, versprach Roosevelt in einer Rede, dass die Nation neutral bleiben werde. Aber er könne nicht von jedem einzelnen Amerikaner verlangen, dass er ebenfalls neutral bliebe. Die Warners begriffen die Botschaft und sandten einen weiteren Brief an den Präsidenten: Sie stünden mit ihrem Studio bereit, dem amerikanischen Volk zu zeigen, wie wichtig dieser Kampf sei. Auch Fox-Chef Nicholas Schenck bot dem Präsidenten sein »gesamtes Studio zur freien Verfügung für die Landesverteidigung« an. Die anderen Studios allerdings fürchteten sich immer noch, Deutschland und dessen Freunde im State Department zu verärgern, und taten nichts.

Während es auch 1939 keine Filme gab, die den Holocaust thematisierten, kamen Faschismus und der Krieg inzwischen durchaus vor. Mehrere Filme forderten zumindest indirekt zur Intervention auf, wobei andere für Neutralität plädierten. Zu Ersteren zählt *Arise, My Love* (Paramount, 1940). Darin geht ein amerikanisches Paar – ein Pilot und eine Journalistin – nach Berlin, um Hitler zu bekämpfen. In *The Man I Married* (Fox, 1940) ist die Hauptfigur eine naive Amerikanerin, die ihrem deutschen Mann nach Berlin folgt, nur um festzustellen, dass er ein Nazi ist. *Underground* (Warner Bros.,

1941) handelt von zwei Brüdern in Deutschland, von denen einer im Widerstand kämpft.

Interventionsfilme wurden aber auch aus Großbritannien importiert, wie etwa Alfred Hitchcocks *Foreign Correspondent (Der Auslandskorrespondent,* 1940) und *Sundown* (1941). United Artists brachte 1941 den britischen Anti-Nazi-Film *Pastor Hall* in die USA, finanziert von Globe Pictures, einer Produktionsfirma, die Roosevelts Sohn James gehörte (wobei der US-Vertrieb darauf bestand, mehrere brutale Szenen zu kürzen, die in Konzentrationslagern spielten, um die deutschstämmigen Zuschauer nicht zu verärgern). Auch Universals Remarque-Verfilmung *All Quiet on the Western Front (Im Westen nichts Neues)* kam nochmals in die Kinos, nun jedoch vom Antikriegsfilm zum Kriegsfilm umgeschnitten. Mehr als zwei Dutzend Filme hatten in diesen Jahren starke Anti-Nazi- oder antideutsche Untertöne.

*

Aber es gab nur einen Film, der das heiße Eisen anpacken sollte, vor dem sich sogar die Warners scheuten: die Juden in den Konzentrationslagern. Das war *Der große Diktator.* Charlie Chaplin spielt in der Satire von 1940 sowohl einen jüdischen Friseur aus dem Ghetto als auch den Diktator Adenoid Hynkel. Als der Friseur Widerstand gegen die Sturmtruppen leistet, die seine Freundin Hannah bedrohen, wird er ins KZ verschleppt. Er kann aber von dort fliehen. Zwar wird er von den Sturmtruppen wieder aufgegriffen, aber, der Ähnlichkeit wegen, mit dem Diktator verwechselt. Letztlich landet der echte Hynkel im Lager, während der Friseur als vermeintlicher Diktator eine Rede hält: Ein neuer Tag breche an, von nun an herrsche Freiheit und Gleichheit.

Die Zustände in den KZs waren um diese Zeit in Hollywood bekannt, waren inzwischen doch genug Flüchtlinge, die entkommen waren (oder die freigekauft wurden), an der Westküste gelandet.

Gleichwohl hatte noch kein Produzent einen Spielfilm darüber gedreht. Hollywoods Mogulen war es immer noch unbehaglich, jüdische Themen oder Charaktere zu zeigen, die allzu jüdisch wirkten. »Erst Hitler sollte die jüdische Selbstverleugnung in Hollywood ändern«, schreibt Gabler. Und so ist es vermutlich kein Zufall, dass es Chaplin war, der sich daran wagte. Denn der kleine Tramp war, allen Gerüchten zum Trotz, kein Jude, und fürchtete sich daher nicht vor Antisemitismus.[15]

Als Chaplin ankündigte, eine Satire über Hitler und das Schicksal der Juden drehen zu wollen, riet ihm jeder ab, sogar die britische Regierung (Chaplin hatte noch seinen britischen Pass). Hollywood bangte um seine ohnehin abgemagerten Märkte in Europa und fürchtete sich vor den nie abreißenden Vorwürfen, man würde die USA in den Krieg treiben. Schließlich mischte sich sogar Roosevelt ein und ermunterte Chaplin, den Film zu machen. Gleichwohl fand sich kein Hollywood-Studio, das den *Diktator* produzieren wollte. Chaplin finanzierte den Film schließlich selbst, mit 1,5 Millionen Dollar. Ähnliche Probleme hatte er mit dem Vertrieb, bis United Artists diesen übernahm. Aber aus Angst vor antisemitischen Krawallen wurde das Premierendatum mehrfach verschoben. Letztlich wurde *Der große Diktator* ein immenser Erfolg, und er wurde für den Oscar nominiert. Das Rennen machte aber die Daphne-Du-Maurier-Schnulze *Rebecca* von David O. Selznick.

Der große Diktator brachte Hollywood allerdings ins Fadenkreuz des House Committee on Un-American Activities. Das HUAC war Anfang der dreißiger Jahre gegründet worden, um Nazi-Aktivitäten zu untersuchen. Nun wurde es unter dem neuen Vorsitzenden Martin Dies wiederbelebt. Für den Republikaner Dies war Chaplins Film ein Beispiel, wie eine Allianz aus »europäischen Flüchtlingen und jüdischen Produzenten« in Hollywood die USA in den Krieg locke.

Dies lud prominente Nazis ein, vor dem HUAC auszusagen, darunter einen Funktionär des produtschen Bundes, außerdem Joseph Kemp, Verleger der faschistischen Zeitschrift *The Awakener,* den notorischen Reverend Gerald K. Smith, William Dudley Pelley, den Vorsitzenden der faschistischen Silver Shirts, sowie James Colescott vom Ku-Klux-Klan. Dadurch stellte Dies fest, dass ganz Hollywood und insbesondere die Anti-Nazi League unter der Kontrolle der Kommunisten sei.

In die gleiche Kerbe schlug der Atlantikflieger Charles Lindbergh auf einer Demonstration der America Firsters in Des Moines, Iowa: Die größte Gefahr für unser Land, sagte er, sei das »jüdische Eigentum und der jüdische Einfluss auf unsere Filmindustrie, unsere Presse, unser Radio und unsere Regierung«. Genauso dachte der US-Botschafter in London, Joseph Kennedy, der ohnehin keine hohe Meinung von den Mogulen hatte (er nannte sie einmal einen »Haufen Hosenbügler, die sich zu Millionären gemacht haben«). Bei einem privaten Treffen Ende 1940, zu dem er mehr als 50 Studiobosse und Produzenten eingeladen hatte, warnte er Hollywood eindringlich: Die Studios sollten gefälligst aufhören, Anti-Nazi-Filme zu machen, und sie sollten ihren »jüdischen Ärger« für sich behalten, sonst würde den Juden Schuld am Krieg gegen Hitler gegeben. In Großbritannien heiße es bereits, dies sei ein »jüdischer Krieg«.

Kennedy hatte durchaus eigene Interessen zu vertreten. Er hatte selbst ein Filmstudio gegründet, das Radio Keith Orpheum (RKO). Das Geld kam von der Chase National Bank – der heutigen Chase Manhattan Bank –, die den Rockefellers gehörte. Die RKO-Finanziers von Chase waren heftig im Deutschlandgeschäft engagiert. Das Letzte, was sie wollten, war die Unruhe, die ein Kriegseintritt der USA gebracht hätte.

Der Druck auf Hollywood verstärkte sich, als sich die Isolationisten eines weiteren Alliierten aus Washington versicherten: Senator Gerald Nye, der zehn Jahre zuvor den Merchants-of-Death-Anhörungen vorgestanden hatte. Nye hielt 1941 eine Rede im Radio, die er auf einer Demonstration der America Firsters in St. Louis wiederholte. Er bekräftigte den Vorwurf, dass Hollywood ein Hafen für Ausländer sei, die für den Krieg agitierten. »Bei jeder Filmgesellschaft arbeiten Regisseure, die aus Russland, Ungarn, Deutschland und dem Balkan kommen.«Film habe aufgehört, zu unterhalten, sagte Nye. Stattdessen »betäubt er die Vernunft der Amerikaner und erregt das Kriegsfieber«.

Wenige Wochen später trat in Washington das Senate Subcommittee on Interstate Commerce zusammen, das untersuchen wollte, ob Film und Radio tatsächlich Kriegspropaganda betrieben. Nye wiederholte von dem Komitee seinen Vorwurf, dass die Filmindustrie zur Geisel von Ausländern geworden sei, die »weit mehr am Schicksal ihres Heimatlandes interessiert sind als am Glück der USA« und die die »stärkste und bei weitem gefährlichste Fünfte Kolonne in unserem Land« seien. Manche – so der Senator – vermuteten sogar, dass »unsere jüdischen Bürger unser Land und unsere Söhne« in ihrem Interesse in den Krieg schicken wollen. »Wenn es Antisemitismus in Amerika gibt, sind die Juden selbst daran schuld«, schloss Nye seine Rede.

Nun schlug das Imperium zurück. Harry Warner und Darryl F. Zanuck sagten ebenfalls von dem Komitee aus, wobei Zanuck seine christliche Herkunft aus Nebraska betonte. Die Studios engagierten überdies den Lobbyisten Wendell Willkie, der 1940 – erfolglos – als Präsident für die Republikaner gegen Roosevelt kandidiert hatte. Willkie beschuldigte seinerseits Nye und die übrigen Isolationisten, »akkurate und sachlich korrekte Filme über den Nazismus« zu unterdrücken und bewusst Amerikaner »rassisch und religiös auseinander zu dividieren, um ihre Auslandspolitik durchzusetzen«.

Die Studios hatten dabei heimliche Schützenhilfe von dritter Seite: Großbritannien. Die Briten, die unter dem »Blitz« der Wehrmacht zitterten, hatten ihre Geheimdienstzelle British Security Coordination im Rockefeller Center einquartiert, die inzwischen eine Organisation namens Fight for Freedom gegründet hatte. Als Nye im September 1941 eine Rede in Boston hielt, sammelten sich die Männer von Fight for Freedom und verteilten 25 000 Flugblätter, auf denen Nye als Appeaser und »Nazi-Liebhaber« beschimpft wurde. Als die Japaner im Dezember 1941 Pearl Harbor angriffen, war es mit dem Subcommittee on Interstate Commerce ohnehin vorbei.

*

Für die Studios war der Krieg die Rettung. Denn in den Jahren zuvor waren die Exporte nach Europa vollkommen weggebrochen. Das Dritte Reich hatte inzwischen die International Film Chamber gegründet, die den Export deutscher Filme forcierte (in Kollaboration mit der französischen Filmindustrie und Mussolini, der in Rom die Filmstadt Cinecittà bauen ließ).

Aus diesem Grund hatte Hollywood keine Kosten gescheut, Filme überall hinzuliefern, selbst in faschistische Länder wie Spanien und Italien. Aber mit dem Vormarsch der Wehrmacht verschwand ein Markt nach dem anderen: Osteuropa, Skandinavien, Frankreich. Nur noch die Schweiz, Schweden, Irland und Großbritannien blieben übrig. Dabei schauten sich übrigens Goebbels und Hitler durchaus Hollywood-Filme an, die sie dem Volk verboten hatten. Beispielsweise fingen deutsche Kriegsschiffe 1943 einen Transport nach Schweden ab und entdeckten in der Beute den neuesten Disney-Film: *Bambi*. Der Streifen wurde unverzüglich zur Privatvorstellung ins Führerhauptquartier gebracht.

Hollywood meldete sich ab 1942 geschlossen für die Mobilisierung – in Washington. Das Office of War Information schuf das Bureau of Motion Pictures, bei dem die Studios alle Skripten vor Drehbeginn einreichen mussten. Das Bureau of Motion Pictures überprüfte die Drehbücher und machte gegebenenfalls Vorschläge, Details zu streichen oder patriotisches Material einzufügen. »Wird dieser Film helfen, den Krieg zu gewinnen?«, war die Frage, die Hollywood bei jedem Projekt beantworten musste.

Die Studios folgten diesen Leitlinien freiwillig und begeistert. »In die amerikanische Flagge gehüllt, überschäumend patriotisch, drehten die Juden von Hollywood Film nach Film über die Grausamkeit der Nazis, die Umsturzbedrohung durch Nazi-Sympathisanten in den USA, die Tapferkeit unserer Soldaten, die Standhaftigkeit unserer Bevölkerung, die Richtigkeit unserer Mission«, schreibt Gabler. Von 1942 bis 1945 produzierte Hollywood 1500 Filme, davon beschäftigten sich mehr als 800 mit dem Krieg, rechnete der amerikanische Kinoexperte Michael Shull in seinem Buch *Hollywood War Films* nach. Das Einzige, was in den Hollywoodfilmen dieser Zeit so gut wie nie vorkam, war der Holocaust, der Massenmord in den Lagern.

Das Filmgeschäft lief so glänzend, dass 1943 schon wieder ein Senate Committee zusammenkam, diesmal unter Harry S. Truman, dem späteren Präsidenten. Das Komitee wollte herausfinden, ob die Studios nicht ungebührlich vom Krieg profitierten.

Kurz nach Pearl Harbor fürchteten die Studios sogar selbst, zum Ziel der japanischen Luftwaffe zu werden, vor allem Warner Bros., deren Hallen in Burbank nahe denen des Flugzeugbauers Lockheed lagen. Um eine versehentliche Bombardierung zu vermeiden, ließ Jack Warner einen Pfeil und »Lockheed Thataway« (zu Lockheed geht's da lang) auf das Dach der Haupthalle pinseln.[16] Lockheed fand das nicht komisch. Auch die Disney-Hallen waren in Burbank, und Walt Disney sollte deshalb einen rechten Schock erleiden: Als er im Dezember 1941 von einer Südamerikareise zurückkam, wurde er nicht auf sein eigenes Studiogelände gelassen. Die U.S. Army hatte es beschlagnahmt.

Disney beschwerte sich, und, als Wiedergutmachung, bot die U.S. Navy ausgerechnet dem Erz-Isolationisten an, zwanzig Animationen für ein Honorar von 80 000 Dollar zu machen. Das Militär war von dem Ergebnis so begeistert, dass es anschließend Dutzende von Cartoons orderte. Mickey Mouse und Co. sollten für Uncle Sam in den Krieg ziehen. Der bekannteste Trickfilm aus dieser Zeit ist *The Fuhrer's Face,* in dem Donald Duck Hitler verspottet. Dabei geriet Disney jedoch mit US-Finanzminister Henry Morgenthau aneinander, der ihn beschuldigte, den Kostenrahmen zu sprengen. Bitter beklagte sich »Onkel Walt«, dass »dieser Jude« – wie er Morgenthau abschätzig nannte – seine geliebten Cartoon-Charaktere gefangen halte. Jedoch übersah Disney, dass er immerhin bezahlt wurde, während andere Studios ihre Dienste kostenlos anboten. »Die Wahrheit war, dass Disney im Krieg von der Regierung subventioniert wurde«, schreibt Marc Eliot.

Die Warners schickten Bugs Bunny, Daffy Duck und Porky Pig in den Krieg. Und auch reale Schauspieler meldeten sich freiwillig für vom Pentagon bezahlte Propagandafilme, allen voran Clark Gable und John Wayne. Zu den Filmen dieser Zeit gehört *They Came to Blow Up America* (Fox, 1943), der die – wahre – Geschichte von sechs potenziellen deutschen Saboteuren erzählt, die vom FBI gefasst und hingerichtet wurden. Das Bureau war nicht begeistert. Es wollte nicht, dass Amerikaner glaubten, die USA wimmele von Spionen.

Der bekannteste Propagandafilm dieser Ära kam wieder von Warner: *Casablanca*. Im Vichy-kontrollierten Kulissen-Casablanca trifft der Zyniker Rick (Humphrey Bogart) auf den bösen Nazi-Kommandanten Major Strasser (Conradt Veidt) und auf seine frühere Geliebte Lisa (Ingrid Bergman), die nach diversen Verwicklungen mit ihrem Mann Victor Laszlo (Paul Henreid) ein Flugzeug nach Paris besteigt.[17] Zuvor war Ronald Reagan für die Rolle des Rick gehandelt worden, aber Warner nahm lieber Bogart, der noch nicht so bekannt und daher billiger war. Ebenfalls renditebewusst war eine Szene gestaltet, in der ein musikalisches Duell zwischen der »Marseillaise« und der »Wacht am Rhein« stattfindet. Eigentlich hätte in dem Film das Horst-Wessel-Lied gesungen werden sollen, aber Warner besaß nicht das Copyright. Und ohne Copyright hätten sie den Film nicht in neutralen Ländern – vor allem in Südamerika – zeigen dürfen. *Casablanca* ist fast ausschließlich von deutschen und österreichischen Flüchtlingen gemacht worden. 1942 bekam er den Oscar als bester Film. Später sollte Jack Warner von Roosevelt eine

Medaille bekommen, zum Dank für die Unterstützung im Zweiten Weltkrieg.

In *Casablanca,* wie in praktisch fast allen Hollywood-Filmen, wurden die Deutschen als brutale, im Stechschritt marschierende Kaiserliebhaber dargestellt, die gegen Familienwerte und Religion agitierten (dass Hitler Österreicher war, ist in den USA weitgehend unbekannt). Gelegentlich kamen deutsche Widerstandskämpfer vor, dies geschah jedoch zum Missfallen Washingtons: Roosevelt war dagegen – schreibt Michael Shull –, dass »gute Deutsche« auf der Leinwand dargestellt würden, denn er fürchtete, dass dies Sympathien in den USA für einen vorzeitigen Frieden fördern könne. Jedoch war Hollywood das deutschstämmige Publikum in den USA wichtiger. Bei Japanern brauchte die Filmindustrie zum Glück diese Rücksichten nicht zu nehmen. Positiv stereotypisiert wurden allerdings immer noch Italiener. Shull vermutet, dass dies an dem hohen Anteil italienischstämmiger amerikanischer Kinogänger lag.

Das größte Problem war die Darstellung von Russen, die als Bolschewiken verschrien waren, nun aber den Alliierten-Status hatten. Tatsächlich schaffte es Hollywood, 136 Filme zu drehen, in denen Russen positiv dargestellt wurden, der bekannteste war *Ninotchka* (MGM, 1939) mit Greta Garbo. Meist wurden Russen als bodenständige Bauern porträtiert, die orthodoxe Kirchen besuchten. Hingegen wird in Filmen über die Nazis deren Antikommunismus ausgeblendet. In *The Hitler Gang* (Paramount, 1944) debattieren Hitler und Himmler, wen sie zum Sündenbock machen sollen, und kommen auf die Juden, da »wir noch nicht bereit sind, uns mit den Bolschewiken anzulegen«.

Amerika wurde selbstredend immer positiv porträtiert. Auswirkungen amerikanischer Bomben wurden entweder gar nicht gezeigt oder die Bombardierten empfanden dies als »Befreiung«. In *Thirty Second Over Tokyo (Dreißig Sekunden über Tokyo),* der den Feuersturm auf Tokio zeigt (bei dem 130 000 Menschen ums Leben kamen), hieß es, dass die Army mit »Präzisionsbomben« nur militärische Ziele treffe. Die GIs in Hollywoodfilmen waren fast allesamt weiße Anglosachsen oder Iren. Es gab keine deutschstämmigen GIs. Schwarze Soldaten kamen allenfalls als Diener, Kofferträger oder in komischen Gesangseinlagen vor.[18] Eine Ausnahme ist *Sahara* (Columbia, 1943), wo Rex Ingram einen Sudanesen im Dienst der britischen Armee spielt, der in Afrika einen deutschen Piloten gefangen nimmt. Als der versucht zu fliehen, wird er von Ingram getötet. »Das ist das erste Mal, dass es ein Hollywood-Produzent erlaubt hat, dass ein Neger in einem Film in ehrlichen Kampf einen Weißen tötet«, spottete der amerikanische Autor Peter Noble in seinem Buch *The Negro in Film*.

Aber erstaunlicherweise wurde nicht nur der Holocaust ausgeblendet, auch jüdische Hauptdarsteller gab es so gut wie nie. Die Opfer der Nazis waren entweder Widerstandskämpfer (meist in Frankreich) oder Kirchenmänner. Homosexuelle, Behinderte oder Roma und Sinti wurden nie erwähnt. In wenigen Filmen gab es zwar jüdische GIs, aber nur in Nebenrollen. »Diese kinematographischen Juden wurden zudem als Durchschnittsamerikaner porträtiert«, schreibt Shull.

*

Dass Hollywood den Holocaust ignorierte, rief den Zorn eines Drehbuchautors hervor, des einzigen, der es wagte, sich mit den Tycoons anzulegen: Ben Hecht. Hecht war ein temperamentvoller, streitbarer Bühnenautor, der zu den New Yorker Intellektuellen des Algonquin Round Table gehörte, wie Dorothy Parker oder Groucho Marx. »Der Massenmord der Deutschen an den Juden hat mein Jüdischsein an die Oberfläche gebracht«, schrieb er in seiner Autobiographie *A Child of the Century*. Der Mann, der ihn aufrüttelte, war Peter Bergson, der die Widerstandsgruppe Irgun in Palästina leitete. Hechts Ziel war es, die Juden Amerikas zu mobilisieren. »Die unassimilierten jiddischen Juden in den Synagogen weinten und beteten, und verfluchten die deutschen Mörder«, beobachtete der Autor. »Die amerikanisierten Juden, die Zeitungen und Filmstudios leiteten, die Dramen und Romane schrieben und in der Regierung saßen, waren still.«

Mitte 1942 reiste Hecht nach Hollywood. Er wollte die 20 wichtigsten Filmmogule davon überzeugen, eine Armee jüdischer Widerständler zu finanzieren, nämlich die Irgun. Hollywood war entsetzt: die Irgun, die gegen Großbritannien die Waffen erhob? »Meine 20 Mogule«, schreibt Hecht, »waren Männer mit lauten Egos, aber der Jude in ihnen war ein gekrümmter Knecht, mit fast so viel Angst vor der Welt wie der Jude im von den Deutschen kontrollierten Ghetto.« Louis B. Mayer und Samuel Goldwyn weigerten sich, Geld zu geben. Harry Warner warf Hecht sogar aus seinem Büro und drohte mit der Polizei.

Aber mit der Hilfe von David Selznick organisierte Hecht ein Solidaritätstreffen in der Repräsentanz der Twentieth Century Fox. Als dabei jedoch ein britischer Offizier die Engländer des Antisemitismus beschuldigte, die die Juden um ihr Heimatland betrügen würden, brach Unruhe aus. Viele verließen den Saal, darunter ein Regisseur aus London (der den Offizier später beim FBI als Nazi denunzierte). Die Kolumnistin Hedda Hopper rettete den Abend, als sie versprach, 300 Dollar zu spenden. Das spornte die anderen an, und nach und nach wurden 130 000 Dollar versprochen. Wirklich bezahlt wurden nur 9000 Dollar. Das Projekt versandete.

*

Als 1945 die Konzentrationslager befreit worden waren, lud das Kriegsministerium der USA mehrere Hollywoodmogule auf eine Tour nach Europa ein, darunter Harry Cohn, Jack Warner und Darryl Zanuck. Sie besuchten auch Dachau. Danach gaben sie eine gemeinsame Erklärung heraus: Der Film könne helfen, »den Geist der Deutschen zu reinigen, ihre Haltung zu ändern und letztlich ihre

Kooperation zu gewinnen«. Filme seien »Frontkämpfer im psychologischen Krieg um Ideen«. Ein Produzent formulierte es später privat etwas flapsiger: »Donald Duck als Weltdiplomat.« Washington gefiel das – ein Senator sprach von einem »Marshallplan der Ideen«. Bereits in den fünfziger Jahren war Deutschland wieder der größte Exportmarkt für Hollywood geworden.

Aber die Bilder von verhungerten Leichen in den KZs sollten den Antisemitismus in den USA nicht beenden. Im Gegenteil. Der Kalte Krieg erweckte binnen kürzester Zeit ein neu-altes Feindbild: den Kommunismus. 1947 erhob das House Committee on Un-American Activities (HUAC), das an die antisemitisch gefärbte Angst vor den »Roten« in den zwanziger Jahren anknüpfte, wieder sein Haupt. Ein HUAC-Mitglied warnte sogar einen Professor an der New Yorker Columbia University: »Erzähl deinen jüdischen Freunden, dass die Juden in Deutschland ihren Hals zu weit herausgestreckt haben, und Hitler hat sich darum gekümmert. Das Gleiche wird hier passieren, wenn die nicht aufpassen.«

Der Abgeordnete John Raskin, der heimliche Herrscher des HUAC, nannte den Kolumnisten Walter Winchell vor dem Senat »Little Kike« (kleiner Itzig). Es war Raskin, der sich Hollywood zuwenden sollte, unterstützt von der Motion Picture Producers and Distributors of America. Raskin versicherte sich der Hilfe des antisemitischen Reverend Gerald K. Smith, dessen Parteizeitung *The Cross and the Flag* gerade die sechsteilige Serie »The Rape of America by Hollywood« (Die Vergewaltigung Amerikas durch Hollywood) gestartet hatte. »Viele Juden glaubten, dass das HUAC genau deshalb Hollywood verfolgte, weil es eine Art jüdischer Naturpark war«, nahm Victor Navasky von der linksliberalen Zeitschrift *Nation* an.

Das HUAC nahm als Erstes die »Hollywood Ten« ins Visier, zehn linke Autoren, darunter sechs Juden. Die Moguln beugten sich dem Druck aus Washington und feuerten die zehn (sie erhielten auch Haftstrafen). Als Nächstes trafen sich 15 Vertreter der Studios und der Dachverbände im New Yorker Hotel Waldorf Astoria und unterzeichneten eine Erklärung, dass sie wissentlich keine Kommunisten einstellen würden. Das sei zwar Feigheit gewesen, meint Neil Gabler. »Aber die Mogule hatten Angst, dass sonst das Band zwischen ihnen und diesem Land zerstört würde, und damit ihr Leben.« Viele der Kreativen waren hingegen entsetzt. Billy Wilder wies darauf hin, dass das HUAC die gleiche Strategie benutzte, die die Nazis angewandt hatten, um die Juden aus der deutschen Filmindustrie zu drängen: Sie hatten behauptet, es seien alle Kommunisten.

In den folgenden Jahren sollten Hunderte von Schreibern, Schauspielern und Regisseuren auf die schwarze Liste gesetzt werden, darunter viele, die gegen Hitler gekämpft hatten: Ben Hecht, Edward G. Robinson, Dorothy Parker, Eddie Cantor, Dashiell Hammett und Bertolt Brecht (der daraufhin in die DDR emigrierte). Unter Verdacht kamen auch Humphrey Bogart, Lauren Bacall, Henry Fonda und Groucho Marx.

Charlie Chaplin wurde ebenfalls zum Staatsfeind erklärt. 1952 unternahm er eine längere Tour durch Europa. Während er unterwegs war, entzog das State Department dem britischen Staatsbürger die Aufenthaltserlaubnis. Chaplin schwor, nie wieder einen Fuß auf amerikanischen Boden zu setzen, und ließ alle seine Filme für die USA sperren.

Manche Mitglieder der Hollywood-Community denunzierten aber auch ihre Kollegen vor dem HUAC als Kommunisten, allen voran Ronald Reagan, auch Elia Kazan, Gary Cooper, Louis B. Mayer und Jack Warner.[19] Der wichtigste Zeuge des Komitees aber war Hollywoods liebster Konservativer: Walt Disney. Disney hatte bereits 1943 die antikommunistische Motion Picture Alliance mitbegründet. Nun nannte er Namen.

In dieser Atmosphäre mochten die Studios nicht den Holocaust verfilmen oder für die Aufnahme von Überlebenden in den USA werben, von denen noch Hunderttausende in Displaced-Persons-Lagern in Europa vegetierten. Es gab 1947 nur zwei Filme, die sich wenigstens mit Antisemitismus in den USA befassten, *Gentleman's Agreement (Tabu der Gerechten,* Fox) und *Crossfire (Kreuzfeuer,* RKO). Das war dem American Jewish Committee bereits zu viel. Dessen Vorsitzender Dirk Rothschild bat das RKO, die Figur des Juden umzuschreiben und stattdessen einen Schwarzen zu nehmen. Auch der Hollywood-Rabbiner Magnin warnte vor Holocaust-Filmen: »Diese gottverdammten Dummköpfe begreifen nicht: Je öfter wir den Christen erzählen, dass niemand uns mag, desto eher werden die sagen: ›Das muss einen Grund haben.‹«

Hingegen wurden in diesen Jahren fast 50 antikommunistische Filme gedreht. Außerdem gelang es Hollywood, die Wehrmacht zu rehabilitieren: Twentieth Century Fox drehte 1951 *The Desert Fox (Rommel, der Wüstenfuchs)* über den deutschen Generalfeldmarschall Erwin Rommel, der als der listige Wüstenfuchs von Afrika glorifiziert wurde.

Hollywood sollte den Holocaust erst 1959 entdecken, als Twentieth Century Fox *The Diary of Anne Frank (Das Tagebuch der Anne Frank)* auf den Markt brachte. Das Schicksal von Anne Frank sollte von Hollywood gleich siebzehnmal verfilmt werden. 1961 produzierten United Artists den Spielfilm *Judgement at Nuremberg* (als CBS das Drama übertrug, tilgte der Sender jedoch auf Forderung des Werbesponsors American Gas Company alle Hinweise auf »Giftgas«). Diesem Film folgte die Miniserie *Holocaust,* die 1978 auf NBC lief.

Der eigentliche Durchbruch für den Holocaust in Hollywood kam erst 1993 mit Steven Spielbergs *Schindler's List (Schindlers Liste,* Universal), der 150 Millionen Dollar einspielte, Fernsehrechte und DVD-Verkäufe nicht eingeschlossen. Die TV-Übertragung von *Schindler's List* wurde – ausgerechnet – von der Ford Motor Company gesponsert. Von nun an produzierte Hollywood einen Holocaust-Film nach dem anderen: *Anne Frank Remembered* (Sony Classic, 1995), *The Train of Life* (Paramount, 1998), *Life Is Beautiful (Das Leben ist schön;* Miramax, 1998), *Jacob The Liar (Jakob, der Lügner;*

Columbia-TriStar, 1999), *The Grey Zone* (Lions Gate, 2001), *The Pianist (Der Pianist,* Universal, 2003). Mindestens 20 Filme dieses Genres werden nun jedes Jahr hergestellt (inklusive Dokumentationen), hat die New Yorker Professorin Annette Insdorf gezählt. Zudem taucht der Holocaust in Dutzenden von populären TV-Serien auf – *Star Trek, Akte X, Eine himmlische Familie, Emergency Room.*
Manche sehen die »Hollywoodisierung des Holocaust« mit Unbehagen. So kritisierte *Spiegel*-Autor Henryk M. Broder die von Steven Spielberg gegründete Shoah-Stiftung als »ein Unternehmen, das den Massenmord multimedial vermarktet«. Das Projekt hat Zehntausende von Holocaust-Überlebenden befragt, die der Shoah GmbH sämtliche Verwertungsoptionen an den Videoaufnahmen einräumen mussten. Wer sich allerdings aus diesem Fundus bedienen will, muss happige Lizenzgebühren zahlen. »Eine Minute Holocaust-Horror aus erster Hand« kostet 2700 Dollar – im Voraus. »Damit hat die Shoah Foundation ... eine Lizenz zum Gelddrucken erfunden«, schreibt Broder.

Und ums Gelddrucken geht es in Hollywood letztlich. Als Mel Gibson seinen umstrittenen Film *The Passion (Die Passion Christi)* herausbrachte, schrieb das Alternativblatt *L. A. Weekly:* »Jeder, der glaubt, dass diese Stadt keine Geschäfte mit Hitler machen würde, wenn er eine Premiere von 40 Millionen Dollar garantieren könnte, ist hoffnungslos naiv.«

*

Ein heißes Eisen allerdings mochte Hollywood bis heute nicht anpacken. Das feige Schweigen der Studio-Bosse, als die Nazis stark waren. Als Leni Riefenstahl im September 2003 mit 101 Jahren starb, war die Aufregung groß, dass ihr Name bei der Verleihung der Oscars genannt wurde – als eine der wichtigsten Toten in diesem Jahr. Dass Walt Disney ihr nach der »Kristallnacht« eine Studiotour gab, hatte Hollywood freilich vergessen – oder wollte es vergessen.

Kapitel sechs

Spezialkonto »S«
Wall-Street-Geschäfte mit den Nazis

Sechs Millionen Dollar in Gold: So viel soll das Nazi-Regime in die USA geschmuggelt haben, behauptete der Informant, der sich im November 1939 an das Federal Bureau of Investigation, das FBI, wandte. Der Mann war ein alter Bekannter, der sonst für den Geheimdienst der U.S. Navy arbeitete. Das Gold, sagte er, liege beim deutschen Konsulat in New York, und damit solle Spionage in den USA finanziert werden.

Kein Wunder, dass das FBI hellhörig wurde. Die USA waren zwar Ende 1939 noch nicht mit Deutschland im Krieg, aber die Wehrmacht hatte bereits die Tschechoslowakei und Polen überrannt, deutsche Flugzeuge bombardierten London. Deshalb befahl FBI-Chef J. Edgar Hoover, das Konto des deutschen Konsulats in New York zu überwachen. Das Konto wurde bei der Chase National Bank geführt. Zwar fand sich von den sechs Millionen Golddollar dann doch keine Spur, aber den FBI-Agenten fiel etwas anderes auf: Regelmäßig wurden Tausend-Dollar-Scheine vom Konto des Konsulats abgehoben, und sie gingen immer an dieselbe Adresse. An das Bankhaus J. P. Morgan, welches das Geld postwendend an die Hamburg-Amerika-Linie weiterreichte, die deutsch-amerikanische Transatlantiklinie mit Sitz in Hamburg.

Die Tausend-Dollar-Scheine wurden benutzt, um deutsche Anleihen abzulösen, die J. P. Morgan in den zwanziger Jahren ausgegeben hatte. Aber das war noch nicht alles. Die FBI verfolgte die Spur weiter, die zunächst zur Privatbank Robert C. Mayer & Co. führte. Deren Chef, August Gausebeck, wiederum hatte dem antisemitischen Radiopfarrer Charles Coughlin einiges von dem Geld zukommen lassen, diesmal in kleinen Scheinen. Aber dann landete das FBI erneut dort, wo es angefangen hatte: bei der Chase National Bank. Die Bank, fanden sie heraus, war seit drei Jahren damit beschäftigt, mittels des so genannten »Rückwanderer-Programms« Reichsmark in Dollars umzutauschen. Dabei hatte sie nicht nur die Konten von deutschen Juden geplündert, die die Nazis beschlagnahmt hatten, sie sollte auch Millionen von Dollar in die Kassen des Dritten Reichs spülen. Auch andere Institute waren daran beteiligt: Robert C. Mayer & Co. sowie die mit den Rockefellers verbundene J. Henry Schroeder Bank, deren deutscher Partner Baron Kurt von Schröder war.

Die Plünderung jüdischer Konten und die Finanzierung antisemitischer Hetze waren nur die Spitze des Eisbergs. Die Kollaboration zwischen der Wall Street und den Nazis war weit umfangreicher, als es die Ermittler des FBI ahnten. Dies fand eine Arbeitsgruppe von Wissenschaftlern heraus, die im Auftrag des US-Kongresses die Akten des FBI ausgewertet hat. Auf Veranlassung des damaligen Präsidenten Bill Clinton wurden die National Archives in Washington von der Geheimhaltung befreit. Ihr Bericht wurde im Sommer 2004 unter dem Titel »U.S. Intelligence and the Nazis« veröffentlicht.

Ohne die Wall Street wäre Hitler der Aufstieg nicht gelungen. Es war das Geld amerikanischer Banken, das die deutsche Wirtschaft stabilisierte, als der Führer an die Macht kam, und das noch über 1939 hinaus Investitionen von US-Unternehmen im Dritten Reich finanzierte. Es gab sogar eine Schaltzentrale zwischen den Geldinstituten der USA (und Englands) und der Reichsbank: die Bank for International Settlements (BIS), die 1930 in Basel gegründet wurde. Über die BIS sollte später das Gold der von Deutschland besetzten Länder in die Tresore der Nazis geschafft werden. Und einige Tonnen von dem Raubgold landeten im Keller der Federal Reserve Bank in New York.

*

Zwei Patriarchen gab es ursprünglich an der Wall Street: J. Pierpont Morgan und John D. Rockefeller. Ihre Banken und Trustfonds waren einander verbunden, einmal durch vielfältige Geschäftsbeziehungen, aber auch durch die immer gleichen Aufsichtsräte.

Die Chase National Bank gehörte den Rockefellers, einer deutschstämmigen Familie, die ursprünglich Roggenfelder hieß. Vizepräsident von Chase in den dreißiger und vierziger Jahren war Winthrop Aldrich, der Schwager von John D. Rockefeller jr. Das wichtigste Geschäft der Familie war Standard Oil. Die Einnahmen aus der Ölförderung wurden in Chase, aber auch die National City Bank gepumpt, die Vorläuferin der Citibank.

Die National City Bank wurde von Frank Vanderlip geleitet, Percy Rockefeller stand dem Aufsichtsrat vor. Vanderlip und Rockefeller saßen zudem im Aufsichtsrat mehrerer Tochterfirmen von W. A. Harriman & Co., die im Besitz von W. Averell Harriman, George »Herb« Walker und Prescott Bush waren.

J. P. Morgan wiederum wurde in den dreißiger Jahren von Jack Morgan geleitet, dem Sohn des Gründers. Jack Morgan hasste die Deutschen und war ein ausgesprochener Antisemit. Als Hitler an die Macht kam, sagte er: »Außer seiner Haltung gegenüber den Juden, die ich sehr gesund finde, scheint mir der neue Diktator von Deutschland ziemlich genau wie der alte Kaiser zu sein.«

All diese Banken, dazu viele der Konzerne, denen sie Kredite gaben, wurden von der Anwaltskanzlei Sullivan & Cromwell vertreten. Sullivan & Cromwell hatte viele Klienten, die international operierten, von Südamerika bis Japan. Für Deutschland waren zwei Brüder zuständig: John Foster und Allen Dulles. Zu John Fosters Wall-Street-Klienten zählten neben Chase, Harriman, Dillon, Read & Co. und Morgan auch die Boston First National, Goldman Sachs und New York Life. Ohne die Dulles-Brüder lief nichts im Reich. John Foster und Allen Dulles stammten aus einer alteingesessenen New Yorker Familie. Ihr Großvater, John Watson Foster, hatte das State Department geleitet und ihr Onkel, Robert Lansing, war

Außenminister der USA unter Woodrow Wilson gewesen. John Foster fing 1911 an, bei Sullivan & Cromwell zu arbeiten, Allens Karriere begann dort 1927. In den dreißiger Jahren hielten beide ihre schützende Hand über US-Unternehmen in Deutschland wie General Motors, ITT oder Standard Oil. Aber sie vertraten auch deutsche Konzerne, die geschäftliche Interessen in den USA hatten. Die IG Farben, die Dresdner Bank und die Vereinigten Stahlwerke von Flick und Thyssen gehörten zu ihren Klienten, dazu einige deutsche Provinzregierungen.

Allen Dulles war der jüngere und umgänglichere der beiden Brüder. Als John Foster unter Eisenhower Außenminister wurde, war das geflügelte Wort unter seinen Beamten, dass »Weißwein die gleiche Temperatur haben muss wie das Blut des Chefs«. John Foster blieb auch dem Deutschlandgeschäft länger verbunden und hatte anhaltendere Sympathien für die Nazis als Allen. Allen Dulles sollte in den vierziger Jahren, als er für den CIA-Vorgänger Office of Strategic Services (OSS) arbeitete, sogar Putschpläne gegen Hitler unterstützen. Aber beide haben die Kollaboration mit dem Dritten Reich ohnehin wohl vornehmlich des Profits wegen betrieben und weniger aus ideologischen Gründen, schreibt der amerikanische Publizist Christopher Simpson in *The Splendid Blond Beast*.

Als John Foster 1920, während des Kapp-Putsches, das erste Mal nach Berlin reiste, war er über die »antijüdische Propaganda« beunruhigt. Besonders deshalb, weil die »Juden, die in großer Zahl aus Russland und Polen gekommen waren, bezichtigt wurden, schuld an der Hungersnot zu sein«, schreiben die US-Journalisten Nancy Lisagor und Frank Lipsius in *A Law Unto Itself. The Untold Story of the Law Firm of Sullivan & Cromwell*. Diese Sensibilität sollte er jedoch unter Hitler verlieren. Im März 1936 trug er an der Universität von Princeton vor, das, was in Deutschland und Italien passiere, sei Teil eines »unvermeidbaren Kampfes zwischen diesen neuen dynamischen Nationen und statischen Nationen wie England und Frankreich«. Es sei besser, die Nazi-Revolution in Deutschland zu akzeptieren, als Krieg zu führen. Und wenn jeder Hitler nachgebe, seien die derzeitigen Exzesse eine vorübergehende Phase.

Allen Dulles traf den Führer das erste Mal Mitte der zwanziger Jahre in Berlin, vermittelt durch Fritz Thyssen. »Dort hielt ihm Hitler einen Vortrag darüber, dass die Amerikaner blind für das Übel der internationalen jüdischen Finanziers seien«, schreibt der amerikanische Autor und Biograph Leonard Mosley in *Dulles. A Biography of Eleanor, Allen und John Foster Dulles*.

Waren die Dulles-Brüder Antisemiten? Zumindest pflegten sie den protestantischen Standesdünkel der Oberklasse. So versuchte John Foster seiner Schwester Eleanor auszureden, einen jüdischen Mann zu heiraten, oder drängte sie, dies wenigstens gegenüber den Eltern geheim zu halten. Allen weigerte sich schlicht, den künftigen Schwager kennen zu lernen. Als ihre Schwester gleichwohl zu ihrem Verlobten stand, kam niemand aus der Familie zur Hochzeit. John Foster machte sich sogar öffentlich darüber lustig, dass sich Eleanor über die Verfolgung der Juden in Deutschland so aufrege. Nachdem ihr Mann Selbstmord begangen hatte, half ihr John Foster, die Ehe aus den Büchern zu tilgen und wieder den Namen »Dulles« anzunehmen.

*

Mitten durch die Wall Street gab es um die Jahrhundertwende eine unsichtbare Grenze. Sie verlief zwischen den protestantischen »Yankee-Bankern« und den deutsch-jüdischen Bankern. »Dieser Riss war die wichtigste Grenze in der US-Hochfinanz«, schreibt der US-Journalist Ron Chernow in seinem Buch *The House of Morgan*. Damals waren alle großen Investmentbanken – Morgan, Chase, National City – angelsächsisch, und Juden wurden dort nicht eingestellt. Bei Sullivan & Cromwell etwa gab es nur einen einzigen jüdischen Anwalt, der scherzhaft als »Alibi-Jude« bezeichnet wurde. Antisemitismus war damals in der angelsächsischen Oberschicht nicht ungewöhnlich. Morgan gehörte 19 Clubs an, die fast alle nur Protestanten aufnahmen. Als Theodore Seligman, der Sohn eines der prominentesten jüdischen Bankiers, von dem vornehmen Union League Club zurückgewiesen wurde, schwieg Morgan.

Banken mit jüdischen Inhabern wie Goldman Sachs & Co., Lehman Bros. und Lazard stammten zumeist aus den Südstaaten und hatten sich auf Nischen wie Baumwollhandel oder Textilherstellung spezialisiert, die den snobistischen Traditionshäusern in New York zu geringfügig waren. Einzig Jacob Schiff, der in Frankfurt geboren und nach New York ausgewandert war, war zu ehrgeizig, um »sich mit den Resten abzufinden, die den Juden gelassen wurden«, schreibt Ron Chernow. »Schiff war so steif und formal und hochmütig wie Morgan.« Morgan hingegen sprach von Schiff als »diesem Ausländer«.

Schiff wurde Vorstand von Kuhn, Loeb & Co., nachdem sich Abraham Kuhn um 1890 zur Ruhe gesetzt hatte. Sein Teilhaber wurde Paul Warburg, der Bruder des Hamburger Bankiers Max Warburg, der Solomon Loebs Tochter Nina Loeb geheiratet hatte (während der Bruder von Max, Felix Warburg, Frieda Schiff ehelichte). Um 1880 schloss sich Kuhn, Loeb & Co. mit dem Eisenbahnkönig E. H. Harriman zusammen, um mit Morgan gleichzuziehen. Morgan mobilisierte britisches Investorengeld für den Eisenbahnbau, während Harriman und Schiff deutsches Geld einwarben. Harriman und Schiff konkurrierten gegen Morgan auch in der Schifffahrt. Morgan steckte sein Geld in die britische Cunard Line, während Harriman in Warburgs Hamburg-Amerika-Linie einstieg.

Der Riss in der Wall Street wurde im Ersten Weltkrieg schmerzhaft verstärkt. Jack Morgan, der Sohn von Pierpont, war ein anglophiler Deutschenhasser, der die deutsch-jüdischen Banker für vaterlandslose Gesellen hielt. Diese wiederum hassten das zaristische Russland, wo Zehntausende von Juden in Pogromen umgebracht worden waren, welches jedoch ein Alliierter Großbritanniens war.

In dieser Stimmung, als Yankee-Banker das »jüdische Element«

beschuldigten, für einen vorzeitigen Frieden mit Deutschland einzutreten, wagten viele von diesen nicht mehr, in der Öffentlichkeit deutsch zu reden. Schiff sprach nicht einmal mehr mit seiner Familie in seiner Heimatsprache, genauso wenig wie die Guggenheims, die aus der Schweiz stammten. Einzig Henry Goldman, überdies ein Wagner-Fan, vertrat nicht nur öffentlich prodeutsche Ansichten, er »zitierte sogar Nietzsche und glorifizierte die preußische Kultur«, so Ron Chernow. Als die britischen Banken drohten, Goldman Sachs zu boykottieren, wurde er von seinen Partnern gezwungen, die Bank zu verlassen. Kuhn, Loeb & Co. kamen in London auf die schwarze Liste, weil Jacob Schiff keine Kriegskredite an Großbritannien geben wollte, von denen womöglich Russland profitiert hätte. Einen Tag nachdem deutsche U-Boote den britischen Dampfer Lusitania versenkt hatten (der Morgan gehörte), wurde Jacob Schiff von Jack Morgan beschimpft, als er den gemeinsamen Club betrat, wo Juden zugelassen waren.

»Derweil verdiente die Yankee-Achse J. P. Morgan – National City Bank – First National Bank ein Vermögen«, konstatiert Chernow. Morgan allein verkaufte Waffen an die Briten im Wert von 3,2 Milliarden Dollar, damals eine atemberaubende Summe. Mit seinen Kriegsmilliarden finanzierte Morgan General Electric, das die Radio Corporation of America (RCA) gründete, sowie die Übernahme von General Motors durch DuPont. Morgan drängte auch Henry Ford, an die Börse zu gehen, aber der weigerte sich.

Kurz nach dem Ersten Weltkrieg zirkulierten in den USA Verschwörungstheorien, wonach die Juden hinter der kommunistischen Revolution steckten. Das State Department hatte sogar eine Kartei mit dem Titel »Bolshevism and Judaism« angelegt. Es verdächtigte die deutsch-jüdischen New Yorker Banker, allen voran Jacob Schiff, Felix Warburg und Otto Kahn, die russische Revolution finanziert zu haben. Als »Beweis« dienten die *Protocols of the Elders of Zion* sowie mehrere Geheimdienstberichte, darunter vornehmlich welche von weißrussischen Antisemiten wie Boris Brasol, der für den US-

Militärgeheimdienst MID arbeitete. Belegt wurde dies natürlich nie. Und selbst wenn Juden in der russischen Revolution zahlenmäßig ein wenig überrepräsentiert waren, wäre dies angesichts ihrer Behandlung durch den Zaren und dessen Geheimpolizei auch kein Wunder.

Aber die Gerüchte über die »jüdisch-kommunistische Weltverschwörung« sollten sich bis Europa ausbreiten. Winston Churchill schrieb im Februar 1920 im Londoner *Illustrated Sunday Herald*, dass »internationale Juden eine sehr große Rolle in der Schaffung des Bolschewismus gespielt« hätten, wobei er Leo Trotzki, Rosa Luxemburg und Emma Goldman (die noch nicht einmal Bolschewiken waren) einer »weltweiten Verschwörung« bezichtigte, die Zivilisation umzustürzen.

Jack Morgan, der sein Weltbild aus Fords *Dearborn Independent* bezog, dachte ähnlich. Als 1920 ein Aufsichtsrat bei Harvard gesucht wurde, drängte Morgan den Präsidenten der Universität, auf gar keinen Fall einen Juden oder Katholiken zu nehmen: »Ein Jude ist immer ein Jude, und erst in zweiter Linie ein Amerikaner.« Morgan engagierte sogar einen Anwalt, William Donovan (der später das OSS leiten sollte), mit dem Auftrag, die Kommunistische Internationale auszuspionieren. Zudem stellte er den Detektiv Charles Blumenthal ein, der die deutsch-jüdischen Banken an der Wall Street infiltrieren sollte, die Morgan ebenfalls der Sympathien für die Bolschewiken verdächtigte. Blumenthal bespitzelte Samuel Untermyer, den Vizepräsidenten des American Jewish Congress, sowie Otto Kahn von Kahn, Loeb & Co. Kahn war in New York stadtbekannt, weil er viele Theater und die Metropolitan Opera finanziert hatte. Er hatte, das fand Blumenthal heraus, vor Eintritt der USA in den Ersten Weltkrieg Kredite an mehrere deutsche Kleinstädte gegeben. Darin sah Morgan einen Verrat.

Hingegen sollten die Nazis ein Jahrzehnt später behaupten, dass die »jüdisch kontrollierte« Wall Street für alle Probleme Deutschlands verantwortlich sei, von Versailles über die Hyperinflation bis zum

Börsenkrach von 1929. Nun ist es vor dem Hintergrund eines zweimaligen finanziellen Zusammenbruchs zwar nachzuvollziehen, dass es in Deutschland Antipathien gegen die Wall Street gab. Tatsächlich aber waren es damals deutschfeindliche, antisemitische Häuser wie Morgan, die diese internationale Finanzpolitik bestimmten.

*

Dass der Vizepräsident von J. P. Morgan, Thomas Lamont, Mitglied der US-Delegation in Versailles war, dürfte das Klima dort nicht wesentlich verbessert haben. (Morgan selbst fand, dass mit den »barbarischen Deutschen« überhaupt nicht verhandelt werden sollte.) Lamont, der ein geringfügig milderes Temperament hatte, suchte einen Kompromiss zwischen den hohen Forderungen der Briten und Franzosen und der geringen Zahlungsbereitschaft der Deutschen, die unter anderem durch Max Warburg vertreten waren (der von den Franzosen wie ein Kriegsverbrecher behandelt wurde). Lamont schlug schließlich 32 Milliarden Dollar vor. Beide Seiten unterschrieben nur zähneknirschend. Selbst die USA, die den Kompromiss vorgeschlagen hatten, ratifizierten den Vertrag nicht.

Juristisch beraten wurde die amerikanische Delegation durch den Wall-Street-Anwalt John Foster Dulles. Jedoch verließ Foster Versailles mit einem unguten Gefühl. Die Revolution in Russland hatte einen hysterischen Antikommunismus in Amerika ausgelöst. Und Versailles, gefolgt von der deutschen Hyperinflation, verstärkte die Furcht, Deutschland und Österreich-Ungarn könnten kollabieren und gemeinsam mit Russland eine kommunistische Front gegen die Angelsachsen bilden. Außerdem beklagten viele Klienten von Sullivan & Cromwell, die investieren wollten, dass das Deutsche Reich durch den Versailler Vertrag beim Ausbau der Schwerindustrie eingeschränkt werde. Dulles selbst traf sich 1923 mit Gustav Krupp und anderen Ruhrindustriellen, um sie zu beraten, wie sie sich gegen die Franzosen zur Wehr setzen könnten.

1924 sandten die USA eine Gruppe von Bankern nach Deutschland, um einen Plan zur Schuldentilgung auszuarbeiten und der deutschen Wirtschaft wieder auf die Beine zu helfen, den so genannten Dawes-Plan. Der Plan war nach Charles Gates Dawes benannt, einem Bankier und Republikaner aus Chicago, der im Ersten Weltkrieg Chefeinkäufer der U.S. Army gewesen war. Dies war die Stunde von Hjalmar Horace Greeley Schacht.

»Schacht hatte verschiedene Rollen – teuflisches Genie der Nazi-Finanz, mutiger Aufständler gegen Hitler, selbstgerechter Angeklagter in Nürnberg«, schreibt Ron Chernow. 1933, als Hitler Schacht zum Präsidenten der Reichsbank ernannte, kommentierte das *Wall Street Journal,* dass die New Yorker Börse erfreut über die Ernennung des »brillanten und temperamentvollen« Schacht sei, der seiner konservativen Ansichten wegen geschätzt werde. Kritischer sah ihn der linke Korrespondent William Shirer. »Keine andere Person war so verantwortlich wie Schacht für Deutschlands ökonomische Vorbereitung auf den Krieg«, schreibt Shirer in seinem Buch *The Rise and Fall of The Third Reich.*

Schacht stammte aus einer schleswig-holsteinischen Familie, die nach New York ausgewandert war. Dort verbrachte Schacht, der 1877 geboren wurde, seine Kindheit. Seine Eltern hatten ihn nach Horace Greeley benannt, dem liberalen Verleger der *New York Tribune.* Die Schachts wurden US-Bürger, kehrten aber nach Deutschland zurück, als Hjalmar zwölf Jahre alt war. Er studierte in Hamburg, München und Berlin und ging dann zur Dresdner Bank. Er hospitierte auch bei J. P. Morgan an der Wall Street. »Das ganze Büro von Morgan bestand aus einem Saal im Erdgeschoss, wo die Angestellten saßen«, schrieb er später. »Man konnte direkt zum Schreibtisch eines Bankers gehen.« Mit 39 Jahren wurde er Aufsichtsrat der Nationalbank. Die Niederlage Deutschlands im Ersten Weltkrieg erschütterte den nationalistisch gesinnten Konservativen schwer.

Schacht und John Foster Dulles lernten sich um 1920 kennen, vermittelt durch Allen Dulles, der damals für das State Department in Berlin arbeitete. »Von allen Menschen, die ich damals dort traf«, erinnert sich John Foster in *A Law Unto Itself,* »war Schacht der Einzige, der voller Hoffnung in die Zukunft sah und glaubte, etwas aus der Zerstörung retten zu können.« Und Nancy Lisagor und Frank Lipsius schreiben weiter: »Dulles hatte viel mit dem hoch gewachsenen Ökonomen mit dem steifen Kragen gemeinsam. In Dulles hatte Schacht das perfekte Instrument gefunden, Amerika in die Probleme Deutschlands einzubinden.«

1923, mit 46 Jahren, trat Schacht das erste Mal als Präsident der Reichsbank an. Er schaffte es, die Hyperinflation zu stoppen. »In diesem Moment stand er auf dem Höhepunkt seines Ruhms«, konstatiert Ron Chernow. Nun begann Schacht mit der Delegation der amerikanischen Bankiers den Dawes-Plan zu verhandeln. W. Averell Harriman war darunter, Jack Morgan, Thomas Lamont, die Anwälte John McCloy und John Foster Dulles.

Während der Verhandlungen konnte Schacht einen mächtigen Alliierten gewinnen: Montagu Norman, der 24 Jahre lang die Bank of England regiert hatte. Norman kam ursprünglich von der Londoner Bank Brown Shipley, der Partnerbank von Brown Brothers Harriman. »Viele Etiketten wurden auf Norman geklebt – Verrückter, Genie, Hypochonder, Megalomaniac, Verschwörer, Exzentriker, Visionär –, und sie waren alle wahr«, schreibt Chernow. Es gab Gerüchte, der Mann mit dem olivfarbenen Teint und dem Spitzbart, der gerne schwarze Umhänge trug, sei in Wirklichkeit ein sephardischer Jude. Um dem entgegenzutreten, benahm er sich aufs Bösartigste antisemitisch.

Norman blieb unverheiratet. »Die Bank von England ist meine einzige Geliebte«, sagte er einmal. Er verbrachte aber platonische Wochenenden mit Freundinnen, viele davon Suffragetten. Norman, so Chernow, war der typische britisch-verschwörerische Finanzier, den die Amerikaner fürchteten. Roosevelt weigerte sich, mit ihm allein zu sein. Mit Schacht hingegen sollte sich der germanophile

Norman, der in Dresden Musik studiert hatte, eng befreunden. Die beiden lernten sich am Neujahrsabend 1924 kennen, als Schacht zu den Dawes-Verhandlungen nach London fuhr. Er stieg an der Liverpool Station aus dem Zug, und Norman stand selbst dort, um ihn abzuholen.

Mit dem Dawes-Plan, der 1925 in Kraft trat, sollten amerikanische Banken der Reichsbank eine Milliarde Dollar Kredit geben, die durch in den USA ausgegebene Anleihen zusammenkam. Die Reichsbank wiederum reichte Kredite an deutsche Firmen weiter.

Das sollte die deutsche Wirtschaft ankurbeln, sodass sie die Reparationen an England und Frankreich aufbringen konnte, die dann ihrerseits ihre Kriegsschulden in den USA bezahlten (oder auch nicht). »Finanziell gesehen war der Plan eine Art verrücktes Karussell«, kommentiert Leonard Mosley in *Dulles*. Aber er gab den Staatsmännern »Raum zum Atmen«. Die Reichsbank wurde der Kontrolle der Alliierten unterstellt, die auch die gesamte deutsche Infrastruktur und die Industrie mit einer Hypothek belasteten.

Mit einem Großteil dieser Kredite kauften sich US-Konzerne in deutsche Firmen ein. Letztlich war der Dawes-Plan das Einfallstor für die Investitionen der Amerikaner im Deutschen Reich, deren Sicherung später eben jene Kollaboration mit den Nazis nach sich zog, die die Firmen nach dem Krieg, peinlichst berührt, zu verdecken suchten.

Zur Schaltstelle für diese Kredite wurden Sullivan & Cromwell, die »endlose Serien deutscher Anleihen« auflegten, bemerken Nancy Lisagor und Frank Lipsius – mehr als eine Milliarde wurde von der Kanzlei vermittelt. Sullivan & Cromwell eröffneten ein Büro in Berlin, eine Suite im Hotel Esplanade am Potsdamer Platz, mit vergoldeten Türknäufen, bronzenen Bettpfosten und einem marmornen Bad. John Foster Dulles sollte diese Anleihen in den USA bei Auftritten, Reden und in Zeitungskommentaren bewerben.

Den ersten Dawes-Kredit vermittelte Dulles an Krupp. Aber der Plan mobilisierte US-Kapital weit über die ursprünglich vorgesehene Milliarde hinaus. Christopher Simpson schätzt die Gesamtsumme auf 1,5 Milliarden Dollar, aber womöglich war es noch mehr. Der Kolumnist Drew Pearson schrieb 1948 in der *Washington Post*, dass allein W. A. Harriman Kredite von einer Milliarde Dollar ins Ruhrgebiet und den schlesischen Bergbau gesteckt habe. Dillon, Read & Co. hätten immerhin noch mehrere hundert Millionen Dollar investiert, meistenteils in Schwerindustrie wie Krupp, Flick und Thyssen. Auch J. P. Morgan sollte Hunderte von Millionen Dollar ins Deutsche Reich einbringen.

Schließlich aber liefen die Kredite aus und die Banken wollten Geld sehen. Damit wurde 1929 der Young-Plan aufgelegt, benannt nach Owen D. Young, Staatssekretär im Außenamt und Vizepräsident von General Electric. Der Plan verringerte zwar die jährliche Belastung, aber die deutsche Wirtschaft sollte die Reparationen noch 60 Jahre lang aufbringen. Dies war extrem unpopulär. Die NSDAP legte mit den Deutschnationalen und dem »Stahlhelm«, dem Bund der Frontsoldaten, ein Volksbegehren dagegen auf, das zwar scheiterte, den Nazis aber Zulauf und Reputation verschaffte.

Das Klima während der Verhandlungen war so gereizt, dass Schacht mehrmals nach heftigen Brüllgefechten mit Jack Morgan aus dem Raum stürmte. Letztlich sollte David Sarnoff, der Geschäftsführer von RCA und der Assistent von Owen Young, die Situation retten, als er sich hinter Morgans Rücken mit Schacht traf. Sarnoff und Schacht verstanden sich auf Anhieb. Schacht hatte seine Doktorprüfung in Hebräisch abgelegt, und auch Sarnoff – der als junger Mann erwogen hatte, Rabbiner zu werden –, sprach Hebräisch. So diskutierten sie über alles »von der Deutschen Oper bis zum Alten Testament«, schreibt Ron Chernow. Es gelang Sarnoff, Schacht zu einem Kompromiss zu überreden.

Um den Eingang der Reparationszahlungen zu überwachen, wurde die Bank for International Settlements (BIS) in Basel eingerichtet. Montagu Norman war in ihrem Aufsichtsrat, auch die Zentralbanken von Frankreich, Belgien und Italien waren darin vertreten. Der erste

Präsident der BIS war Gates W. McGarrah, ein alter Rockefeller-Bankier, der zuvor bei Chase und der Federal Reserve Bank gearbeitet hatte. (McGarrahs Enkel war der spätere CIA-Chef Richard Helms.) Die Reichsbank war durch Hjalmar Schacht vertreten, für den die Bank for International Settlement in späteren Jahren ein unverzichtbares Machtinstrument werden sollte. Der Young-Plan blieb derart umstritten, dass Schacht seine Unterschrift zurückzog und als Reichsbankpräsident zurücktrat. An der Wall Street jedoch sorgte die Aussicht auf Kreditrückzahlung für eine Hausse, die erst mit dem Schwarzen Freitag endete.

*

An diesem Schwarzen Freitag, dem 25. Oktober 1929, brach in New York die Börse zusammen. Es folgte eine Weltwirtschaftskrise, die in den USA zehn Jahre anhalten sollte und Millionen von Menschen arbeitslos machte. Dies verstärkte erneut Vorurteile gegen »jüdische Banker«. Einer der spektakulärsten Zusammenbrüche war der eines jüdischen Bankhauses, der Bank of the United States.[20] Die private Bank führte eine halbe Million Konten, meist für kleine Kaufleute, viele davon jüdische Immigranten. Als der Bank der Konkurs drohte, erarbeitete die Federal Reserve einen Rettungsplan, der ein Darlehen von 30 Millionen Dollar erfordert hätte. Aber die »Yankee-Banken« lehnten ab, obwohl ihnen klar war, dass die Pleite der Bank of the United States noch andere Institute in die Tiefe reißen würde.

Schacht war klar, dass sich der Börsenkrach in Berlin auswirken werde. Auf einer Tour durch die USA – sein New Yorker Agent wurde überschwemmt mit Anfragen für Vorträge – warnte er seine amerikanischen Kreditgeber, dass er womöglich bald die Zahlungen der Reparationen einstellen werde. Dulles, der ihn begleitet hatte, wurde blass, war er es doch gewesen, der versprochen hatte, die Kredite seien sicher.

Tatsächlich brach am 11. Mai 1931 die Creditanstalt zusammen, die größte österreichische Bank, gefolgt vom Konkurs der Danat-Bank in Berlin im Juli 1931, dem noch mehrere spektakuläre Pleiten folgten. M. M. Warburg in Hamburg überlebte nur, weil die Brüder von Max, Paul und Felix Warburg, Geld nachschossen. Die Börse in Berlin wurde vorübergehend geschlossen. Für die Nazis war der Bankenkrach ein weiteres Element ihrer Propagandamatrix, alles Übel den »jüdischen Bankiers« in die Schuhe zu schieben.

Schacht hatte Adolf Hitler bereits im Januar 1931 kennen gelernt, bei einem Dinner in der Berliner Villa von Hermann Göring, zu dem auch Joseph Goebbels und Fritz Thyssen eingeladen waren. Dies war der Abend, an dem Schacht beschloss, sich der Bewegung anzuschließen. Schacht und Thyssen begannen, andere Industrielle um Geld zu bitten. Aber erst 1932 hatten sie Erfolg, nachdem Thyssen Hitler im Düsseldorfer Industrieclub vorstellte. Nun flossen die ersten größeren Spenden. Otto Steinbrinck gab im Auftrag von Flick 10 000 Reichsmark, auch Albert Vögler, der mit Flick und Thyssen den Vereinigten Stahlwerken vorstand, spendete Geld. Anfang 1933 fand ein weiteres Treffen im Haus von Göring statt, zu dem auch Gustav Krupp von Bohlen und Halbach kam. Hier sammelte Schacht drei Millionen für die NSDAP ein.

Neben Schacht waren noch zwei andere Männer für den Geldfluss innerhalb der Nazi-Wirtschaft, aber auch für deren internationale Kontakte unabdingbar: Wilhelm Keppler und Baron Kurt von Schröder, der wichtigste Nazi-Bankier hinter den Kulissen. Wilhelm Keppler kam aus der Chemieindustrie. Er war an der IG Farben beteiligt und sollte es bis zum SS-Führer und Unterstaatssekretär im Auswärtigen Amt bringen. 1932 gründete er den »Freundeskreis Heinrich Himmler«, bei dem mehrere Banker und Industrielle Mitglied waren. De facto war der Keppler-Kreis ein Krokodilsfonds für die SS. Neben Keppler und Schacht gehörten ihm Flick und sein Vize Otto Steinbrinck an, dazu Emil Meyer, Vorstand der Dresdner Bank, der im Aufsichtsrat der deutschen Töchter von

General Electric und ITT saß, Emil Helfferich von der Hamburg-Amerika-Linie, Karl Lindemann von der Standard-Oil-Tochter Deutsch-Amerikanische Petroleum AG (DAPAG) sowie Hermann Schmitz und Heinrich Bütefisch von der IG Farben. Das wichtigste Mitglied des Keppler-Kreises aber war der Kölner Bankier Baron Kurt von Schröder. »Schröder«, schreibt der amerikanische Publizist Charles Higham in *Trading With the Enemy,* »war ein fanatischer Nazi. An der Oberfläche war er verbindlich, elegant, makellos gekleidet, frisch rasiert. Privat war er Führer einer Totenkopfbrigade. Oft zog er seine schwarze Uniform an und kam mit anderen Sturmtrupplern zu nächtlichen Treffen zusammen.« Kurt von Schröders Bank war mit der J. Henry Schroeder Bank in London und New York verbunden. Die Bank gehörte seinem Cousin Bruno von Schroeder, der 1914 die britische Staatsbürgerschaft angenommen hatte. Formal waren die Kölner und die Londoner Bank getrennt. Aber sie traten oft als Partnerbanken auf. Über seine Londoner und New Yorker Kollegen konnte Kurt von Schröder viele internationale Kontakte aufbauen. Winthrop Aldrich von Chase zählte dazu, Walter Teagle von Standard Oil und Sosthenes Behn von ITT. Auch die Stahlfusion von Harriman, Prescott Bush und Friedrich Flick in Oberschlesien wurde von Schroeder begleitet.

Schröder wiederum hatte Hitler über den ehemaligen Kanzler Franz von Papen kennen gelernt. Papen organisierte Ende 1932 ein Treffen zwischen Hitler und Kurt von Schröder in Köln, an dem auch Rudolf Heß teilnahm, wie Fritz Thyssen in *I Paid Hitler* berichtet. Die Nazis, die im November Stimmen verloren hatten, brauchten dringend Geld für den Wahlkampf. Schröder war anfangs skeptisch, ob Hitler wirklich seriös sei. Er fragte bei Montagu Norman nach, ob es in Ordnung sei, der NSDAP Geld zu geben. Bei einem weiteren Treffen am 4. Januar 1933 mit Hitler und Papen hatte Schröder offenbar grünes Licht bekommen. Er formte ein Syndikat aus seinen Klienten, um der NSDAP ein Darlehen zu geben. Es war die Elite der Industrie: Tengelmann, Thyssen natürlich und Vögler, Emil Kirdorf, Heinrich von Stein von der J. H. Stein Bank, Georg Emil von Stauß von der Deutschen Bank, die Commerzbank, die Dresdner Bank, die Hamburg-Amerika-Linie und die mit Standard Oil verbundene Deutsche Erdöl.

1936 lud Himmler seinen »Freundeskreis« in das Konzentrationslager Dachau ein. »Er tat es, um uns zu zeigen, dass die Gerüchte über KZs übertrieben waren und dass dort nur Leute interniert waren, die gefährlich waren, Kriminelle oder Asoziale oder politische Gefangene«, erläuterte Schröder gut zehn Jahre später vor dem Nürnberger Kriegsgericht. Danach habe man in München diniert. Bei dieser Gelegenheit habe Himmler um Geld gebeten, das er für »kulturelle Zwecke« und »Notfälle« brauche.

Diese Gelder sammelte Schröder auf dem »Spezialkonto S«. Allein 1943 zahlte die Standard-Oil-Tochter Deutsch-Amerikanische Petroleum 20 000 Reichsmark an den Keppler-Kreis; die mit Harriman verbundenen Vereinigten Stahlwerke sogar 100 000 Reichsmark. Schröder selbst warb 200 000 Reichsmark ein, ein Großteil davon von ITT-Töchtern. Die SS hat diese Mittel beispielsweise für das »Ahnenerbe«-Programm verwendet, wo medizinische Experimente in KZs durchgeführt wurden.

*

Nachdem Hitler an die Macht gekommen war, berief er Schacht wieder an die Spitze der Reichsbank. Ein Jahr später machte er ihn zudem zum Wirtschaftsminister. Schacht war wichtig, denn er verlieh dem Regime Seriosität. »Er war ein Gentlemanbanker alter Schule«, schreibt Ron Chernow: randlose Brille, weiße Haare, Nadelstreifenanzug, Zigarre. Hitler war auf Schacht angewiesen, da er nichts von Ökonomie verstand. Solange Schacht eine ausgeglichene Bilanz und genug Devisen präsentierte, konnte er machen, was er wollte. Und so war Schacht einer der wenigen, die Hitler zu widersprechen wagten. »Dickköpfig und eingebildet, zögerte Schacht nicht, Hitler anzubrüllen, und nahm sich Freiheiten heraus, die andere den Kopf gekostet hätten«, so Chernow.

Schacht spielte ein doppeltes Spiel. Er wurde nie NSDAP-Mitglied und versicherte 1933 der *New York Times,* er habe es Hitler gegenüber zur Bedingung gemacht, dass kein jüdischer Bankier in seiner Arbeit gestört werde. Auch später, vor dem Nürnberger Kriegsgericht, beteuerte er, er habe sich immer gegen die Judenverfolgung gewandt. Tatsächlich war Schacht auch kein Antisemit. Er hatte jüdische Freunde, allen voran den Bankier Max Warburg, denen er erzählte, dass Hitler ein vorübergehendes Übel sei, notwendig, um Ordnung wieder herzustellen. Und er half Juden, nach Palästina auszuwandern. Gleichwohl brüstete er sich gegenüber Hitler oft genug, wie viel Geld von Juden er beschlagnahmt habe, um es in die Wiederaufrüstung zu stecken.

Im Mai 1933 reiste Schacht auf Einladung von J. P. Morgan für acht Tage nach New York und Washington, wo er sich mit Wall-Street-Bankern, Präsident Roosevelt und Außenminister Cordell Hull traf. Die Finanzwelt war immer noch in Aufruhr. Schacht, der als Hoffnungsträger galt, wurde begeistert empfangen. Die *New York Times* nannte ihn einen »befähigten Finanzier« mit »profundem Wissen über das Bankwesen und internationalen Erfahrungen«, der den »Antisemitismus der Nazis unweise« finde und dem es hoffentlich hier klar werde, dass dies Deutschland wirtschaftlich schade. Schacht versicherte daraufhin der amerikanischen Presse, die Geschichten über die Misshandlungen der Juden in Deutschland seien stark übertrieben.

Kaum war Schacht nach Berlin zurückgekehrt, rief er seine amerikanischen Kreditgeber in die Reichsbank – die Konferenz verzögerte sich um einen Tag, weil die Banker auf das Schiff von John Foster Dulles warten mussten – und erklärte, dass Deutschland seine zwei Milliarden Dollar Auslandsschulden gar nicht oder nur teilweise bezahlen werde, und zwar allenfalls bei den Ländern, die deutsche Waren kauften.

Für Dulles war dies eine demütigende Erfahrung. Noch mehr empörte sich Thomas Lamont, da, wie er sagte, J. P. Morgan ein Drittel dieser Kredite verantworte. Nun sprang Montagu Norman für Schacht in die Bresche – Hitler und Schacht, sagte er, schützten Europa vor dem Bolschewismus. Die New Yorker Banker sollten mehr Verständnis und weniger Egoismus zeigen. Letztlich schlossen Schacht und Lamont einen Kompromiss über die Zahlungsmodalitäten. Der Reichsbankpräsident lud den Bankier sogar für 1936 zu den Olympischen Spielen nach Berlin ein.

Sullivan & Cromwell passten sich rasch an die neuen Herren in Deutschland an. Die Telegramme aus Berlin waren nun mit »Heil Hitler« unterzeichnet. Aber in New York wuchs die Beunruhigung, zumal John Foster Dulles seine Kontakte zu den Kartellen, die von Nazis übernommen wurden, weiter pflegte, allen voran zu den IG Farben und den Vereinigten Stahlwerken. Mitte 1935 wollte Allen Dulles, dass ein offizieller Schlussstrich gezogen werde, und verlangte, das Berliner Büro zu schließen. Er hatte die Mehrheit der übrigen Anwälte hinter sich. John Foster, der sich vehement dagegen ausgesprochen hatte, musste – erstmals – eine Niederlage hinnehmen.

Aber inoffiziell sollte er weiter im Geschäft mit Deutschland bleiben. Dafür nutzte er von nun an das Berliner Partnerbüro von Sullivan & Cromwell, die Kanzlei Albert & Westrick, die von Heinrich Albert und Gerhardt Westrick betrieben wurde. Und auch Allen Dulles sollte die Verbindung nicht ganz abbrechen: 1937 ging er in den Aufsichtsrat der J. Henry Schroeder Bank, die das *Time Magazine* zwei Jahre später den »ökonomischen Verstärker der Achse Rom – Berlin« nannte.

Die amerikanischen Konzerne blieben ebenfalls an Deutschland interessiert – Christopher Simpson berechnete, dass die US-Investitionen zwischen 1929 und 1940 um fast 50 Prozent gestiegen sind, viele davon in kriegswichtigen Bereichen. Es gab sogar US-Firmen, die sich an der »Arisierung« beteiligten. Dies geschah meist indirekt, indem sie mit Unternehmen wie Siemens oder Bosch liiert waren, die sich Firmen in jüdischem Besitz aneigneten. Aber die Partner in den USA wussten durchaus, auf welche Art sich ihr Vermögen in Deutschland vermehrte. »In New York, London und Zürich wurden Börsenpapiere gehandelt, die de facto Arisierungsanleihen waren«, schreibt Simpson. William Draper von der Bank Dillon, Read & Co. war der wichtigste Händler solcher Aktien. Aber für die Kriegsmaschinerie der Nazis reichte das nicht aus. Deutschland, das Rohstoffe für die Aufrüstung importierte, hatte ein hohes Außenhandelsdefizit eingefahren und brauchte dringend Devisen, zumal nach Schachts Hasardkurs in vielen Ländern die Reichsmark nicht mehr akzeptiert wurde.

Und damit sollte Chase einspringen: Die Bank der Rockefellers war das wichtigste von fünf Instituten, die ab 1936 Dollars gegen Reichsmark tauschten, eben mittels des Rückwanderer-Programms. Dadurch aber wurden – wie die eingangs erwähnte Arbeitsgruppe des US-Kongresses herausfand – jüdischen Flüchtlingen aus Deutschland Millionen von Mark gestohlen.

Das Rückwanderer-Programm, entwickelt von Hjalmar Schacht, wandte sich an deutsche Immigranten in Amerika, die zurückkehren wollten. Und davon gab es einige. Die Arbeitslosigkeit in den USA war noch immer hoch, während Deutschland gerade begann, sich von der Weltwirtschaftskrise zu erholen. Wer dem Dritten Reich seine Dollars überwies, für den eröffneten Schachts Beamte ein Konto, auf das Reichsmark eingezahlt wurden, und zwar zum doppelten Wert (um den Kurssturz auszugleichen, den der Dollar mit dem Börsenkrach erlebt hatte). Dazu wurden mehr als 70 Reisebüros, Wechselstuben oder Exportgesellschaften in den USA eingespannt, darunter American Express und die Hamburg-Amerika-Linie. Sie operierten dort, wo viele deutsche Einwanderer lebten – Minnesota, Missouri, Wisconsin, Illinois, Michigan. Es wurden sogar Flugblätter verteilt, wo den »Rückwanderern« versprochen wurde, dass sie nicht mehr »als Sklaven für die Juden« arbeiten müssten. Selbstredend wurden nur »Arier« derart umworben.

Für jeden umgetauschten Dollar bekamen die Banken erst fünf, später sieben Prozent Kommission. Aber die Gelder, die den Rückkehrern ausgezahlt wurden, stammten von den Konten deutscher Juden, die diese in Deutschland zurücklassen mussten, oder aus der Fluchtsteuer von 25 Prozent. Und Chase wusste dies. Der Sender NBC, dessen Magazin *Dateline* vor einigen Jahren darüber berichtete, verfügt über einen Brief eines Berliner Chase-Managers von 1938, der seinen Vorgesetzten in New York erklärt, das Rückwanderer-Programm sei deshalb so profitabel, weil die »Deutschen das jüdische Geld so billig bekommen«. Und das FBI, das ein Jahr später, 1939, die Ermittlungen aufnahm, stellte fest: »Die Reichsbank erwirtschaftete so einen Profit von 90 Prozent.« Das Geld aus der Fluchtsteuer, aber auch Erlöse aus der »Arisierung« jüdischer Firmen wurde von der Deutschen Golddiscontbank gehalten, einer Tochter der Reichsbank. Diese wiederum hatte drei Konten bei New Yorker Banken, die für den Umtausch genutzt wurden: Chase, die Bank of Manhattan und die J. Henry Schroeder Bank. J. Henry Schroeder war auch das Institut, das sich zunächst um das Rückwanderer-Programm kümmerte, in einem Konsortium mit der New York Overseas Corp. und Robert C. Mayer & Co.

Nun aber wollte Chase, die immerhin eine Niederlassung in Berlin hatte – in der Wilhelmstraße, zwischen der Reichskanzlei und der Gestapo-Zentrale –, unbedingt an dem lukrativen Geschäft teilnehmen. Die New Yorker Geschäftsführung drängte den Berliner Filialleiter Ernest Kuhlman, bei Schacht zu antichambrieren. »Bestehen Sie darauf, dass wir die gleichen Privilegien bekommen wie Schroeder«, kabelte Chase-Vize Joseph Rovensky am 25. August 1936 an Kuhlman. Chase gelang die Akquisition auch, sehr zum Ärger der Konkurrenz. New York Overseas Corp. gelang es zwar, die Chemical Bank an Bord zu holen, aber da war schon »der Elefant in den Garten getreten«, heißt es in dem Arbeitsgruppen-Bericht *U.S. Intelligence and the Nazis*. Die Eifersüchteleien sollten sich ohnehin legen, nachdem Chase eine Partnerschaft mit der J. Henry

Schroeder Bank gegründet hatte, deren Teilhaber Avery Rockefeller, Bruno von Schroeder und Kurt von Schröder waren, die ebenfalls alle am Rückwanderer-Programm partizipieren sollten.

Aber bald traten Probleme auf. Es gab nicht so viel Rückwanderer, wie Schacht gehofft hatte. Und vor allem brachten sie nicht so viel Geld mit. Die Reichsbank und die US-Banken fingen an, um Umtauschkurse und Prozente zu feilschen. Am 30. November 1938, wenige Wochen nach der »Kristallnacht«, gab es eine Krisensitzung in Berlin mit Vertretern von Schroeder, Chase und der Reichsbank, bei der Schroeder und Chase bessere finanzielle Konditionen verlangten. Außerdem rieten die Chase-Vertreter dringend dazu, das Rückwanderer-Programm möglichst unauffällig zu gestalten – das Novemberpogrom habe zu einer »antideutschen Stimmung« in den USA geführt. Aber von dem leicht verdienten Geld wollte Chase keinesfalls ablassen. Vielmehr debattierte der Aufsichtsrat am 15. Februar 1939, wie das Geschäft vor dem State Department zu verbergen sei.

Nachdem die Wehrmacht in Polen eingefallen war, erklärte England Deutschland den Krieg. An der Wall Street schossen die Kurse nach oben wie seit Jahren nicht mehr. »Es war der Zweite Weltkrieg, nicht der New Deal, der die Depression vertreiben würde«, schreibt Ron Chernow. Nun aber bekam die J. Henry Schroeder Bank – deren Hauptsitz ja in London war – kalte Füße und stieg aus dem Rückwanderer-Programm aus. Chase hingegen fing nun an, sich auch an der Plünderung jüdischer Konten in Dänemark, Norwegen, Belgien, Holland und Frankreich zu beteiligen. Als die Wehrmacht über die Champs-Élysées marschierte und viele Amerikaner an einen dauerhaften Sieg Deutschlands glaubten, verdoppelten sich die Bewerbungen von Rückwanderern.

Letztlich hatten sich mehr als 10 000 Immigranten gefunden, die Amerika-müde waren und nach Deutschland wollten. Sie zahlten um die 25 Millionen Dollar ein, heutzutage wären das eine viertel Milliarde. Davon hat Chase neun Millionen eingesammelt – und

503 000 Dollar an Kommissionen verdient. Erst am 14. Juli 1941, als Roosevelt es als illegal deklarierte, Devisen nach Deutschland zu transferieren, gab Chase auf. Das FBI war bereits dabei, gegen Immigranten zu ermitteln, die sich am Rückwanderer-Programm beteiligt hatten und verdächtigt wurden, Nazi-Sympathisanten zu sein. Viele von ihnen sollten später in amerikanischen Lagern für *Enemy Aliens,* feindliche Ausländer, hinter Stacheldraht landen. Einer davon war August Gausebeck von der Bank Robert C. Mayer & Co.

Das Justizministerium und Henry Morgenthaus Schatzamt leiteten auch ein Verfahren gegen Chase ein. 1941 wurde Winthrop Aldrich selbst befragt, der alles als harmlos darstellte. Die Ermittlungen verliefen im Sande. Ein zweiter Versuch 1944 scheiterte, weil das FBI fürchtete, dass seine Undercover-Agenten enttarnt werden könnten.

*

Hjalmar Schacht war derweil vom Glück verlassen worden. Nach dem Anschluss von Österreich 1938 hatten österreichische Nazis jüdische Banken gestürmt und Baron Louis de Rothschild abgeführt, einen seiner Freunde. Zwei Wochen später hielt Schacht noch eine Rede vor der Österreichischen Zentralbank, bei der er sagte:»Kein einziger Mensch hat hier eine Zukunft, der nicht vollkommen für Adolf Hitler ist ... Die Reichsbank wird nichts sein außer nationalsozialistisch, oder ich höre auf, ihr Manager zu sein.«

Innerlich aber begann Schacht, am Regime zu zweifeln. Im Herbst 1938 erfuhr er, dass mehrere Generäle planten, Hitler loszuwerden. Schacht wollte sich daran beteiligen und bat Montagu Norman um Hilfe. Der wandte sich an den britischen Premier Neville Chamberlain. Der Zeitpunkt hätte nicht schlechter gewählt sein können: Chamberlain hatte gerade das Münchner Abkommen unterzeichnet. Er sagte zu Norman.»Wer ist Schacht? Ich muss mit Hitler verhandeln.« Im Januar 1939 machte Norman einen letzten Besuch in Berlin, um sein Patenkind zu sehen, Schachts Enkel Norman Hjalmar Schacht. Kurz darauf wurde Schach von Hitler als Reichsbank-Präsident entlassen.

In dieser Zeit zerbrach auch eine Freundschaft in Rom, nämlich die zwischen dem J.-P.-Morgan-Vizepräsidenten Thomas Lamont und Benito Mussolini. Lamont hatte sich schon 1924 öffentlich über »Mussolinis Revolution« begeistert, ein Foto des Duce (mit Autogramm) hing in seinem New Yorker Büro. Auch Morgans Vertreter in Rom, Giovanni Fummi, war mit dem Duce seit zwei Jahrzehnten befreundet. »Die Wall Street sah den Duce als den Mann, der das vom Streik zerrissene Italien vor den Bolschewiken gerettet hatte«, konstatiert Ron Chernow. »Dass der Terror der Schwarzhemden allein während der Wahl von 1921 Hunderte von Menschen in Italien getötet hatte, wurde aus Bequemlichkeit übersehen.«

Lamont hatte Mussolini nicht nur einen Kredit über hundert Millionen Dollar gegeben, er hatte den Diktator sogar trainiert, wie er am besten vor dem US-Kongress auftreten könne, um die Bewilligung dafür zu bekommen. Selbst 1940, als der Duce die Bewohner ganzer Dörfer in Libyen und Äthiopien mit Giftgas umbringen ließ, sprach Lamont immer noch von Mussolinis »extraordinären Errungenschaften für sein Volk«.

Deshalb war Lamont, das glaubte jedenfalls Roosevelt, der ideale Gesandte für eine delikate Aufgabe: Kurz nach dem Einmarsch in Polen sollte der Bankier den Duce überzeugen, sich von Hitler zu distanzieren. Dies aber lehnte Mussolini nicht nur empört ab, er ließ sogar Giovanni Fummi als Spion verhaften. Lamont musste Mussolini anbetteln, Fummi freizulassen. Er wurde schließlich über die Schweiz nach London abgeschoben.

*

John Foster Dulles sollte in diesen Jahren der Organisation America First, die gegen den Kriegseintritt der USA agitierte, juristischen

Beistand leisten und die Isolationisten auch finanziell unterstützen. Im März 1939 erklärte er, die Idee, dass Hitler einen Krieg gegen die USA anzetteln wolle, sei »hysterisch«. Im November 1939, kurz nach Kriegsbeginn, schrieb Dulles einen Brief an den Atlantikflieger und Hitler-Sympathisanten Charles Lindbergh – der sein Nachbar in Long Island war –, wo er auf die »schwere Gefahr« hinwies, dass die USA unter dem »Einfluss von Emotionen« Entscheidungen treffen könnten, die das genaue Gegenteil von dem seien, was vernünftig sei. Um das »sozialistische Übel« des New Deal zu bekämpfen, unterstützte er im Vorfeld der Präsidentschaftswahl von 1940, wenngleich vergebens, den Republikaner Thomas Dewey. Er agitierte sogar im Mittelwesten der USA gegen die »Kriegstreiber« Roosevelt und Churchill.

Hingegen sollte sich die Familie der Warburgs den Interventionalisten anschließen, die für einen Kriegseintritt Amerikas waren. Max Warburg hatte lange geglaubt, ihm werde in Deutschland nichts passieren – er hatte sogar, auf Bitten von Schacht, seinen Einfluss verwendet, um bessere Stimmung für Deutschland in amerikanischen Zeitungen zu machen. Aber gleichwohl wurde er aus dem Aufsichtsrat der Hamburg-Amerika-Linie und seiner eigenen Bank gedrängt, die 1938 »arisiert« wurde. Wenige Wochen vor der »Kristallnacht« verließ er Hamburg.

Sein Neffe James Warburg plädierte in der *New York Times* im Dezember 1940 dafür, dass die USA Großbritannien Geld leihen sollten, um England im Kampf gegen Deutschland zu unterstützen. 1941 bezog er öffentlich Stellung gegen die America Firsters und attackierte Charles Lindbergh auf einer Demonstration gegen Hitler im Madison Square Garden. Im Jahr darauf ging er nach London, um am Propagandakrieg gegen Deutschland teilzunehmen. Er überwarf sich aber mit Churchill, weil er das italienische Fürstenhaus von Savoyen im Radio als Mussolini-Kollaborateure bezeichnet hatte. Daraufhin wurde er von dem Journalisten Arthur Krock in der *New York Times* attackiert: James Warburg bediene die Interessen der

Kommunisten und gefährde so das Leben der amerikanischen Soldaten. Warburg, der weiterhin dafür plädierte, Antifaschisten im befreiten Europa zu unterstützen, wurde 1944 als Radiokommentator entlassen.

*

In der Schweiz war inzwischen ein neuer Vorstand für die Bank for International Settlements (BIS) angekommen: der Amerikaner Thomas McKittrick, der zuvor für Morgan gearbeitet hatte. Im Aufsichtsrat der BIS saßen nun neben Vertretern von Frankreich, Italien und Belgien auch Hermann Schmitz, Herrscher über die IG Farben, außerdem Schachts Nachfolger bei der Reichsbank, Walter Funk, und dessen Vize Emil Puhl sowie Kurt von Schröder.

Mit Kriegsbeginn sollten die Nazis die BIS nutzen, das Gold der Zentralbanken der überfallenen Länder zu sichern. Als die Wehrmacht in Prag einmarschierte, wurden die Vorstände der Tschechischen Nationalbank festgesetzt und mit vorgehaltenem Gewehr aufgefordert, ihre Goldreserven herauszurücken, wie es Charles Higham beschreibt. Um die 48 Millionen Dollar waren diese wert. Die Tschechen sagten, sie hätten das Gold bereits an die BIS gesandt, die es zur Bank of England weiterleiten sollte. Unter dem massiven Druck der deutschen Besatzer baten die tschechischen Bankdirektoren nun darum, dass Montagu Norman das Gold nach Berlin schicken sollte. Das geschah dann auch. Nach dem Krieg stellte sich heraus, dass die Briten nicht wirklich mehrmals Goldbarren über den Ärmelkanal geschickt hatten – stattdessen waren nur die Goldvorräte in den Tresoren der BIS in Basel verschoben worden, zugunsten von Deutschland.

Die Nazis sollten sich auch des Goldschatzes der österreichischen, der holländischen und der belgischen Nationalbank bemächtigen. Alexandre Galopin, der von Belgien in die BIS entsandte Aufsichtsrat, veranlasste zwar gerade noch rechtzeitig, dass das belgische Gold zu der französischen Nationalbank nach Paris gesandt wurde. Die aber verschiffte es ins vermeintlich sichere Dakar. Nach der Besetzung Nordafrikas fiel das Gold Belgiens, das 228 Millionen Dollar wert war, in die Hände der Nazis. Nun verklagte die belgische Exilregierung die Banque de France, um den Wert ihres Goldes erstattet zu bekommen. Ihr Anwalt war ein altgedienter Experte: John Foster Dulles. Tatsächlich erfocht Dulles einen Sieg vor dem höchsten Gericht der USA. Nach der Besetzung Frankreichs aber wurde das Urteil gegenstandslos.

Auch nach Pearl Harbor setzte Thomas McKittrick seine Kollaboration mit den Nazis in der BIS fort. Er genehmigte ein Darlehen von einigen Millionen Schweizer Franken an das Besatzungsregime in Polen und an die Marionettenregierung in Ungarn. Im September 1942 verteilte er den Jahresbericht der BIS an alle Aufsichtsräte, auch an Puhl, Funk und Schröder. Und der früh verrentete Schacht verbrachte ebenfalls viel Zeit in der Schweiz, um sich mit McKittrick sowie Allen Dulles zu beraten, der das OSS-Büro in Bern leitete.

Irgendwann aber sollte die Tätigkeit der BIS in den USA auffallen. Im Januar 1944 – damals verwaltete die BIS bereits Gold im Wert von 378 Millionen Dollar – beschwerte sich der Abgeordnete John D. Coffee aus Washington, dass bei der BIS »die Mehrheit der Aufsichtsräte Nazis sind, aber amerikanisches Geld auf dieser Bank ist«. Dies führte dazu, dass sich der Internationale Weltwährungsfonds in Bretton Woods mit der BIS befasste. Morgenthau forderte in Bretton Woods eine Untersuchung dieser Vorgänge, die, wie er hoffte, zu einer Auflösung der Bank führen würde. Aber die englischen und amerikanischen Banker, allen voran Lord John Maynard Keynes und Winthrop Aldrich von Chase, stemmten sich dagegen. Sie wurden vom State Department unterstützt, dessen Unterstaatssekretär Dean Acheson zuvor Anwalt für Standard Oil gewesen war – also auf der Gehaltsliste von Aldrichs Schwager Rockefeller gestanden hatte.

Zwar setzte sich Morgenthau vorerst durch, aber McKittrick

kämpfte um seinen Job. Die BIS, sagte er, sei mit vertrauenswürdigen Leuten besetzt, die nach dem Krieg gebraucht würden, um Europa wieder aufzubauen – Reichsbank-Vize Puhl etwa sei gar kein Nazi (Puhl war kurz vor Pearl Harbor ein Posten bei Chase in Manhattan angeboten worden). Puhl selbst habe ihm versichert, dass das Gold, das für Deutschland verwaltet werde, kein Raubgold sei. Tatsächlich hatte die Reichsbank – schreibt Charles Higham – Goldbarren nach Basel schaffen lassen, die aus Schmuck, Brillengestellen, Uhren, Eheringen, Zigarettenetuis und Goldzähnen toter Juden eingeschmolzen waren, und zwar unter der Regie von Heinrich Himmler. Auf den Kisten, in denen einige Goldbarren geliefert wurden, stand »Auschwitz«.

Irgendwann wurde es McKittrick aber doch mulmig. Er drängte die Banker der Schweiz – die ebenfalls in der BIS saßen –, an seiner statt das Raubgold anzunehmen. So kam das Raubgold, Tonne um Tonne, in die Tresore der Schweizer Nationalbank.

Aber auch Morgenthaus Schatzamt hatte damals Raubgold aus Europa angenommen. Die USA hatten 1934 ein Gesetz verabschiedet, das das Schatzamt in die Lage versetzte, Gold zu hohen Preisen aufzukaufen. Damit hoffte Morgenthau, den Dollar zu stärken. Die Konsequenz war, dass nun ausländische Anbieter auf den US-Goldmarkt drängten, allein in den ersten sechs Wochen nach Verabschiedung des Gesetzes kam Gold im Wert von einer halben Milliarde Dollar in die USA. Insgesamt sollten Goldbarren im Wert von 16 Milliarden Dollar in Amerika landen, wie ein Bericht des Kongresses vom Jahr 2000 feststellte. Nach dem Bericht kamen allein bis 1940 rund 750 Millionen Dollar an Gold aus den Achsenländern.

Aber das Schatzamt selbst wehrte sich noch Anfang 1941 offensiv dagegen, »deutsches Gold« nicht einkaufen zu dürfen. »Wenn Deutschland Gold raubt, gibt es keine Möglichkeit, das abzustellen«, erklärte Morgenthaus rechte Hand Harry Dexter White gegenüber dem Kongress. Und ansehen könne man dem Gold ohnehin nicht, wo es herkäme. Sich gegen Gold aus Deutschland zu sperren, gefährde die politische Position des Schatzamtes, Gold als unumstrittenes internationales Zahlungsmittel zu nutzen und so die Wirtschaft der USA zu stärken.

*

Während in Europa noch der Krieg tobte, blieb die Pariser Filiale von J. P. Morgan, die am Place Vendôme lag, während der gesamten deutschen Besatzung geöffnet. Der Vichy-Marschall Henri Petain etwa hatte sein Konto bei Morgan, das den Nazis als »arisches Unternehmen« galt. »Chase und der Guaranty Trust operierten ebenfalls weiter, aber Morgan and Co. war die einzige amerikanische Bank in Paris, die während des Kriegs Profite erwirtschaftete«, so Ron Chernow. Einzig die National City Bank schloss ihre Türen. Die Nazis plünderten bei allen Banken die Konten jüdischer Franzosen und nahmen auch Juwelen und andere Wertsachen in den Schließfächern mit. Allein bei J. P. Morgan sammelten sie 11,5 Millionen Dollar ein. Die Bank erklärte nach dem Krieg, man hätte nichts dagegen tun können. Allerdings hatte J. P. Morgan ihre eigenen Goldvorräte bereits 1938 sicherheitshalber nach New York verschifft.

Noch mehr aber kollaborierte die Pariser Filiale von Chase mit den Nazis, die sogar die Konten für die deutsche Botschaft führte sowie das private Konto von Otto Abetz, dem deutschen Botschafter in Paris. Zwar hatte der Pariser Niederlassungsleiter von Chase, S. P. Bailey, vorgeschlagen, die Filiale zu schließen, aber »stattdessen fand eine rapide Expansion statt«, hieß es in einem Bericht von Morgenthaus Schatzamt vom 20. Dezember 1944. Auch Deutschland legte Wert auf die Expansion, denn man sah Chase als wichtiges Element in der Banklandschaft der Nachkriegszeit.

So wurde 1941, als die Wehrmacht in Frankreich einmarschiert war, Bailey abgelöst und der Schweizer Carlos Niedermann als neuer Chef von Chase Paris berufen, der laut amerikanischem Schatzamt »prodeutsch« war. Niedermann wies seine Angestellten an, die

Konten jüdischer Kunden einzufrieren, noch bevor die Nazis dies befahlen – er vermutete, dass dies im Sinne der neuen Herrscher sei. Zwar beschwerte sich Harry Dexter White, aber Niedermann sagte, dies sei im Interesse von Chase.

All dies geschah, so der Bericht des US-Schatzamtes, mit dem Wissen und Einverständnis der Zentrale in New York, zu der Paris mindestens bis Ende 1942 Kontakt hatte. Da die USA diplomatische Beziehungen mit Vichy unterhielten, war die Kommunikation nach Frankreich per Telegramm nicht unterbunden. Vornehmlich diente die Chase-Filiale in Châteauneuf-sur-Cher als Verbindung. Die Niederlassung an der Riviera – Südfrankreich war zunächst noch nicht von den Nazis besetzt – sandte sogar Geld seiner deutschen Kunden ins okkupierte Paris.

Um 1944 begann das US-Schatzamt ein Ermittlungsverfahren gegen Chase, unterbrochen wurde es allerdings von der Invasion der Normandie. Erst 1945 wurde das Verfahren wieder aufgenommen. Winthrop Aldrich in New York versicherte nun, es habe keine Kontakte nach Paris gegeben. Er feuerte Carlos Niedermann und sandte Alfred W. Barth in die französische Niederlassung, um »verborgene deutsche Konten« aufzuspüren. Barth war der Mann, der für das Rückwanderer-Programm zuständig gewesen war. Gleichwohl sollte Chase im April 1945 wegen Verstoßes gegen den Trading with the Enemy Act vor Gericht kommen. Aldrich, der selbst nicht angeklagt war, sprach in der *New York Times* von einem »absurden Verfahren«. Die Bank wurde freigesprochen.

*

Hjalmar Schacht wurde 1944 von der Gestapo festgenommen und in Ravensbrück interniert. Er wurde durch 32 Lager geschickt, auch in Dachau saß er ein, das KZ, das er selbst als Mitglied des Keppler-Kreises besichtigt hatte. Am 4. Mai 1945, kurz bevor er exekutiert werden sollte, wurde er von der U.S. Army befreit.

Als Erstes wollte Schacht seinen Freund Montagu Norman in London besuchen, der schwer krank war (und bald sterben sollte). Aber als hochrangiger Nazi bekam er kein Visum. Stattdessen stellte ihn Lucius D. Clay, der Besatzungskommandant der U.S. Army, unter Arrest. Als Clay Schachts Haus betrat, um ihn festzunehmen, bestritt der Bankier energisch, dass er Antiamerikaner sei, und wies zum Beweis auf ein signiertes Foto von 1929 an der Wand, das RCA-Chef David Sarnoff zeigte.

Die Amerikaner internierten Schacht gemeinsam mit Albert Speer und Göring (der sich umbringen sollte). In der Haft benahm sich Schacht bizarr, bis dahin, dass er Gedichte rezitierte. Als er in Nürnberg vor Gericht stand, sagte er, er sei nicht verantwortlich für Hitlers Aufstieg. Er sei immer ein Regimegegner gewesen.»So wurde der Mann, der Krupp und Thyssen um Hitler versammelt hatte und die robuste deutsche Kriegsmaschine aufgebaut hatte, als nur einer von drei Nazis in Nürnberg freigesprochen«, bemerkt Ron Chernow. Ein deutsches Gericht verurteilte ihn zwar anschließend als Nazi-Verbrecher zu acht Jahren Haft, aber er saß davon nur ein Jahr ab. 1970 starb er, völlig ungebeugt, mit 93 Jahren.

Kurt von Schröder wurde ebenfalls in Nürnberg vor das Kriegsgericht gestellt. Er erhielt drei Monate Gefängnis und 1500 Reichsmark Geldstrafe für die »Unterstützung eines Angriffskriegs«. Einer der Ermittler in Nürnberg war Eric Warburg, der Sohn von Max Warburg. Er sollte in Hamburg bleiben und helfen, die Stadt wieder aufzubauen.

Auch nach dem Krieg wurde die BIS nicht aufgelöst, dieses »Stiefkind des Versailler Vertrags«, wie es die Schwester der Dulles-Brüder, Eleanor Lansing Dulles, in ihrem Buch *The Bank for International Settlements at Work* formuliert. Thomas McKittrick wurde auf einen Posten bei Chase National befördert, direkt unter Winthrop Aldrich. 1950 lud er Emil Puhl zu einem Besuch in die USA ein. Auch andere Banker, die ihre Millionen mit den Nazis verdient hatten – Harriman, Draper, Forrestal –, setzten ihre Karriere fort. Harriman und Draper waren nun für den Marschallplan verantwortlich, während Forrestal Unterstaatssekretär der U.S. Navy werden sollte.

Bereits im April 1945 hatten amerikanische Offiziere eine Mine im thüringischen Merkers entdeckt, verborgen hinter einem meterdicken Ziegelwall. Dort fanden sie Säcke voller Gold und Silber, Münzen, Banknoten und mehr als 8500 Goldbarren, Hunderte von Millionen Dollar wert – den Schatz der Reichsbank. Aber bis heute ist nicht vollständig geklärt, wo das Gold herkam, ob dies das gesamte Raubgold der Nazis war – und auch nicht so recht, wo alles geblieben ist.

Die Banken, die damals existierten, haben alle fusioniert. Kuhn, Loeb ist heute ein Teil von Lehman Bros., Chase Manhattan hat sich mit J. P. Morgan zu J. P. Morgan Chase zusammengeschlossen. J. Henry Schroeder und die National City Bank sind Teil der Citibank. Aber ob in den Tresoren, irgendwo in New York, noch Barren aus zusammengeschmolzenen Goldzähnen, Eheringen und Brillengestellen liegen, weiß niemand.

Chase Manhattan wurde inzwischen von Holocaust-Überlebenden verklagt. Die Bank zahlte einige Millionen Dollar – ein Taschengeld, verglichen mit den 1,25 Milliarden, die Schweizer Banken überwiesen haben. Aber ein Bericht über die Aktivitäten der Bank, gestützt auf deren eigenes Firmenarchiv, wird bis heute unter Verschluss gehalten. »Wenn Chase nicht die Wahrheit auf den Tisch legt«, sagte Elan Steinberg vom Jüdischen Weltkongress 1998 zu NBC, »dann müssen sie die Schuld von heute ertragen – nicht nur die Schuld von vor 60 Jahren, sondern die von heute.«

Kapitel sieben

Flugbenzin für den Führer
Wie General Motors die Wehrmacht ausrüstete

Das Rockefeller Center in New York ist eine Kathedrale der Macht, deren Ästhetik Hitlers Reichsbaumeister Albert Speer würdig wäre. Dort, wo heute Touristen im Winter Schlittschuhe laufen, lag in den dreißiger Jahren das Epizentrum des amerikanischen Faschismus. Hier saßen die Sympathisanten des Dritten Reichs.

John D. Rockefeller jr. ließ die »Radio City«, wie das Rockefeller Center ursprünglich hieß, mitten in der Weltwirtschaftskrise errichten. Der einzige Sohn des Patriarchen John D. Rockefeller, der die Chase Bank und Standard Oil gegründet hatte, interessierte sich mehr für Kunst und Architektur als für Öl und Banken. Er war ein ruhiger, fast schüchterner Mann.

Das Rockefeller Center ist ein architektonisches Abbild seiner Ideenwelt. Über der Eislauffläche in der Mitte thront ein goldener Prometheus. Ein eiserner Atlas – mit den Zügen von Benito Mussolini – schultert an der Fifth Avenue die Welt. Zu dem Komplex zählt auch der Palazzo d'Italia mit seiner marmornen Lobby und das International Building – es war als Deutsches Haus geplant, wurde aber nach Ausbruch des Krieges umbenannt.

An der Sixth Avenue residierte das Radio Keith Orpheum (RKO), das mit dem Geld der Chase National Bank gegründete Filmstudio von Joseph Kennedy. In der Radio City Music Hall hatte der Film *Citizen Kane* Premiere, Orson Welles' kritische Hommage an den Verleger William Randolph Hearst.

Der gewaltigste Art-déco-Wolkenkratzer des Rockefeller Centers aber ist das RCA Building, das 1933 eröffnet wurde. Hier lag das Reich von David Sarnoff, Geschäftsführer der Radio Corporation of

America (RCA), der Nukleus des amerikanischen Rundfunks. RCA gehörte General Electric, die im Dritten Reich mit Krupp kollaborierten, während RCA Joint Ventures mit Siemens und Italcable tätigte, die Mussolini selbst unterstand.

Im RCA Building arbeitete auch Allen Dulles von der Kanzlei Sullivan & Cromwell, nachdem er zum Office of Strategic Services gewechselt war. Unterhalb des New Yorker OSS-Büros hatte sich der britische Geheimdienst einquartiert, der Dulles abhörte. Und an einer Ecke zur Sixth Avenue stand das Stadthaus von William Cromwell, dem Gründer von Sullivan & Cromwell. Es sollte Rockefeller zwei Jahrzehnte kosten, ihn als Pächter loszuwerden.

Vor allem aber saß die Standard Oil of New Jersey im RCA Building, wo auch das Büro ihres Hauptaktionärs war, John D. Rockefeller Jr. Für das Tagesgeschäft waren Walter Teagle und später William Farish zuständig. Diese pflegten auch während des Dritten Reichs den Kontakt zum wichtigsten Partner von Standard Oil: die IG Farben. Das Chemiekartell des Teufels, dessen Wissenschaftler Zyklon B erfanden und für die das Vernichtungslager Auschwitz entstand, wo eine Million Menschen ermordet wurden.

*

Die amerikanische Industrie war weit enger mit dem Dritten Reich verflochten, als viele Amerikaner es heute wahrhaben wollen. Deutsche Soldaten in Afrika tranken Coca-Cola. Deutsche Generäle telegraphierten mit technischer Unterstützung durch ITT. Der Aluminiumriese Alcoa produzierte Leichtmetall für die Bomber der Wehrmacht, der Treibstoff dazu kam von Texaco und vom Ölmilliardär Paul Getty. IBM produzierte über ihre deutsche Tochter Dehomag Lochkarten, Vorläufer der Computertechnik, die von den Nazis benutzt wurden, um Juden auf KZs zu verteilten. General Motors baute mittels seiner Tochterfirma Opel LKWs für die Wehrmacht sowie Motoren für die Ju 88, eines der effektivsten Kampfflugzeuge des

Dritten Reichs. Und Henry Ford half, schreibt der amerikanische Autor Albert Lee, »den Weg nach Auschwitz zu asphaltieren«.

Die deutsch-amerikanischen Verflechtungen begannen in den zwanziger Jahren mit der Hyperinflation und dem Dawes-Plan, als US-Konzerne anfingen, sich in deutsche Firmen einzukaufen. Damals erwarb General Motors die Adam Opel AG, General Electric holte sich Anteile an der AEG und Siemens, DuPont kaufte Dynamit Nobel und ITT erwarb die Lorenz AG und beteiligte sich am Kampfjetbauer Focke-Wulf. Als sich ITT 1930 in Italien umsah, antichambrierte Thomas Lamont von J. P. Morgan bei Benito Mussolini für seinen Klienten. Die Standard Oil of New Jersey schloss sich mit der IG Farben zusammen und auch der spätere US-Präsident Franklin D. Roosevelt kaufte sich im Auftrag der United European Investors Ltd. in 19 deutsche Firmen ein, darunter Dynamit Nobel – das jedenfalls fand der amerikanische Journalist Christopher Simpson laut *The Splendid Blond Beast* heraus. »Der Aufschwung würde Adolf Hitler mit einer großartigen Industriemaschine versorgen und mit dem Geld, die gewaltige Aufrüstung zu finanzieren«, schreibt Ron Chernow in *The House of Morgan*.

Bei Kriegsbeginn besaßen 250 dieser Unternehmen Aktivposten im Wert von 450 Millionen Dollar im Dritten Reich, was heute mehr als fünf Milliarden Dollar entspräche, ermittelte der amerikanische Historiker Simon Reich im Auftrag der Ford Motor Company. Die drei größten davon waren Standard Oil of New Jersey, General Motors und Woolworth. Mehr als hundert davon blieben noch bis Ende 1942 im Reich.

1939 gab es nach einer Liste, die das Reichswirtschaftsministerium erstellte, 553 deutsche »Fremdbetriebe mit amerikanischer Beteiligung«. Auf dieser Liste standen International Harvester, Remington, Ford, Coca-Cola, American Express, Woolworth, Paramount, Universal und Fox mit ihren gleichnamigen deutschen Töchtern, Loews (MGM Berlin), RKO (Radiofilm), General Electric (AEG, Osram und Mix & Genest), General Motors (Adam Opel und

Frigidaire), Eastman Kodak (Chemische Werke Odin, Kodak), W. A. Harriman & Co. (Deutsch-Atlantische Telegraphen AG und Giesche Bergbau), Dillon, Read (Deutsche Bank), IBM (Dehomag), Goodyear (Vereinigte Schuhmaschinen), DuPont (Dynamit Nobel), Gulf Oil (Maschinenöl Import) und ITT (Lorenz AG und Standard Elektro). Der Konzern mit den engsten Verbindungen aber war Standard Oil. Die Rockefellers waren an zwei Dutzend Ölimporteuren, Raffinerien und Reedereien beteiligt, die wichtigste davon war die Deutsch-Amerikanische Petroleum Gesellschaft.

Illegal war der Handel mit Deutschland zwar erst ab Dezember 1941, nach Pearl Harbor und der Kriegserklärung Hitlers an die USA. Jedoch war es schon seit 1933 moralisch anrüchig, Geschäfte mit dem Dritten Reich zu machen. Es gab amerikanische Geschäftsleute, die auf die Wahl von Hitler mit Rückzug reagierten. Pelzhändler in den USA hatten der *New York Times* zufolge Aufträge für 25 Millionen Dollar storniert. 1938, als die Wehrmacht in Österreich und das Sudetenland einmarschierte und die Nazis in der »Kristallnacht« Synagogen ansteckten, wurde das Deutschlandgeschäft extrem fragwürdig. Mit dem deutschen Überfall auf Polen, der Besetzung Frankreichs und der Bombardierung Londons galten amerikanische Nazi-Kollaborateure als Parias, zumal Roosevelt ab 1941 begann, England im Krieg zu unterstützen. Und so verschleierten viele Firmen schon früh ihre deutschen Beteiligungen. Deswegen ist es allerdings heute schwierig, nachzuweisen, was genau die Konzernchefs in den USA über das Treiben ihrer deutschen Tochterfirmen und Partnergesellschaften wussten.

*

Die deutsch-amerikanische Freundschaft wurde durch eine kleine, aber einflussreiche Clique verkörpert, die über viele Jahre zusammenarbeiten sollten. »Bruderschaft« nennt sie der US-Autor Charles Higham in seinem Buch *Trading With the Enemy*. Er zählt Henry

Ford dazu, Irénée du Pont und Albert P. Sloan von General Motors, Walter Teagle und William Farish von Standard Oil und Sosthenes Behn von ITT sowie mehrere Banker. Die meisten von ihnen wurden von zwei Anwälten vertreten, die für die Kanzlei Sullivan & Cromwell arbeiteten: Allen Dulles und vor allem John Foster Dulles.

Einer von John Foster Dulles' ersten Klienten war International Nickel, der weltgrößte Nickelförderer, an dem Dulles später auch Anteile erwerben sollte. International Nickel übernahm ab 1933 den Vertrieb der deutschen Nickelmonopolistin Norddeutsche Affinerie. Dulles verhandelte diesen Vertrag, aber auch eine weitere Vereinbarung über die Marktaufteilung zwischen International Nickel und der IG Farben. 1937 wurden die Nickellieferungen nach Deutschland noch einmal vertraglich erhöht. Zudem vertrat Dulles die amerikanische Schwester der IG Farben, die General Aniline & Film.

Bis 1939 reiste Dulles regelmäßig nach Deutschland, wo er sich mit Hjalmar Schacht und Heinrich Albert von der Anwaltskanzlei Albert & Westrick traf, der Partnerkanzlei von Sullivan & Cromwell. Albert (der im Ersten Weltkrieg in den USA aufgegriffen und als Spion abgeschoben wurde) hatte den Aufsichtsratsvorsitz bei den deutschen Ford-Werken inne. Sein Partner, Gerhardt A. Westrick, saß im Aufsichtsrat dreier ITT-Töchter, außerdem bei General Motors, Standard Oil, Kodak und Texaco. Die Kanzlei vertrat auch die Vereinigten Stahlwerke und die IG Farben. Hermann Schmitz, der im Vorstand von IG Farben war, gehörte ebenfalls dem Aufsichtsrat der General Aniline & Film an.

Manche Autoren, wie Charles Higham, sehen in dem Antisemitismus einzelner Industrieller wie Henry Ford, Irénée du Pont oder Walter Teagle die Ursache für deren Kollaboration mit den Nazis. Aber dies stand – Ford ausgenommen – nicht unbedingt im Vordergrund. Die Mehrzahl der amerikanischen Geschäftsleute war am Profit interessiert. Mit dem Faschismus liebäugelten sie, weil sie sich davon eine Zerschlagung der Gewerkschaften und der kommunistischen Partei der USA versprachen. Ihre deutschen Partner –

Krupp, Thyssen, Flick, Vögler, Borsig, Schacht, Baron von Schröder oder Wilhelm Cuno von der Hamburg-Amerika-Linie – dachten ähnlich. Sie waren allesamt Konservative und Deutschnationale, die die sozialdemokratische Weimarer Republik bekämpften. »Für sie war Hitler nur ein weiterer bezahlter Wachhund, um die Linke in Schach zu halten«, schreibt der Leiter des Holocaust Museum in Florida, John Loftus, in *The Secret War Against the Jews*.

Die Kollaboration blieb in den Vereinigten Staaten keineswegs unbemerkt. Zu den frühen Warnern gehörte William Dodd, der amerikanische Botschafter in Berlin. Als Dodd nach Washington zurückgerufen wurde, diktierte er im Dezember 1937, noch auf dem Schiff, Reportern der *New York Times* folgende Stellungnahme in den Block: »Eine Clique von US-Industriellen ist wild entschlossen, unsere demokratische Regierung durch einen faschistischen Staat zu ersetzen. Ich hatte in Berlin viele Gelegenheiten, zu beobachten, wie nahe einige unserer herrschenden Familien dem Nazi-Regime sind. Auf dem Schiff hat mir ein Passagier, ein prominenter Manager eines der größten Finanzkonzerne gesagt, er sei bereit, Maßnahmen zu ergreifen, den Faschismus in die USA zu bringen, falls Roosevelt seine progressive Politik fortsetze.«

*

Die IG Farben war das größte der deutschen Kartelle, die um 1925 mit Yankee-Dollars gegründet worden waren. Sie ging aus einer Fusion von sechs Firmen hervor: BASF, Bayer AG, Agfa, Hoechst, Weiler-ter Meer und Griesheim-Elektron. Über Beteiligungen war sie auch mit der Ford Motor Company, General Motors und DuPont verflochten.

Eingangs war die IG Farben für die Nazis ein Feindbild gewesen. Sie wurde von ihnen als »Instrument internationaler jüdischer Finanz«, als »IG Moloch« oder »Isidore G. Farber« attackiert, schreibt der amerikanische Anwalt Joseph Borkin in seinem Buch *Die unheilige Allianz der IG Farben. Eine Interessengemeinschaft im Dritten Reich.* Das lag daran, dass eine Reihe ihrer Aufsichtsräte jüdisch waren, darunter Max Warburg, Kurt Oppenheim, Otto von Mendelssohn-Bartholdy und Arthur von Weinberg (Weinberg, ein Deutschnationaler, hatte anfangs sogar die Nazis unterstützt). Auch viele ihrer Wissenschafter waren Juden, allen voran der international bekannte Fritz Haber, der Giftgase erfunden hatte, die 1915 erstmals im Ersten Weltkrieg bei Ypern eingesetzt wurden. Und Carl Bosch, der 1933 der IG Farben vorstand, war ein ausgesprochener Hitler-Gegner.

Nach der Machtergreifung wurde die IG Farben zum Nazi-Musterkonzern umgemodelt. Haber floh in die Schweiz, wo er 1934 vereinsamt starb. Bosch zog sich auf einen Posten als Ehrenvorsitzender zurück. Seit 1935 war Hermann Schmitz der eigentliche Vorstand. Schmitz kam aus einer Essener Arbeiterfamilie. Er hatte sich bei der Metallgesellschaft AG hochgearbeitet, einer Klientin von Allen Dulles, und war dann zur BASF gewechselt. Schmitz war mit Hjalmar Schacht befreundet. Er war zudem Mitglied des Keppler-Kreises, der die SS finanziell unterstützte.

Schmitz war allerdings kein Antisemit: Er verwendete sich sogar für die jüdischen Wissenschaftler und Aufsichtsräte der IG Farben, die 1937 geschasst wurden. So machte er seinen Einfluss auf Heinrich Himmler geltend, um Arthur von Weinberg aus Theresienstadt herauszuholen (der aber kurz vor seiner Freilassung starb), und brachte einige von ihnen bei der US-Schwesterfirma *American IG Chemical Corp.* unter.

IG Farben und die American IG Chemical Corp. arbeiteten mit Hunderten von Chemiefirmen zusammen, darunter die britische Imperial Chemical Industries, DuPont, Alcoa und Dow Chemical (von denen die IG Magnesium für Brandbomben kaufte).[21] Die Vereinbarungen zwischen der IG Farben und ihren ausländischen Partnerfirmen wurden von John Foster Dulles ausformuliert. Durch dieses globale Netzwerk konnte das Chemiekartell mit einer Produktpalette aufwarten, die für die Wehrmacht unverzichtbar war: synthetisches Gummi, Nickel, Plastik, Magnesium, Schmieröl, Flugbenzin, Methanol, Sprengstoff, Schießpulver, Schwefelsäure und Giftgas.

Am engsten war die IG Farben mit Standard Oil of New Jersey verbunden. Standard Oil, die 1863 von John D. Rockefeller gegründet worden war, vereinte einige Jahrzehnte später 38 Firmen unter ihrem Dach und kontrollierte fast den gesamten US-Markt. Sie besaß die saudische Aramco, die Deutsch-Amerikanische Petroleum AG, und expandierte immer weiter.[22] 1911, nach einem Kartellprozess, wurde sie in mehrere Firmen aufgebrochen, die größte blieb Standard Oil of New Jersey, gefolgt von Standard Oil of California. Die Rockefellers hielten noch immer ein Viertel der Aktien.

Die deutsch-amerikanische Freundschaft begann 1925, als die Manager der IG-Farben-Vorgängerin BASF die Standard-Oil-Anlagen in New Jersey besuchten. Sie luden die US-Kollegen anschließend nach Ludwigshafen ein, um die Entwicklung von synthetischem Benzin vorzuführen. Frank Howard, der Chefentwickler der Amerikaner, war davon so beeindruckt, dass er sofort ein Telegramm an Walter Teagle, den Präsidenten von Standard Oil of New Jersey schickte, der wenige Tage später selbst anreiste.

Teagle war ein Riese von einem Mann, der 250 Pfund wog und Havannas rauchte. »Er zeigte früh einen dominanten Willen, ausgedrückt in einer donnernden Stimme, einer humorlosen Intensität und einen rauen Respektlosigkeit für alle, die an seinem Urteil zweifelten«, schreibt Charles Higham. Teagle kannte Henry Ford gut, und befreundete sich nun mit Hermann Schmitz, den er oft in seinen Lieblingsclub einlud, den Cloud Room im Chrysler Building in New York. Auch William Farish, Teagles rechte Hand, mochte Schmitz und war von Deutschland begeistert. Er sollte später Nazis für die Standard-Tankerflotte einstellen.

Es dauerte drei Jahre, bis Teagle und Schmitz ein Abkommen schlossen, in dem die Firmen ihre Interessensphären aufteilten: Die IG würde den globalen Chemiemarkt abdecken und die Standard den

Ölmarkt. Dafür wurde die in den USA notierte Standard-IG Company gegründet, an der die Standard 80 Prozent und die IG 20 Prozent hielten. Die IG übergab der Standard ihre Patente für synthetisches Benzin (außer den Lizenzen für Deutschland), im Gegenzug bekam die IG zwei Prozent des Standard-Aktienpaketes, das 35 Millionen Dollar wert war (Schmitz sollte auch Aktien an der Standard Oil of California kaufen). Eine zweite Firma, an der beide 50 Prozent hielten, entstand 1930, die Joint American Study Company (Jasco). Sie sollte synthetisches Gummi entwickeln.

Nach diesem Deal beschloss Schmitz, die US-Töchter der IG Farben – Bayer Corp., General Aniline, Agfa Ansco und Winthrop Chemical – in einer Schweizer Holding zusammenzufassen, der IG Chemie, die ab 1929 American IG Chemical Corp. hieß. Der Hauptgrund war, dass er Steuern für den Erwerb der Standard-Aktien sparen wollte. Aber in der Nazizeit sollte er die American IG Chemical Corp. nutzen, Devisen nach Deutschland zu schmuggeln. Schmitz fungierte als Präsident des amerikanischen Chemiekombinats. In den Aufsichtsrat bat er alles, was Rang und Namen hatte: Teagle, Edsel Ford von der Ford Motor Company, William von Rath von der General-Electric-Tochter AEG, Paul Warburg von der Federal Reserve Bank, Charles. E. Mitchell von der National City Bank sowie Carl Bosch und Fritz ter Meer von der IG Farben.

1931 brachte die National City Bank die American IG Chemical Corp. an die Börse. Jedoch wurden nur nicht stimmberechtigte Anteile verkauft, die stimmberechtigten Anteile blieben entweder bei der IG Farben (oder bei Schmitz) oder sie gingen an die Standard Oil oder eine holländische Tochterfirma. Fünf Jahre später gab Schmitz den Vorsitz an seinen Bruder Dietrich Schmitz ab, der US-Staatsbürger war.

Um das Image der IG Farben in den USA zu verbessern, engagierten Schmitz und William von Rath den Public-Relations-Agenten Ivy Lee, der bisher im Sold der Rockefellers gestanden hatte. Lee bekam auf Schiffen der Hamburg-Amerika-Linie Propagandamaterial aus Deutschland geliefert, in dem die Juden und der Vertrag von Versailles attackiert wurden. 1934 wurde Lee vom House Committee on Un-American Activities befragt, das unter Samuel Dickstein die Aktivitäten von Nazi-Sympathisanten in den USA untersuchte. Lee sagte, er habe »Bücher, Pamphlete, Zeitungsausschnitte und Dokumente ohne Ende« bekommen. Er habe auch jemanden – auf Kosten der American IG – eingestellt, der US-Zeitungen ausgewertet und auf negative Artikel hin Pro-Nazi-Beiträge eingesandt habe.

Im Dritten Reich hatte sich die IG Farben derweil zügig den Nazis angenähert. Diese hatten sogar eine »Vermittlungsstelle« eingerichtet, um die Aktivitäten der IG Farben mit den Bedürfnissen des Reichskriegsministeriums zu koordinieren. Später fand ein Unterausschuss des US-Senats heraus, dass diese Vermittlungsstelle 1934 und 1935 dafür sorgte, dass sich die IG Farben auf den Krieg vorbereitete. In den einzelnen Chemiefabriken wurde in Übungen simuliert, welche Effekte der Abwurf von Bomben verschiedener Größe hatte und wie man dem begegnen konnte.

Kurz darauf fuhr Frank Howard nach Deutschland und bat den IG-Chemiker Fritz ter Meer um das Patent für Buna, ein synthetisches Gummi. Ter Meer sagte, er müsse dies erst mit der NS-Regierung klären, und fragte Howard seinerseits nach dessen Patent für Butyl, ein weiteres synthetisches Gummi, an dem die Amerikaner arbeiteten. Howard gab den Ludwigshafenern das Butyl-Rezept, ohne dass diese das Patent für Buna herausrückten. Ende 1938 schrieb ter Meer nach New York und versprach, einen »Buna-Reifen unter den amerikanischen Weihnachtsbaum zu legen«. Tatsächlich aber hielt die IG Farben auf Druck der Nazis Standard Oil lediglich hin.

Im Sommer 1939 wurde klar, dass ein Krieg bevorstand und dass die USA womöglich gegen Deutschland kämpfen würden. Walter Duisberg, der Repräsentant der IG Farben in New York, war sich mit Teagle einig, dass die IG ihre Firmen in den USA auflösen musste, da sonst die Beschlagnahme als »Enemy Alien« drohte. Standard kaufte die Anteile der IG an der Standard-IG Company, während

Duisberg, der amerikanischer Staatsbürger war, die Anteile der IG an der Jasco erwarb (und sie sofort an Standard Oil weiterreichte). Einen Tag später marschierte die Wehrmacht in Polen ein. Howard, der immer noch auf die Buna-Patente wartete, wusste nun, dass die Zeit drängte. Er kontaktierte von England aus die deutschen Chemiker, die ihm tatsächlich die Patente versprachen. Ein Treffen in London war Howard nach Kriegsausbruch aber zu gefährlich. Und so fuhr er, mit organisatorischer Unterstützung von Joseph Kennedy, dem US-Botschafter in London, ins holländische Den Haag. Dort traf er sich mit Fritz Ringer, dem Assistenten von IG-Farben-Hausanwalt August von Knieriem. Ringer übereignete der Jasco rund 2000 IG-Patente, auch die von Buna. Das bedeutete, dass die US-Regierung sie nicht mehr nach dem Trading with the Enemy Act beschlagnahmen durfte. Howard versprach, die Patente nur im Sinne Deutschlands zu verwenden. Die IG Farben konnte sie nach dem Krieg zurückkaufen.

In diesem Den-Haag-Memorandum legten beide Männer außerdem die Aufteilung ihrer Märkte neu fest. Standard Oil sollte nun die Alliierten beliefern, die IG Farben hingegen die Achsenmächte (wobei der Irak zunächst versehentlich den Alliierten zugeschlagen wurde). Dies sollte unabhängig davon gelten, ob die USA in den Krieg eintreten würden oder nicht. Nach Rücksprache mit der NS-Regierung einerseits und dem neuen Standard-Präsidenten William Farish andererseits (Walter Teagle war inzwischen Vorsitzender des Aufsichtsrats geworden) ratifizierten beide Seiten den Vertrag. Kennedy sorgte dafür, dass die Vereinbarung als unzensierte Diplomatenpost nach New York kam.

Mit Kriegsausbruch musste sich die IG auch um ihre American IG Chemical Corp. kümmern. Schon seit Jahren hatte die Börsenaufsicht der USA ganz richtig vermutet, dass die American IG – die offiziell eine US-Firma in Schweizer Besitz war – eine Tarnfirma der IG Farben sei. Aufsichtsrat Teagle wurde vernommen, behauptete aber, nicht zu wissen, wem die Firma gehörte. 1939, nach einer internen Beratung zwischen Hermann Schmitz, Frank Howard und ihrem Anwalt John Foster Dulles, wurde die Firma in General Aniline & Film (GAF) umbenannt. Dulles schlug noch eine Reihe anderer Maßnahmen vor, um die Besitzverhältnisse zu verschleiern. So trat Schmitz 1940 als Aufsichtsratsvorsitzender zurück. Außerdem wurde James Forrestal von Dillon, Read & Co. in den Aufsichtsrat geholt, der Bankier und Staatssekretär der U.S. Navy.

Schon bald sollte die GAF Teil eines Spionagenetzwerks werden, das dem NS-Regime berichtete. Denn die GAF entwickelte die Filme des US-Militärs.»Das gab ihr Zugang zu jeder Navy- oder Luftwaffenbasis vor und nach Pearl Harbor«, bemerkt Charles Higham. Beispielsweise beauftragte das US-Kriegsministerium einen Missionar, die nordwestlichen Verteidigungsanlagen Amerikas zu fotografieren. GAF-Chef Rudolph Ilgner, einer der Neffen von Hermann Schmitz, bot dem Missionar gratis Filme an, die die GAF entwickeln würde. Eine Kopie ging nach Berlin. Die GAF bekam auch einen Armeeauftrag, Fotos des Panama-Kanals entwickeln zu lassen, was ebenfalls in Berlin geschah.

1941 veranstaltete das FBI eine Razzia bei der GAF. Vize Rudolph Hutz wurde als Spion festgenommen. Ihm wurde vorgeworfen, Dokumente, Code-Bücher, Blaupausen von Militärflugzeugen und Landkarten an die NS-Regierung geliefert zu haben. Für Teagle und Edsel Ford, die im Aufsichtsrat saßen, war das äußerst peinlich. Überdies hatte die GAF immer noch die Börsenaufsicht auf den Fersen. Endlich fanden Schmitz und Dulles einen Käufer, nämlich Sosthenes Behn von ITT. Aber der Verkauf scheiterte an Finanzminister Henry Morgenthau, der Einspruch einlegte. Am 24. April 1942 konfiszierte Leo T. Crowley, der Chef des Alien Property Custodian, die GAF. Laut dem Historiker Herbert Reginbogin hatte die GAF bis dahin 5,5 Millionen in die Standard Oil of New Jersey und 155 000 Dollar in die Standard Oil of California investiert.

Die einmal ins Rollen gebrachte Kollaboration sollte der Wehrmacht noch lange helfen. Die IG Farben konnte mithilfe der Hydrierungspatente, die sie in den dreißiger Jahren von Standard Oil bekommen hatte, insgesamt 5,5 Millionen Tonnen synthetisches Benzin produzieren. Außerdem belieferte die Standard Oil Deutschland noch über das Jahr 1942 hinaus mit Rohöl. Das Öl kam aus der Karibik, wo es unter neutraler Panama-Flagge nach Hamburg geschifft wurde, teilweise auch aus Russland oder aus Rumänien, wo Standard Förderanlagen besaß.

Mit dem Kriegseintritt der USA bildete sich eine Arbeitsgruppe unter Morgenthau, die eine »Proclaimed List« erstellte, eine Liste von Unternehmen, die Geschäfte mit dem Feind machten. Dieser Arbeitsgruppe gehörte ausgerechnet Nelson Rockefeller an, der Sohn von John D. Rockefeller jr. Nelson Rockefeller tat, als wisse er nicht, was Standard tue.

Nun jedoch stand Standard Oil von einer anderen Seite unter Feuer, nämlich durch den stellvertretenden Generalstaatsanwalt Thurman Arnold. Arnold betrieb bereits seit 1941 ein Kartellverfahren gegen die Partnerschaft von Standard Oil und IG Farben. Mit dem Kriegseintritt Amerikas hatte er endlich neue Munition erhalten: Da die USA seit Pearl Harbor von ihren Gummilieferanten in Malaysia abgeschnitten waren, wollten Goodyear und U.S. Rubber synthetisches Gummi herstellen. Aber Standard Oil weigerte sich, ihnen die Buna-Patente der IG Farben zu geben. Und so ging Arnold im Februar 1942 mit einem Koffer voller belastender Dokumente ins Rockefeller Center und drohte Farish und Teagle mit einer Anklage wegen Verschwörung.

Die beiden fragten Arnold daraufhin, wer denn seiner Ansicht nach die U.S. Army mit Benzin versorgen würde. Die Antwort konnte nur »Standard Oil« sein. »Das war Erpressung, und Arnold wusste es«, schreibt John Loftus, der vermutet, dass sich Allen Dulles diese Strategie ausgedacht hat. Arnold verlangte, dass die Standard-Manager wenigstens eine Strafe zahlten, in Höhe von 1,5 Millionen Dollar. Diese protestierten, die Strafe sei zu hoch. Letztlich einigten sie sich auf 5000 Dollar, aufgeteilt auf zehn ihrer Bosse, darunter

Teagle, Farish und Howard. Crowley beschlagnahmte alle IG-Aktien und -Patente, die bei der Standard Oil geparkt waren.

Am 28. März hatte Staatsanwalt Arnold einen Auftritt vor dem U.S. Senate War Investigating Committee unter Harry S. Truman, wo er 40 000 Seiten Akten vorlegte, die er über die Kollaboration von Standard Oil und die IG Farben gesammelt hatte, eingeschlossen das Memorandum von Den Haag. Truman sprach von »Landesverrat«. »Der Effekt auf die Senatoren und auf die Presse war elektrifizierend«, konstatiert Joseph Borkin.

Zwar wurde Arnold nun von Roosevelt kaltgestellt, aber die Debatte beruhigte sich nicht. Es gab weitere Hearings, die Presse griff den Skandal auf. Anteilseigner von Standard Oil beschwerten sich und der Journalist I. F. Stone von der linken Zeitschrift *The Nation* schrieb offene Briefe an John D. Rockefeller Jr., den er anklagte, aus Standard Oil einen Alliierten von Hitler gemacht zu haben. Noch mehr empörten sich die Briten. In englischen Zeitungen erschienen boshafte Kommentare über die Kollaboration von Standard und IG Farben, woraufhin Allen Dulles drohte, die Briten vom saudischen Öl abzuschneiden.

Im November 1942 trat Teagle zurück, Farish starb im selben Jahr an einem Herzinfarkt. Aber das Öl der Rockefellers sollte über Frankreich und die Schweiz noch bis Mitte 1943 nach Deutschland fließen, über Spanien gelangte es sogar bis Anfang 1944 ins Dritte Reich.

Weit weniger auffällig, aber genauso bedeutsam, hatte gleichzeitig ein anderes Tauziehen um kriegswichtige Patente stattgefunden: Die amerikanische Robert Bosch Company, die der gleichnamigen deutschen Mutter gehörte, besaß das Verfahren, Diesel in LKW-Motoren einzuspritzen, was diese weit effizienter machte. Aber nicht nur weigerte sich Bosch, ihr Know-how mit der U.S. Army zu teilen, sie engagierte sogar einen Anwalt, der helfen sollte, zu verbergen, dass die Firma in deutschem Besitz war: John Foster Dulles. Der schaffte es, die schwedische Bankiersfamilie Wallenberg als Eigentümer zu präsentieren. Erst im Dezember 1942 wurden die Diesel-Patente beschlagnahmt.

*

Standard Oil war zwar die größte, aber nicht die einzige Ölgesellschaft der USA, die Nazi-Deutschland belieferte. Ähnliche Sympathien für die Nazis hatte Paul Getty. Auch die Kollaboration zwischen Gettys *Mission Oil* und dem NS-Regime lief über die IG Farben, wie der amerikanische Autor Scott Winslow herausfand, der die Tagebücher von Getty entdeckte. Zudem hat der britische Geheimdienst Anfang 2003 Akten über Getty freigegeben. Aus denen geht hervor, dass der Ölbaron – der von Hitler als seinem »alten Freund« sprach – Deutschland trotz der britischen Blockade mit einer Million Barrels Rohöl aus Mexiko und Russland beliefert hat, zumindest bis zur Kriegserklärung Hitlers an Stalin.

Getty, der Kunstsammler war, interessierte sich auch für die von den Nazis in Europa zusammengeraubte Kunst, speziell für die Möbelkollektion der österreichischen Rothschilds. In Manhattan besaß er das *Pierre,* ein Hotel, das sich zu einem Treffpunkt von Nazi-Exilanten und exzentrischen Adeligen entwickelte, die für die Nazis spionierten. John Loftus hält es nicht für einen Zufall, dass so viele amerikanische Ölbarone mit den Nazis sympathisierten. Denn deren wichtigstes Förderland war Saudi-Arabien, und das war auch damals schon der erklärte Gegner der Juden. Auch der Großmufti von Jerusalem, der sich im November 1941 mit Hitler traf, sagte diesem, die Araber und die Deutschen hätten drei gemeinsame Feinde: die Briten, die Juden und die Kommunisten.

Ähnlich dachte wohl der Vorsitzende von Texaco, Torkild Rieber, der saudi-arabisches Öl an die Wehrmacht lieferte. Rieber war ein norwegischstämmiger Amerikaner, den die Abwehr, der deutsche Auslandsgeheimdienst, als prodeutsch und »ehrlichen Bewunderer der Führers« einstufte, wie Dieter und Joachim Schröder in ihrem Dokumentarfilm *Hitlers amerikanische Geschäftsfreunde* (2003) enthüllten. Rieber war mit Luftwaffenchef Göring befreundet, der ihn auch schon mal im Flugzeug mitnahm. Texaco belieferte Francos Spanien, die IG-Farben-Fabriken an der Ruhr sowie Partnerfirmen der IG Farben im Iran, in Saudi-Arabien, Ägypten und Syrien. 1939 durchbrachen Texaco-Schiffe die britische Blockade, um deutsche U-Boote zu betanken. Rieber sagte 1940 zur Zeitschrift *Life:* »Wenn die Deutschen jemals eines meiner Schiffe erwischen, wie es Öl an die Alliierten liefert, haben sie meine herzliche Erlaubnis, einen Torpedo hineinzufeuern.« Er spionierte sogar für die Abwehr: Rieber sandte kodierte Berichte über die Kampfflugzeugproduktion der USA und die Installationen der U.S. Navy, die er mit Benzin versorgte, an die IG-Farben-Zentrale nach Berlin. Erst als sich ein Texaco-Angestellter beim State Department über Riebers Nähe zu den Nazis beschwert hatte, setzten mehrere Großaktionäre dessen Rücktritt durch.

Rieber war auch Gast auf einer Party am 26. Juni 1940 im New Yorker Hotel Waldorf Astoria, wo der Sieg der Wehrmacht über Frankreich gefeiert wurde. Zu den übrigen Besuchern zählten John Foster Dulles, Edsel Ford, James D. Mooney von General Motors, Dietrich Schmitz von der General Aniline & Film, William Weiss von Sterling, einer südamerikanischen Partnerfirma der IG Farben, und Sosthenes Behn von ITT. Behn war es auch, der den Ehrengast aus Berlin eingeladen hatte: Gerhardt Westrick von der Kanzlei Albert & Westrick. Westrick nutzte die Gelegenheit, seine Freunde zu bitten, Großbritannien vom Nachschub abzuschneiden – dann sei der Krieg in drei Monaten zu Ende. Für diesen Fall hatten die deutsch-amerikanischen Geschäftsfreunde schon mal ein Handelsabkommen ausgearbeitet. Als jedoch der britische Geheimdienst Wind davon bekam und einige amerikanische Journalisten alarmierte, musste Westrick fliehen.

*

Westricks Partner Sosthenes Behn aber war der eigentliche Strippenzieher hinter den Kulissen. Behn hatte die International Telephone & Telegraph Corporation (ITT) auf den Virgin Islands gegründet, wo er geboren war. Der Industrielle war eine schillernde Figur: sein Vater war dänischer Konsul in der Karibik, seine Mutter Französin; seine Jugend verbrachte er in Korsika. Behn wollte den internationalen Markt erobern, wo die Telefondichte noch nicht so hoch war wie in den USA.»Aber Behns großartiger Plan kollidierte mit dem Insistieren von Regierungen, ihre eigene Kommunikation zu kontrollieren«, schreibt der amerikanische Autor Anthony Sampson in seinem Buch *Weltmacht ITT*.»So entwickelte Behn eine neue Geschäftsphilosophie – er unterstützte enthusiastisch das Regime, welches auch immer es war.«

Behn begann seine Expansion in Spanien, wo er 1923 die Compañía Telefónica de España gründete. Zwei Jahre später kaufte Behn für 30 Millionen Dollar von J. P. Morgan die International Standard Electric, die weltweit Telefonequipment herstellte. So konnte er einen Kartellvertrag mit AT&T schließen, die ihn fortan im Ausland in Ruhe ließen. Er wurde Aufsichtsrat bei der National City Bank und errichtete ein luxuriöses Hauptquartier in Manhattan, einen gotischen Wolkenkratzer mit einem Louis-XIV.-Salon.

Ins Deutschlandgeschäft stieg er 1930 ein. Er gründete die Standard Elektrizitäts GmbH und erwarb die Firma Lorenz. Im selben Jahr übernahm er auch die Telefonindustrie in Rumänien, Ungarn und Schweden. Behn sollte der erste US-Industrielle sein, der Hitler besuchte, und zwar am 4. August 1933 in Berchtesgaden. Sein wichtigster Kontakt aber sollte Wilhelm Keppler werden, dessen »Freundeskreis Heinrich Himmler« die SS finanzierte. Behn erkundigte sich bei Keppler, wer wohl geeignet sei, bei den deutschen ITT-Töchtern im Aufsichtsrat zu sitzen. Keppler schlug Baron von Schröder vor, den SS-Oberführer der Totenkopfstaffel. Die Geschäfte bei ITT sollte Westrick führen.

Behn versuchte nicht, seine Profite in die USA zu transferieren, obwohl Schröder ihm anbot, dies zu arrangieren (wie dieser vor dem Nürnberger Kriegsgerichtshof sagte). Stattdessen reinvestierte Behn sein Geld, beispielsweise in den Kauf von 28 Prozent an Focke-Wulf, deren Kampfbomber im Krieg berühmt wurden. Eine »bemerkenswerte Diversifizierung für ein elektronisches Unternehmen«, schreibt dazu Anthony Sampson. Mit der ITT-Technologie wurde übrigens die Treffsicherheit der Bomber erheblich verbessert. Nach dem Anschluss Österreichs, als in Behns dort ansässiger GmbH Czeija-Nissl alle Juden entlassen wurden (eingeschlossen der bisherige Chef Franz Nissl), fuhr Behn nach Berlin, nicht etwa, um gegen die »Arisierung« zu protestieren, sondern um Hitler persönlich zu bitten, seine Firma nicht zu enteignen. Er hatte Erfolg – Czeija-Nissl blieb in seinem Besitz. (Ab 1939 kam es vor, dass amerikanische Firmen enteignet wurden, und nach 1941 war es sogar die Regel, außer sie waren Hitler-Unterstützer wie Ford oder GM.)

Auch die ITT-Beteiligungen in der Tschechoslowakei, Ungarn und Polen wurden zu deutschen Unternehmen ehrenhalber erklärt. Und die ITT-Tochterfirmen in neutralen Ländern wie Spanien, Portugal, der Schweiz und Schweden verkauften während des Krieges Technologie und Telefonausrüstung an die Achsenmächte. Nach Pearl Harbor aber, mit dem Kriegseintritt der USA, bekam Behn Probleme – jedoch nicht mit den Amerikanern, sondern mit der NS-Regierung. Reichspostminister Wilhelm Ohnesorge, ein Nazi der ersten Stunde, beschwerte sich bei Hitler darüber, dass die Telefone des Dritten Reichs von New York aus kontrolliert wurden.

Es gab ein paar hektische Besprechungen zwischen Karl Lindemann, dem Standard-Oil-Beauftragten in Berlin, Walter Schellenberg von der Abwehr (die dringend auf ITT-Technik angewiesen war) und dem Bankier Kurt von Schröder. Daraufhin flog Westrick an Bord eines Focke-Wulf-Bombers nach Madrid, um sich mit Behn zu treffen. Behn schlug Westrick vor – so Charles Higham –, über den Keppler-Kreis die Zahlungen an die SS zu erhöhen. Das, hofften beide, würde die Altnazis beruhigen. Letztlich einigten sich beide Seiten, Behn als Eigentümer von ITT-Lorenz zu belassen. Es wurde aber ein Bevollmächtigter der Nazis eingesetzt: Gerhardt Westrick. Dessen Gehalt, 100 000 Reichsmark, zahlte Behn. Zudem wurde Schellenberg zum Aufsichtsrat ernannt.»Und somit beauftragten die deutsche Armee, die Marine und die Luftwaffe ITT, Schalttafeln, Telefone, Alarmgeräte, Bojen, Luftalarmmelder, Radarschirme und 30 000 Sicherungen für Handgranaten pro Monat zu liefern, mit denen britische und amerikanische Soldaten getötet wurden«, schreibt Higham. ITT verkaufte Kommunikationsanlagen für U-Boote, elektronische Bestandteile von Raketen, die auf London fielen, Hochfrequenzradios und Feldtelefone. Ohne ITT, glaubt Higham, wäre der Angriffskrieg der Wehrmacht nicht möglich gewesen.

Aber ITT war nicht die einzige Kommunikationsgesellschaft, die die Nazis mit dem Rest der Welt verband. In Südamerika gab es das Transradio Consortium, an dem Sarnoffs RCA, die britische Cable & Wireless, sowie Telefunken, Siemens, Italcable und die Vichy-kontrollierte Compagnie Générale Anteile hielten. Über Transradio, dessen Personal zum größten Teil aus Nazi-Sympathisanten bestand, tauschten Berlin, Rom und Tokio mit ihren argentinischen und chilenischen Freunden noch bis Mitte 1943 Informationen aus. Transradio wurde zum wichtigsten Transmissionsriemen für die Nazi-Spionage.

Anfang 1943 bemerkte das FBI, dass Hitler mit ITT-Technik telefonierte. Daraufhin versicherte Behn, er wisse nicht, was seine Tochterfirmen in den Achsenländern täten. Aber er hörte nicht auf, beide Seiten zu bedienen: Von den ITT-Niederlassungen in Spanien und der Schweiz bekam Deutschland Zink und Quecksilber. Für die U.S. Navy entwickelte ITT einen Detektor für deutsche U-Boote. ITT lieferte die Technik für die Invasion der Normandie – genauso wie für das Oberkommando der Wehrmacht.

Als die U.S. Army in Paris einrückte, war auch Behn dabei. In der Uniform der U.S. Army sorgte er dafür, dass General Charles de Gaulle seine französischen Besitztümer nicht beschlagnahmte. Auch als Deutschland fiel, stand Behn in vorderster Front bereit. Mithilfe von Westrick schaffte er es, zwei Focke-Wulf-Fabriken in der russisch besetzten Zone demontieren zu lassen und sie nach Nürnberg zu schaffen.

Wie Behn den Sprung vom Nazi-Kollaborateur zum Helden geschafft hat, ist ein Rätsel. Anthony Sampson vermutet, dass dies mit seiner geheimdienstlichen Tätigkeit zusammenhing. Vielleicht habe Allen Dulles, der für das OSS in der Schweiz war, dabei eine Rolle gespielt. »Ob Behn hilfreicher für die Achsenmächte oder die Alliierten war, werden wir niemals wissen«, meint Sampson.

*

Aber auch drei andere amerikanische Industrie-Ikonen standen den Nazis recht nahe: Kodak, Coca-Cola und IBM. Kodak trieb noch Handel mit Deutschland, als die USA in den Krieg eingetreten waren, wie *The Nation* im März 2001 enthüllte. Dies lief über Kodak-Zweigstellen in neutralen Ländern wie der Schweiz, Spanien und Portugal, zu denen die Zentrale in Rochester, New York, auch während des Krieges Kontakt hielt.

So kaufte die Schweizer Niederlassung von Kodak 1942 und 1943 Photochemikalien von Deutschland für 72 000 Schweizer Franken, von Vichy-Frankreich für 24 000 Franken und von Ungarn, das mit Deutschland alliiert war, sogar für 272 000 Franken. Im Krieg, als Devisen knapp waren, waren das beträchtliche Mittel. »Dem Schweizer Manager von Kodak ist niemals der Gedanke gekommen, dass er so dem Feind helfen könnte«, schrieb der US-Konsul in Zürich, Hugo Elting, in einem seiner Briefe, die in den National Archives liegen. »Erst ich musste ihm erklären, dass es unser einziges Interesse ist, jede mögliche Quelle von Vorteil vor unseren Feinden zu verschließen, egal, ob darunter kommerzielle Interessen Amerikas leiden.«

Anders dachte allerdings Willard Beaulac, der US-Konsul in

Spanien, wo Kodak Fotomaterial aus Deutschland im Wert von mindestens 17 000 Reichsmark importierte. Beaulac schlug 1942 vor, Kodak eine Importlizenz zu geben, da die Firma sonst Marktanteile an die deutsche und italienische Konkurrenz abgeben müsse. Die portugiesische Niederlassung von Kodak wiederum schickte ihre Profite in das holländische Den Haag, das von den Nazis besetzt war. Und der Niederlassungsleiter in Paris schrieb 1943 nach Rochester, dass er im Krieg so viel Geld verdient habe, dass die Firma Grundstücke, eine Kohlenmine und ein Haus für die Belegschaft habe kaufen können. Auch die deutsche Kodak operierte den ganzen Krieg hindurch. Die Geschäfte wurden von zwei Aufsichtsratsmitgliedern geführt – Vertrauensleute der Amerikaner – sowie von einem alten Bekannten: Gerhardt Westrick. Auch Wilhelm Keppler galt als »Kodak-Mann«, schreibt der amerikanische Historiker Edwin Black in seinem Buch *IBM und der Holocaust*. Selbstverständlich machte Kodak Deutschland seine jüdischen Angestellten arbeitslos. Zudem ließ Kodak in Stuttgart und in Berlin-Köpenick Zwangsarbeiter schuften, fand die Historikerin Karola Fings heraus. Der Kontakt zwischen Berlin und der US-Zentrale hielt noch lange an. »Das Geschäft geht gut«, kabelte Geschäftsführer Carl Thalmann Ende 1942 in die USA.

Coca-Cola produzierte immerhin keine kriegswichtigen Güter – aber dass das US-Markenzeichen die Nazis belieferte, hat eine gewisse Ironie. Die Abfüller aus Atlanta hatten 1929 ihre erste Fabrik in Essen gebaut; 1939 verkaufte die Coca-Cola Deutschland bereits vier Millionen Kisten. Ihr Vizepräsident Max Keith war der »quintessenzielle Coca-Cola-Mann und Nazi-Kollaborateur«, schreiben die amerikanischen Autoren Eleanor Jones und Florian Ritzmann in ihrer Diplomarbeit *Coca-Cola Goes to War*. Keith sponserte die Olympischen Spiele von 1936 in Berlin (und die Fußball-Weltmeisterschaft), und er platzierte Cola-Werbung überall, etwa am Sportpalast, wo Joseph Goebbels seine Reden hielt.

Die Produktion wurde beflügelt, als die Nazis die Gewerkschaften zerschlugen, aber wohl auch dadurch, dass Coca-Cola – so vermuten Jones und Ritzmann – Göring bestochen hatte, um eine Importlizenz für bestimmte, geheime Rohstoffe zu bekommen. Zwischendurch allerdings erlitten sie einen Rückschlag. Afri-Cola, die Konkurrenz, verteilte Flugblätter, auf denen amerikanische Coca-Cola-Flaschen mit hebräischen Schriftzeichen abgebildet waren. Coca-Cola beeilte sich, in großen Anzeigen im *Stürmer* zu versichern, es sei keine »jüdisch kontrollierte Firma«. Daraufhin wurde den Brausebrauern in den USA (nicht ganz zu Unrecht) vorgeworfen, sie finanzierten die Nazis.

Keith kontrollierte die Coca-Cola-Produktion in allen besetzten Ländern den Krieg hindurch, von Österreich über Frankreich bis Norwegen (wobei 1944 »nur« noch zwei Millionen Kisten abgesetzt wurden). »Was die Coca-Cola GmbH gerettet hat, von Deutschlands faschistischen Herrschern zerschmettert zu werden, war ihre Konzernstruktur und ihre Werbephilosophie, die natürlicherweise der Idee der Nazis einer ›schönen neuen Welt‹ nahe kam«, schreiben Jones und Ritzmann. »Die Nazis betrachteten Massenproduktion und Massenkonsum als wichtige Bausteine für ihre neue Gesellschaft.«

Dass IBM mit den Nazis kollaborierte, ist seit den Veröffentlichungen von Edwin Black bekannt. IBM, schreibt Black, »setzte das ›B‹ in den Blitzkrieg«. Die deutsche Tochter von IBM war die Deutsche Hollerith-Maschinen AG, kurz Dehomag genannt. Hollerith-Lochkartenmaschinen, eine Art frühe Computer, halfen Albert Speer, den Überblick über den Krieg zu behalten. Die Dehomag lieferte Hitlers Kriegsminister alle vier Wochen die neuesten Zahlen über Rohstoffmengen, Produktionsfortschritte oder die Zahl der Zwangsarbeiter, die in einer bestimmten Fabrik noch lebten. Auch die Zahl der KZ-Häftlinge wurde damit erfasst. Als die IG Farben Auschwitz in Betrieb nahm, orderten sie ebenfalls Hollerith-Maschinen.

Seinen Einstand in Deutschland gab IBM am 8. Januar 1934, als in

Berlin eine große Fabrik für Hollerith-Maschinen eröffnet wurde. Bei der Feier – schreibt Edwin Black in seinem Buch *War Against The Weak* – stand der deutsche IBM-Manager Willy Heidinger neben dem US-Repräsentanten und einigen Nazi-Größen. Hakenkreuzflaggen wehten, Sturmtruppen salutierten und Heidinger sagte, dass die von den Nazis geplante Volkszählung (für die IBM die Technologie lieferte) wichtig sei, um die »minderwertigen Segmente der deutschen Gesellschaft« zu entfernen. »Wir sind stolz darauf, dass wir bei der Aufgabe assistieren dürfen, den Arzt unseres Landes, Adolf Hitler, mit dem Material zu versorgen, das er für seine Untersuchungen braucht«, sagte Heidinger. »Wir folgen ihm blind, denn wir wissen, dass er unser Volk zu einer großartigen Zukunft führt.«

Die Dehomag sollte auch die Volkszählung von 1938 organisieren, als die Nazis wissen wollten, wie viele Juden in Deutschland, Österreich und dem Sudetenland lebten – und unter welcher Adresse. Ob diese Daten tatsächlich die Grundlagen für die Deportation waren, ist allerdings umstritten. Der Historiker Klaus von Münchhausen glaubt, dass sich die Nazis diese anderswo beschafft haben, da IBM nicht rechtzeitig fertig wurde.

Unumstritten ist jedoch, dass der IBM-Präsident Thomas Watson seine Besitztümer immer im Blick behielt. Beeindruckt von der deutschen Technikbegeisterung, reiste er oft nach Berlin, etwa 1937, als die Internationale Handelskammer dort ihren Weltkongress abhielt und Watson zum Präsidenten wählte. Beim Festakt in der Kroll-Oper hob er den Arm zum Hitlergruß, wie die *New York Times* berichtete. Und 1938 erhielt er von Hitler das »Großkreuz des Deutschen Adlerordens«. So ist es kein Wunder, dass er den Behörden in den USA suspekt wurde. Vorsichtshalber gab er im Sommer 1940 den Adlerorden wieder zurück.

Das Geschäft mit der Dehomag sollte sich lohnen. In den ersten Hitler-Jahren hatte sie 4,5 Millionen Dollar Dividende erwirtschaftet, schreibt Black. Im Jahr 1939 waren es bereits vier Millionen Dollar. Profite durften aus Nazi-Deutschland allerdings nicht ausgeführt werden. Und so reinvestierte IBM (wie übrigens fast alle US-Konzerne).»Big Blue« errichtete Fabrikanlagen in Berlin, Sindelfingen und an anderen Orten, was den Wert des Unternehmens immens steigerte. Um diese Zeit machte IBM auch eine Tochterfirma im besetzten Polen auf, direkt gegenüber dem Warschauer Ghetto. Watson schreckte erst 1940 auf, als er erfuhr, dass die Nazis die Dehomag verstaatlichen wollten. Sofort schickte er einen Vertrauten nach Berlin, Harrison Chauncey. Chauncey nahm Verhandlungen mit dem zuständigen SS-Brigadeführer Edmund Veesenmayr auf. Veesenmayr schlug vor, dass sich IBM auf eine Aktien-Minderheit zurückziehen solle. Chauncey lehnte ab: Egal, ob Deutschland den Krieg gewinne oder verliere, danach könnten sie ohnehin wieder Geschäfte machen wie zuvor. Die Dehomag wurde dann doch nicht verstaatlicht, einzig ein Treuhänder wurde ernannt.

Am 8. Dezember 1943 wurde IBM in einem Bericht des US-Justizministeriums als »Internationales Monster« bezeichnet. Aber Konsequenzen hatte dies nicht.»Nach dem Krieg«, weiß Black,»hat IBM alle Profite realisiert, die sie in Polen gemacht haben.«

*

Der dominierende US-Konzern im Dritten Reich jedoch war General Motors.»General Motors war viel wichtiger für die Kriegsmaschinerie der Nazis als die gesamte Schweiz«, sagt Bradford Snell, ein Anwalt, der 1974 vor einem Subcommittee des US-Senats als Zeuge auftrat und der nun für den Verlag Alfred A. Knopf an einem Buch über den Konzern arbeitet.»General Motors war ein integraler Teil der deutschen Kriegsmaschine. Albert Speer hat mir 1977 selbst erzählt, dass die Nazis niemals erwogen hätten, in Polen einzumarschieren, wenn sie nicht die Technologie für synthetisches Benzin gehabt hätten, mit der sie von General Motors versorgt worden sind.« General Motors – und in zweiter Linie Ford – hätten im Krieg die Kfz-Produktion in den USA wie auch in Deutschland dominiert, sagt Snell. »General Motors hatte sogar die Macht, den Kurs des Zweiten Weltkriegs zu bestimmen. Sie konnten beschließen, welche Seite von ihren neuesten Fortschritten in der Kriegstechnologie als Erste profitieren würde.« General Motors, aber auch Ford, sollten zu »Hitlers willigen Mechanikern« werden.

General Motors wurden in den dreißiger und vierziger Jahren von der Familie du Pont kontrolliert, den weltgrößten Fabrikanten für Munition, Schießpulver und Dynamit. Sie hatten sukzessive mehr als ein Viertel der GM-Aktien erworben, finanziert von J. P. Morgan. Der Konzern in Delaware war von Éleuthère Irénée du Pont de Nemours gegründet worden, der vor der Französischen Revolution in die USA geflüchtet war.

Seit 1920 leitete Irénée du Pont, der Urenkel des Gründers, den Konzern, während sein älterer Bruder Pierre Vorsitzender von GM war. In der Weltwirtschaftskrise erwarben die du Ponts auch 60 Prozent des Waffenfabrikanten Remington Arms. Nach der Wahl von Roosevelt finanzierten sie die faschistische Schwarze Legion und die Liberty League und planten gar, gegen den Präsidenten zu putschen. Als 1934 das Special Committee of the Investigation of the Munitions Industry unter Senator Gerald Nye die so genannten Merchants-of-Death-Hearings veranstaltete, wo es um Waffenverkäufe an Deutschland ging, standen die du Ponts ganz oben auf der Liste der Verdächtigen.

Deutschland unterlag seit Versailles einem Aufrüstungsverbot, aber die du Ponts hatten einen Anwalt engagiert, der half, die Munitionskisten durch die Exportkontrolle und den Zoll zu schmuggeln – und den US-Senat hinterher dahin zu bringen, dies nicht strafrechtlich zu verfolgen: Allen Dulles. Das State Department sah den internationalen Waffenhandel ohnehin gelassen. Es hatte auch nichts gegen Waffenexporte aus Deutschland, denn die »produzieren das Geld, das gebraucht werde, um die Reparationen zu bezahlen«, teilte es dem Nye-Committee mit.

Die Geschäftsbeziehung setzte sich auch unter Hitler fort. Felix du Pont, ein weiterer Bruder von Irénée, gestand bei den Merchants-of-Death-Anhörungen, dass ein deutscher Offizier namens Graf Westarp im Mai 1933 in die DuPont-Zentrale nach Wilmington, Delaware, gekommen sei, um für sieben Millionen Dollar militärischen Sprengstoff zu kaufen.

Persönlich hatten die du Ponts nach der Machtergreifung eher gemischte Gefühle. Madie du Pont, die Cousine von Irénée, war in München verheiratet. Als sie ihren Vater Alfred in Delaware besuchte, drängte er sie, mit ihrer Familie nach Amerika zu ziehen – er mochte Hitler nicht. Aber Madie war empört. Jetzt Deutschland verlassen, wo es endlich einen Führer habe, der es von den verrotteten Elementen befreie? Sie zeigte ihren Verwandten noch Fotos ihrer Söhne, einer im Braunhemd, der andere in SS-Uniform, und segelte zurück.

Geschäftlich aber pflegte der Munitionskonzern ungebrochene Verbindungen ins Reich. So kollaborierte DuPont mit dem Stahlbaron Krupp. Zudem hielt DuPont einen Anteil von sechs Prozent an der IG Farben, die ihrerseits mit dem Sprengstoffhersteller Dynamit Nobel zusammenarbeitete. Bald darauf übernahmen die du Ponts Dynamit Nobel, wo wiederum Friedrich Flick im Aufsichtsrat saß. Damit gab es eine Vereinbarung zwischen der IG Farben und Dynamit Nobel, wonach an DuPont Dividenden ausgezahlt wurden. Dynamit Nobel produzierte TNT, einen Sprengstoff, der, wie das Nye-Committee herausfand, auch militärischen Zwecken dienen könne (wenngleich ein überraschter Irénée du Pont versicherte, dass dies nicht beabsichtigt sei).

Konkurrierende Waffenfabrikanten vermerkten diese wunderbare Freundschaft mit Neid. Kurz nach der Machtergreifung beklagte sich F. C. Nichols, der Vizepräsident von Colt's Patent Firearms Manufacturing Company in einem Brief an einen Freund über mangelnde Aufträge aus Deutschland: »Mann, es macht mir den Mund wässerig, und wir sitzen hier drüben, vorbereitet, exzellentes Material zu liefern, und wir bekommen nichts ab.«

Andere hatten mehr Glück. Das Nye-Committee verhörte mehrere Manager der Luftfahrtindustrie, darunter die der United Aircraft Exports Inc. und deren Töchter Pratt & Whitney, Boeing, Chance-Vought, Northrup und Sikorsky. Es stellte sich heraus, dass die Verkäufe aller United-Aircraft-Töchter nach Deutschland zwischen 1933 und 1934 um 500 Prozent gestiegen waren. Pratt & Whitney hatte militärische Düsenmotoren ins Reich exportiert und Militärtechnologie für die Bayerischen Motoren Werke lizenziert. Insgesamt stiegen die Investitionen der USA in Deutschland nach der Machtergreifung um 48 Prozent an, während sie überall sonst in Europa sanken. Und ein Großteil davon floss in kriegswichtige Waffen. William Dodd, der US-Botschafter in Berlin, sandte 1936 einen Bericht an Roosevelt, welche US-Firmen in die Waffenproduktion in Deutschland verwickelt waren. Führend waren International Harvester, Standard Oil, Ford, DuPont und dessen Tochterfirma General Motors.

General Motors hatten um 1929 begonnen, sich bei der Adam Opel AG einzukaufen, die ihnen 1931 zu hundert Prozent gehören sollte (Fritz Opel erhielt dafür einen Sitz im Aufsichtsrat bei der Zentrale in Detroit). Opel belieferte 40 Prozent des deutschen Kfz-Markts. Vorsitzender von General Motors war Alfred P. Sloan. Für das Europageschäft der Opel-Zentrale in Rüsselsheim war James D. Mooney zuständig, der sich oft mit Reichsluftfahrtminister Hermann Göring traf. Auch der Präsident von General Motors, William S. Knudsen, wurde Anfang 1933 offiziell von Göring empfangen. Anschließend kehrte Knudsen in die Vereinigten Staaten zurück, um den Reportern in New York zu erzählen, dass Deutschland das »Wunder des 20. Jahrhunderts« sei. Der deutsche Generalvertreter von GM war Eduard Winter, der auch Coca-Cola repräsentierte.

Mooney war ein Freund von Hjalmar Schacht, ein hemdsärmeliger Mensch. Er umriss seine Philosophie im Dezember 1936 bei einem Treffen mit dem US-Diplomaten George Messersmith so: »Wir sollten mit Deutschland ein paar Übereinkünfte für die Zukunft

treffen. Es gibt keinen Grund, dass unsere moralische Indigniertheit über das, was in dem Land passiert, dem im Wege stehen sollte.«
Ähnlich dachte Albert P. Sloan. Kaum drei Wochen nach dem Einmarsch in die Tschechoslowakei verteidigte Sloan die Zulieferung für die Wehrmacht, die höchst profitabel sei. Wie Deutschland seine Politik gestalte, sei nicht die Angelegenheit des Managements von General Motors, schrieb er am 6. April 1939 an besorgte Anteilseigner. »Wir müssen uns in Deutschland wie eine deutsche Organisation benehmen ... Wir haben nicht das Recht, die Fabrik zu schließen.« Mooney sagte nach einem FBI-Bericht noch im Juli 1941, er wolle nichts tun, was Hitler verärgere.

Der Konzern hatte bereits 1935 eine Lastwagenfabrik in Brandenburg errichtet, in der Hoffnung, dort gegen Luftangriffe geschützt zu sein. Hier wurde der »Opel Blitz«, das Rückgrat der Wehrmacht, zusammengeschraubt. Der Motor des ubiquitären LKWs war von Buick lizenziert, während die Lager von der GM-Tochter Bendix-Weiss stammten. General Motors sollte letztlich, zusammen mit Ford, fast 90 Prozent der Dreitonner-Lastwagen und mehr als 70 Prozent der mittelgroßen und schweren Laster liefern (Ford fertigte während des Kriegs um die 90 000 Militärfahrzeuge, während GM um die 200 000 Fahrzeuge für die Wehrmacht produzierte). Zudem bauten beide zusammen 90 Prozent der so genannten »Maultiere« – kriegswichtige Dreitonner-Panzer. Und in Rüsselsheim stellte eine Metallpresserei Präzisionswerkzeuge nach amerikanischen Patenten her.

Aber General Motors lieferte nicht nur die Kriegsfahrzeuge, sondern auch das Benzin; dies allerdings in Zusammenarbeit mit Standard Oil of New Jersey. Die Luftwaffe konnte einen wichtigen chemischen Bestandteil von Flugbenzin nicht produzieren, Bleitetraethyl, das das Klopfen von Motoren verhindert und insbesondere synthetischem Benzin zugefügt werden muss. Auf Ethyl hatte die Ethyl Gasoline Corp., die Standard Oil und General Motors gehörte, das Monopol. 1935 fragte Hermann Göring die IG Farben, ob sie ihre amerikanischen Freunde um Hilfe bitten könne. Die Chemiker wandten sich an General Motors – es waren die Autobauer aus Detroit, die den Benzinzusatz erfunden hatten, nicht Standard Oil. Als allerdings Irénée du Pont davon erfuhr, schickte er einen Brandbrief an die gemeinsame Tochterfirma. Er hatte sich gerade erst von den Merchants-of-Death-Anhörungen erholt, wo er von der Presse öffentlich gesteinigt worden war. Du Pont warnte die Ethyl Gasoline Corp., dass Deutschland sich insgeheim wiederbewaffne und dass das Reich keine Produktionsgeheimnisse erfahren dürfe. »Irénée du Pont«, sagt Bradford Snell, »bestand darauf, dass die Ethyl Gasoline Corp. zuvor die Erlaubnis des US-Kriegsministeriums einholte.«

Es wurde zwischen den deutschen und den amerikanischen Chemikern auch debattiert, dass die Ethyl Gasoline Corp. Ethylfabriken in Deutschland errichten sollte. Jedoch würde Deutschland Ethyl in hinreichenden Mengen erst Ende 1939 herstellen können. Da die Wehrmacht den Stoff aber für den Einmarsch in die Tschechoslowakei brauchte, reisten im Sommer 1938 drei deutsche IG-Farben-Manager nach London. Dort kauften sie Ethyl für 20 Millionen Dollar von der Ethyl Export Corp., einer Tochterfirma der Ethyl Gasoline Corp. 1939 lieferte diese noch einmal 500 Tonnen Ethyl für 15 Millionen Dollar über die britische Tochter der Standard Oil. Damit flog die Luftwaffe ihre Blitzangriffe gegen London.

»Als der Krieg ausbrach, stellten GM und Ford ihre Fabriken in den Achsenmächten um, sodass diese nur noch Militärgeräte produzierten«, sagt Snell. Von 1939 bis 1945 wurden in Rüsselsheim die Hälfte der Rumpfteile für den Mittelstreckenbomber JU 88 gefertigt und ein Zehntel aller Düsen für die Messerschmitt ME 262, das erste Kampfflugzeug der Welt mit Jetantrieb. Es war 160 Stundenkilometer schneller als der P-510 Mustang, das schnellste Kampfflugzeug, das die Amerikaner zu bieten hatten. Dies geschah mit dem vollem Einverständnis von Detroit. Notizen, die James D. Mooney selbst getippt hatte, beweisen, dass er nach dem Einmarsch in Polen Rüsselsheim inspizierte und sich dort mit Göring traf. Als Resultat aus diesem Treffen wurde am 7. Februar 1940 ein geheimer Vertrag aufgesetzt, wie die deutsche Journalistin Anita Kugler in dem Buch *Working for the Enemy* schreibt. Punkt vier des Vertrags lautete: »Nach Ende des Krieges wird Opel von der Regierung für alles entschädigt, was an Waren entnommen wurde, was investiert wurde und was sonst an Ausgaben angefallen ist.«

Etwa gleichzeitig verhandelte Mooney einen Deal mit dem US-Botschafter in London, Joseph Kennedy, Emil Puhl von der Reichsbank und dem NS-Wirtschaftsministerium. Es ging darum, dem deutschen Reich ein Golddarlehen der USA zur Verfügung zu stellen (über die Bank for International Settlements). Als aber die britische Presse von dem Treffen in London erfuhr, wurde Kennedy von Roosevelt zurückgepfiffen.

Dadurch war allerdings das FBI auf die Aktivitäten von General Motors aufmerksam geworden. Im Oktober 1940 wurde Mooney von einem FBI-Agenten befragt, warum er sich denn nicht aus Deutschland zurückziehe. Mooney wandte sich vehement dagegen: Die Aktionäre von GM hätten insgesamt 100 Millionen Dollar im Reich investiert, dies wolle er nicht gefährden (der tatsächliche Betrag, den GM bis 1943 eingebracht hatte, lag laut Simon Reich eher bei 55 Millionen Dollar, allerdings auch nicht wenig).

Hingegen verzögerte General Motors absichtlich die Produktion von kriegswichtigem Gerät in seinen Fabriken in den USA. »General Motors wollte, dass Hitler den Krieg gewinnt«, sagt Bradford Snell. »Sie wollten ein vereintes Europa unter den Faschisten, weil das besser für ihre Geschäftspolitik war.« Das Dritte Reich wusste die Dienste von General Motors durchaus schon früh zu würdigen: Im August 1938 bekam James D. Mooney das »Großkreuz des Deutschen Adlerordens« verliehen, die höchste Auszeichnung, die Deutschland an Ausländer zu vergeben hatte.

Der erste Träger des Adlerordens war allerdings ein anderer Autobauer: Henry Ford. Ford bekam den Orden von Karl Kapp angeheftet, dem deutschen Botschafter in Cleveland, der am 30. Juli 1938 zum 75. Geburtstag des Autokönigs eigens nach Detroit gereist war. Ford werde für seine Pionierleistung im Automobilbau ausgezeichnet, da er Autos für die Massen verfügbar gemacht habe, ließ der Führer mitteilen. Ford stand, vor anderthalb tausend geladenen Gästen, zwischen Kapp und Fritz Heller, dem deutschen Konsul in Detroit. Er strahlte, als eine rote Lederbox vor seinen Augen geöffnet wurde.»Darin lag«, beschreibt es der amerikanische Autor Neil Baldwin in *Henry Ford and the Jews,*»ein goldenes Kreuz mit vier kleinen Hakenkreuzen, eingebettet in weißer Emaille an einer roten Schnur. Kapp drapierte ein rotes Satinband über Fords rechte Schulter, das bis zur linken Hüfte reichte, und befestigte den Orden an der Brusttasche seines weißen Anzugs.«

Anders als General Motors sah Ford Deutschland nicht nur als lohnende Investition. Ford war ein glühender Antisemit, der den Führer als verwandte Seele bewunderte. Die Ford Motor Company schenkte Hitler sogar 1939, zum 50. Geburtstag, 50 000 Reichsmark. Und Hitler wurde von Ford inspiriert, den Volkswagen und die Autobahnen bauen zu lassen.»Fords Bücher zu lesen, hat meine Augen dafür geöffnet«, sagte er einmal. Ford war das Verbindungsglied zwischen den amerikanischen Industriellen, für die das Geschäft im Vordergrund stand und die im Grunde einen Faschismus à la Mussolini ohne Krawall-Antisemitismus vorgezogen hätten, und dem strukturell antisemitischen kleinbürgerlichen Milieu in den USA, das Sumpfblüten wie den Bund-Führer Fritz Kuhn oder den rechtsradikalen Radiopfarrer Charles Coughlin hervorgebracht hat.

Im Frühjahr 1926 rollten die ersten T-Modelle in Berlin-Plötzensee vom Band. Fünf Jahre später eröffnete die deutsche Ford-Werke AG eine Produktionsanlage bei Köln und eine Lastwagenfabrik bei Berlin. Im Aufsichtsrat der Ford-Werke AG – an der die Ford Motor Company zuletzt 52 Prozent hielt – saßen Fords Sohn Edsel, Heinrich Albert von Albert & Westrick sowie Carl Bosch von der IG Farben, die sechs Prozent von Ford besaß. Mit dem Krieg, zwischen

1938 und 1943, zogen die Umsätze über 50 Prozent an, während sich der Wert der Ford-Werke verdoppelte.

Nachdem die U.S. Army 1945 in Deutschland eingerückt war, beauftragte sie einen internen Ermittler, Henry Schneider, die Tätigkeit von Ford zu untersuchen. Der stellte fest, dass die Ford-Werke ein »Arsenal des Nazismus« gewesen seien. Die Lastwagenfabrik bei Berlin sei mit dem Einverständnis der Zentrale in Dearborn gebaut worden, gerade rechtzeitig zur Mobilisierung bei Kriegsbeginn. Zudem habe Ford in eine Tauschvereinbarung eingewilligt, die das Dritte Reich mit großen Mengen strategisch wichtiger Rohmaterialien versorgt habe. So hatte Ford von 1937 bis 1939 knappes Gummi für Autoreifen importiert, von dem die Firma der Nazi-Regierung 25 bis 30 Prozent abgab.

Ford baute LKWs, Offiziersautos und Truppentransporter für die Wehrmacht. Weil dies nicht schnell genug ging, wurden 1938 Karosserieteile aus den USA importiert, die für die Invasion der Tschechoslowakei verwendet wurden. »Dass Ford-Lastwagen in den Reihen der Wehrmacht prominent präsent waren, war für die Männer unserer Armee verständlicherweise ein ärgerlicher Anblick«, schreibt Schneider in seinem internen Report, der in den National Archives liegt. 1943 schloss Ford sogar einen geheimen Vertrag mit dem Deutschen Reich, den Turbinenmotor für die V2 zu bauen, die Langstreckenrakete, die auf Großbritannien abgeschossen wurde.

In vielen von Fords ausländischen Niederlassungen arbeiteten Sympathisanten der Nazis, wie es Albert Lee in seinem Buch *Henry Ford and the Jews* beschreibt. Darunter war der Chef der britischen Ford-Werke, Lord Perry. Der Ford-Repräsentant in Paris, Gaston Bergery, wurde von der *New York Times* als der »kommende Mann« der Nazi-Bewegung bezeichnet. Edmund Heine, ein Amerikaner und damals einer der Chefs von Ford Deutschland, wurde später in den USA wegen Spionage verurteilt.

Sowohl Ford als auch General Motors beschäftigten Zwangsarbeiter. In Rüsselsheim wurden russische Kriegsgefangene eingesetzt. Die U.S. Army befreite in den Ford-Fabriken in Köln Tausende von ausländischen Arbeitern, die hinter Stacheldraht schufteten. Seit 1943 hatte die Hälfte der Belegschaft aus russischen, belgischen, französischen oder ukrainischen Kriegsgefangenen bestanden, die mehr als 60 Stunden in der Woche harte Arbeit leisten mussten und wenig zu essen bekamen. Auch etwa 50 politische Gefangene aus Buchenwald schufteten bei Ford (die bis heute von Entschädigungen ausgenommen sind). Und Ford-Reparaturwerkstätten in Osteuropa funktionierten mit jüdischen Zwangsarbeitern.

Beide Autobauer behaupten, damals hätten sie nicht gewusst, was ihre deutschen Töchter nach Pearl Harbor taten (vor Pearl Harbor, sagt ein Ford-Sprecher, habe ja auch die US-Regierung diplomatische Beziehungen zu Deutschland unterhalten). Jedoch blieb Opel während des gesamten Krieges in US-Besitz. »Das Management von GM war während des Krieges praktisch das gleiche wie vor dem Krieg«, stellte die U.S. Army 1945 in ihrem internen Bericht fest. Auch wurde während des Krieges Material von den USA nach Deutschland geliefert und umgekehrt. Und auch die Kommunikation lief weiter. So wussten die deutschen Opel-Manager – schreibt Kugler –, dass General Motors seine Investitionen in Deutschland im Jahr 1941 vollständig abgeschrieben hatte, wofür GM 22,7 Millionen Dollar Steuerrückzahlung bekam.

Es gab damals zwar ein Angebot der Nazis, Opel zu kaufen, jedoch lehnte die Zentrale in Detroit das ab. General Motors hätte sich mit dem Gesamtschicksal Deutschlands identifiziert, heißt es in einem Brief, den Dieter und Joachim Schröder in ihrem Film *Hitlers amerikanische Geschäftsfreunde* dokumentieren. Vermutlich fürchtete GM, meinen die beiden Schröders, bei einem Verkauf Steuern zahlen zu müssen, da GM doch gerade seinen deutschen Besitz abgeschrieben hatte.

Zwar ernannte das Deutsche Reich am 25. November 1942 einen Administrator für GM, nämlich Carl Lüer (der bereits seit 1935 im

Aufsichtsrat saß). Der vergleichsweise inkompetente Lüer durfte sich aber nicht in die Entscheidungen des von GM ernannten Aufsichtsrats einmischen. Tatsächlich wurden die Geschäfte von Heinrich Wagner geführt, einem Vertrauensmann der Amerikaner, der 1945 vom Alliierten Oberkommando abgelöst, aber 1948 wieder in die Geschäftsführung berufen wurde – von Detroit. »Die Amerikaner wussten die ganze Zeit, was in ihrer deutschen Niederlassung geschah«, meint Bradford Snell. »Und wer etwas anderes sagt, der lügt.«

General Motors und deren Mutterfirma DuPont haben sich lange gesträubt, sich ihrer Verantwortung zu stellen. Bradford Snell bekam bei seiner Arbeit keine Unterstützung und auch keinen Einblick in die Firmenarchive. Erst 1998, als überlebende Sklavenarbeiter mit Klagen drohten, gab GM eine Studie bei dem Yale-Professor Henry Turner in Auftrag, die allerdings bis heute noch nicht fertig ist. Ford hingegen hat Simon Reich mit der bereits erwähnten Studie beauftragt. Reich zufolge hatte es keine direkte Kommunikation zwischen Köln und Dearborn nach Pearl Harbor gegeben, als der Einfluss der Amerikaner in der Ford-Werke AG zurückgedrängt worden sei. Der Aufsichtsrat, darunter Edsel Ford, wurde im Mai 1942 von den Nazis entlassen. Sie ernannten Heinrich Albert als Aufsichtsratsvorsitzenden, der bereits als Anwalt seit 1927 für den Konzern arbeitete. Auch Carl Krauch von der IG Farben gelangte nun in den Aufsichtsrat, zusätzlich zu Carl Bosch.

Albert allerdings war ohnehin ein Vertrauter des alten Ford in Dearborn, bei dem er sich beispielsweise 1940 brieflich bedankte, dass er die LKW-Produktion für England nicht steigere. Neben Albert hatten die Nazis bereits 1939 einen Kommissar namens Robert Schmidt eingesetzt, der NSDAP-Mitglied war. Aber auch der hatte das Vertrauen der Zentrale. So pries Edsel Ford ebenfalls 1940 in einem Brief an Albert die gute Arbeit, die Schmidt leiste. Im Juni 1943 reiste Schmidt ins neutrale Portugal, um sich dort mit Ford-Managern aus Dearborn zu beraten. Nach dem Krieg wurde Schmidt zwar von den Alliierten verhaftet, aber rasch wieder freigelassen. 1950, mit dem Einverständnis von Henry Ford, erhielt er wieder die Kontrolle über die Ford-Werke AG. Das Gleiche galt für etwa 40 andere leitende Angestellte, sagt Simon Reich.

Übrigens: Die Ford-Werke sind neben dem Kölner Dom das einzige Gebäude der Stadt, das während des Krieges nicht bombardiert wurde. Erst 1944 wurden, eher versehentlich, die Lager für die Zwangsarbeiter getroffen. Laut dem Sozial- und Wirtschaftshistoriker Hans G. Helms gab es einen Befehl von Bernard Baruch, einem Berater von Roosevelt, den Besitz von US-Konzernen zu verschonen.

Simon Reich hat auch erforscht, was Ford im Deutschlandgeschäft verdient hat. Von 1939 bis 1945 haben die Ford-Werke insgesamt 2,5 Millionen Dollar Profit gemacht. Dividenden im Wert von 600 000 Dollar wurden auf ein Sperrkonto gezahlt, um sie nach dem Krieg in die USA zu überweisen. Dies geschah allerdings nicht sofort. Als dann die D-Mark eingeführt wurde, verlor die Reichsmark erheblich an Wert, sodass 1951 nur noch 60 000 Dollar in Dearborn ankamen. Der Konzern nutzte das Geld, um die ausstehenden Ford-Aktien von IG Farben zurückzukaufen. Das geschah, als das Chemiekartell wegen seiner Verstrickung in Kriegsverbrechen aufgelöst wurde. Diese sechs Prozent von Ford sind heute Hunderte von Millionen Dollar wert. Außerdem haben Ford (und GM) in Frankreich und anderen besetzten Ländern weitere Millionen verdient. Der Vichy-Manager von Ford war Maurice Dollfus, der stolz darauf war, dass er als erster Franzose nach der Besetzung Berlin besuchte. Auch er hatte das Vertrauen von Edsel Ford, der Dollfus 1940 in einem Brief versicherte, er sei stolz auf ihn. Das US-Finanzministerium unter Morgenthau hatte sogar eine Anklage gegen Edsel Ford wegen Verstoß gegen den Trading with the Enemy Act vorbereitet, die nur deshalb nicht weiter verfolgt wurde, weil Edsel am 26. Mai 1943 an Krebs starb.

*

Nach dem Krieg wurden die amerikanischen Konzerne, die mit den Nazis kollaboriert hatten, nicht etwa bestraft. Im Gegenteil: Sie wurden für die Zerstörungen, die US-Bomben an ihren Fabriken angerichtet hatten, entschädigt. Allein ITT erhielt 27 Millionen Dollar, dazu fünf Millionen für Schäden an den Focke-Wulf-Fabriken, die amerikanisches Eigentum seien. Das war erstaunlich, hatte Behn doch gegenüber den Amerikanern behauptet, sein gesamter Reichs-Besitz sei 1942 an die Deutschen übergegangen.»Wenn die Nazis gewonnen hätten, wären die Führer von ITT makellose Nazis gewesen, nun standen sie eben als makellose Amerikaner da«, meint Anthony Sampson dazu.

General Motors bekam 33 Millionen Dollar. Ford – dessen Fabriken kaum beschädigt worden waren – hatte von der Regierung sieben Millionen Dollar verlangt, erhielt aber nur 785 321 Dollar (dazu 38 Millionen Franc von Vichy). Ein noch größerer Skandal ist allerdings, wo diese Gelder herkamen. Von Holocaust-Opfern, die versucht hatten, in die USA zu flüchten und die an der Grenze abgewiesen worden waren.

Die Entschädigungen an Ford und General Motors wurden aus dem War Claims Fund des Alien Property Custodian entnommen. Der wiederum hatte 1945 das gesamte Vermögen, das Deutsche (und Japaner, teilweise auch Italiener, Ungarn und Rumänen) in den USA deponiert hatten, eingezogen und zur Hälfte in diesen Fonds eingespeist. Insgesamt waren das 900 Millionen Dollar, davon allein 200 Millionen von deutschen Privatleuten. Die US-Regierung tat damals so, als seien dies Nazi-Gelder. Tatsächlich aber handelte es sich um Konten von Immigranten und Flüchtlingen – warum sollte ein Nazi, der im Deutschen Reich lebte, ein privates Konto in den USA eröffnen? Auch zwischen den Konten von jüdischen und nichtjüdischen Deutschen machte der Alien Property Custodian keinen Unterschied. So verloren viele deutsche Juden, die flüchten wollten und Geld vorausgeschickt hatten, ihr Vermögen an Kriegsgewinnler.

General Motors hatte zu dem Zeitpunkt bereits seine Tochterfirma, die Adam Opel AG in Rüsselsheim, von der US-Militärregierung zurückerhalten. Ihr offizieller Wert war 4,8 Millionen Dollar – eine Fabrik, die GM 1941 bereits vollständig von der Steuer abgeschrieben hatte. Hingegen haben weder die amerikanische General Motors noch die Ford Motor Company in Detroit einen einzigen Cent an Sklavenarbeiter bezahlt.

Ende der vierziger Jahre kamen nach den NS-Größen auch einige deutsche Industrielle vor das Nürnberger Kriegsgericht, darunter Flick, Krupp, Thyssen und Gerhardt Westrick, aber auch die deutschen Aufsichtsräte der IG Farben, darunter Hermann Schmitz, Max Ilgner und Fritz ter Meer. Sie wurden angeklagt, für eine Million Tote in Auschwitz verantwortlich zu sein, die mit Zyklon B vergast wurden oder die in den Buna-Fabriken schuften mussten. Die amerikanischen Aufsichtsräte wurden nicht belangt, ihre Rolle in der deutschen Stahl-, Kohle-, Auto- und Chemieindustrie kam nie zur Sprache. US-Staatsanwälte in Nürnberg, die versuchten, dies aufzuklären, stießen an unsichtbare Türen, schreibt Higham.

In den USA, wo inzwischen der Kalte Krieg eingesetzt hatte, waren die Prozesse heftig umstritten. Den Konservativen galten sie als eine kommunistische oder jüdisch inspirierte Politfarce. So warf der republikanische Abgeordnete John Raskin aus Mississippi einer »rassischen Minderheit« vor, »deutsche Soldaten und deutsche Geschäftsleute« im Namen der Vereinigten Staaten hängen lassen zu wollen. Gleichwohl wurden im Mai 1948 zwölf Angeklagte aus der Industrie zu Haftstrafen zwischen ein paar Monaten und sechs Jahren verurteilt – was ohnehin nicht viel war.

Im Jahr darauf wurde John McCloy US-Hochkommissar für Deutschland. McCloy, der Vize-Kriegsminister, war ein Wall-Street-Anwalt aus den gleichen Kreisen wie John D. Rockefeller, Averell Harriman, James Forrestal, Eric Warburg oder Allen Dulles. McCloy entschied Anfang 1951, alle deutschen Industriellen vorzeitig zu entlassen. Für die Sklavenarbeit seien nicht diese, sondern die SS verantwortlich gewesen, glaubte er. McCloy wollte sogar

Albert Speer freilassen, aber die Sowjets waren dagegen. »Für McCloy«, schreibt der amerikanische Historiker Kai Bird in *The Chairman. John McCloy the Making of the American Etablishment*, »waren die Nazis bereits Vergangenheit.«

*

Die IG Farben wurde 1951 in einzelne Firmen aufgelöst, die größten waren Hoechst, BASF und Bayer. Derweil zogen die Aktionäre der Schwesterfirma IG Chemie in der Schweiz vor Gericht, da sie die General Aniline & Film wiederhaben wollten. Sie sagten, die 1942 vom Alien Property Custodian beschlagnahmte US-Holding habe nichts mit der IG Farben zu tun. Vorsichtshalber wurde die IG Chemie in »Interhandel« umbenannt, alle Deutschen verließen den Aufsichtsrat. Die Aktionäre bekamen zwar in der Schweiz Recht, die USA aber wollten die Aktien der GAF in den War Claims Fund einspeisen.

Es folgte ein jahrelanger Rechtsstreit. 1954 wurde ein Gesetzesentwurf eingebracht, in dem es hieß, dass alles beschlagnahmte Eigentum zurückzugeben sei. Unterstützt wurde der Entwurf von Dwight D. Eisenhowers Außenminister John Foster Dulles. Aber er fand keine Mehrheit. Inzwischen hatten drei Schweizer Banken die Interhandel übernommen. Hinter den Kulissen aber kümmerte sich Robert Schmitz darum, der Sohn von Dietrich Schmitz und der Neffe von Hermann Schmitz, die Schäfchen ins Trockene zu bringen.

Bewegung kam aber erst 1951 in die Sache, als ein neuer Präsident gewählt wurde: John F. Kennedy. Schmitz' Beauftragter in den USA traf sich mit dessen Vater, Joseph Kennedy, in Florida. Gleichzeitig engagierte die Interhandel Prinz Stanilas Radziwill, den Schwager von Jackie Kennedy. Es war Radziwill, der der Interhandel die Tür zum neuen Generalstaatsanwalt der USA öffnete – Robert Kennedy, Johns Bruder.

Robert Kennedy und die Interhandel einigten sich darauf, dass das

Justizministerium die GAF verkaufen solle. Der Erlös solle nach Steuern zur Hälfte geteilt werden. Zwar protestierten die jüdischen Kriegsveteranen, und der Kolumnist Drew Pearson verdächtigte in der *Washington Post* Joseph Kennedy als Drahtzieher. Aber 1965 wurde die GAF tatsächlich an der Börse verkauft, für 329 Millionen Dollar.

Auch Standard Oil of New Jersey zog vor Gericht: Im Juli 1944 verklagte sie den Alien Property Custodian, von dem sie IG-Farben-Patente zurückhaben wollte. Der Prozess begann aber erst im Mai 1945, kurz nach der deutschen Kapitulation. Damit konnte der Custodian einen Kronzeugen präsentieren: August von Knieriem, der Hausanwalt von IG Farben, der aus einem Kriegsgefangenenlager eingeflogen wurde. Knieriem bezeugte, dass das Memorandum von Den Haag, als die Patente übergeben wurden, »Nachkriegs-Camouflage« war. Standard Oil verlor den Prozess. Der Alien Property Custodian versteigerte die Patenthalterin, die Jasco. 1953 ging die Firma für 1,2 Millionen Dollar an den höchsten Bieter – die Standard Oil of New Jersey.

Seit 1972 heißt die Standard Oil *Exxon* – in Deutschland als Esso bekannt. Und seit der Fusion mit Mobil Oil firmiert der Konzern als *Exxon Mobil*. Exxon residiert in einem neuen Wolkenkratzer, gleich gegenüber vom Rockefeller Center – das alte Center wurde dem Ölriesen zu klein. Bislang ist noch niemand auf die Idee gekommen, Exxon für ihre Kollaboration mit den IG Farben zur Verantwortung zu ziehen, obgleich die 1953 gekauften Patente heute sehr viel mehr wert sind als 1,2 Millionen.

In John Foster Dulles Amtszeit als Außenminister scheiterte der Aufstand des 17. Juni in Berlin, Frankreich wurde bei Dien Bien Phu vom Vietcong zurückgeschlagen, der Aufstand in Ungarn gegen die Kommunisten endete blutig und den Irak trieb Dulles durch taktische Fehler ins sowjetische Lager. Er starb 1959.

Im Büro von John D. Rockefeller jr., ganz oben im RCA Building – das heute General Electric Building heißt –, sitzt heute dessen

Sohn David Rockefeller. Er ist einer der größten Philanthropen New Yorks und interessiert sich mehr für Kunst als für Öl.

Mit den Millionen, die Chase und die Rockefellers beim Handel mit den Nazis verdient haben, haben David und sein Bruder Nelson Rockefeller Anfang der siebziger Jahre eine neue Architekturikone von New York errichten lassen: das World Trade Center.

Kapitel acht

»Der Präsident hätte bloß einen Knopf zu drücken brauchen«

Roosevelt, Allen Dulles und der deutsche Widerstand

Telegramm 827, 4. Februar 1943: Von »Burns« an »Victor«: »Was die psychologische Kriegsführung gegen Deutschland betrifft, schlage ich Folgendes vor: Auf direkte oder indirekte Mitteilungen aus deutschen Quellen, wonach es Gruppen gebe, die Hitler eliminieren wollen, ist die effektivste Antwort, dass Hitler bewiesen hat, für uns ein großartiger Aktivposten zu sein, und dass es nichts gibt, was unserem militärischen Erfolg so sehr helfen würde, als dass Hitler weiterhin das Oberkommando über die deutschen bewaffneten Truppen hat ...«

Die beiden Männer, die sich im Februar 1943 in Bern trafen, sollten eigentlich Todfeinde sein, aber sie verbündeten sich binnen Stunden. Allen Welsh Dulles, der Chef des amerikanischen Geheimdienstes Office of Strategic Services (OSS) in Europa, und Hans Bernd Gisevius, der Vizekonsul des Dritten Reichs in Zürich. Gisevius, der aus einer preußischen Beamtenfamilie stammte, war Mitglied der NSDAP und des Stahlhelms, er arbeitete mit der Gestapo und der Abwehr zusammen, dem deutschen Auslandsgeheimdienst. Dulles war ein Wall-Street-Anwalt, der amerikanische Konzerne betreute, die langjährige Verbindungen zur deutschen Industrie hatten. Der schillernde Jurist mit dem Menjoubärtchen und dem Klumpfuß hatte beschlossen, eine neue Karriere bei dem gerade mal vor einem Jahr gegründeten OSS einzuschlagen.

Gisevius war Dulles als Informant empfohlen worden, und zwar von einem Berater namens Gero von Schulze-Gaevernitz. Von Schulze-Gaevernitz war, wie übrigens auch Dulles, eine eher undurchsichtige Figur: Er war Amerikaner mit einem deutschen Vater. Und er war seiner jüdischen Frau wegen in die Schweiz geflohen. Offiziell arbeitete er für die Schweizer Niederlassung der New Yorker Firma Transmares, die 1940, finanziert mit Schroeder-Geld, die britische Blockade gegen Deutschland gebrochen hatte. Möglicherweise hatte ihn Admiral Wilhelm Canaris, der Chef der Abwehr, in die Schweiz geschickt, um die Fühler zu den Amerikanern auszustrecken. Dulles jedenfalls vertraute ihm.

Gisevius sei kein Nazi, hatte von Schulze-Gaevernitz Dulles versichert. Gisevius sei mit Pastor Martin Niemöller befreundet, der von seiner Berliner Kanzel aus zum Widerstand gegen Hitler aufgerufen hatte, und er sei entsetzt über die »Räuberhöhle«, in die er geraten sei. Als sich Dulles und Gisevius tatsächlich trafen – in der Herrengasse 23 in Bern, der Residenz des OSS-Chefs –, begriff Dulles rasch, dass Gisevius viel weitreichendere Kontakte hatte als nur die zu Pastor Niemöller. Gisevius kannte Canaris, den Hitler-kritischen Admiral der Abwehr, er wusste von den Verschwörern des 20. Juli, und er kannte Widerständler wie Claus Graf Schenk von Stauffenberg und Adam von Trott zu Solz. Er bot Dulles sogar an, eine Liste von allen deutschen Generälen zu besorgen, die Hitler tot sehen wollten. Und er berichtete von einem geplanten Attentat.

Der OSS-Büroleiter, der erst seit drei Monaten in Bern saß, sollte bald ein Netzwerk aufbauen, das den Kontakt zum Widerstand gegen die Nazis einschließen sollte. Aber US-Präsident Franklin D. Roosevelt entschied, den Attentätern nicht zu helfen.

»Die Anti-Nazi-Opposition in Deutschland hat bei weitem nicht die Unterstützung wie der Widerstand in anderen von Hitler dominierten Ländern«, schrieb Allen Dulles in seinem Buch »Verschwörung in Deutschland«. Die Untergrundorganisationen in den besetzten Ländern hätten Unterstützung erhalten, so Dulles. Waffen wurden zu ihnen geschmuggelt, ausländische Mächte unterstützten deren Exilregierungen, sie bekamen finanzielle und moralische Unterstützung. Der deutsche Untergrund war jedoch nicht derart organisiert. Vor dem Krieg habe der Westen die deutschen Anti-Nazis nicht ernst genommen und um des Friedens willen, so Dulles, »lieber den Teufel besänftigt«. Nachdem Hitler den Krieg begonnen hatte, »wollte niemand mehr etwas mit Deutschen zu tun haben, Nazis oder nicht«.

Das OSS sollte in den kommenden Jahren zwar alles beobachten, was in Europa geschah, aber Amerika blieb nicht nur gegenüber dem deutschen Widerstand ignorant, sondern auch gegenüber dem Holocaust. Die einzigen OSS-Agenten, die Informationen darüber sammelten, waren zwei junge amerikanische Juden, Abraham Duker und Charles Irving Dwork, schreibt Richard Breitman in *U.S. Intelligence and the Nazis*. Dulles sandte nur sechs Telegramme nach Washington, in denen er über den Mord an den Juden berichtete. Dabei war Gisevius nicht sein einziger Zuträger. Von einem Theologen aus Holland erfuhr er von der Protestaktion der mit Juden verheirateten Frauen in der Berliner Rosenstraße. Und auch Eduard Schulte, der Gerhart Riegner vom Jüdischen Weltkongress von Auschwitz berichtet hatte, kam oft bei Dulles vorbei.

Selbst das OSS in London, wo es von polnischen Untergrundkämpfern wimmelte, blieb ignorant. »Ich werde niemals verstehen, wie wir mit all unseren Informationen über Deutschland und seinen Militärapparat so wenig über die Konzentrationslager und das Ausmaß des Holocaust wussten«, schrieb William Casey, Chef des Londoner OSS-Büros in seinem Buch *The Secret War Against Hitler*.[23] »Über KZs wurde kaum geredet, außer als Orte, wohin geschnappte Agenten und Widerständler deportiert wurden, falls sie nicht sofort exekutiert wurden. Die Berichte, die wir erhielten, wurden beiseite gelegt, weil sich die Politik in Washington und London darauf konzentrierte, den Feind zu besiegen.«

Lange haben die USA unter Verschluss gehalten, was ihre Geheimdienste über den Holocaust wussten. Zwar wurden in den siebziger und achtziger Jahren die ersten Dokumente freigegeben, darunter etwa die Telegramme, die Dulles unter dem Decknamen »Burns« von Bern nach Washington (Deckname »Victor«) sandte. Aber erst 1998, unter Präsident Bill Clinton, beschloss das Repräsentantenhaus den Nazi War Crimes Disclosure Act. Nun wurde das Gros des Materials, acht Millionen Seiten aus den Archiven des OSS, des FBI, des Geheimdienstes der U.S. Army, der National Security Agency (NSA) und des State Department »deklassifiziert«, also von der Geheimhaltung befreit.

Der Kongress setzte eine Gruppe von Wissenschaftlern unter Leitung des Historikers Richard Breitman von der Washington University ein, die dieses Material auswertete. Im Sommer 2004 legte die Gruppe ihre Recherche unter dem Titel *U.S. Intelligence and the Nazis* vor, nachdem sie eine halbe Million Dokumente gesichtet hatte. Die Studie belegt, dass die Alliierten bereits 1941 über den Holocaust Bescheid wussten.

Die ersten Informationen über Massenerschießungen von Juden in Polen, Litauen, der Ukraine oder Russland erreichten die Alliierten im Sommer 1941, als britische Geheimdienstler codierte Nachrichten entschlüsselten. Im September 1941 erfuhr das MI 6 durch das chilenische Konsulat in Prag von der systematischen Vernichtung der Juden Europas, fast ein halbes Jahr bevor die Nazis auf der Wannsee-Konferenz die »Endlösung der Judenfrage« beschlossen. Es sollte dann noch bis Anfang 1942 dauern, bis derartige Nachrichten die USA erreichten, zusammen mit Augenzeugenberichten von Menschen, die aus Konzentrationslagern, darunter Auschwitz, geflohen waren.

*

Die ersten Kontakte zwischen dem deutschen Widerstand und den USA begannen früh – im Juli 1933. Das war der Monat, als William

Dodd als amerikanischer Botschafter nach Berlin geschickt wurde. Dodd wurde von seiner Frau Martha begleitet, seiner lebenslustigen Tochter, die ebenfalls Martha hieß, und seinem Sohn Bill. Ernst »Putzi« Hanfstaengl, Hitlers Attaché für die Auslandspresse, war wenig beeindruckt von Dodd, der nicht auf dem diplomatischen Parkett geschult war. »Er war ein einfacher kleiner Geschichtsprofessor aus dem Süden, der die Botschaft möglichst sparsam führte und vermutlich versuchte, von seinem Gehalt etwas zurückzulegen«, schreibt Hanfstaengl 1957 in seinen »Memoiren eines politischen Außenseiters«. »In einer Zeit, in der ein selbstbewusster Millionär gebraucht worden wäre, um es mit den prahlerischen Auftritten der Nazis aufzunehmen, nahm er sich bescheiden zurück, als sei er noch auf seinem Campus.«

Dodds Kinder wurden bald für ihre wilden Partys bekannt. »Bill und Martha wurden der Mittelpunkt eines schwer trinkenden, recht beweglichen Jetsets«, schreibt Shareen Blair Brysac in *Mildred Harnack und »Die Rote Kapelle«*. Martha befreundete sich auch mit der Widerstandskämpferin Mildred Harnack.

Mildred Harnack, die als Mildred Fish in Wisconsin geboren worden war, war 1929 ihrem Mann Arvid Harnack nach Berlin gefolgt, der dort für das Wirtschaftsministerium arbeitete. Beide sollten zusammen mit Harro und Libertas Schulze-Boysen die Untergrundgruppe »Die Rote Kapelle« gründen. »Die Rote Kapelle« schmuggelte Juden und Widerstandskämpfer aus dem Land und lieferte Informationen an die Sowjets, aber auch an die Amerikaner.

Die junge Martha Dodd, eine elegante Blondine, war erst begeistert von den Nazis. Hanfstaengl versuchte sogar, sie mit Hitler zu verkuppeln. Die beiden trafen sich, aber da Hitler kein Englisch sprach und sie kein Deutsch, wurde nichts daraus. (Sie beschrieb den Führer später als »frigiden Zölibaten«.) Stattdessen begann sie andere Affären, darunter eine mit einem KGB-Agenten und fing an, Informationen an die Russen zu liefern. So berichtete sie von einem Treffen zwischen Gustav Krupp und dem US-Konsul in

Köln sowie über das »schweinische Verhalten« von William Bullitt, dem US-Botschafter in Paris.

Göring beschwerte sich in Washington dauernd über Botschafter Dodd, der mit »giftigem Hass« gegen Deutschland erfüllt sei. Ende 1937 rief Roosevelt Dodd zurück. Sein Nachfolger, Hugh Wilson, stand den Nazis wesentlich näher. Nachdem Wilson infolge der »Kristallnacht« von Roosevelt abberufen wurde, leitete dessen Stellvertreter Donald Heath die Botschaft. Heath sollte der wichtigste Kontaktmann der »Roten Kapelle« zur US-Regierung werden. Er war zuvor Reporter und Offizier gewesen. Nebenbei spionierte er für den Secret Service, den Geheimdienst des US-Finanzministeriums unter Henry Morgenthau.

Für Heath waren die Harnacks wichtige Informanten, und es störte ihn nicht, dass die beiden gleichzeitig die Sowjets belieferten. Arvid Harnack, der Amerika-Spezialist in Schachts Wirtschaftsministerium war, konnte mit der US-Botschaft in Beziehung treten, ohne sich dabei sofort verdächtig zu machen. Heath schrieb einmal an Morgenthau, dass diese »jungen Liberalen« wertvolle Insider-Informationen geliefert hätten. Für die Harnacks war dieses Tun allerdings eine gefährliche Mission. 1939 saßen, einem Bericht der Gestapo zufolge, den Brysac in Archiven fand, 302 535 Deutsche aus politischen Gründen in KZs (insgesamt sollten bis 1945 rund 800 000 politische Gefangene in einem Lager landen).

Um Aufsehen zu vermeiden, schickte Heath seinen elfjährigen Sohn Donald mit Botschaften zu den Harnacks. Manchmal traf sich der stellvertretende US-Botschafter mit dem Ehepaar auch in einem Park außerhalb von Berlin. Arvid Harnack berichtete an die Amerikaner, dass Hitler bereits Ende 1940 anfing, die Wehrmacht auf den Krieg mit der Sowjetunion vorzubereiten. Zudem erfuhr er von seinem Mitstreiter Harro Schulze-Boysen, dass der amerikanische Militärattaché in Moskau ein Agent der Nazis war.

Arvid Harnack fuhr in den Jahren 1937 und 1939 in die USA, um Kupfer- und Aluminiumvorräte für Deutschland zu sichern. Beim zweiten Mal traf er sich mit Beamten aus dem Finanzministerium und warnte diese, dass ein Krieg unmittelbar bevorstehe. Er riet zudem, den Besitz der IG Farben in den USA zu beschlagnahmen. Aber es wurde ihm nicht geglaubt, meint Shareen Blair Brysac.

Ähnlich erging es Adam von Trott zu Solz, der für das Auswärtige Amt arbeitete. Er war 1940 in den USA gewesen. Damals reiste Carl Goerdeler ebenfalls nach Amerika, der Bürgermeister von Leipzig, begleitet von Hans von Dohnanyi von der Abwehr und Dietrich Bonhoeffer. Alle drei verhandelten auch mit den Briten um Unterstützung, was jedoch gleichfalls scheiterte. Brysac schreibt: »Manche Wissenschaftler glauben, wenn diese Anfänge gegen Hitler von den Briten und den Amerikanern unterstützt worden wären, hätte der Zweite Weltkrieg verhindert oder zumindest verkürzt werden können.«

Die US-Botschaft in Berlin sollte so lange wie möglich ihre Ohren offen halten. 1941 berichtete der Militärattaché an Außenminister Cordell Hull, dass die Massendeportation von Juden aus Deutschland nach Polen, die bereits eingesetzt hatte, beschleunigt werden solle, schreibt Richard Breitman in seinem Buch *Staatsgeheimnisse*. Die Nazis wollten eine unpopuläre Maßnahme rasch hinter sich bringen. »Die Berliner Bevölkerung zeigt zunehmend Sympathie mit den Juden, je mehr das Ausmaß der derzeitigen Aktion bekannt wird. Es wurden zahlreiche Fälle berichtet, dass Leute getadelt wurden, weil sie auf der Straße und in Geschäften Freundlichkeit gegenüber älteren Personen gezeigt hatten, die den gelben Stern trugen.« Im Oktober berichtete die Botschaft, dass alle jüdischen Männer zur Zwangsarbeit in Russland herangezogen würden, und die SS in Russland Juden, aber auch Kriegsgefangene umbrächte.

Im September 1941 berichteten US-Diplomaten in Prag, Wien und Budapest, so Breitman, dass sich die Nazi-Propaganda verstärke. Es würde vermehrt behauptet, das »Weltjudentum« wolle die Vernichtung des deutschen Volkes. Beispielsweise hatte ein New Yorker Anwalt jüdischen Glaubens namens Theodore Kaufman ein

Pamphlet verfasst, in dem er gefordert hatte, nach dem Krieg sollten alle Deutschen zwangssterilisiert werden. Obwohl Kaufman eine in keiner Weise ernst zu nehmende Privatperson war, ließ Goebbels das Traktat im Radio verlesen.

Im Dezember 1941, nach Pearl Harbor und der Kriegserklärung Deutschlands an die USA, wurde die Botschaft in Berlin geschlossen. Neun Monate später wurden die Harnacks und andere Mitglieder der »Roten Kapelle« von der Gestapo festgenommen und als Verräter hingerichtet. Mildred Harnack wurde von den Nazis am 16. Februar 1943 in Berlin-Plötzensee getötet, zwei Monate nach der Exekution ihres Mannes.

Auch Allen Dulles hielt von den linken Widerständlern lieber Abstand. So beschrieb er Harro Schulze-Boysen in *Verschwörung in Deutschland* als jemanden, der »immerzu schwarze Pullover trug« und der mit »Revolutionären, Surrealisten und dergleichen Anhängern der ›Verlorenen Generation‹ herumlief«.

Mit Kriegseintritt beschloss die US-Regierung, dass ein Auslandsgeheimdienst nötig sei. Bislang wurden solche Aufgaben durch die Military Intelligence Division der Armee, den Secret Service, den Geheimdienst der Navy oder durch das FBI wahrgenommen. Aber nach der überraschenden Attacke der Japaner in Pearl Harbor war klar, dass dies nicht ausreiche. Und damit schlug die Stunde von William Donovan und Allen Welsh Dulles.

*

Zunächst firmierte die neue Spionageagentur als »Coordinator of Information« (COI), an die das Office of Censorship and Documentation angegliedert war, das falsche Pässe und sogar falsche Gestapo-Ausweise herstellte. Das COI wurde von William Donovan geleitet. Donovan, »Wild Bill« genannt, war ein bulliger 58-jähriger Ex-Offizier, der nach dem Ersten Weltkrieg in einer Kanzlei an der Wall Street gearbeitet hatte.

Donovan stand auf gutem Fuß mit dem britischen Geheimdienst, dessen New Yorker Ableger unter der Bezeichnung British Security Coordination (BSC) firmierte. In einer 1945 veröffentlichten Studie wurde er von den Briten als »unser Mann« bezeichnet. Als sich das COI Anfang 1942 in das Office of Strategic Services (OSS) entwickelte, wurde Donovan dessen Chef. Dabei behielt Donovan die Zuständigkeit für »schwarze Propaganda«, während er die »weiße Propaganda«, die ohne Lügen auskam, an Archibald MacLeishs Office of War Information abgeben musste. Donovan, der in Washington saß, veranlasste, dass im Rockefeller Center eine Zweigstelle des OSS eingerichtet wurde. Für dessen Leitung engagierte er einen Anwalt, den er bei seiner Tätigkeit an der Wall Street kennen gelernt hatte: Allen Dulles von der Kanzlei Sullivan & Cromwell.

Von Anfang an opponierten das State Department und das FBI gegen das OSS. FBI-Chef J. Edgar Hoover sah in Donovan einen »gefährlichen Rivalen«, schreibt Leonard Mosley in »Dulles«. Donovan seinerseits bemerkte einmal: »Die deutsche Abwehr wird vom FBI besser behandelt als wir.«

Zudem gab es Spannungen zwischen dem OSS und der British Security Coordination. Die Briten behandelten die amerikanischen »Cowboys« wie blutige Anfänger. Sie verwanzten zudem das halbe Rockefeller Center, eingeschlossen Dulles' Büro, und zwar, wie John Loftus in *The Secret War Against the Jews* behauptet, mit der Erlaubnis von Roosevelt. BSC-Chef William Stephenson war hinter den deutsch-amerikanischen Konzernen her, allen voran den IG Farben. Stephenson arbeitete mit J. Edgar Hoover zusammen, einem strammen Antikommunisten, der laut Loftus, »so viel Energie darauf verwandt hatte, die Linken zu bespitzeln, dass das FBI keinen zentralen Index für Rechtsradikale besaß«. Hoover musste die Anti-Defamation League darum bitten.

Das OSS tat sich schwer mit der Suche nach potenziellen Spionen. Amerikaner mit deutschen Wurzeln kannten sich zu wenig im Dritten Reich aus, um nicht aufzufallen. Politische Flüchtlinge galten als Kommunisten und daher als unzuverlässig – das OSS suchte explizit nach Antikommunisten, die unter den Exilanten eine Minderheit waren. Deutsche Juden meldeten sich zwar in Scharen freiwillig, jedoch hatten die Militärs Hemmungen, Agenten einzusetzen, die nur von Hass getrieben waren. »Ein Mann sollte nicht zu viele Ideale haben«, hieß es in einem OSS-Handbuch. »Er sollte mit seiner Intelligenz arbeiten und nicht mit seinem Herzen.«

Das für Gegenspionage zuständige Counterintelligence Corps der amerikanischen Armee, das CIC, war wiederum skeptisch gegenüber den palästinensisch-jüdischen Agenten der Jewish Agency. Denn diese, fürchteten die Amerikaner, hätten in erster Linie ihre eigenen Interessen im Auge. »Das CIC glaubte, dass diese Juden mit Nazi-Parteifunktionären und deutscher Spionage verhandeln würden und denen die Kontakte, Büros und Operationen der Alliierten verraten würden, wenn es ihnen nutzte«, heißt es in der Studie *U.S. Intelligence and the Nazis.*

Ein glücklicherer Umstand, der dem OSS half, war die *Serpa Pinto,* ein Flüchtlingsschiff aus Lissabon, das Weihnachten 1941 im New Yorker Hafen einlief. An Bord waren 178 Juden, viele davon aus Deutschland. Sie erzählten dem COI, wie die »Nachbarschaften aussahen, in denen sie gelebt hatten, nannten die Orte, wo sich Denkmäler befanden, Bahnhöfe, wichtige Industrieanlagen oder Telefon- und Telegrafenämter«, schreibt Joseph E. Persico in seinem Buch *Geheime Reichssache.* Persico ist ein amerikanischer Journalist, der sich als einer der ersten durch die Geheimdienstarchive wühlte. Auch erfuhr er dabei: Die Flüchtlinge gaben den Geheimdienstlern ihre Kleidung, ihre Uhren, Schmuck, Koffer oder Geldbeutel. Damit konnte das OSS Spione ausrüsten und nach Deutschland schicken.

*

Das Zentrum der Spionage war damals London. Hier saßen neben dem britischen MI 6 die polnische (und tschechische) Exilregierung und viele Untergrundkämpfer aus diesen Ländern. Dessen wichtigste Vertreter waren der Sozialist Szmuel Zygielbojm, der aus dem Warschauer Ghetto geflohen war, und der polnische Zionist Ignacy Schwartzbart. Beide bemühten sich jahrelang, Informationen über den Holocaust an die Geheimdienste, aber auch an die Medien der USA und Großbritanniens weiterzuleiten.

Dem britischen Geheimdienst war es bereits früh gelungen, Nachrichten über Exekutionen von Juden zu entschlüsseln, schreibt Richard Breitman in *Staatsgeheimnisse*. Die Ordnungspolizei von SS-Oberstgruppenführer Kurt Daluege, die in Polen, Litauen, der Ukraine, Ungarn und Russland Hunderttausende von Juden erschoss, kommunizierte per kodiertem Kurzwellenradio mit Gestapo-Chef Reinhard Heydrich und SS-Reichsführer Heinrich Himmler. Dalueges Apparate waren aber technisch weniger ausgefeilt als die Enigma-Maschinen, die die Gestapo oder die SS benutzten (die immerhin vom Branchenführer ITT beliefert wurden), sodass deren Code einfacher zu knacken war.

Seit 1939 konnten die Briten den Polizeifunk abhören, aber erst 1941 begriffen sie, dass es bei einigen Nachrichten um Morde an Juden ging. 1942 gelang es ihnen sogar, eine Botschaft des Auschwitz-Kommandanten Rudolph Höß zu decodieren: Höß verlangte, dass ein Transport holländischer Juden nicht zu Arbeitseinsätzen in Polen, sondern direkt nach Auschwitz gebracht werden solle. Im selben Jahr wurde eine Meldung von Adolf Eichmann abgefangen, wonach alle rumänischen Juden »evakuiert« werden sollten.

Die Briten erfuhren aber noch aus einer weiteren Quelle vom Holocaust, bei der deutlich wurde, dass es sich um eine systematische Ausrottungspolitik handelte und nicht um Erschießungen einzelner Juden: Es gelang ihnen – wie die nach dem Nazi War Crimes Disclosure Act eingesetzte Arbeitsgruppe herausfand –, die versiegelte Diplomatenpost aus neutralen Ländern heimlich zu öffnen (die Briten teilten die Information mit Donovan). Die wichtigste Post war die des chilenischen Konsuls in Prag, Gomzalo Montt Rivas, die nach Santiago ging.

Chile war neutral, hatte aber, wie Südamerika allgemein, freundliche Beziehungen zu Deutschland. Montt selbst, ein Karrierediplomat, stand den Nazis ideologisch nahe. Im September 1941 berichtete er, dass das Warschauer Ghetto eingerichtet war, und er vermutete, dass die Bevölkerung von den Nazis »entfernt und durch eigene Bürger« ersetzt werde. Auch berichtete er über Restriktionen gegen tschechische Juden. Im November 1941 schrieb Montt, dass Juden aus Lodz und anderen Ghettos evakuiert worden seien, mithin zwei Drittel der polnischen Juden, und dass Luxemburg »frei von Semiten« sei. Weiterhin formulierte er: »Die Nazis wollen die Juden unter allen Umständen loswerden und sie womöglich in unser Land senden. Ich hoffe und vertraue darauf, dass unsere Regierung dies nicht zulässt, da Juden nutzlos sind für Arbeit auf Bauernhöfen oder in Minen.«

Am 25. November 1941 entzogen die Nazis den Juden die Staatsbürgerschaft und allen Besitz. Montt wusste davon einen Tag zuvor. Aus diesem Grund fügte er seinem Schreiben hinzu: »Das jüdische Problem im Protektorat wird gelöst. Es wurde entschieden, alle Juden auszurotten und manche nach Polen, manche nach Theresienstadt zu schicken ... Der deutsche Kriegstriumph wird Europa frei von Semiten machen ... In dem Verhältnis, wie die USA ihre Attacken gegen das Reich erhöhen, wird Deutschland die Zerstörung des Semitismus verstärken, da es das internationale Judentum beschuldigt, schuld an allem Übel der Welt zu sein.«

Die britischen Geheimdienstleute in Prag brauchten bis zu acht Wochen, sich diese Briefe zu beschaffen, zu übersetzen und nach London zu leiten. Die britische Hauptstadt sandte Kopien davon nach New York an William Donovans Assistenten. Das FBI erhielt ebenfalls Kopien sowie Adolf Berle, der Assistent des Außenministers. Auch US-Finanzminister Henry Morgenthau und Nelson Rockefeller bekamen ausgewählte Berichte. Rockefeller kümmerte sich beim Geheimdienst um Südamerika (von wo aus seine Firma Standard Oil Öl an die Nazis verschiffte). »Es gibt keine Anzeichen, dass die chilenischen Berichte in den USA Eindruck gemacht haben, außer, dass sie die Furcht vor jüdischen Flüchtlingen schürten«, so Breitman in *U.S. Intelligence and the Nazis*.

Einer von Dulles' Männern im Rockefeller Center war Arthur Goldberg, ein Anwalt des Gewerkschaftsverbands CIO. Anfang 1942 ging Goldberg nach London, wo er Kontakt zu gewerkschaftsnahen Zellen des deutschen Untergrunds aufbaute. Goldberg kümmerte sich um die in London gestrandeten deutschen Gewerkschaftler, die von den Briten praktisch auf der Straße sitzen gelassen wurden. Er gab ihnen Geld, Essen und ließ sie im geheizten Londoner OSS-Büro deutsche Zeitungen auswerten. Im Mai 1942 schmuggelte eine jüdisch-polnische Gewerkschaft namens Bund mithilfe eines schwedischen Geschäftsmannes ein Dossier an die polnische Exilregierung. Darin hieß es, dass die Deutschen alle Juden in Europa töten wollten, darunter Millionen von Juden in Polen. Außerdem wurde erwähnt, dass mobile Gaskammern eingesetzt wurden.

Der polnische Sozialist Szmuel Zygielbojm, der ebenfalls für Goldberg arbeitete, bedrängte diesen, deshalb etwas zu unternehmen. Goldberg solle, so flehte Zygielbojm, die Alliierten doch dazu drängen, ein sichtbares Zeichen zu setzen. Selbst wenn es ihnen nur möglich sei, die Lager zu bombardieren, wäre das besser als gar nichts. Aber Goldberg musste Zygielbojm abweisen. Das Militär könne nichts tun. Es gebe zu viele Ziele mit höherer Priorität. Immerhin berichtete die BBC über das Dossier des Bundes. Daraufhin gab Ignacy Schwartzbart eine Pressekonferenz, wo er sagte, eine Million Juden seien bereits umgebracht worden.

Eine weitere Informationsquelle war der Prager Bankier Joseph Goldschmied, der zwölf Tage nach dem Anschlag auf SS-Führer Reinhard Heydrich über die Schweiz und Spanien nach New York fliehen konnte. Dort diktierte er im Juli 1942 dem OSS-Büro einen 26-seitigen Bericht, in dem er akribisch festhielt, wie die Nazis seine

Bank beraubt hatten, deren Racheaktionen nach dem Heydrich-Attentat und die Aktivitäten des tschechischen Widerstands: »Von der 48 500 Juden, die es in Prag vor der Okkupation gab, war die Hälfte bereits deportiert worden, als ich die Stadt verließ. Alles wurde auf Order von Berlin erledigt, und die hatten darin viel Praxis. Die Juden von den kleineren Städten wurden sämtlich deportiert, erst nach Theresienstadt und dann, drei Tage später, nach Polen. Viele verhungerten unterwegs ... Wenn Hitler seinem Programm zur Vernichtung der europäischen Juden treu bleibt, wird er sein Ziel bald erreicht haben.«

Dulles selbst erhielt drei Briefe von einem OSS-Offizier aus Lissabon, der mit einem britischen Soldaten gesprochen hatte. Dieser hatte mit seiner Einheit in Warschau festgesessen und im Ghetto Schutz gesucht. Mitte 1942 war er entkommen. Der Soldat berichtete dem Office of War Information, dass die Deutschen mittlerweile Juden nicht nur verfolgten, sondern systematisch ermordeten. Es habe Massenerschießungen in Sobibor gegeben. Himmler selbst sei im Warschauer Ghetto gewesen – wohin immer neue Juden aus Österreich, Böhmen, Mähren und Deutschland gebracht würden – und habe sich beschwert, dass die Juden »nicht schnell genug verschwänden, um den Führer zufrieden zu stellen«. Er verlangte die »Ausrottung aller Juden«.

Ein zweiter Brief desselben Offiziers berichtete von Massenexekutionen von Juden in den baltischen Ländern, meistenteils durch Einheimische, nachdem es der Wehrmacht gelungen war, Stalins Rote Armee zu vertreiben: »Es begann eine Jagd auf Juden und Kommunisten, und nachdem die meisten Kommunisten mit der Roten Armee geflohen waren, tobte sich die Racheorgie an den Juden aus, von denen viele so unklug gewesen waren, sich mit den Kommunisten zu assoziieren, offensichtlich hoffend, dass diese sie vor Hitler beschützen würden ... Litauische und lettische Faschisten, unterstützt von der SS, massakrierten Zehntausende von Juden in wenigen Tagen. Das Blutbad war ein Signal für die Massaker an

Juden in Polen, Weißrussland und der Ukraine.« Der Schreiber fügte in einem dritten Brief hinzu, dass westfälische Juden ins Baltikum gebracht wurden, wo sie in Zügen mit Gas ermordet würden.

Aber erst als Gerhart Riegner, der Schweizer Büroleiter des Jüdischen Weltkongresses, sein mittlerweile berühmtes Riegner-Telegramm nach London und Washington sandte, erfuhr die Öffentlichkeit vom Holocaust. Riegner war von Eduard Schulte kontaktiert worden, dem Bergwerksdirektor von Georg von Giesches Erben, die der Silesian-American Corporation von W. Averell Harriman gehörte. Schulte verhandelte damals mit Schweizer Banken, um die deutsch-amerikanische Partnerschaft vor den Augen des Alien Property Custodian zu verbergen. Im Sommer 1942 berichtete Schulte, dass der Bau eines Konzentrationslagers mit einem Krematorium bei Auschwitz geplant sei, und auch von Giftgas auf Säurebasis.

Leland Harrison, der amerikanische Minister für die Schweiz, bezeichnete Riegners Bericht für den OSS als »wildes Gerücht, inspiriert von jüdischen Ängsten«. So sollte es noch mehrere Monate dauern, bis die US-Regierung das Telegramm zur Kenntnis nahm. Nur weil London diesen Darstellungen mehr Glauben schenkte als Washington, erlaubte es US-Außenminister Cordell Hull dem Rabbiner Stephen Wise vom American Jewish Congress, damit Ende November an die Öffentlichkeit zu gehen.

Es sollte noch bis zum 17. Dezember dauern, bis sich die Alliierten auf eine Erklärung einigten, mit der die »Massenexekutionen von vielen Hunderttausenden« im »Schlachthaus Polen« verurteilt und Vergeltungen angekündigt wurden. Die Regierungen der USA und Großbritanniens ließen sie in allen großen amerikanischen und britischen Zeitungen abdrucken und per BBC ins Dritte Reich übermitteln. Die Verzögerung war zustande gekommen, weil die britische Political Warfare Executive, die Abteilung für psychologische Kriegsführung, zuvor gebremst hatte. Die Briten hatten gefürchtet, dass eine zu starke Betonung der Verbrechen gegen die Juden den Effekt haben könnte, dass Deutschland aus Angst vor Rache seine Kampfanstrengung verdoppelte. Nun aber wollten auch die Briten, so Breitman in *Staatsgeheimnisse,* dass sich der »Feind seiner Schuld bewusst wird und dass er mitbekommt, dass wir wissen, dass er schuldig ist ... Denn es ist zweifelhaft, ob in Deutschland überhaupt bekannt ist, was ihre Führer den Polen, den Griechen und den Juden antun«.

Im Januar 1943 trafen sich Franklin D. Roosevelt und Winston Churchill in Casablanca. Josef Stalin, der in Moskau geblieben war, bedrängte wiederum seine Alliierten schon lange, eine zweite Front gegen Deutschland im Westen aufzumachen. Er fürchtete, dass die Westmächte darauf setzten, dass Deutschland die Sowjetunion ausblute, um einen Separatfrieden mit Berlin zu schließen. »Roosevelts erste Priorität war, Stalin bei Laune zu halten«, schreibt der amerikanische Historiker Michael Beschloss in seinem Buch *The Conquerors.* Deshalb, aber auch, um den deutschen Militarismus vollständig zu besiegen, schlug Roosevelt dem britischen Premier beim Lunch vor, von Deutschland die »bedingungslose Kapitulation« zu verlangen. Churchill stimmte zu. »Perfekt«, sagte er. »Ich kann sehen, wie Goebbels und der Rest von ihnen quieken.«

Privat hatte Churchill allerdings Zweifel. Er glaubte nicht, dass dies ausreiche, Stalin von seiner Forderung abzubringen, dass die Westmächte in Frankreich landen sollten. Zudem fürchtete er, dass die Aussicht auf eine bedingungslose Kapitulation – die auf einer Pressekonferenz öffentlich gemacht wurde – die Deutschen dazu bringen würde, bis zum bitteren Ende zu kämpfen. Tatsächlich verkündete Goebbels im Radio, nun habe man den Beweis, dass die Alliierten Deutschland versklaven wollten. Ähnlich skeptisch war Stalin, wobei er insgeheim hoffte, aus Deutschland ein kommunistisches Musterland zu machen (während Churchill es als Bollwerk gegen die Sowjetunion sah). Öffentlich aber, gegenüber Churchill und Roosevelt, trat Stalin für drakonische Strafen ein: Tribunale, Massenexekutionen, Sklavenarbeit und die Vertreibung von Millionen von Deutschen aus dem Osten.

Alle drei – Stalin, Roosevelt und Churchill – sollten sich erst im November 1943 auf Vorschlag von Stalin in Teheran treffen. Sie einigten sich rasch, dass Deutschland nach dem Krieg in mehrere Teile aufgegliedert werden sollte (wobei Roosevelt laut Beschloss vorschlug, das Ruhrgebiet protestantisch zu machen), zerstritten sich aber über die Behandlung der Deutschen. Stalin wollte sofort 50 000, wenn nicht 100 000 Soldaten standrechtlich erschießen lassen. Churchill weigerte sich, an einem Blutbad gegen Männer teilzunehmen, die ihr Land verteidigt hatten. Roosevelt schlug – im Scherz – einen Kompromiss vor: 49 500 erschossene Soldaten. Daraufhin hob der ebenfalls anwesende Sohn des US-Präsidenten, Elliott Roosevelt, sein Glas und prostete Stalin zu.»Ich hoffe, diese 50 000 Kriegsverbrecher werden getötet und viele Hunderttausende von Nazis mit ihnen.« Churchill verließ empört den Raum und lud Elliott Roosevelt nie wieder in sein Landhaus ein, wie er es bisher öfter getan hatte.

*

Der amerikanische Präsident hatte inzwischen beschlossen, in Bern ein Büro des OSS zu eröffnen.»Die Briten hatten sich geweigert, London als Sprungbrett ins Reich zur Verfügung zu stellen«, schreibt Joseph E. Persico. Als Leiter war Allen Dulles vorgesehen. Die neutrale Schweiz war ohnehin besser als London, da die Verbindung zu Informanten und Widerständlern aus Deutschland viel leichter war. Jedoch musste Dulles vorsichtig sein. Die Schweizer fürchteten, von der Wehrmacht überrannt zu werden und verhafteten jeden, der zu offensichtlich als Spion der Alliierten agierte. Genauso gingen sie gegen enttarnte Spione der Abwehr vor, von denen es ebenfalls mehr als genug gab. Selbst Dulles' Haushälterin spionierte für die Nazis.

Allen Dulles überquerte die französisch-schweizerische Grenze am 8. November 1942. Zwei Tage später wurde Südfrankreich von den Nazis besetzt. Damit kontrollierten die Achsenmächte alle Grenzen, die Kommunikation mit Washington war nur noch über codierte Telegramme oder verschlüsselte Telefongespräche möglich. Das gab Dulles jedoch eine gewisse Unabhängigkeit. Zudem trug er eine Million Dollar zur freien Verfügung bei sich.

Dulles erlebte nun einen »geheimnisumwitterten Alltag in einem Land voller Spione und Gegenspione, Geheimpolizisten, Emigranten und Exilanten, Saboteure, Auftragsmörder, »Agents Provocateurs«, Faschisten und Antifaschisten, Nazis und Antinazis, Kommunisten und Antikommunisten, die alle gegeneinander intrigierten«, schreibt Leonard Mosley in *Dulles*. Der Wall-Street-Anwalt pflegte Kontakte zu Nazis und deutschen Widerständlern, er verhandelte mit den jugoslawischen Tschetniks des königstreuen Faschistengenerals Draza Mihailovic und mit der kommunistischen Guerilla von Josip Tito. Er versprach italienischen Linken, die gegen Mussolini kämpften, genauso seine Hilfe wie italienischen Royalisten. Er gab Geld an die französische Résistance, die auf General Charles de Gaulle hörte, und an die Anti-Gaullisten unter Henri Giraud. Auf welcher Seite er wirklich stand, vermochte Dulles blendend zu verstecken. Seine Geliebte, Mary Bancroft, beschuldigte ihn einmal, er wolle die Nazis bloß loswerden, um Deutschland »sicher zu machen für die Junker und die Preußen – und natürlich für Sullivan & Cromwell«.

Charles Higham und John Loftus vermuten ähnlich, dass Dulles in der Schweiz mehr Energie in das Wohl seiner deutsch-amerikanischen Klienten steckte denn in seine geheimdienstliche Tätigkeit. So tauchte Gerhardt Westrick von der Berliner Kanzlei Albert & Westrick oft in Bern auf – Westrick und Heinrich Albert vertraten ITT, Kodak, General Motors, Ford, Standard Oil, Texaco, Krupp, Flick, die Vereinigten Stahlwerke und die IG Farben. Loftus behauptet sogar, Henry Morgenthau habe mit Roosevelts Einverständnis dafür gesorgt, dass Dulles' Büro in Bern verwanzt werde. Roosevelt habe Dulles sogar überhaupt nur in die Schweiz gesandt, um dort per

Lauschangriff Material gegen ihn und seine Klienten sammeln und sie nach dem Krieg unter Anklage stellen zu können.

Jedoch sei Dulles 1944, so Loftus, von Roosevelts Vizepräsidenten Henry Wallace gewarnt worden, dessen Schwager Minister für die Schweiz in Washington gewesen sei. Dieses Szenario scheint allerdings zu kompliziert zu sein, um reell zu sein. Der Posten in der Schweiz war wertvoll für die USA, von ihm konnte der Kriegserfolg abhängen – warum also sollte Roosevelt den mit einem unsicheren Kantonisten besetzen, um eine Komplizenschaft aufzudecken, die ohnehin größtenteils in den Wirtschaftsteilen von Tageszeitungen nachzulesen war? Aktenkundig ist lediglich, dass Morgenthau stets bemüht war, Dulles zur Strecke zu bringen. Vermutlich hat Roosevelt in seiner üblichen Taktik, beide Seiten zu bedienen, Morgenthau schlicht in der Illusion belassen, er werde sich nach dem Krieg der deutsch-amerikanischen Kollaboration annehmen.

Die Briten taten alles, um Dulles in der Schweiz zu sabotieren. Der MI 6 fürchtete, dass der laute, publicitysüchtige Amerikaner ihre Operationen gefährden könnte, konstatiert Leonard Mosley. Der britische Oberspion in der Schweiz, Frederick van den Heuvel, erhielt die Marschrichtung, dem Amerikaner keinerlei Hilfe zu geben und dafür zu sorgen, dass »er seine Nase nicht in unsere Akten steckt«. Das Hauptproblem sah Dulles aber in dem von den Alliierten gefassten Beschluss zur »bedingungslosen Kapitulation«. Denn damit erhielten die Geheimdienstleute die Order, von deutscher Seite mit niemandem auch nur zu reden, der diese Prämisse nicht akzeptierte. »Wir hätten den Krieg um Monate, wenn nicht sogar um ein Jahr abkürzen können, wenn es Casablanca nicht gegeben hätte«, erzählte Dulles später seinem Biographen Mosley.

Die Briten sollten sich tatsächlich an das Verbot halten. »Ich werfe jeden Deutschen und Schweizer sofort aus meinem Büro, sobald ich alle Informationen aus ihm herausgemolken habe«, teilte vanden Heuvel Dulles mit. »Und ich glaube denen nur sehr bedingt.« Und Stewart Menzies, der Chef des MI 6 in London, hatte einen Kontaktversuch von Admiral Wilhelm Canaris abgeblockt, um Stalin nicht zu verärgern – das schreibt Persico.

Dulles baute nach und nach einen Stab von Hunderten von Mitarbeitern und Zuträgern auf. Darunter war Noel Field, ein amerikanischer Kommunist, der lange in Frankreich gelebt hatte. Das Vichy-Regime lieferte viele Kommunisten an die Gestapo aus, nur einige wenige schafften es in die Schweiz. Von dort versuchten sie, Kontakte zum kommunistischen Widerstand an der Ruhr zu knüpfen, wobei Field ihnen half (mit 5000 Dollar, die er von Dulles bekommen hatte). Nachdem Frankreich befreit war, schlug Field vor, die deutschen Widerstandskämpfer im dortigen Untergrund zu mobilisieren, aber Dulles lehnte ab.

Ein anderer Dulles-Mann war ein junger Österreicher namens Fritz Molden. Molden berichtete von österreichischen Wissenschaftlern, die für die Nazis in Peenemünde arbeiteten, wo die Raketen V1 und V2 entwickelt wurden. Molden übergab Dulles sogar Fotos von den geheimen unterirdischen Fabrikhallen. Dulles wandte sich an das Londoner Büro des OSS, das diese Informationen sofort an Churchill weiterreichte. Der britische Premier wies die Royal Air Force (RAF) an, Peenemünde zu bombardieren.

Der erste wichtige deutsche Gewährsmann von Dulles war Vizekonsul Hans Bernd Gisevius mit seinen wertvollen Kontakten zu Niemöller, Canaris und Stauffenberg. Auch Gisevius hatte sich zunächst an die Briten gewandt, so Persico. Aber die mochten nichts mit ihm zu tun haben. Deutsche Militärs waren ihnen suspekt, denn sie fürchteten, dass diese Hitler nur ersetzen und so den Sieg erschweren würden. Außerdem mochte Churchill es sich nicht mit Stalin verderben.

Beim ersten Treffen im Februar 1943 sagte Gisevius zu Dulles, es gebe beim Militär und in der Abwehr Widerständler gegen Hitler, die auf die Hilfe der Amerikaner hofften. Diese hätten ein Sprengstoffattentat auf das Flugzeug des Führers geplant, und zwar am 13. März. Der skeptische Dulles fragte ihn, wie er denn beweisen könne, dass er vertrauenswürdig sei. Daraufhin zog Gisevius eine schwarze Kladde aus der Tasche und las dem erstaunten Dulles dessen eigene Telegramme nach Washington vor. Damit legte Gisevius offen, dass die deutsche Botschaft den Code der Amerikaner entschlüsselt hatte. Das Attentat scheiterte allerdings, da die Bombe nicht explodierte.

Gisevius und Gero von Schulze-Gaevernitz brachten den OSS-Büroleiter bald mit Adam von Trott zu Solz zusammen. Von Trott zu Solz hatte in den USA studiert und war mit Arvid Harnack befreundet. Er kannte Dietrich Bonhoeffer und Hans von Dohnanyi, und er war mit einer Widerstandsgruppe namens Kreisauer Kreis verbunden, dem auch Peter Graf Yorck von Wartenburg angehörte. Über ihn wurden auch Kontakte zu Claus Graf Schenk von Stauffenberg und dem Sozialdemokraten Julius Leber geknüpft. Die Widerständler sollten zwar viele Pläne schmieden, aber keiner wurde erfolgreich ausgeführt. Als die Gestapo im April 1943 mehrere Männer verhaftete, musste Gisevius seine Kuriertätigkeit vorerst einstellen und in der Schweiz bleiben.

In diesem Sommer sollte Dulles seinen wichtigsten Spion kennen lernen: Fritz Kolbe. Kolbe arbeitete, wie Gisevius, für das Auswärtige Amt in Berlin. Während Gisevius ein Bär von einem Mann war, war Kolbe ein schmächtiger, grauer Bürokrat. Aber er saß an einer entscheidenden Schaltstelle: Er war der Assistent von Karl Ritter, der die Politik des Auswärtigen Amts mit dem Oberkommando der Wehrmacht koordinierte. Kolbe hasste die Nazis, aber er glaubte nicht, dass es den Gruppen um Stauffenberg gelingen würde, ein Attentat auf Hitler zu verüben. So beschloss er, den Amerikanern zu helfen, den Sieg über Deutschland zu erringen. Zu seinen Aufgaben gehörte es, dienstlich in die Schweiz zu reisen – und das wollte er nutzen, um Informationen zu den Alliierten zu schmuggeln.

Kolbes erster Weg führte zu den Briten, aber die warfen ihn hinaus, weil sie ihn für einen »Agent Provocateur« hielten. Daraufhin wandte er sich an Dulles. Dem erzählte Kolbe rundheraus, sein

Ziel sei die deutsche Niederlage. Er habe Kopien aller Telegramme dabei, die das Außenamt versendet oder empfangen habe – und mehr. In Kolbes Koffer waren 186 Dokumente, handgeschriebene Briefe, Mikrofilmrollen, Informationen über die V2 und Pläne der japanischen Armee. Laut Persico fügte er in seinem Gespräch mit Dulles hinzu: »Ich stelle keine Bedingungen. Ich will nur Hitler besiegt sehen.«

Kolbe kannte dieselben Leute wie Gisevius: Pfarrer Bonhoeffer, den Leipziger Oberbürgermeister Goerdeler, aber auch den früheren SPD-Reichstagspräsidenten Paul Löbe und Alfred Graf von Waldersee, einen Major, der bereits 1941 in Paris versucht hatte, Hitler in Paris zu erschießen, wie der französische Journalist Lucas Delattre bei den Recherchen zu seiner Biographie *Fritz Kolbe* herausfand. Bald sollte er unter dem Code-Namen »Georg Wood« pfundweise geheimes Material an Dulles liefern.

Kolbe, dem Dulles eine Kamera für Mikrofilme mitgab, informierte die Amerikaner über die Stationierung von Raketen in Holland und Belgien, darüber, was Hitlers engste Berater besprachen, er lieferte Karten, dazu Skizzen von Hitlers Wolfsschanze sowie Berichte über die Auswirkungen der Bombardierungen durch die Alliierten. Er fand heraus, dass Franco Deutschland mit Stahl belieferte, und entdeckte eine geheime Radiostation in Irland, die die Deutschen vor den Schiffen der Alliierten warnte. Im Herbst ließ er einen Spion in der britischen Botschaft in Ankara mit dem Decknamen »Cicero« auffliegen, der die Achsenmächte vor der Invasion der Normandie gewarnt hatte. Und er enttarnte auch einen Spion im Umfeld von Vizepräsident Henry Wallace.

Dulles reichte Kopien der Kolbe-Dokumente nach London weiter, aber die Briten glaubten erst, dass diese echt seien, als Kim Philby es bestätigte, der Oberspion des MI 6, der später zu den Sowjets überlief. Auch Roosevelt und Donovan blieben lange skeptisch. Viele Berichte des Meisteragenten wurden zu spät ausgewertet.

Aus einem der Bulletins, die Kolbe lieferte, ging hervor, dass

Hitler plante, die italienischen Juden zu töten. Allerdings wussten die Alliierten ohnehin Bescheid. Die Briten hatten am 11. Oktober einen Funkspruch von Ernst Kaltenbrunner abgefangen, dem Chef des Reichssicherheitshauptamts, der dem SS-Obersturmbannführer Herbert Kappler die »sofortige und gründliche Ausrottung der Juden in Italien« befahl.

*

Die Gestapo plante den Mord an den italienischen Juden nach dem 25. Juli 1943, als Benito Mussolini gestürzt und durch Pietro Badoglio ersetzt worden war. Daraufhin verhandelte Italien insgeheim einen Frieden mit den USA und Großbritannien, und die Westalliierten landeten in der Folge in Süditalien. Nun besetzte die Wehrmacht den vormaligen Verbündeten. Kappler saß damals in Rom und hielt Kaltenbrunner und seinen Vorgesetzten Karl Wolff per Kurzwellenradio auf dem Laufenden. Aber die Briten – die eine Enigma-Maschine aus einem deutschen U-Boot erbeutet hatten – hatten inzwischen den Code der SS geknackt und hörten die Funkgespräche ab. »Diese wurden binnen Tagen übersetzt, amerikanische Geheimdienstler zählten zu den Empfängern«, heißt es in *U.S. Intelligence and the Nazis*. Breitman zufolge gingen sie an die für Gegenspionage zuständige Einheit des OSS, die in Washington sitzende X-2, die ihrerseits Donovan briefte.

Zunächst sollten die 8000 römischen Juden deportiert werden. Kappler warnte Berlin per Funk, dass der Vatikan Juden mit falschen Pässen für Lateinamerika versah. Sodann traf er sich mit zwei Vertretern der jüdischen Gemeinde und verlangte von ihnen 50 Kilogramm Gold – sonst würden 200 Juden deportiert werden. In einer weiteren Meldung vom 6. Oktober informierte Kappler Wolff, dass SS-Hauptsturmführer Theodor Dannecker in Italien angekommen sei, mit der Order, alle Juden nach Deutschland zu »verschiffen«.

Der deutsche Konsul in Rom, Eitel Friedrich Moellhausen, versuchte, die SS zu stoppen, und schlug in einem Telegramm an das Auswärtige Amt vor, die Juden lieber zu Arbeiten einzusetzen. Gleichzeitig alarmierte er Ernst von Weizsäcker, den Botschafter beim Vatikan, der seinerseits den Papst von der Razzia informierte. Aber der Papst veröffentlichte die Warnung nicht (wobei jedoch viele Klöster und Kirchen den Juden Zuflucht anboten). Nach einem Treffen zwischen Wolff und Hitler sandte Kaltenbrunner am 11. Oktober die entscheidende Nachricht an Kappler: »Die sofortige und gründliche Entfernung aller Juden in Italien ist im Interesse der derzeitigen politischen Situation und der generellen Sicherheit Italiens ... Je länger die Verzögerung, umso mehr Gelegenheit werden die Juden haben, in die Häuser projüdischer italienischer Familien zu ziehen oder ganz zu verschwinden ... Ein Einsatzkommando wurde angewiesen, die Befehle durchzuführen und mit der Evakuierung von Juden ohne weitere Verzögerung zu beginnen.«

Am 16. Oktober trieben 365 SS-Männer und Polizisten 1259 jüdische Männer, Frauen und Kinder zusammen und sperrten sie in einer Militärakademie nahe dem Vatikan ein. Dank der Hilfe der römischen Bevölkerung konnte der Rest untertauchen. 250 von den eingesperrten Juden wurden wieder freigelassen, die übrigen per Zug nach Auschwitz gebracht (wie der britische Geheimdienst ebenfalls entschlüsseln konnte). Letztlich überlebten nur 15 das Lager. Ein Fünftel aller italienischen Juden wurde damals deportiert, insgesamt 6800 Menschen.

Hätte dies verhindert werden können? »Der britische Geheimdienst hatte nicht die Praxis, öffentlich darüber zu reden, was er aus deutschen Radiobotschaften abhörte«, heißt es in *U.S. Intelligence and the Nazis*. Jedoch meint der US-Historiker Timothy Naftali, dass Churchill oder Roosevelt über Radio hätten bekannt geben sollen, was den italienischen Juden drohe. Die Arbeitsgruppe hat jedoch keinen Nachweis gefunden, dass Roosevelt persönlich über das Schicksal der italienischen Juden Bescheid wusste. Kolbe allerdings hatte den Brief des deutschen Konsuls Moellhausen an Dulles weitergeleitet. Aber erst im Dezember – da war es schon zu spät.

*

Ende 1942 kam ein polnischer Untergrundkämpfer in London an, der Jan Kozielewski hieß, aber unter seinem Decknamen »Karski« bekannt werden sollte. Karski war im Sommer im Auftrag der polnischen Exilregierung nach Warschau geschickt worden, wo er sich mit zwei jüdischen Führern traf. Sie sagten ihm, dass 1,8 Millionen polnische Juden bereits getötet worden seien, ein Großteil davon in einem Todeslager, hundert Kilometer von Warschau entfernt. Dann brachten sie ihn in das Warschauer Ghetto.

In Lumpen verkleidet, kroch er durch einen Tunnel. Über das, was er sah, war er schockiert: Er erblickte nackte Leichen auf der Straße, sterbende Menschen, Kinder mit toten Augen. Karskis Führer, ein Anwalt namens Leon Feiner, gab ihm eine Deklaration mit: Er sollte Churchill und Roosevelt darum bitten, die völlige Vernichtung der Juden zu verhindern. Beide sollten den Deutschen klar machen, was geschah, und sie kollektiv dafür verantwortlich machen und, wenn alles nichts half, deutsche Kulturbauten bombardieren.

Als Karski London erreichte, trug er Hunderte von Mikrofilmen bei sich. Er berichtete, dass Himmler im März und im Juli 1942 den Generalgouverneur in Warschau besucht habe und dabei befohlen habe, mindestens die Hälfte der noch lebenden Juden in Polen im Laufe des Jahres umzubringen. Aber der britische Außenminister Anthony Eden sagte zu Karski, England habe schon genug Juden aufgenommen. Karski traf sich auch mit Szmuel Zygielbojm, der verzweifelt fragte, was er bloß tun könne. Im Mai 1943 schlugen die Wehrmacht und die SS den Aufstand im Warschauer Ghetto blutig nieder, 500 000 Menschen starben, darunter auch Leon Feiner. Wenige Tage später nahm sich Zygielbojm das Leben.

Im Sommer 1943 traf sich Karski mit Roosevelt und sagte ihm, wenn die Alliierten nicht in den nächsten anderthalb Jahren intervenierten, werde es keine Juden mehr geben. In einem weiteren Bericht vom November stand, dass die Juden nun nach Treblinka, Sobibor und Belzec gebracht würden. »Diese Orte sind nicht viel mehr als Exekutionsstätten für die Juden, die die schreckliche Reise dorthin überlebt hatten«, schreibt Karski. »Es liegt jenseits der Kraft jedes Menschen, zu beschreiben, was ich gesehen habe ... Von den 3,5 Millionen Juden in Polen und den 50.000 bis 700 000, die aus anderen von den Nazis besetzten Ländern dorthin gebracht wurden, ist nur noch eine kleine Zahl am Leben. Es geht nicht mehr darum, Juden zu unterdrücken, sondern sie vollständig zu vernichten, mit perfektionierten Foltermethoden ... Von Warschau aus werden die Juden zu den Gleisen außerhalb der Stadt getrieben, wo Viehwagen auf sie warten. Bevor sie die erreichen, werden viele erschossen ... Dann werden Hunderte von Menschen in Waggons geladen und der erste Teil der Reise, der zwei bis acht Tage dauert, beginnt. Kein einziges Mal werden die Türen geöffnet, sodass viele sterben, bevor sie am ›Sortierpunkt‹ ankommen ... Leichen liegen überall. Männer treten über die Leichen und bemerken sie kaum.«

Die Vertreter amerikanischer und britischer Juden, darunter James de Rothschild und Maurice Wertheim, waren entsetzt. Sie forderten, die Bombardierung Deutschlands zu verstärken. Der polnische Exilpremier Wladyslaw Sikorski hatte schon im Dezember 1942 vorgeschlagen, Berlin zu bombardieren, gleichzeitig sollte die RAF Flugblätter abwerfen, auf denen stand, dies sei die Vergeltung für die Verfolgung der Polen und Juden.

Aber Roosevelt war dagegen. Bis 1940 hatte er die Ansicht vertreten, dass die Tötung von Zivilisten ein Kriegsverbrechen sei, schreibt Christopher Simpson in *The Splendid Blond Beast*.[24] Zudem war er der Meinung, Bombardierungen würden nur den Durchhaltewillen der Deutschen stärken und den deutschen Widerstand schwächen. Wichtiger aber war, dass die Nazis der eigenen Bevölkerung die Verfolgung der Juden ohnehin schon als Rache für die Bombardierung verkauften. »In Nazi-Deutschland fütterten die alliierten Bomben Hitlers Krieg gegen die Juden«, konstatiert Simpson. So drohte Goebbels nach den Flächenbombardements 1942 auf Köln und Essen der »jüdischen Presse in New York und London« mit Rache für deren »blutdürstige Deutschenhetze«.

In einigen Gemeinden wurde nun bedauert, die Juden deportiert zu haben – hätte man sie entweder netter behandelt oder aber auf die Dachböden verfrachtet, wäre man vor Bomben geschützt, glaubten viele. Dies war eine absolut unrealistische Ansicht. Die Bombardierung traf Städte völlig unabhängig davon, wie sie mit den Juden umgingen oder umgegangen waren. Vermutlich, nimmt Simpson an, töteten die Bomber sogar eine überproportionale Anzahl von Juden, da diese ungeschützt als Zwangsarbeiter in kriegswichtigen Betrieben arbeiteten.

Churchill berief eine Konferenz seiner obersten Militärs ein, um den Vorschlag zu debattieren. Die Militärs befürworteten zwar eine stärkere Bombardierung, warnten aber davor, die geforderten Flugblätter abzuwerfen, schreibt Breitman in *Staatsgeheimnisse*. Luftwaffenchef Sir Charles Portal erklärte, wenn die Armee die Bombardierung einer deutschen Stadt als Vergeltung bezeichne, würde das der offiziellen Linie widersprechen, nach der Großbritannien nur von militärischen Zielen rede. Zudem könnten sich die Deutschen an britischen Kriegsgefangenen rächen. Außenminister Anthony Eden hatte andere Einwände: Die Deutschen könnten anbieten, mit dem Judenmord aufzuhören, wenn die Royal Air Force aufhöre, zu bombardieren. Das war natürlich überhaupt nicht im Sinn der Briten. So lehnte Churchill das Ansinnen ab.

Aber die Berichte aus Polen rissen nicht ab. Einer kam von einer Kurierin mit dem Decknamen »Wanda«, die im Dezember 1943 nach London gelangte. Sie sagte, es seien 645 000 Juden in Auschwitz vergast worden, allein im Jahr 1943 rund 60 000 aus Griechenland, 50 000 aus Slowakien, 60 000 aus Holland, Belgien und

Frankreich sowie 11 000 andere. Im Sommer 1944 konnten Rudolf Vrba und Alfred Wetzel aus Auschwitz fliehen, die in der Verwaltung Neuankömmlinge registriert hatten. Sie übergaben der jüdischen Gemeinde in Budapest einen 30-seitigen Bericht, wo zum ersten Mal die Gaskammern beschrieben wurden. Über Dulles ging dieser nach Washington.

Nun wurde über eine andere Möglichkeit diskutiert, nämlich den Juden durch Bombardierung der Gaskammern von Auschwitz oder der Gleise zum KZ zu helfen. Realistisch war dies allerdings erst ab Mitte 1944 möglich, als nach dem Fall von Italien den Alliierten eine Basis im italienischen Foggia zur Verfügung stand, die 600 Meilen von Schlesien entfernt lag. Ab Juni 1944 – dies fand der amerikanische Historiker David Wyman heraus – flog das 15. Regiment der U.S. Air Force, begleitet von schnellen P-510 Mustangs, mehrere Einsätze gegen Buna und andere Fabriken der IG Farben, die bei Auschwitz synthetisches Benzin produzierten. Sie warfen um die 23 000 Bomben ab. Dabei flogen sie direkt über Birkenau. Allein in vier Angriffen zwischen dem 20. August und dem 26. Dezember 1944 wurden 3394 hochexplosive 500-Pfund-Bomben entladen. »Nur eine einzige B17 wurde dabei abgeschossen«, schreibt Wyman. Es gab darüber hinaus 30 Flüge, bei denen die Krematorien fotografiert wurden.

Warum nicht gleichzeitig die Krematorien und Gaskammern bombardiert wurden, darüber streiten sich die Wissenschaftler noch heute. Manche Briten glauben, Schuld trage die Bürokratie des britischen Außenamts, andere meinen, darunter der englische Historiker Martin Gilbert, die Bremser seien beim britischen Luftfahrtministerium gewesen. Churchill, so Breitman, debattierte die Bombardierung von Auschwitz um 1944 mit seinen Militärs, als die Deportation der 800 000 ungarischen Juden anstand. Bombergeneral Arthur Harris hielt es für machbar. Aber Churchill glaubte, die Gleise zu zerstören, sei nicht effektiv, denn die Deutschen würden sie rasch wieder aufbauen. Dies sei nur eine Ablenkung vom Ziel, den Krieg zu gewinnen. Und um Gaskammern zu bombardieren, seien mehr Informationen über die Topographie nötig. Wenn dort Bomben fallen sollen, entschied Churchill, müssten dies die Amerikaner tun.

Damit wurde der Ball an John McCloy gereicht, den zivilen Oberkommandierenden der U.S. Army. McCloy war ein ehemaliger Wall-Street-Anwalt, einer derjenigen, die in den zwanziger Jahren Kredite an Deutschland vermittelt hatten. Nun hatte er es zur rechten Hand von Kriegsminister Henry Stimson gebracht. McCloys war damals, wie er selbst sagte, »sehr wählerisch« gewesen, was den Einsatz der Armee zur Rettung der Juden betraf. So lehnte er es im November 1943 ab, 4000 jugoslawische Juden, die von Partisanen befreit und auf der Adriainsel Rab gestrandet waren, mit Marinebooten in Sicherheit zu bringen, da die U.S. Army keinen Präzedenzfall schaffen wollte. Außerdem fürchtete er – schreibt der amerikanische Historiker Kai Bird in *The Chairman* –, dass zu viele Einsätze zur Rettung von Juden die Moral der Armee untergraben könnten.

Das gesamte US-Militär hatte eine lange antisemitische Tradition. Viele Offiziere – darunter General Douglas MacArthur, der von 1931 bis 1935 Stabschef war – glaubten an die »jüdisch-kommunistische Weltverschwörung«, wie es Joseph Bendersky in seinem Buch *The »Jewish Threat«* beschreibt. Am Army War College in Washington, wo Dwight D. Eisenhower ausgebildet wurde, lehrten Eugeniker wie Charles Davenport. Davenport propagierte, nur »nordische, hoch gewachsene Männer und möglichst wenig Juden« in die Armee aufzunehmen. Der Eugeniker Lothrop Stoddard brachte den Offizierskadetten am Naval War College in Newport bei, dass die »asiatischen Juden« nicht nur Bolschewiken seien, sondern auch eine »hybride Rasse«, gemischt mit Mongolen, bei denen das »hebräische Blut« verloren gegangen sei.

Die gleiche Haltung hatten die US-Militärattachés und Geheimdienstler. Schon um 1933 beschwerte sich der ranghöchste Offizier in Berlin, John W. Hineman über »jüdische amerikanische Reporter«, die das Deutschland-Bild im Ausland verzerrten. Ähnlich dachte sein Nachfolger Truman Smith, der mit Allen Dulles und Charles Lindbergh befreundet war. Später sollte Percy Black Militärattaché in Berlin werden, der die Wehrmacht beim Einmarsch in Polen begleitete – als neutraler Beobachter. Danach versicherte er Washington, dass es keine Grausamkeiten gegen Zivilisten gegeben habe, im Gegenteil, die Armee habe Frauen und Kinder in Suppenküchen versorgt. Und Ivan Yeaton vom Militärgeheimdienst G-2, der Kommunismus grundsätzlich für eine jüdische Verschwörung hielt und Russen verachtete, war für die Abteilung zuständig, die Informationen über den Holocaust in Europa sammelte.[25]

Der oberste Antisemit war allerdings General George Van Horn Moseley, ein Freund von General George S. Patton, der einer der Armeeführer im Krieg gegen Deutschland war. Moseley, der in der Armee immer populär blieb, kritisierte Roosevelt für dessen »Kriegshysterie« und sagte auf Vorträgen, dass der Krieg »propagiert werde, um jüdische Hegemonie in der ganzen Welt zu etablieren«, und dass »meine und eure Söhne an der Seite von Kommunisten kämpfen werden, die Christen töten, während die Juden profitieren«. Vor diesem Hintergrund hielt es McCloy vermutlich für geraten, keine Soldatenleben für die Rettung jüdischer Gefangener in Auschwitz zu riskieren.

Anfang 1944 war in den USA das War Refugee Board geschaffen worden, eine Behörde, die ebenfalls die Bombardierung von Auschwitz diskutierte. Deren Vorsitzender, John Pehle, sprach im Sommer McCloy an, dem er auch den Bericht von Rudolf Vrba und Alfred Wetzel gab, die im Vorjahr aus Auschwitz entkommen waren. Pehle schlug McCloy vor, Bomber nach Auschwitz zu senden. Auch Jacob Rosenheim von der ultra-orthodoxen Agudath Israel, Ernest Frischer von der tschechischen Exilregierung, Nahum Goldmann, der Präsident des Jüdischen Weltkongresses, sowie die polnische Exilregierung verlangten von McCloy, die Gleise nach Auschwitz zu bombardieren. Aber McCloy lehnte ab. Ähnlich erging es Henry Morgenthau, der sich im Juni 1944 an McCloy wandte.

Im September 1944 befreiten die Sowjets Majdanek. Amerikanische Reporter hatten das Camp anschließend besucht und grausame Einzelheiten über die Gaskammern, die Krematorien und die Berge menschlicher Asche berichtet. John Pehle wandte sich nun noch einmal an McCloy und bat ihn dringend, nicht nur Auschwitz, sondern auch die Fabriken von Krupp und Siemens zu bombardieren, die dort lagen. McCloy lehnte wieder ab, diesmal nach Rücksprache mit Außenminister Cordell Hull, der behauptete, dazu müssten die Bomber 2000 Meilen über Feindgelände fliegen.

1983 befragte die *Washington Post* den mittlerweile 88-jährigen McCloy dazu. Der meinte, diese Entscheidung sei »keine wichtige Episode in meinem Leben« gewesen. Ohnehin sei nicht er dafür zuständig gewesen, sondern Roosevelt, an den sich damals auch mehrere Vertreter jüdischer Gruppen gewandt hätten. »Wenn der Präsident das hätte tun wollen, hätte er bloß einen Knopf zu drücken brauchen.«

Roosevelt hatte gegenüber besorgten Juden wie Rabbi Stephen Wise immer gesagt, das Beste, was man tun könne, um die Juden zu retten, sei, den Krieg zu gewinnen. Daraus zog die Rooseveltfreundliche Führung der jüdischen Organisationen den Umkehrschluss, Roosevelt führe den Krieg, um die Juden zu retten. Tatsächlich sollte das eintreten, was damals schon Zeitzeugen gemutmaßt hatten. Als der Krieg gewonnen wurde, gab es kaum noch Juden, die gerettet werden konnten.

Kurz vor seinem Tode, 1986, traf sich McCloy mit Morgenthaus Sohn Henry Morgenthau III und berichtete diesem erstmals, dass er tatsächlich mit Roosevelt über Auschwitz gesprochen habe – etwas, was er bisher immer abgestritten hatte. »Der Präsident hat mir nachdrücklich klar gemacht, dass es nicht gut sei, Auschwitz zu bombardieren«, erinnerte sich McCloy, wie es Michael Beschloss später von Morgenthaus Sohn erfuhr. »Wenn wir diese Menschen bombardieren, verschieben die Deutschen das Camp nur ein Stück weiter und wir müssen nochmals bombardieren ... Und wenn das

Erfolg hat, wird es nur eine Provokation sein. Damit will ich nichts zu tun haben ... Man wird uns beschuldigen, Teil dieses furchtbaren Geschehens zu sein.«

*

Kolbe, aber auch die Widerständler um Stauffenberg hofften immer noch auf logistische Hilfe aus Washington: Waffen, Geld, Informationen. Ihr Plan war, Hitler zu stürzen und sich den Briten und den Amerikanern zu ergeben. Deshalb wandte sich Adam von Trott zu Solz, vermittelt durch Hans Bernd Gisevius, an Dulles.

Dulles fing ab Januar 1944 an, Washington auf dem Laufenden zu halten. Er berichtete, dass neben Admiral Canaris auch der Leipziger Oberbürgermeister Carl Goerdeler sowie die Sozialdemokraten Julius Leber und Karl Leuschner in den geplanten Aufstand der »Breakers« verwickelt seien. Im April informierte er Donovan, dass die »Klimax bevorstehe«. Kurz darauf traf sich von Trott zu Solz mit Gero von Schulze-Gaevernitz in der Schweiz und warnte diesen, dass das Komitee »Freies Deutschland« in Moskau, das aus deutschen Exilkommunisten bestand, ebenfalls die Machtübernahme planen und die Fühler nach Deutschland ausstrecken würde. Er ließ den Amerikanern Vorschläge übermitteln, die aus heutiger Sicht naiv wirken, etwa, dass die USA die sozialistischen Führer des deutschen Untergrunds ihrer Solidarität versichern sollten und dass der Abwurf von Propaganda-Flugblättern – deren Inhalt mit dem deutschen Widerstand abgesprochen werden sollte – nicht mehr gleichzeitig mit der Bombardierung proletarischer Wohnquartiere geschehen solle.

Dulles selbst hätte durchaus einen Deal mit dem Untergrund gemacht, beispielsweise Waffen zugeliefert oder Material zum Bombenbau, und so drängte er Washington, wenigstens ein Zeichen der Ermutigung zu schicken. Aber Roosevelt fürchtete, Stalin zu verärgern – er wies OSS-Chef Donovan an, Dulles ausdrücklich davor zu warnen. Der hielt zwar hinter Donovans Rücken weiterhin den Kontakt zu Gisevius, tat aber nichts.

Als das Attentat vom 20. Juli 1944 scheiterte, wurden um die 7000 Menschen verhaftet und 5000 hingerichtet, darunter Stauffenberg, von Trott zu Solz, Goerdeler und, im Frühjahr 1945, Wilhelm Canaris. Nur Gisevius schaffte es, zu Dulles in die Schweiz zu flüchten.

Dulles sollte nach dem gescheiterten Putsch seine Meinung ändern: Er kabelte nach Washington, dass die USA »keinen weiteren Aufstand unterstützen sollten«, denn das »bedeutete, dass wohl noch mehr Elemente in Deutschland, die für die Zukunft nützlich sein könnten, abgeschlachtet werden würden«, schreibt der amerikanische Autor Burton Hersh in seinem Buch *The Old Boys*.

Nach dem Attentat vom 20. Juli schaffte es Kolbe noch, Kontakte zu Berliner Studenten zu knüpfen, die den Sozialdemokraten nahe standen. Diese planten, zum Aufstand gegen die Nazis aufzurufen und Berlin so lange zu halten, bis die Amerikaner und die Briten eintreffen würden. Dulles lehnte nach Rücksprache mit Washington ab, da damit der Westen Stalin signalisieren würde, dass er vor der Roten Armee in Berlin sein wolle. Roosevelt wollte sogar, so Kai Bird, Stalin eine gemeinsame Besatzung von Frankreich nach dem Krieg anbieten (dies scheiterte an de Gaulle).

*

Bald sollten aber auch die Nazis ihre Fühler zur Kapitulation ausstrecken. Bei Dulles tauchte ein alter Freund auf, Prinz Maximilian von Hohenlohe, der vor dem Krieg oft die Dulles-Brüder auf Long Island besucht hatte. Hohenlohe, der einen deutschen und einen Liechtensteiner Pass besaß, erzählte, dass er im Auftrag der Gestapo komme, auf direkten Befehl von Walter Schellenberg, dem zweiten Mann nach Heinrich Himmler. Er überbrachte ein Angebot: Falls die Gestapo es schaffte, eine Revolte gegen Hitler zu organisieren, würden die Alliierten es dann in Betracht ziehen, ein Regime von Himmler zu tolerieren und einen Separatfrieden unter Ausschluss der Sowjetunion abzuschließen?

Dulles lehnte, nach Rücksprache mit Roosevelt, auch dieses wenig reale Gedankenspiel der Gestapo ab – Himmler war wirklich nicht akzeptabel. Das Protokoll, das Hohenlohe von dem Gespräch anfertigte, fiel nach dem Krieg allerdings in die Hände der Sowjets, die es an Journalisten weitergaben. Demzufolge hatte Dulles gesagt, er habe es satt, »abgehalfterten Politikern, Emigranten und vorurteilsbeladenen Juden zuzuhören«, er wolle einen »Sicherheitsgürtel gegen den Bolschewismus« schaffen, indem er Polen, Rumänien und Ungarn stärke. Die CIA behauptete daraufhin entrüstet, die Sowjets hätten das Dokument manipuliert.

Im Frühjahr 1945 erhielt Dulles eine erneute Anfrage, vermittelt durch den Schweizer Geheimdienstchef und Nachrichtenoffizier Max Waibel. Diesmal kam sie von Karl Wolff, der die SS in Italien kommandierte. Wolff war Himmlers Vertrauter. Er hatte Zugang zu dem berühmten »Spezialkonto S« des Keppler-Kreises, er hatte die Deportation der italienischen Juden veranlasst und italienische Partisanen erschießen lassen. Wolff wollte mit Dulles über die Übergabe Norditaliens verhandeln, woran die Schweiz sehr interessiert war. Genua war ihr wichtigster Einfuhrhafen, dessen Zerstörung sie verhindern wollte. Dulles verlangte zum Beweis, dass Wolff es ernst meinte, dass die SS zwei italienische OSS-Spione freilassen sollte. Zwei Tage später geschah dies auch tatsächlich.

Wolff bot Dulles an, den Kampf gegen italienische Partisanen zu beenden und 350 gefangene Juden in die Schweiz freizulassen. Dulles informierte Roosevelt, der grünes Licht für entsprechende Verhandlungen gab – und zwar unter dem Codenamen »Operation Sunrise«. Aber Stalin, der davon erfuhr, beschwerte sich beim US-Botschafter in Moskau, W. Averell Harriman, und schickte zudem ein empörtes Telegramm an Roosevelt: Er werde keinerlei Versuche dulden, einen Separatfrieden durchzusetzen. Am 12. April 1945 sandte Roosevelt eine Nachricht zurück, die Stalin beschwichtigen sollte. Es sollte sein letztes Schreiben an Stalin sein: Am Abend dieses Tages starb der Präsident.

Am 20. April wies Roosevelts Nachfolger Harry S. Truman Dulles und alle US-Generäle an der Westfront an, die Gespräche mit Wolff abzubrechen, schreibt Leonard Mosley. Es sollte fünf Tage dauern – in denen in Norditalien noch Tausende von Menschen starben –, bis Truman dann doch den Verhandlungen zustimmte, aber nur unter der Bedingung, dass auch Stalin involviert wurde. Wolff ergab sich. Es war der Beginn der deutschen Kapitulation. Ob die 350 gefangenen Juden überlebt haben, ist nicht bekannt.

Die letzte Vereinbarung zwischen Roosevelt, Churchill und Stalin war im Februar 1945 die Konferenz auf Jalta gewesen. An deren Beschlüsse hielt sich Truman. Polen wurde, wie ganz Osteuropa, der Sowjetunion übergeben, die ihre Grenze nach Westen verschob. Stalin ließ um die 150 000 Kommunisten exekutieren, die ihm als zwielichtig erschienen. Viele Widerstandskämpfer, auch Jan Karski, sollten nie mehr in ihre Heimat zurückkehren.

Nach dem gescheiterten Aufstand des 20. Juli starben noch ungefähr zwanzig Millionen Menschen, davon zwei Millionen Juden in den verschiedenen Lagern. Ganze Städte, darunter Warschau, Dresden und Hiroshima, wurden vernichtet. »Ohne Roosevelts Forderung der bedingungslosen Kapitulation«, glaubte selbst Truman, »hätten die Deutschen nach Stalingrad oder spätestens nach der Normandie kapituliert.«

Als Auschwitz im Januar 1945 von den Sowjets befreit wurde, lebten dort noch 10 000 Menschen, die meisten davon Juden. Inzwischen haben Auschwitz-Überlebende Klage gegen die USA eingereicht. Es ist aber unwahrscheinlich, dass diese vor Gericht Erfolg haben wird.

Fritz Kolbe bekam beim Auswärtigen Amt kein Bein mehr auf den Boden. Er wurde Vertreter für einen amerikanischen Hersteller von Sägen und starb 1971 in Bern. Hans Bernd Gisevius trat nach dem Krieg einen Job bei der amerikanischen Rüstungsfirma Dresser Industries an, die heute eine Tochter von Halliburton ist.

Herbert Kappler wurde in Italien verurteilt, aber nur wegen der Erschießung von Partisanen. Er entkam 1977 nach Deutschland, wo er auch starb. Karl Wolff, über den Dulles seine schützende Hand hielt, wurde in Nürnberg freigesprochen, zumal Gero von Schulze-Gaevernitz für ihn aussagte. Ein deutsches Gericht, das später herausfand, dass Wolff Juden vom Warschauer Ghetto nach Treblinka geschickt hatte, verurteilte ihn zu 15 Jahren, von denen er aber nur zehn absaß.

Im Januar 1946 untersuchte die U.S. Army den Tod von Mildred Harnack-Fish. Die Armee stellte fest, dass sie in Untergrundaktivitäten verwickelt war, bei denen es um den Sturz der deutschen Regierung ging. Deshalb sei ihre Exekution gerechtfertigt gewesen, obwohl sie gefoltert worden sei. »Kein amerikanischer Politiker«, schreibt Shareen Blair Brysac, »hat jemals das Grab von Mildred Harnack in Berlin besucht.«

Kapitel neun

Die Rattenlinie zu Pinochet
Wie die CIA alte Nazis anheuerte

Nordhausen, 9. April 1945. In den letzten Wochen des Krieges hatte die U.S. Army die Raketenanlage Mittelbau erobert, in der Forscher die V2-Rakete gebaut hatten, die auf London abgefeuert wurde. Hier hatten sich Zehntausende von Zwangsarbeitern aus dem KZ Dora – einem Außenlager von Buchenwald – totgearbeitet, darunter viele Juden, aber auch politische Gefangene. Colonel James L. Collins leitete den Einsatz. »Als Collins den höhlengleichen Eingang betrat, lagen sechstausend tote Körper auf dem Boden, Reihe um Reihe tiefgefrorene Skelette, die noch die Merkmale der Schläge aufwiesen«, schreibt die amerikanische Journalistin Linda Hunt in ihrem Buch *Secret Agenda*. Die Krematorien, in denen sie verbrannt hätten werden sollen, glühten noch.

Aber nach dem Schock besann sich die U.S. Army auf den Nutzwert ihrer Entdeckung. Dutzende Wissenschaftler aus Mittelbau sowie der Raketentestanlage Peenemünde wurden nach Amerika gebracht. Darunter waren Wernher von Braun, der Leiter der Versuchsanstalt Peenemünde, und Walter Dornberger, oberster Militär der Raketenforschung, der für den Tod Zehntausender von Kriegsgefangenen aus Russland, England und Frankreich verantwortlich war, Georg Rickhey, der persönlich angeordnet hatte, dass zwölf Zwangsarbeiter, um ein Exempel zu statuieren, an einem Kran aufgehängt wurden, wo sie langsam starben, sowie Arthur Rudolph, der Produktionsleiter in Mittelbau. Dies war der Beginn einer geheimen Aktion, die später als »Operation Paperclip« bekannt wurde – ein Projekt, um Hunderte von Nazi-Wissenschaftlern in die USA zu schmuggeln.

Dachau, 29. April 1945. Als die U.S. Army das KZ bei München befreite, vegetierten darin noch 30 000 Menschen, viele davon politische Gefangene. Unter den Insassen waren der französische Expremier Leon Blum, Prinz Friedrich Leopold von Preußen, der österreichische Exkanzler Kurt Schuschnigg und Pastor Martin Niemöller. Den Soldaten bot sich ein schrecklicher Anblick: Halb verhungerte Gefangene auf Pritschen, Leichen, aber auch einzelne Gliedmaßen lagen überall herum. In Dachau waren Juden, russische Kriegsgefangene, Roma und Sinti als Versuchskaninchen benutzt worden. Sie mussten extreme Kälteschocks erleiden, Seewasser in großen Mengen trinken, sie wurden in Druckkammern ohne Sauerstoff gesperrt und bei lebendigem Leib eingefroren. Und sie hatten Fallschirmabstürze aus großer Höhe zu absolvieren – die Luftwaffe wollte testen, wie abstürzende Piloten überleben könnten.

Der Direktor des Medizinischen Instituts der Luftwaffe, das diese Experimente verantwortete, war Hubertus Strughold. Unter Strughold waren KZ-Häftlinge so lange den Druck- und Temperaturverhältnissen, die in zehn Kilometer Höhe herrschen, ausgesetzt worden, bis sie starben. Einige wurden lebend seziert. Auch Strughold war einer der Wissenschaftler, die mit der »Operation Paperclip« in die USA gelangten.

Mauthausen, 5. Mai 1945. Major Charles Robertson war schockiert, als er das größte Konzentrationslager Österreichs befreite. Inmitten einer wunderschönen Landschaft lagen Menschen, die nur noch Skelette waren. Sie bissen in die von den Soldaten gereichten Lebensmittelrationen, ohne auch nur das Cellophan abzuwickeln. »Robertson fühlte tiefes Mitleid«, schreibt Joseph Bendersky in The »Jewish Threat«. »Aber Monate später feierte er zusammen mit den Österreichern Weihnachten und hörte sich deren Klagen hinsichtlich der Entnazifizierung an.« Die Juden, die in so genannten Displaced Persons Camps (Flüchtlingslagern) an Stelle der früheren KZs lebten, behandelte er inzwischen »wie eine besonders unerwünschte Belastung«.

Noch extremer dachte General George S. Patton. Er war einer der obersten Militärs. »Seine rassistische Weltsicht brachte ihn dazu, Deutsche zu mögen und Holocaust-Überlebende zu verachten«, berichtet Bendersky. Als Patton das kriegszerstörte Berlin betrat, fühlte er »Trauer über das, was einer großartigen Rasse passiert ist«. Er hielt Juden für »Untermenschen ohne kulturelle oder soziale Feinheiten«, aus deren braunen Augen er auf ihre »niedrige Intelligenz« schloss. Patton war nie auf die Idee gekommen, dass »deren erbärmlicher Zustand mit ihrer KZ-Haft zusammenhing«.

Wiesbaden, 12. Mai 1945. Reinhard Gehlen stellte sich der U.S. Army. Gehlen war ein Generalmajor der Abwehr, der die Abteilung »Fremde Heere Ost« leitete, die Spionage gegen die Sowjetunion betrieben hatte. Bereits zu Beginn des Jahres 1945 hatte er seinen Leuten befohlen, 52 Stahlkisten mit geheimdienstlichen Unterlagen zu füllen und in Depots in den bayerischen Alpen zu verstecken. Er ging davon aus, dass Hitler so gut wie besiegt war. Nach seiner Gefangennahme ließ ihn die U.S. Army von einem Sergeanten befragen. Anschließend steckten sie ihn in ein Kriegsgefangenenlager in Wiesbaden. Dort wurde er vergessen. Als allerdings die Sowjets einen Monat später erfuhren, dass Gehlen in amerikanischer Gefangenschaft ist, verlangten sie, ihn unverzüglich zu überstellen. Erst jetzt begriff die Armee, wen sie da in Gewahrsam hatte.

Nun wurde Gehlen nochmals verhört, diesmal von Captain John R. Boker. Boker ahnte – laut der Studie *U.S. Intelligence and the Nazis* –, dass ein Konflikt mit den Sowjets bevorstand. Er hatte bereits mehrere Luftwaffenoffiziere unter seine Fittiche genommen, die ihm Fotografien von strategischen Zielen in der Sowjetunion angeboten hatten. Gehlen aber hatte weit mehr zu bieten. Als Boker von den vergrabenen Dokumenten erfuhr, wies er den Kriegsgefangenen an, kein Wort mehr zu sagen, und wandte sich an seinen Vorgesetzten William Russell Philp. Philp strich Gehlens Namen von der Liste, die auch den Sowjets und den Briten zur Verfügung stand. Anschließend wurde Gehlen in ein Haus in Wiesbaden gebracht.

Zwei Monate später hatte die U.S. Army es geschafft, Gehlens Abteilung in diversen Kriegsgefangenenlagern aufzuspüren und zu befreien – und zwar hinter dem Rücken des Oberbefehlshabers Dwight D. Eisenhower. Außerdem hatte sie die meisten der geheimen Kisten ausgraben lassen. In dieser Zeit lieferte Gehlen den Amerikanern bereits Informationen. So gab er ihnen eine Liste mit Mitgliedern der kommunistischen Partei der USA, die für das OSS arbeiteten, und einen schriftlichen Vermerk von Churchill, der sich über Roosevelts Naivität gegenüber der Sowjetunion beklagte und voraussagte, dass ganz Osteuropa unter den »Stiefel Stalins« geraten werde, womöglich Griechenland, Italien und Frankreich eingeschlossen. Gehlen wurde mit dem Privatflugzeug eines Generals nach Washington gebracht. Dort erwartete ihn der Mann, der sein Freund und Vorgesetzter werden sollte: Allen Dulles.

*

Berlin, im Juni 1945. In der zerstörten Stadt, in der fast nur noch Frauen, Kinder und alte Männer lebten, tummelten sich aber auch Soldaten, Spione und Agenten der drei Alliierten. Minderjährige Mädchen und Jungen prostituierten sich, um von den GIs Zigaretten zu bekommen, die einzig gültige Währung auf dem Schwarzmarkt. Die Sowjets waren mit Plündern beschäftigt und die Briten mit Patrouillengängen. Die U.S. Army hatte den GIs das »Fraternisieren« mit den deutschen »Fräuleins« verboten (woran sich aber kaum einer hielt).

Das Kommando in der US-Besatzungszone führte ab September 1945 das Office for Military Government for Germany (OMGUS). Das OMGUS wurde von Lucius D. Clay geleitet, der bisher Eisenhowers Stellvertreter gewesen war. Ursprünglich hatten Kriegsminister Henry Stimson und seine rechte Hand John McCloy eine »kurze Besatzung mit minimaler politischer Verantwortlichkeit« geplant. Nun aber irrten Abermillionen von Menschen durch den zerstörten Kontinent. In Deutschland waren fünf bis sieben Millionen Zwangsarbeiter und Kriegsgefangene befreit worden, und immer mehr Flüchtlinge kamen hinzu. Allein in den Ruinen von Berlin trafen jeden Tag 25 000 bis 30 000 Menschen aus Schlesien und Ostpreußen ein.

Das OMGUS sollte bald mit der Entnazifizierung beginnen. Jeder Deutsche musste einen Fragebogen ausfüllen, was er im Dritten Reich gemacht hatte. Wichtiger war allerdings, wie nützlich er war. »Ein Hausmeister konnte auf die schwarze Liste kommen, wenn er die Flure der Reichskanzlei gefegt hatte«, schreibt die britische Literaturwissenschaftlerin und Dokumentarfilmerin Frances Stonor Saunders in ihrem Buch *Wer die Zeche zahlt* .... »Aber viele von Hitlers Industriellen, Wissenschaftlern, Verwaltern und sogar hochrangige Offiziere wurden stillschweigend eingesetzt, im verzweifelten Versuch, Deutschland vor dem Kollaps zu bewahren.«

In dieser chaotischen Zeit trat das Schicksal der Juden in den Hintergrund. Man wusste nicht einmal genau, wie viele Holocaust-Überlebende es damals gab. Etwa zwei Dritteln der 600 000 deutschen und 200 000 österreichischen Juden war es gelungen, ins Ausland zu entkommen (von denen aber später wieder ein Teil gefangen wurde), ungefähr 25 000 hatten in Deutschland überlebt, versteckt auf Dachböden, in Lauben, in Fluchtwohnungen – oder weil sie mit Christen verheiratet waren. Auch in den meisten westlichen Ländern, mit Ausnahme von Holland, war es der Mehrheit der Juden geglückt, sich versteckt zu halten oder zu fliehen (Schweden oder die iberische Halbinsel waren ohnehin nicht besetzt). Von den 250 000 Juden Frankreichs überlebten drei Viertel. Anders im Osten. Die jüdische Bevölkerung Polens, ehemals drei Millionen, war fast vollständig vernichtet, desgleichen die des Balkans, der Ukraine, des Baltikums und Griechenlands. Ungefähr eine Million russische Juden waren tot, wenngleich zwei bis drei Millionen Juden aus Russland vor der Wehrmacht nach Sibirien fliehen konnten.

In den KZs im Reichsgebiet waren 1945 eine halbe Million Menschen befreit worden, Widerstandskämpfer aus den besetzten Ländern, deutsche Oppositionelle, vornehmlich Kommunisten und Sozialdemokraten, Kriegsgefangene, Homosexuelle sowie Sinti und Roma. Die Zahl der Juden, die die KZs überlebt hatten, lag bei 20 000 bis 200 000 – die Schätzungen der Wissenschaftler gehen hierbei stark auseinander.

Die U.S. Army wandelte die KZs in Displaced Persons Camps um, wo diejenigen, die kein Zuhause mehr hatten, erst einmal blieben. Die DP-Camps wurden sogar immer voller, denn die Polen – aber auch die Tschechen – hatten begonnen, Juden, die aus den KZs zurückgekommen waren, auf offener Straße zu erschlagen. Diese flüchteten daraufhin in die Camps. Außerdem hofften viele, von Deutschland aus einfacher nach Palästina weiterreisen zu können, was mithin von den zionistischen Organisationen in den USA finanziell unterstützt wurde. Nach einem Untersuchungsbericht im Auftrag des US-Kongresses aus dem Jahr 2000 mit dem Titel *Plunder and Restitution: The U.S. and Holocaust Victims' Assets* gab es im Januar 1946 offiziell 36 000 jüdische DPs, im Oktober waren es bereits 141 000, dazu Hunderttausende von Polen, Balten oder Rumänen.

Die U.S. Army musste sich um diese Flüchtlinge kümmern (die Briten, Franzosen und Russen interessierte dies herzlich wenig), unterstützt von einer Hilfsorganisation der Vereinten Nationen, die 1945 gegründet wurden. Damit war die amerikanische Armee, die zudem Hunderttausende von Kriegsgefangenen zu versorgen hatte, überfordert. So wurden die DPs der Einfachheit halber nach Nationalitäten sortiert, sodass polnische Juden im selben Lager wie antisemitische polnische Katholiken landeten. Juden aus den Achsenmächten – Italien, Bulgarien, Rumänien oder Ungarn – wurden als »Enemy Nationals«, als Angehörige feindlicher Staaten, eingestuft.

Die ohnehin großen Probleme wurden durch antisemitische Tendenzen in der U.S. Army noch verschärft, personifiziert durch Generäle wie George Van Horn Moseley oder Douglas MacArthur. Selbst

Kriegsminister Henry Stimson war latent antisemitisch – er beschwerte sich einmal über den »wachsenden jüdischen Einfluss« an der Columbia University. Aber auch einfache Soldaten dachten judenfeindlich, schreibt Bendersky in The »Jewish Threat«. Oft wurde kolportiert, die Deutschen hätten die Juden nur hinausgeworfen, weil diese »praktisch ganz Deutschland« besessen hatten. Viele US-Soldaten glaubten auch an die antisemitischen Klischees von jüdisch-bolschewistischen Unruhestiftern und Revoluzzern.

Als die U.S. Army in Deutschland einmarschiert war, fanden viele GIs ihre Vorurteile bestätigt. Die Deutschen, so Bendersky, waren »freundlich, ordentlich und sauber«, ihre Frauen und Mädchen waren »naturblond wie Jean Harlow«, in ihren Wohnstuben hingen religiöse Bilder und sie gehorchten brav den Befehlen der U.S. Army.

Hingegen wirkten die DPs, nach langer Haft unterernährt und graugesichtig, auf die jungen GIs wie Landstreicher. Earl Harrison, Vorsitzender des Flüchtlingskomitees der US-Regierung, beschrieb Mitte 1945 die Zustände in den Lagern: »Viele jüdische Displaced Persons ... leben bewacht hinter Stacheldraht, in denselben Lagern, die von den Deutschen für sie gebaut worden waren, unter bedrängten, unhygienischen und düsteren Bedingungen, in erzwungener Untätigkeit, ohne Gelegenheit, mit der Welt draußen zu kommunizieren ... Es sieht so aus, als ob wir die Juden ähnlich behandeln wie die Nazis, nur dass wir sie nicht umbringen.«

Die GIs begriffen nicht, bemerkt Bendersky, warum viele DPs nichts dabei fanden, Deutsche zu bestehlen. Die amerikanischen Soldaten sahen in den Juden »schmutzige, dreckige, undisziplinierte, lästige Plünderer« und verdächtigten sie, sich auf Kosten der U.S. Army ein arbeitsfreies Leben verschaffen zu wollen. Dass einige DPs nebenbei versuchten, Geld auf dem Schwarzmarkt zu verdienen, verbesserte ihren Ruf nicht.

Der größte Antisemit war, wie bereits erwähnt, General George S. Patton, der die Dritte Armee leitete, die Bayern besetzt hatte. Er hatte 1944, zusammen mit Eisenhower, ein Abkommen mit der französischen Vichy-Regierung geschlossen. Danach erlaubte Vichy den USA die Landung in Nordafrika, als Gegenleistung ließen die Amerikaner die Vichy-Regierung weiterhin agieren, sodass die antisemitischen Gesetze gegen die jüdische Minderheit in Nordafrika ihre Gültigkeit nicht verloren.

Patton hielt Juden, Slawen und insbesondere Russen für mongolische Wilde. An Russen interessierte ihn nach eigenen Worten nur eines: »Wie viel Blei nötig sei, um einen von ihnen zu töten.« Patton schlug vor, so Bendersky, dass die amerikanische Armee ein paar Divisionen der SS sammeln und mit Waffen ausrüsten solle, um diese gegen die Sowjets kämpfen zu lassen. »Wen kümmern diese gottverdammten Kommunisten? Jetzt, wo unsere Armee noch intakt ist, können wir die Rote Armee zurück nach Russland jagen. Wir können das mit meinen Deutschen tun – die hassen diese roten Bastarde.«

Lucius D. Clay wiederum war entsetzt darüber, dass Wehrmachtsoffiziere in Nürnberg vor Gericht kamen. Für ihn war es undenkbar, Offiziere dafür zu bestrafen, dass sie Befehle ausgeführt hatten. Die traditionellen Militärs hatten auch wenig Sympathie für deutsch-jüdische Immigranten, die inzwischen die Uniform der U.S. Army trugen und als Ermittler nach Deutschland zurückgekehrt waren. Viele Offiziere unterstellten ihnen, dass sie nur Rache nehmen, private Rechnungen begleichen oder den (abgelehnten) Morgenthau-Plan eigenmächtig durchsetzen wollten. Am 7. April 1947 erließ Clay eine geheime Direktive, deutsch-jüdische Flüchtlinge aus dem Militärdienst auszuschließen und nur noch Männer zu beschäftigen, die seit 1933 US-Staatsbürger waren.

*

Allen Dulles begann mit Kriegsende seinen Schreibtisch in Bern aufzuräumen. Er traf sich mit Thomas McKittrick von der Bank for International Settlements (BIS) und riet diesem, der belgischen

Nationalbank einen Teil des Raubgolds wiederzugeben. Er empfing Emil Puhl, den wichtigsten Mann der Reichsbank, und fragte ihn nach einer Liste von »Deutschen, die keine Nazis waren und mit denen die US-Okkupationsregierung ins Geschäft kommen könnte«. Von dem Anwalt Gerhardt Westrick nahm er die Geschäftsberichte der deutschen ITT-Töchter entgegen, um sie an Sosthenes Behn in New York weiterzuleiten. Im Juli sprach Dulles mit Per Jacobsson, der ebenfalls in der BIS saß. Jacobsson hatte von einem japanischen Bankierkollegen erfahren, dass Japan eine Kapitulation anbieten wolle. Dulles informierte McCloy, der wiederum Stimson benachrichtigte. Stimson aber, so Burton Hersh in *The Old Boys,* »entschied sich, die Bombe ›Fat Boy‹ in den Bauch der fliegenden Supermaschinen zu laden.«

Gleichzeitig kümmerte sich in Bern Gero von Schulze-Gaevernitz darum, Aktien und Gelder von deutschen Firmen bei Schweizer Banken in Sicherheit zu bringen, zusammen mit der Firma Henry Mann, die bis 1940 als Vermittler zwischen Brown Brothers Harriman, der National City Bank und dem Dritten Reich tätig war. Während von Schulze-Gaevernitz als Kontaktmann in Bern zurückblieb, fuhr Dulles nach Berlin.

OSS-Chef William Donovan hatte einmal gesagt, dass er »Stalin auf die Gehaltsliste setzen würde, um Hitler zu besiegen«. Schon Wochen nach Roosevelts Tod galt das Umgekehrte: Stalin war der neue Hauptfeind, gegen den ehemalige Nazis mobilisiert wurden. Vier Tage nach der deutschen Kapitulation stoppte der neue Präsident Harry S. Truman die Lieferung von Maschinen in die UdSSR – Schiffe, die schon unterwegs waren, mussten umkehren. Melvin Lasky, ein amerikanischer Journalist, den die Psychological Warfare Division der U.S. Army als »Umerzieher« nach Deutschland geschickt hatte, verglich Berlin mit einer Stadt im Wilden Westen: »Indianer tauchten am Horizont auf. Man musste sein Gewehr in der Hand haben, sonst war der Skalp weg«, schreibt Saunders in *Wer die Zeche zahlt* …. Lasky warnte Washington, dass die sowjetische

Propaganda eine antiamerikanische Hetze betreibe, darin mit Goebbels vergleichbar. So werde »Uncle Sam« als »Uncle Shylock« dargestellt. Der Journalist sorgte dafür, dass nun in Berlin und anderen deutschen Städten Amerika-Häuser eröffnet wurden. Damals wurden dort noch progressive Autoren wie Tennessee Williams, John Steinbeck oder Ernest Hemingway aufgeführt und gelesen. Lasky gründete zudem die Debattierzeitschrift *Der Monat,* die zunächst aus Marshallplan-Geldern und später von der CIA finanziert wurde.

Auch für Dulles, der das neue OSS-Büro in Berlin übernahm, war es das Wichtigste, den Sowjets Einhalt zu gebieten, wenngleich sich Donovan fragte, so Hersh, ob es Dulles vornehmlichstes Ziel war, die »Rote Armee davon abzuhalten, die Länder des Ostens zu kontrollieren, die von Sullivan & Cromwell-Klienten ökonomisch kultiviert worden waren«. Immerhin schaffte es Dulles, Westricks Partner, Heinrich Albert, einen Posten als Verwalter von amerikanischem und britischem Grundbesitz in Berlin zu verschaffen. Dulles engste Vertraute waren Richard Helms, ein Journalist, der im Krieg für United Press aus Berlin und Wien berichtet hatte, und Frank Wisner, der OSS-Chef in Bukarest, ein knallharter Antikommunist. Wisner sagte zu Dulles: »Vergiss die Nazis. Lass uns herausfinden, was die Kommunisten tun.«

Die Abneigung war übrigens gegenseitig: Die sowjetische Propaganda sollte bald Dulles als Nazisympathisanten und Antisemiten darstellen und an dessen Aufsichtsratsposten bei der J. Henry Schroeder Bank erinnern.

Der einzige Kommunist, den Dulles zumindest kurzfristig unterstützen sollte, war Noel Field. Dulles gab seinem jungen Kollegen Geld, der damit eine Untergrundzeitung namens *Neues Deutschland* finanzieren sollte, das spätere Parteiorgan der ostdeutschen Kommunisten. Aber Wisner sollte Field bald darauf verraten: Er denunzierte ihn bei den polnischen Kommunisten als CIA-Agenten. Field wurde in Prag festgenommen und in ein Gefängnis in Budapest gesteckt, wo er dann starb.

Truman löste im September 1945 das OSS auf, nicht zuletzt deshalb, weil Clay sich beschwert hatte, dass die Agenten in Berlin mehr mit dem Schwarzmarkt beschäftigt waren als mit Spionage – einige hatten sogar Visa gegen Gemälde getauscht, die aus Museen gestohlen waren. Als Donovan dem Präsidenten zum Abschied einen Umschlag mit Vorschlägen überreichte, zerriss Truman diesen vor den Augen des OSS-Chefs. Zunächst beriet Donovan die U.S. Army bei den Nürnberger Prozessen, dann kehrte er zu seiner Kanzlei in New York zurück. Wisner wurde ebenfalls wieder Anwalt. Auch Dulles nahm seine Arbeit bei Sullivan & Cromwell wieder auf, wo schon sein Bruder John Foster auf ihn wartete.

Ganz ohne Geheimdienst mochte allerdings auch Truman nicht auskommen, aber ihm waren Militärs lieber als Wall-Street-Anwälte. Im Januar 1946 installierte er die Central Intelligence Group (CIG), die der National Intelligence Authority unterstand, ein Geheimdienst unter Aufsicht des State Department, des Kriegsministeriums und der Navy. De-facto-Chef der CIG war Colonel William Quinn, der Richard Helms an Bord holte. Mitte 1947 wurde daraus die Central Intelligence Agency geformt, die CIA. Ihr erster Chef war Admiral Roscoe H. Hillenkoetter. William Draper von der Bank Dillon, Read überwachte als neuer Unterstaatssekretär des Kriegsministeriums die Agency. Viele der frühen Agenten, die bei der CIA mitmischten, waren Intellektuelle oder Journalisten wie Drew Pearson, Stewart Alsop, Ernest Hemingway oder Söhne von Industriellenfamilien wie den du Ponts oder den Rockefellers. Die CIA engagierte bald einen Wall-Street-Anwalt als Berater: Allen Dulles.

Frank Wisner aber leitete das neu gegründete Office of Policy Coordination (OPC), das der CIA angegliedert war und antisowjetische Undercover-Aktionen in Europa unternahm: Propaganda, Sabotage, ökonomische Kriegsführung, Unterstützung von Antikommunisten. (So leistete das OPC 1947 Wahlkampfhilfe für Italiens Konservative.) Wisner hasste die Kommunisten, seit er gesehen hatte, wie die Sowjets in Rumänien 14-jährige Mädchen zur Zwangsarbeit nach Sibirien deportierten. »Wisners Praxis, Nazis einzustellen, hörte nicht auf, als er das OPC übernahm«, stellt Saunders fest.

Der Regisseur Falk Harnack, der Bruder des von den Nazis ermordeten Arvid Harnack (»Die Rote Kapelle«), war enttäuscht, dass die USA nach dem Krieg SS-Männer rekrutierten, statt Antifaschisten zu rehabilitieren. »Die Amerikaner haben all diese nationalsozialistischen Kriminellen in die CIA aufgenommen«, sagte er zu Shareen Blair Brysac. »Und die haben uns, den Widerstand, nach dem Krieg diffamiert. Es ist eine Schande, dass die Vereinigten Staaten mit diesen Massenmördern kollaboriert haben.«

Wisners Office of Policy Coordination verfügte über ein Kontingent von Visa, die vom State Department nicht geprüft wurden und die er nach politischem Gutdünken vergeben konnte. Außerdem hatte er einen Krokodilfonds von zehn Millionen Dollar aus dem Exchange Stabilization Fund des Finanzministeriums, der sich aus beschlagnahmtem Nazi-Besitz speiste, aber auch aus Geld und Juwelen, die die SS von Juden gestohlen hatten. Damit wurden italienische Faschisten, sowjetische Überläufer und finnische Widerständler, die gegen die Sowjetunion gekämpft hatte, in die USA gebracht, aber auch Raketentechniker und Wissenschaftler der Nazis, die im Rahmen der »Operation Paperclip« nach Amerika kamen.

*

Das streng geheime Rekrutierungsprogramm wurde von der Joint Intelligence Objective Agency (JIOA) betrieben, die William Henry Whalen unterstand. Im September 1945 wurde die erste Gruppe von sieben Wissenschaftlern eingeflogen, darunter Wernher von Braun. Insgesamt kamen 127 Raketenforscher aus Peenemünde, zuletzt Georg Rickhey und Walter Dornberger – die USA brauchten zwei Jahre, Dornberger aus einem britischen Kriegsgefangenenlager herauszuholen. Rickhey war einer von nur drei Nazi-Wissenschaftlern, die die USA letztlich wieder verlassen mussten.

Insgesamt brachte die »Operation Paperclip«, so Linda Hunt, um die 1600 Wissenschaftler und Spezialisten in die USA, die für die Regierung, die U.S. Army oder die NASA arbeiteten, dabei auch am Mondlandungsprogramm. Darüber hinaus kamen Hunderte von Wissenschaftlern, die bei CIA-Tarnorganisationen, Universitäten oder Rüstungsfirmen angestellt wurden, darunter Lockheed, Martin Marietta und North American Aviation. Die JIOA hatte immer behauptet, die Operation habe 1947 geendet, aber tatsächlich wurde sie 1948 noch ausgeweitet, erreichte ihren Höhepunkt 1956 und endete erst 1973. Die USA befanden sich dabei in einem Wettlauf mit den Sowjets, die ebenfalls nach Nazi-Wissenschaftlern und Spionen in den von ihnen besetzten Gebieten suchten.

Zu den Männern, die von den Amerikanern in den fünfziger Jahren angeworben wurden, gehörte Kurt Blome, der stellvertretende Reichsärzteführer, ein Wissenschaftler, der an drei tödlichen Nervengasen gearbeitet hatte, die in Dachau an gefesselten Kriegsgefangenen ausprobiert worden waren: Tabun, Soman und Sarin.[26] Ein anderer war der SS-Brigadegeneral Walter Schieber. Er sollte später Nervengas für die chemische Abteilung der europäischen Sektion der U.S. Army produzieren.

Aus der Luftwaffenforschungsanstalt Hermann Göring in Braunschweig wurde Adolf Busemann mitgenommen, der einen ultraschnellen Flugzeugantrieb konstruiert hatte. Aus dem Prototyp sollte später ein Kampfflieger für die U.S. Air Force werden. Mit einem ähnlichen Programm, »Operation Bloodstone« genannt, wurde Generalmajor Gustav Hilger in die USA geschafft, der Berater von Außenminister Joachim von Ribbentrop für »Ostfragen« war und sich für Massaker an Juden in Ungarn und auf der Krim zu verantworten hatte. Später wurde er der Kontaktmann zwischen Adenauer und dem State Department.

Hubertus Strughold aber kam zunächst vor das Nürnberger Kriegsgericht. Dort behauptete er, von den Experimenten an Häftlingen nichts gewusst zu haben, obgleich die Unterlagen von SS-Chef

Heinrich Himmler etwas anderes besagten. Da Strughold und sein Kollege Siegfried Ruff bereits auf der Gehaltsliste der US-Regierung standen, kamen sie frei und gelangten in die USA. Strughold brachte es zum wissenschaftlichen Leiter der amerikanischen Luft- und Raumfahrtmedizin. Er entwickelte für die NASA ein Verfahren, wie Menschen bei Unterdruck laufen konnten – und zwar nach einer Methode, die an KZ-Gefangenen in Dachau ausprobiert worden war.[27]

Die Liste, die die Amerikaner verwendeten, um den Nutzwert der Wissenschaftler zu beurteilen, war von dem SS-Offizier Werner Osenberg zusammengestellt worden, dem früheren Leiter des Planungsamts des Reichsforschungsrats. Auf der Liste waren 1500 Namen verzeichnet. Hinter jedem stand, was der Betreffende im Dritten Reich gemacht hatte und ob er in der SS gewesen war.

Ursprünglich sollten die Nazi-Wissenschaftler nur in die USA gebracht werden, um den Krieg gegen Japan gewinnen zu helfen. Aber die JIOA wie auch der G-2, der Armeegeheimdienst, fanden sie zu wertvoll, um sie wieder nach Deutschland zu schicken. Und so blieben die Raketenforscher auch über den August 1945 hinaus, nachdem die Atombomben auf Hiroshima und Nagasaki gefallen waren.

Da keiner der Wissenschaftler sich für das übliche langwierige Visa-Verfahren qualifiziert hätte – in den Nachkriegsjahren galten sie als »Enemy Aliens«, als feindliche Ausländer –, wurde schlichtweg darauf verzichtet. Die meisten wurden nicht einmal befragt, ob sie Nazis gewesen waren, geschweige denn, dass sie die vorgeschriebene Entnazifizierung durchlaufen mussten. Sie wurden gleich nach ihrer Ankunft auf diverse Militäreinrichtungen verteilt. Viele von ihnen kamen zunächst zur Air-Force-Basis Wright Field in Dayton, Ohio, einige gelangten auch nach Cape Canaveral, Florida. Streng genommen waren die Deutschen Kriegsgefangene, aber schon bald wurden sie nicht mehr bewacht.

Erst im August 1946 unterrichtete der stellvertretende Außenminister Dean Acheson den Präsidenten Truman von der »Operation

Paperclip«. Truman genehmigte die Operation nachträglich, verlangte aber, dass keine Kriegsverbrecher darunter sein dürften, sondern nur »normale« Nazis, die der Partei beigetreten waren, um ihre Karriere zu fördern. Einen Monat später stellte die U.S. Army die Raketenforscher auf der Basis Wright Field der Presse vor. *Life* und *Newsweek* druckten freundliche, bebilderte Geschichten über die wundervolle Zusammenarbeit der amerikanischen Armee mit den netten neuen Kollegen. Die Aktion war mit dem Kriegsministerium abgesprochen, das die Artikel vorher gegengelesen und deren Propagandaabteilung sogar die Fotos geliefert hatte.

Aber bald regten sich einzelne Proteste, zumal einige Ex-Nazis in den USA von ihren früheren Opfern erkannt wurden. Rabbi Stephen Wise und der Kolumnist Drew Pearson stellten unangenehme Fragen, vor allem, als Pearson herausfand, dass Carl Krauch, der die IG-Farben-Fabrik bei Auschwitz aufgebaut hatte, von »Paperclip« rekrutiert worden war. (Krauch hatte in Nürnberg sechs Jahre Haft bekommen, war aber von Hochkommissar McCloy freigelassen worden.) Jedoch stritt die JIOA nicht nur ab, dass sie Nazis beschäftige, der G-2 fing sogar an, Kritiker zu bespitzeln und ließ schließlich Pearsons Telefon anzapfen. Außerdem wurden alle Unterlagen, die die Anwerbung betrafen, als »geheim« klassifiziert.

Jetzt schaltete sich das State Department ein, wo man schon deshalb empört war, weil es bei der Erteilung der Visa übergangen worden war. Doch auch diesem verweigerte die JIOA Informationen – die Dossiers wurden zurückgehalten (das von Wernher von Braun ist bis heute unter Verschluss). Stattdessen gab die JIOA Ende 1947 die Order, neue, gefälschte Dossiers anzulegen, in denen alle diese Wissenschaftler als harmlose Mitläufer der Nazis dargestellt wurden.

*

Während die Nazi-Verbrecher im warmen Florida saßen, näherte sich Deutschland im extrem kalten Hungerwinter von 1947 dem

Kollaps. In Berlin verhungerten Kinder, alte Frauen erfroren in ihren Betten. Der damalige US-Außenminister George Catlett Marshall warnte davor, dass »die ganze Welt am Abgrund stehe«. Er sprach sich dafür aus, dass Amerika mit massiven finanziellen Hilfen einspringen müsse. Noch im selben Jahr wurde der so genannte Marshallplan vom Kongress der USA beschlossen. Der Plan, an dem auch John Foster Dulles mitgearbeitet hatte, sah zunächst fünf Milliarden Dollar für Europa vor, davon ein Viertel für Westdeutschland. Die Summe sollte auf über 13 Milliarden Dollar anwachsen. Der Plan wurde von der *Prawda* als »amerikanischer Schachzug« bezeichnet, um die Weltherrschaft zu sichern.

Anderthalb Jahre später übernahm John McCloy den Posten von Lucius D. Clay als Hochkommissar. McCloy wurde von Robert Lovett beraten, Harrimans altem Partner seit den Zeiten von Union Pacific. Beider Priorität war es, der deutschen Wirtschaft so schnell wie möglich auf die Beine zu helfen, da das Land nicht einmal sich selbst versorgen konnte. Zudem kostete die Besatzung 700 Millionen Dollar im Jahr, davon gingen mehr als zehn Prozent für die Versorgung der Flüchtlinge ab.

McCloy war als Hochkommissar auch für die Entnazifizierung zuständig. Die Alliierten hatten erst zehn Millionen, dann nur noch 3,6 Millionen Deutsche vor Gericht stellen wollen. Letztlich gab es 169 282 Prozesse und etwas mehr als 50 000 Verurteilungen, davon 806, bei denen die Todesstrafe ausgesprochen wurde. Vollstreckt wurden insgesamt 486 Todesurteile. 1951 – unter Druck der Adenauer-Regierung und ein Jahr nach dem Fall von Seoul an die koreanischen Kommunisten – sollte McCloy die Urteile von Nürnberg überprüfen, ohne sich die Beweise noch einmal anzusehen. Er ließ fast alle Kriegsverbrecher und sämtliche Industriellen frei, darunter Friedrich Flick und Gustav Krupp. Auch deren Besitz wurde nicht konfisziert. In linken US-Zeitungen wurde gemutmaßt, dass McCloy womöglich die amerikanischen Anteilseigner schützen wolle. Der Hochkommissar wollte sogar Albert Speer aus dem Gefängnis entlassen, aber die Sowjets waren dagegen. »Für McCloy«, schreibt Kai Bird in *The Chairman,* »waren die Nazis bereits längst vergangene Geschichte.«

Frank Wisner vom OPC zapfte derweil den Marshallplan an. Fünf Prozent der Gelder, ungefähr 200 Millionen Dollar im Jahr, wurden für die Geheimdienste abgezweigt. Wisner sollte damit kulturelle Propaganda gegen Moskau initiieren, darunter eine Demonstration gegen die – von der Comintern finanzierte – Weltfriedenskonferenz in Paris im Frühjahr 1949, an der auch Pablo Picasso teilnahm. Im Januar 1950 organisierten Wisner und Lasky den Congress for Cultural Freedom, der an die Westberliner Freie Universität angebunden war.

Wisners Arbeitsschwerpunkt aber lag im sowjetisch besetzten Teil Europas. Seine Kontakte gingen weit über die zu den rumänischen Faschisten hinaus. Er hatte Agenten in Albanien, Jugoslawien, Ungarn, Bulgarien, Polen, Belorussland und im Baltikum. Viele davon waren bei faschistischen Organisationen wie der rumänischen Eisernen Garde, dem ungarischen Pfeilkreuz oder dem lettischen Donnerkreuz gewesen. Manche hatten, auf der Flucht vor der Roten Armee, das letzte Kriegsjahr in Berlin verbracht, wo sie Exilregierungen bildeten. Wisner ließ viele davon – die *Washington Post* schrieb 1982 von etwa 5000 Ex-Faschisten – in die USA bringen, um sie dort im Propagandakrieg gegen die Sowjetunion einzusetzen, größtenteils bei den CIA-finanzierten Radiostationen Radio Free Europe, Radio Liberty und Voice of America.

Dulles half Wisner weitere Gelder zu organisieren. Er gründete das National Committee for a Free Europe in New York. Zu den Mitgliedern und Unterstützern gehörten viele Klienten von Sullivan & Cromwell, aber auch Henry Ford II, Henry Kissinger, Lucius D. Clay, John McCloy, Dwight D. Eisenhower sowie die Rockefeller Foundation und die Carnegie Institution. Ihr Sprecher war ein junger Schauspieler namens Ronald Reagan.

Das National Committee for a Free Europe sollte auch Geld für ein internationales Flüchtlingsprogramm beschaffen, das unter Leitung des CIA-Agenten William Casey ehemalige Gestapo-, SS- und Abwehrmänner in die USA bringen sollte, um die CIA zu unterstützen. Auch Reinhard Gehlen erhielt aus diesem Etat 3,5 Millionen Dollar.

*

Gehlen hatte sich bereits im Mai 1945 nützlich gemacht – damals übergab er dem OSS eine wenig schmeichelhafte Beurteilung von Allen Dulles durch den britischen Geheimdienst. In dem Bericht *U.S. Intelligence and the Nazis* wird Gehlens Spionageleistung im Krieg für eher begrenzt gehalten – beispielsweise habe er die Angriffslinie der Sowjets bei Stalingrad falsch eingeschätzt.[28] Andererseits waren die Geheimdienste der USA damals zersplittert, fortlaufend in Umorganisation begriffen, konkurrierten mit dem KGB und dem MI 6 – und wussten über die Sowjetunion eigentlich gar nichts. (Die einzige OSS-Abteilung, die die Sowjets ausspionierte, die X-2, wurde 1944 auf Betreiben Roosevelts geschlossen.)

Anfangs arbeitete Gehlen für die U.S. Army. Möglicherweise stand er aber parallel auch bei Dulles unter Vertrag. Klar ist nur, dass Gehlen im Juli 1946 in die amerikanische Besatzungszone zurückkehrte, wo er praktisch die Abteilung »Fremde Heere Ost« wieder aufbaute, die nunmehr als Gehlen-Organisation firmierte (Deckname: »Rusty«). Seine rechte Hand war Hermann Braun, dem direkt die NS-Spionage an der Ostfront unterstanden hatte. Gehlen bekam von den Amerikanern Dollars, Zigaretten und Kosmetika, um sich auf dem Schwarzmarkt versorgen zu können.

Zunächst sollte Gehlen die Rote Armee ausspionieren, da die Amerikaner noch keinen Horchposten in der Frontstadt hatten. Verantwortlich für »Rusty« in Washington war Richard Helms, der die Berichte stets an Clay und Dulles weiterleitete. Meistens verfasste Gehlen düstere Warnungen über die Kampfesstärke der UdSSR, die, schreibt Christopher Simpson in *Blowback (Der amerikanische Bumerang)*, die Kommunistenhysterie anheizten. »Gehlen verdiente sein Geld damit, dass er eine Bedrohung schuf, vor der wir Angst hatten«, sagte später Victor Marchetti, der bei der CIA für die Sowjets zuständig war, zu Simpson.

Gehlen zog 1947 in ein Gebäude in Pullach bei München und begann, alte Kameraden vom Sicherheitsdienst des Reichsführers, der Gestapo und der Waffen-SS zu rekrutieren, aber auch Faschisten vom Balkan, die mit der SS kollaboriert hatten, Weißrussen und Balten. Darunter waren – laut Simpson – Hans Sommer, der 1941 sieben Synagogen in Paris angesteckt hatte, Fritz Schmidt, der ehemalige Gestapochef von Kiel, und der SS-Brigadeführer Franz Alfred Six. Six war der Leiter des Wannsee-Instituts gewesen, in dem die Unterwerfung der Sowjetunion im Detail geplant worden war. Er hatte in Nürnberg 20 Jahre Haft bekommen, war aber nach vier Jahren ebenfalls von McCloy amnestiert worden. Zu ihren besten Zeiten bestand die Gehlen-Organisation aus 4000 Mitarbeitern, davon waren hundert, wenn nicht noch mehr, SD- oder Gestapo-Offiziere, schätzt die Studie *U.S. Intelligence and the Nazis:* »Einige davon hatten bei den schlimmsten Grausamkeiten mitgemacht, die das Nazi-Regime verübt hat.«

Von diesen Nazi-Verbrechern arbeiteten allein elf in der Dienststelle 114, die sich um Propaganda gegen den Feind kümmerte. Einer dieser Männer war Emil Augsburg, der für »spezielle Aufgaben« in Polen und der Sowjetunion tätig gewesen war. Was hieß: für die Exekutionskommandos an der Ostfront. Die Dienststelle 12, die Spionage gegen die Sowjetunion betrieb, wurde von Erich Deppner geleitet, früher ein stellvertretender SS-Brigadeführer, der sowjetische Kriegsgefangene in Holland hatte exekutieren lassen. Auch ehemalige Einsatzgruppenoffiziere arbeiteten für Gehlen, darunter Konrad Fiebig, der den Tod von 11 000 Juden in Belorussland zu verantworten hatte.

Zu Anfang gab es bei den Amerikanern interne Bedenken, Gehlen zu rekrutieren. Samuel Bossard, ein CIA-Mann, warnte davor, dass Gehlen mit den Dollars eine Widerstandsorganisation gegen die sowjetische Besetzung von Deutschland aufbauen könnte, womöglich unabhängig von den USA. Auf Betreiben von Helms wurde James Critchfield nach Deutschland geschickt, um die Organisation unter die Lupe zu nehmen. Aber das Einzige, was Critchfield auffiel, war, dass Gehlen Paul Hodosy-Strobl von der (faschistischen) ungarischen Staatspolizei beschäftigte. Dieses behielt Critchfield aber für sich. Nun beschlossen er und Helms, »Rusty« in die CIA zu überführen, trotz Bedenken einiger Mitarbeiter. Als 1948 die Berlin-Blockade die Schlagzeilen bestimmte, bekam Helms dazu auch die Erlaubnis von Verteidigungsminister James Forrestal.

Da sich Gehlen weigerte, der CIA eine Liste mit den Namen seiner Männer zu geben, setzte diese ihrerseits einen Spion an, der Ende 1949 herausfand, dass einige Gehlen-Leute mit Faschisten auf dem Balkan kollaboriert hätten (später sollte auch der Armeegeheimdienst CIC einen Spion bei der Gehlen-Organisation einschleusen). Aber selbst »persönliche Partizipation im Holocaust war kein unmittelbarer Hinderungsgrund für ein Angestelltenverhältnis«, wie es in *U.S. Intelligence and the Nazis* heißt. Gehlen antichambrierte gar bei Konrad Adenauer, Chef des Bundesamts für Verfassungsschutz zu werden, aber der britische MI6 setzte Otto John durch.[29]

In der Folge verbündete sich Gehlen mit Adenauers Außenminister Hans Globke, der die Nürnberger Gesetze von 1935 verantwortet hatte (und der die Rückendeckung von Dulles besaß, der Globke auf einer internen Liste bereits 1945 als Innenminister vorgeschlagen hatte). Obwohl sich Gehlen gegenüber Critchfield in scharfem Ton die Einmischung der USA verbat, hielt dieser seiner Organisation immer die Treue.

Nachdem Gehlen im Jahr 1952 die USA besucht hatte, tauchten in britischen Zeitungen kritische Berichte auf. Aber das sollte die Zusammenarbeit mit der CIA nicht beenden – auch nicht, als eingeschleuste CIA-Agenten nach und nach mehrere Kriegsverbrecher in der Organisation enttarnten. Erst als Heinz Felfe, einer von Gehlens Männern, sich als sowjetischer Spion entpuppte (andere sollten folgen), bekam Critchfield von Gehlen endlich eine Liste aller Mitarbeiter, samt deren Funktionen unter Hitler. Darauf standen auch Augsburg, Deppner und Fiebig. Das hielt Dulles jedoch nicht davon ab, Gehlen in Berlin zu besuchen und eine Erweiterung der Kooperation vorzuschlagen.

1956 machte Adenauer aus der Gehlen-Organisation den Bundesnachrichtendienst, der weiterhin im Münchner Vorort Pullach saß. Die USA bezahlten das Personal vom Pullacher Hauptquartier, dazu die operativen Kosten – der Nebeneffekt war, dass die amerikanischen Agenten die Kontrolle über den westdeutschen Geheimdienst behielten.

*

Die Amerikaner nutzten die Dienste von Ex-Nazis aber auch, ohne Gehlen einzuschalten. So gaben die CIA und der CIC ab 1950 dem antikommunistischen »Bund Deutscher Jungen«, der aus ehemaligen Waffen-SS-Männern bestand, eine halbe Million Dollar. Dieser »Bund« legte Listen an, welche Sozialdemokraten sie standrechtlich erschießen wollten (die Gruppe wurde von der Polizei hochgenommen).

Eine andere Kollaboration war die so genannte Rattenlinie, die der Vatikan unter Papst Pius XII. betrieb. Dies war ein über ganz Europa verteiltes Netzwerk von Agenten, das dazu diente, Katholiken und Antikommunisten aus dem Ostblock zu schmuggeln, meistenteils nach Lateinamerika. Insgesamt gelangten damit 30 000 Menschen in Sicherheit, viele davon Nazi-Sympathisanten und sogar Kriegsverbrecher. Das Zentrum war Rom – und die Organisation, die dahinter steckte, hieß Intermarium.

Die Amerikaner wurden 1947 auf die Rattenlinie aufmerksam, als der in Rom stationierte CIC-Agent William Gowen mitbekam, dass die italienische Polizei auf Wink von Intermarium einen ungarischen Faschisten freigelassen hatte. Gowen »etablierte nun eine Arbeitsbeziehung«, schreibt Christopher Simpson in *Der amerikanische Bumerang*. Das State Department gab dem Intermarium-Sprecher Ferenc Vajda ein diplomatisches Visum, um Kontakte zu Antikommunisten in Ungarn zu knüpfen. (Vajda hatte dem Pfeilkreuz angehört.) Als Drew Pearson dies aufdeckte, floh Vajda nach Kolumbien. Das sollte aber die Beziehung zwischen den USA und Intermarium nicht beenden. Nun kamen sogar Ex-Faschisten aus Litauen und Kroatien durch diese Verbindung in die USA und nach England.

Einer der Männer, die über die Rattenlinie entkamen, ist der ehemalige SS-Standartenführer Eugen Dollmann. Er war der Assistent von Obergruppenführer Karl Wolff gewesen. Wolff hatte die Deportation der italienischen Juden befohlen, später allerdings mit Allen Dulles die vorzeitige Kapitulation verhandelt, die »Operation Sunrise«. Das sollte nicht nur Wolff, sondern auch Dollmann retten. »Es ist nicht überraschend, dass Dulles und das Office of Strategic Services ... eine gewisse Verpflichtung gegenüber den Nazi-Verbrechern verspürten, deren Verhalten, aus welchen Motiven auch immer, die ›Operation Sunrise‹ ermöglicht hatte. Am Ende wurde dadurch Dulles Direktor der CIA«, heißt es in dem Bericht *U.S. Intelligence and the Nazis*.

Dollmann wurde von dem italienischen Geheimdienst festgenommen. Man brachte ihn in einem Sanatorium bei Mailand unter, wo er eine falsche Identität erhielt. Im August 1946 wurde er jedoch, zusammen mit seinem Adjutanten, Sturmbannführer Eugen Wenner, von amerikanischen Geheimdienstlern entführt. Dollmann bekam eine neue Identität als »Major O'Brien«. James Jesus Angleton, Chef der CIA-Gegenspionage, schrieb an den Militärgeheimdienst G-2, dass man die Versprechungen halten müsse, die man den beiden Männern gemacht habe. Ihnen sei es zu verdanken, dass Italien nicht das gleiche Schicksal wie Titos Jugoslawien erlitten habe.

Die Italiener waren weniger dankbar und fahndeten weiter nach Dollmann. Aber Wisner sorgte dafür, dass Dollmann entnazifiziert wurde, Geld bekam und in die amerikanische Zone gebracht wurde, wo er sich wöchentlich bei der CIA in München melden musste. Nun sandte Dollmann mehrere Berichte über die Lage in Italien nach Pullach, aber die Amerikaner waren unzufrieden mit deren Qualität. 1951 ging er mit einem falschem Pass nach Lugano, jedoch lieferten ihn die Schweizer zu seiner Überraschung an Italien aus. Mithilfe der Rattenlinie entkam er im Mai 1952 nach Spanien. Dort nahm er den Namen Enrico Larcher an. Zuletzt versuchte er, Hitlers goldene Zigarettenetuis zu verkaufen (der Führer war Nichtraucher). Dollmann starb 1985 in München.

Zu den berühmteren Flüchtlingen, die über die Rattenlinie entkommen konnten, zählen Adolf Eichmann, Josef Mengele und Klaus Barbie, der »Schlächter von Lyon«. Barbie war der Chef der Gestapo in Südfrankreich gewesen, dort hatte er Zehntausende von Juden und Widerständlern foltern und töten lassen, darunter Jean Moulin, den Anführer der Résistance. Trotzdem hatte ihn der Militärgeheimdienst CIC 1947 engagiert. Nun kundschaftete Barbie für den CIC jahrelang sowjetische Spione, bayerische Kommunisten und französische Geheimdienstler aus. Obwohl dem CIC immer wieder Gerüchte über Barbies Vergangenheit zugetragen wurden, schützte ihn der Geheimdienst vor französischen Auslieferungsbegehren und deutschen Strafverfolgern.

1950 fiel endlich dem State Department auf, wo Barbie lebte, und es verlangte vom CIC, den Kriegsverbrecher an Frankreich auszuliefern. Dem Geheimdienst, dem klar war, wie peinlich diese Entdeckung werden würde, organisierte für Barbie einen Pass auf den Namen Klaus Altmann und schaffte ihn mithilfe der Rattenlinie nach Bolivien.

*

Als die CIA im großen Stil Nazis rekrutierte, war das politische Klima in den USA bereits stark antikommunistisch. Truman war 1953 vom Kriegshelden und Republikaner Dwight D. Eisenhower abgelöst worden. Eisenhower berief John Foster Dulles als Außenminister, während Allen Dulles Chef der CIA wurde. McCloy verließ Deutschland und wurde Vorstandsvorsitzender von Chase Manhattan. Das FBI, immer noch unter der Leitung des unverwüstlichen J. Edgar Hoover, war schon seit geraumer Zeit dabei, zusammen mit dem House Commitee on Un-American Aktivities (HUAC) und dem republikanischen Senator Joe McCarthy Dossiers gegen diejenigen anzulegen, die gegen die Nazis gekämpft hatten. Sogar Albert Einstein geriet unter Verdacht, da er sich gegen das Wettrüsten mit der Sowjetunion aussprach. Das FBI legte eine 1500 Seiten starke Akte über ihn an. Auch Rabbi Stephen Wise wurde in New York vom Militärgeheimdienst G-2 als »Kommunist« bespitzelt.

Nun galten Immigranten wie Thomas Mann, Bert Brecht oder Theodor W. Adorno als gefährliche Linke, aber auch amerikanische Künstler wie Arthur Miller, James Baldwin, Norman Mailer, Lillian Hellman oder Leonard Bernstein. Lehrer, Bibliothekare, Gewerkschaftler, Journalisten, Beamte oder Sekretärinnen gerieten ins Visier des HUAC. Zwischen 1947 und 1954 verloren 10 000 Amerikaner ihren Job. Selbst Arthur Hays Sulzberger von der *New York Times* gab dem Druck nach und entließ Leute.

Die Kampagne richtete sich ebenfalls gegen politische Freunde von Roosevelt, wie den demokratischen Abgeordneten Samuel Dickstein oder Archibald MacLeish, der im Krieg Leiter des Office of War Information gewesen war (Hoover legte über ihn ein 600 Seiten starkes Dossier an). Der spektakulärste Fall war Alger Hiss, der die Merchants-of-Death-Anhörungen gegen die du Ponts geleitet und Roosevelt auf Jalta beraten hatte. Hiss, der von dem HUAC-Mitglied Richard Nixon verhört wurde, wurde wegen Spionage für die Sowjetunion zu fünf Jahren Haft verurteilt (ob er schuldig war, ist bis heute umstritten).

McCarthy nutzte nach Amerika emigrierte Nazis, um seine Feinde zu bespitzeln. Sein wichtigster Bluthund aber war Roy Cohn, ein brennend ehrgeiziger Strafrechtler aus New York. Ausgerechnet Cohn sollte auffallend viele Juden ins Fadenkreuz nehmen, darunter Klaus Fuchs, einen deutsch-jüdischen Immigranten, der einer der Väter der Atombombe war und die Atomtechnologie an die Sowjets weitergegeben hatte, sowie Julius und Ethel Rosenberg, die Cohn auf den elektrischen Stuhl brachte.

Cohn ordnete 1953 an, dass mehr als 30 000 Bücher von suspekten Autoren aus den Büchereien der Amerika-Häuser in Deutschland entfernt wurden, darunter auch welche, die die Nazis verbrannt hatten, wie etwa Thomas Manns »Der Zauberberg«, Albert Einsteins »Spezielle Theorie der Relativität« und sämtliche Schriften von Sigmund Freud.

Allen Dulles allerdings verbat sich eine Einmischung McCarthys in die Interna der CIA. Ohnehin hatte Dulles zu viel zu tun, um sich mit dem »mittelmäßigen Emporkömmling aus Wisconsin«, wie er sagte, abzugeben. Er half Erika Canaris, der Witwe von Admiral Wilhelm Canaris, sich in Spanien anzusiedeln, und unterstützte Hans Bernd Gisevius, der in die USA gekommen war, mit Geld. Er traf sich auch immer wieder mit Gero von Schulze-Gaevernitz und Truman Smith, dem früheren Militärattaché aus Berlin.

Vornehmlich aber sollte sich Dulles um außenpolitische Aktivitäten kümmern. 1953 orchestrierte er den Sturz des iranischen Ministerpräsidenten Mohammed Mossadegh, der die Ölindustrie verstaatlicht hatte, und setzte den Schah ein. Im selben Jahr kam in Ägypten Gamal Abdel Nasser an die Macht – und Dulles brauchte jemanden, der unauffällig Kontakte zu der neuen Regierung aufbauen konnte. In der Folge wandte er sich an Gehlen. Der vermittelte ihn an Otto Skorzeny, einen früheren SS-Sturmbannführer und Schwiegersohn von Hjalmar Schacht. Skorzeny installierte in Ägypten eine Gruppe von Beratern für Nasser, finanziert von der CIA. Dieser Gruppe gehörte auch der SS-Sturmbannführer Alois Brunner an,

Adolf Eichmanns Deportationsexperte, der nach Schätzungen des Simon-Wiesenthal-Zentrums für den Tod von 128 500 Menschen verantwortlich war.

*

Anfang der fünfziger Jahre fing die Joint Intelligence Objective Agency (JIOA) nochmals an, weitere Wissenschaftler zu rekrutieren. Einer der Männer, die McCloy aus dem Gefängnis entlassen hatte, war Otto Ambros. Ambros war Vorstandsmitglied der IG Farben und der Aufseher über die Sklavenarbeiter in Auschwitz gewesen. Es war Ambros, der mitentschieden hatte, Zyklon B in den Gaskammern zu verwenden, und der Auschwitz als Ort für das KZ mit ausgesucht hatte. Das ehemalige Vorstandsmitglied war eigentlich in Nürnberg zu acht Jahren verurteilt worden, nun aber stellte ihn das U.S. Army Chemical Corps ein.

Bald wurde Ambros, aber auch andere Nazi-Wissenschaftler, auf eine streng geheime Armeebasis in Edgewood, Maryland, gebracht, wo ihre entsprechenden Kenntnisse gebraucht wurden. Sie durften auch die Aufzeichnungen verwenden, die sie in Auschwitz gemacht hatten. In Edgewood wurden Experimente an Tausenden von GIs unternommen, an denen Nervengas, Senfgas, LSD, Mescalin und ein dioxinhaltiges Gas getestet wurden, das später gegen Demonstranten verwendet werden sollte. Dabei trugen die Soldaten zwar Gasmasken, aber es kam oft zu Unfällen. Die meisten von ihnen waren »Freiwillige«, ihnen wurde aber vorher nicht gesagt, worauf sie sich eingelassen hatten.

1959, nach dem Sputnik-Schock, rekrutierte Wernher von Braun noch einige Dutzend deutsche Wissenschaftler. Zwei Jahre später verkündete Präsident John F. Kennedy den Startschuss für das Mondprogramm, die Saturn-V-Mission. Unter den deutschen Wissenschaftlern, die in Cape Canaveral daran arbeiteten, waren Wernher von Braun, Arthur Rudolph und Kurt Debus, ein SS-Mann, der in

Peenemünde der Testdirektor für die V2 gewesen war. Jetzt war er Direktor des Kennedy Space Center.

1962 unterstellte Verteidigungsminister Robert McNamara »Paperclip« dem Pentagon. Es gab zwar einen kleinen moralischen Rückschlag, als sich 1967 herausstellte, dass William Henry Whalen, der Chef der JIOA, fünfzehn Jahre lang ein sowjetischer Spion gewesen war. Aber das war alles vergessen, als das deutsche Team es zwei Jahre später schaffte, die Apollokapsel auf den Mond zu bringen. Bei der NASA knallten die Sektkorken.

»Von Braun wurde von seinen Leuten auf den Schultern getragen, Kirchenglocken klangen, Feuerwerk explodierte ...«, schreibt Linda Hunt. »Manche Amerikaner sagen, es spielt keine Rolle, welche Kriegsverbrechen die Deutschen begangen haben, weil sie uns geholfen haben, den Mond zu erreichen. Aber niemand erwähnt die 20000 toten Sklaven, die geholfen haben, die V2 zu bauen und deren Geister immer noch nach Gerechtigkeit rufen.«

*

Einige CIA-Nazis flogen allerdings auf, nachdem die Israelis Adolf Eichmann aus Argentinien entführt hatten, den obersten Bürokraten der Judenvernichtung. Eichmann galt lange Zeit als verschollen. Nach 1945 hatte der Armeegeheimdienst CIC zwar nach ihm gesucht, dann aber bekam dessen Hauptquartier in Österreich Anweisung aus Washington, dies zu unterlassen. Tatsächlich lagen die Dokumente der CIA, die letztlich zu Eichmann führten, jahrelang unbeachtet in einer alten Torpedofabrik in Alexandria, Virginia.

Erst 1960 wurden diese Dokumente gefunden und den Israelis übergeben, die dadurch rasch auf die Spur von Eichmann gebracht wurden. Das schreckte einen Mann auf, der eilends Warntelegramme an die CIA-Büros in Frankfurt, Hamburg und München sandte: Allen Dulles. Dulles wusste, dass mindestens fünf ehemalige Eichmann-Kollegen mit der CIA liiert waren: Leopold von Mildenstein, der 1936 das Büro für jüdische Angelegenheiten geleitet hatte, Erich Rajakowitsch, Theodor Saevecke und Aleksandras Lileikis, der Chef der Sicherheitspolizei von Litauen, der angeordnet hatte, alle Juden von Vilnius umzubringen. Lileikis wurde 1952 von der CIA in München rekrutiert, die über seine Vergangenheit Bescheid wusste. Die fünfte Person war Otto von Bolschwing.

Von Bolschwing, der in den dreißiger Jahren mit Eichmann zusammengearbeitet hatte, war 1940 der Gesandte Hitlers in Rumänien gewesen. Mit seiner Hilfe hatte die Eiserne Garde die Juden von Bukarest abgeschlachtet. Nach dem Krieg heuerte er bei Gehlen an. Da der CIA schon damals klar war, wie problematisch er war, veranlasste Richard Helms, dass seine Akte gesäubert wurde. Gehlen aber war mit den Leistungen von Bolschwings unzufrieden. 1949 wurde er ins österreichische Büro der CIA versetzt. Mittels eines von der CIA gefälschten Lebenslaufs erhielt er die US-Staatsbürgerschaft und ging nach Amerika.

Mildenstein hingegen war in Westdeutschland geblieben, wo ihn 1960 die Polizei festnahm. Er forderte Immunität und sagte, dass er ein amerikanischer Agent sei. Mildenstein, der nach dem Krieg zunächst als Pressesekretär für Coca-Cola Deutschland gearbeitet hatte, hatte sich 1956 über die US-Botschaft an die CIA gewandt. Vermutlich kam der Kontakt zustande, als er für Nasser in Ägypten Radiosendungen über Juden produzierte.

Erich Rajakowitsch, der direkt unter Eichmann gearbeitet hatte, war 1941 in Holland gewesen, wo er für die Beschlagnahmung jüdischer Besitztümer zuständig war. Er ließ vier Fünftel der holländischen Juden (mit tatkräftiger Unterstützung ihrer christlichen Mitbürger) in Lager bringen und nach Auschwitz deportieren. 1954 wurde die CIA auf ihn aufmerksam, die ihn als »skrupellos, aber ungefährlich« einstufte und keinerlei Überprüfung seines Hintergrunds vornahm. Aber er lehnte es ab, für die Agency zu arbeiten. Mit dem Eichmann-Prozess in Jerusalem flog er allerdings auf. Er stellte sich einem Gericht in Österreich, das ihn zu zweieinhalb

Jahren verurteilte. Danach versuchte die CIA erneut, ihn anzuwerben. Was aus ihm wurde, ist nicht bekannt.

Der SS-Hauptsturmbannführer Theodor Saevecke hatte – zusammen mit Gestapoführer Walter Rauff – die Juden von Tunesien abtransportieren lassen. Im Anschluss daran befahl Saevecke die Deportation von Juden und die Erschießung von Partisanen in Italien. Dafür wollten ihn die Briten nach dem Krieg vor Gericht stellen, aber die Amerikaner ließen durchblicken, dass sie ihn brauchten. Dabei zeigte Saevecke nicht einmal Reue, da er Partisanen für Kommunisten hielt, die erschossen werden sollten (eine Ansicht, die einige bei der CIA offenbar teilten). Die CIA schleuste ihn als Maulwurf in die westdeutsche Polizei ein. Saevecke starb 1988 friedlich in seinem Bett, sechs Jahre nach Otto Albrecht von Bolschwing.

*

Erst 1979 wurde auf Betreiben der Kongressabgeordneten Elizabeth Holtzmann das Office of Special Investigation (OSI) geschaffen, das gegen Nazi-Kriegsverbrecher in den USA vorging. Wenig später sollte der Strafverfolger John Loftus, der heutige Leiter des Holocaust Museums in Florida, die faschistischen Hilfstruppen der CIA aus Osteuropa entdecken – und auch, dass sie ihr Ticket in die USA Frank Wisner verdankten. »Die wirklichen Gewinner des Kalten Krieges waren Nazi-Verbrecher«, sagte damals der Sprecher des OSI, Eli Rosenbaum.

Mitte der neunziger Jahre hatte das OSI um die tausend Ermittlungsverfahren eingeleitet, darunter auch gegen acht Männer, die 1988 für den Wahlkampf von George Bush gearbeitet hatten. Es wurden aber nur 89 Anklagen erhoben und 44 Männer, zumeist niedere Chargen, die aus Osteuropa kamen, deportiert. Der V2-Raketentechniker Arthur Rudolph vom Kennedy Space Center verließ die USA 1984 freiwillig, bevor er sich einem Prozess wegen seiner Rolle im

KZ Dora stellen musste. Der Abgeordnete James Traficant sagte damals, Rudolph weiche nur dem Druck der »jüdischen Lobby«.

In den siebziger Jahren sollten die USA von noch mehr Geistern eingeholt werden, und zwar als Klaus Barbie von der französischen Nazi-Jägerin Beate Klarsfeld in Bolivien entdeckt wurde. Sie verlangte auf einer Pressekonferenz im Februar 1972 in La Paz die Auslieferung des Kriegsverbrechers. Die Regierung Boliviens sah dies als Einmischung in ihre inneren Angelegenheiten und wies das Verlangen zurück. Es eskalierte ein Public-Relations-Krieg, bei dem sich die USA vornehm zurückhielten. Altmann stritt rundheraus ab, dass er Klaus Barbie sei. Nun wandte sich die französische Botschaft an die US-Regierung unter Richard Nixon und bat um Herausgabe der fraglichen Unterlagen (nach einem Brief des State Department hatten die USA »gute Gründe zu glauben, dass Barbie Dokumente vom Geheimdienst der Armee bekommen hat« und dass »die US-Regierung es unbeabsichtigt (!) bewerkstelligt haben mag, dass er der Gerechtigkeit entkommen ist«). Aber das Pentagon weigerte sich. So blieb Altmann für weitere elf Jahre frei.

Erst eine neue, linksgerichtete bolivianische Regierung lieferte Barbie/Altmann 1983 an Frankreich aus. Nach längerem Streit zwischen Pentagon und CIA entschlossen sich die USA, die Unterlagen über Barbie für den Prozess zur Verfügung zu stellen. Barbie wurde 1987 lebenslänglich verurteilt. Vier Jahre später starb er im Gefängnis von Lyon, kurz vor seinem 78. Geburtstag.

Auch bei dem Gestapoführer Walter Rauff, der zusammen mit Saevecke die Juden von Tunesien versklavt hatte, waren den USA die Beziehungen zu den lateinamerikanischen Rechten wichtiger als die Gerechtigkeit. Rauff gelangte nach dem Krieg über Syrien nach Chile. Unter dem Diktator Augusto Pinochet sollte er Widerständler fangen, foltern und töten lassen. Deutschland versuchte lange, seine Auslieferung zu erreichen. 1984 versprachen die USA, unter Präsident Ronald Reagan, sich an diesen Bemühungen zu beteiligen, wenngleich vorsichtig, um ihren Protegé Pinochet nicht bloßzustellen. Aber als Chile gegen die »Einmischung« protestierte, ließ das State Department unter George Shultz die Sache auf sich beruhen.[30]

Womöglich ist sogar Josef Mengele, der Todesengel von Auschwitz, via Rattenlinie entkommen. Dies vermutete jedenfalls Rabbi Marvin Hier vom Simon-Wiesenthal-Zentrum in Los Angeles, als 1985 ein Brief des CIC-Agenten Benjamin Gorby in Wien auftauchte. Gorbys Brief, der zwei Jahre nach Kriegsende verfasst wurde, legt nahe, dass der Militärgeheimdienst CIC Mengele festgenommen hatte, aber schließlich wieder laufen ließ. Aus einem Lagebericht der CIA, der zur gleichen Zeit veröffentlicht wurde, ging hervor, dass Mengele in den siebziger Jahren in Paraguay war. Als Rabbi Hier mit den beiden Dokumenten an die Öffentlichkeit ging, brach in den USA ein Sturm der Empörung los.

Al D'Amato, ein New Yorker Senator, verlangte, dass die USA Druck auf Paraguay ausübten, damit Präsident Alfredo Stroessner Mengele ausliefere. Nun begann die CIA, inzwischen unter William Casey, unter Aufbietung aller Ressourcen, Mengele zu suchen (was das CIA-Büro in Paraguay für Zeitverschwendung hielt). Tatsächlich sollte es das Bundeskriminalamt sein, das am 6. Juni 1985 Mengeles Grab in Brasilien entdeckte. Aber verärgert über die publicitysüchtigen Amerikaner entschied das BKA, damit selbst an die Öffentlichkeit zu gehen. US-Strafverfolger beklagten das lange und bitter. Doch bis heute hat sich niemand in den USA die Mühe gemacht, herauszufinden, wie Mengele überhaupt nach Südamerika gelangt war.

*

General George S. Patton wurde von Eisenhower bereits 1945 abgelöst und starb im Dezember bei einem Unfall. Sein Sohn, George S. Patton III, schickte 1968 eine Weihnachtskarte aus Vietnam, auf der geköpfte Vietkongs abgebildet waren.

Die McCarthy-Ära ging zu Ende, als der Kolumnist Drew Pearson, gefüttert von der U.S. Army, enthüllte, dass Roy Cohn seinen Liebhaber David Shine vom Wehrdienst befreien ließ. Joe McCarthy trank sich 1957 zu Tode. Cohn schloss sich der New Yorker Szene um Andy Warhol an, die sich im »Studio 54« traf. Er starb 1986 an Aids.

Frank Wisners letzter Akt für den Geheimdienst war, die neu gewählte linke Regierung von Britisch Guyana zu stürzen. 1962 stellte sich heraus, dass er schwer manisch-depressiv war. Er führte laute Selbstgespräche über Nazis und fing an zu glauben, dass die CIA den ehemaligen Hitler-Vertrauten Martin Bormann nach Südamerika gebracht hatte. 1965 erschoss er sich.

Reinhard Gehlen, der 1968 unter dem Druck der öffentlichen Meinung gezwungen war, in Rente zu gehen, machte einen letzten Besuch bei zwei alten Freunden in Washington: Richard Helms und Allen Dulles. Er starb 1979 eines natürlichen Todes. Es war das Jahr, in dem George Bush Direktor der CIA werden sollte.

Allen Dulles wurde 1961 von Kennedy gefeuert, der ihn für das Fiasko der Schweinebucht-Invasion auf Kuba verantwortlich machte. Dulles saß in der Warren-Kommission, die Kennedys Ermordung untersuchte, zusammen mit John McCloy. Dulles starb 1969.

Richard Helms, der die CIA ab 1966 leiten sollte, war 1970 in den Putsch gegen den chilenischen Präsidenten Salvador Allende involviert. Als 1975 seine früheren Verbindungen zu exilkubanischen Geheimagenten bekannt wurden, wurde die Macht der CIA beschnitten. Er starb 2002.

Berichten zufolge testet die U.S. Army heute auf einer streng geheimen Militärbasis in Nevada, die als Area 51 bekannt ist, einen neuartigen Flugzeugantrieb, dessen Prototyp angeblich in Peenemünde entwickelt wurde.

Kapitel zehn

Der größte Zugraub der Geschichte
Erbeutete Kunst und das Problem der Restitution

Im nächtlichen Budapest, am 15. Dezember 1944, setzte sich ein Zug mit einer milliardenschweren Fracht in Bewegung. Der Zug war mit den Wertsachen der 800 000 ungarischen Juden gefüllt, von denen zwei Drittel in Auschwitz vergast worden waren. Kisten voller Gold befanden sich im Zug, 60 Schatztruhen mit Juwelen, Holztruhen mit Porzellan aus Meißen, Dresden und China, 5000 handgewebte persische Teppiche, Waggons, in denen wertvolle Gemälde lagen, fünf Kisten mit Briefmarken, 28 Kisten mit Nerzen und anderen Fellen, 300 Kisten Silberbesteck, Tresore voller Dollars und Schweizer Franken, Goldmünzen, Beutel aus Goldstaub, Uhren, Ringe, Kameras, Musikinstrumente. Ein einzelner, besonders gut bewachter Wagen barg Diamanten. Aus dem ungarischen Goldzug sollte der größte Zugraub der Geschichte werden.

*

Als die amerikanische Armee in Deutschland einrückte, befreite sie nicht nur die KZ-Insassen, setzte die Nazi-Oberen ab, verbot die NSDAP, sperrte Wehrpflichtige und SS-Offiziere in Kriegsgefangenenlager und installierte eine Militärregierung. Die Amerikaner stellten auch das ganze Land auf den Kopf. Sie durchsuchten Lager, Salzminen, Schlösser, Banken, Bunker, Botschaften, Fabriken, Privathäuser, Scheunen, sogar ausgetrocknete Flussbetten und Kanalisationsanlagen. Und sammelten alles ein, was von Wert war: Goldbarren, Goldstaub, Juwelen, Kunstwerke, Bücher. Vieles davon hatte die SS zuvor den verfolgten Juden gestohlen oder anderswo in den besetzten Ländern geraubt. Hochrangige Nazis wie Hermann Göring oder Reichsminister Alfred Rosenberg hatten ganze Kunstmuseen zusammengeplündert. Mit dem Vormarsch der U.S. Army gelangten nun Schlossmobiliar, Kunstsammlungen und Bibliotheken von unschätzbarem historischem Wert in die Hände der Amerikaner – Kunst allein in der Ausbeute von fünf Milliarden Dollar. Aber die amerikanische Armee war heillos damit überfordert, diese Beute auch nur zu verwalten. Gegen die Plünderung von Kulturgut, die in den Nachkriegsjahren in Deutschland einsetzte, war die Zerstörung des Nationalmuseums in Bagdad harmlos.

Einen Teil der Kriegsbeute gaben die USA zwar zurück, wenn auch nicht unbedingt an die eigentlichen Besitzer. Aber Gold und Kunst im Wert von vielen Milliarden Dollar landeten in den Tresoren von Fort Knox, der Library of Congress in Washington oder in den Museen von New York. Auch das, was einzelne Soldaten oder Offiziere geplündert hatten (illegal, aber geduldet), gelangte nach Amerika. »Die Grenze hing nur davon ab, wie groß der Sack war, den man mitbrachte«, stellte der amerikanische Bankier und Historiker Kenneth Alford in seinem Buch *The Spoils of World War II* fest.

Vieles von dem, was in die USA verschifft wurde, hatte jedoch Hitlers Opfern gehört, die damals keine Stimme besaßen. Mit der Rückgabe haben sich die Amerikaner bisher eher schwer getan: Um den Ungarn ihr Nationalheiligtum, die goldene Stephanskrone wiederzugeben, brauchten sie beispielsweise mehr als 30 Jahre. Und erst im Jahr 2000, in den letzten Wochen der Amtszeit von Bill Clinton, wurde ein Report im Auftrag des US-Kongresses mit dem Titel *Plunder and Restitution: The U.S. and Holocaust Victims' Assets* veröffentlicht. Eine unabhängige Kommission unter dem Vorsitz von Edgar M. Bronfman, dem Vorsitzenden des Jüdischen Weltkongresses, beschreibt darin, soweit das noch nachvollzogen werden konnte, was damals alles in die USA gelangte. Zurückgegeben wurde jedoch – von einigen Dutzend Gemälden abgesehen – seitdem nichts. Und es gibt in Washington auch keine Instanz, die sich dafür verantwortlich fühlt.

Die Abteilung beim State Department, unter dessen Aufsicht der Report zustande gekommen war, ist aufgelöst, die Telefonnummern sind abgeschaltet. Im März 2003 beschwerten sich einige Autoren des Bronfman-Reports bei der *New York Times:* Wichtige Unterlagen zur Raubkunst seien nicht ausgewertet worden, auch habe man so wenig Zeit für die Arbeit gehabt, dass einige Mitglieder der Kommission sogar überlegt hätten, einen kritischen Minderheitsbericht zu schreiben. Etwa beantworte der Report nicht die entscheidende Frage, in welchem Umfang Raubkunst wirklich in die USA gekommen ist.

*

Als der ungarische Goldzug Budapest verließ, stand die Rote Armee bereits an der Grenze. Ungarn war bis vor Wochen noch ein Alliierter Deutschlands gewesen, und die Wehrmacht hatte der ungarischen Regierung ihre Hilfe angeboten, die Schätze des Landes in Sicherheit zu bringen. Der Zug bestand aus 52 Wagen, davon waren 29 bewachte Frachtwaggons. Nicht nur jüdisches Eigentum sollte aus Ungarn weggebracht werden, so Kenneth Alford. Die Goldreserven einiger ungarischer Banken wurden aufgeladen, auch hundert wertvolle Bilder aus dem Städtischen Museum von Györ. Und einzelne reiche Ungarn hofften, ihren Besitz dadurch vor den Sowjets retten zu können. Verantwortlich für den Transport waren Ungarn.

Auf der monatelangen Fahrt gab es zehn versuchte Überfälle, neun von marodierenden SS-Männern, einer von ungarischen Faschisten. An der Grenzstation zu Österreich blieb der Zug hängen. Bewacher, aber auch Zivilisten fingen an, Goldbarren zu stehlen. Als Schüsse der Roten Armee zu hören waren, ging es eilends weiter. Der Zug erreichte Wien, dann Linz, irrte noch einige Wochen durch Österreich, bis er schließlich in Richtung Salzburg fuhr.

Während der Fahrt waren deutsche Soldaten, österreichische Zivilisten oder ungarische Wachen in die Waggons eingebrochen und hatten sich einzelner Wertsachen bemächtigt. So entschlossen sich die Ungarn, einiges von dem Frachtgut zu vergraben, in den Hoffnung auf bessere Zeiten. Andere Wertgegenstände wurden auf Lastwagen verladen, die später der französischen Armee in die Hände fielen.[31] Der größte Teil des Zuges aber blieb im Tauerntunnel hängen, hundert Kilometer südlich von Salzburg. Nach der Kapitulation Österreichs fand ihn Leutnant Joseph Mercer von der Dritten Infanteriedivision der U.S. Army.

Die Property Control Division der amerikanischen Armee, die für die Überwachung von beschlagnahmtem Besitz zuständig war, ließ den Zug nach Salzburg bringen, in ein ehemaliges Warenhaus, das von der Militärregierung beschlagnahmt worden war. Am 23. Juli kam er an. László Avar, der militärische Kommandant der ungarischen Wachen, hatte dem zuständigen Offizier, Captain John Back, ein vollständiges Inventar gegeben. Aber am 29. August erstellte die U.S. Army ein neues: Demnach waren noch 850 Truhen Silberbesteck vorhanden, dazu alle 5000 Perserteppiche, der größte Teil von dem Gold, den Juwelen, dem Porzellan, den Uhren und den Devisen. Der Gesamtwert wurde auf 206 Millionen Dollar geschätzt, heute mehr als zwei Milliarden Dollar. Avar übergab Captain Back auch eine Liste mit den Namen der Besitzer und sagte ausdrücklich, das meiste von dem Frachtgut gehöre ungarischen Juden (was Back schriftlich festhielt). Da aber Ungarn zu den Achsenmächten zählte, wurde der Zug als Eigentum einer »feindlichen Regierung« eingestuft. Mit anderen Worten: Er galt als Kriegsbeute.

Das hieß, dass sich die amerikanischen Offiziere bedienen durften. Der Erste war Generalmajor Harry J. Collins, der eigentlich für den Schutz von Opfereigentum zuständig gewesen wäre. Er ließ sich »Möbel und Einrichtung« aus dem Warenhaus schicken, »Objekte aus Onyx, Teppiche, Gemälde, Porzellan, Silberbesteck, silberne Leuchter und Kristallgläser, genug für 90 Gäste«, heißt es im Bronfman-Report. Insgesamt ließen sich Hunderte von US-Offizieren ihre Übergangswohnungen mit Perserteppichen, Ölgemälden und Silberkandelabern ausstatten und nahmen das Raubgut später in die USA mit.

In das Armee-Warenhaus kamen nach und nach Wertsachen aus

ganz Österreich an. Aber da es schlecht bewacht war, bildeten sich regelrechte Banden aus GIs und österreichischen Zivilisten, die das Lager einen Sommer lang plünderten. Selbst Wachen stahlen, als sie sahen, wie sich Offiziere bedienten. Juwelen, Goldringe, Beutel mit Goldstaub und Antiquitäten waren am gefragtesten. Ein GI klaute hundert Uhren, ein anderer Unmengen silberner Armbänder. »Aus dem Warenhaus in Salzburg wurde mehr geräubert als irgendwo anders in Europa«, schreibt Alford.

Die ungarische Regierung beklagte sich entschieden, vor allem, weil sich österreichische Nazis ungehemmt aus dem Raubgut bedienten. Nun beschwerte sich das State Department bei dem Armeekommando Salzburg. Da es kein Inventar für das Warenhaus gebe, sei es unmöglich, die Wertgegenstände zu kontrollieren – eine erstaunliche Feststellung, denn als die U.S. Army den Zug vereinnahmte, hatte der Dienst habende Offizier ja ein schriftliches Inventar in Empfang genommen.

Am 5. Dezember 1946 besuchte eine Delegation im Auftrag der ungarischen Regierung das Warenhaus. Dort entdeckten sie die Kisfaludi-Kollektion, eine wertvolle Gemäldesammlung, sowie vier Kästen mit Tabaksamen. Der Tabak war das Einzige, was Ungarn jemals zurückbekam. Die US-Regierung informierte den ungarischen Finanzminister, dass nach dem Artikel 8 des Pariser Abkommens vom 14. Januar 1946, das die USA, England und Frankreich unterzeichnet hatten, nur deutsche und österreichische Juden entschädigt würden, nicht aber ungarische Juden.

Der Armee-Kaplan Father Flaherty bat nun darum, dass weniger wertvolle Kleidung aus dem Warenhaus an Juden aus Polen, Ungarn und Russen abgegeben werden sollte, die unter erbärmlichen Bedingungen in Lagern lebten. Das wurde abgelehnt. Hingegen überreichte die U.S. Army der österreichischen Regierung Hunderte von wertvollen Gemälden als Kompensation für Kriegsschäden, die Ungarn angeblich verursacht hatte.

Am 16. November 1946 beschloss die Armeeführung, dass alle

Wertsachen, die im Warenhaus deponiert waren, religiöse Kultgegenstände ausgenommen, an das Intergovernmental Committee on Refugees (IGC) gehen sollte. Die amerikanische Armee wies den neuen Property-Control-Offizier, Howard A. Mackenzie an, die Kisten, Schränke, Truhen, Koffer und Tresore zu öffnen und die Wertgegenstände nach Kategorien zu sortieren. Damit waren sie kaum mehr dem Besitzer zuzuordnen.

Im Sommer 1947 kamen Soldaten vom Ingenieurscorps der Armee, dem Army Corps of Engineers, nach Salzburg, um Pelze zu sichten. Sie fischten aus vielen Nerzen und Zobeln eingenähte Goldstücke, Fünfhundert-Dollar-Scheine oder Diamanten. Ein IGC-Team tauchte auf, das, Alford zufolge, »bemerkenswert unqualifiziert war, Wertsachen einzuordnen«. Aber das State Department, unter zunehmendem Druck der Ungarn, hatte es nun extrem eilig, das Raubgut in die USA schaffen zu lassen. Auch der U.S. Army war daran gelegen, Spuren zu verwischen – es gab inzwischen Ermittlungsverfahren wegen Diebstahls, da Offiziere Goldstaubsäcke und Gemälde kistenweise in die USA geschickt hatten. Ein einziger Offizier, ein Oberst, bemächtigte sich mehrerer Orientteppiche, insgesamt 26 Stück.

Die U.S. Army hatte derweil im Reichsbankgebäude in Frankfurt am Main das Foreign Exchange Depository eröffnet, geleitet von Colonel Bernard Bernstein. Hier wurden Gold, Geld und Wertsachen aus ganz Deutschland gehortet. Dorthin schickte das IGC-Team auch die Diamanten, wo sie mit anderen Edelsteinen zusammengeschüttet wurden, die von KZ-Häftlingen stammten (dabei steckten sich die Verpacker der Diamanten einige davon in die eigenen Taschen). Zur selben Zeit warf das »Expertenteam« in Salzburg die Orientteppiche auf einen Haufen und schätzte deren Wert nach Gewicht und Größe ein. Ein Perser wurde mit 10, 20 oder 30 Dollar eingestuft, 100 Nerze oder ein Silberset mit 100 Dollar. Das, was davon in Frankfurt ankam, war keinem Besitzer mehr zuzuordnen. Das einzig Wertvolle, das die U.S. Army zurückgab, war der Gold- und Silberschatz des Salzburger Doms.

Im Foreign Exchange Depository in Frankfurt sollte bald noch viel mehr landen. Das Kostbarste war der Goldschatz aus der Kali-Mine von Merkers, den die U.S. Army am 8. April 1945 fand. An diesem Tag waren amerikanische Soldaten im Thüringer Wald auf meterdicke Betontore gestoßen. Als sie diese aufsprengten, glänzte und funkelte es wie bei Ali Baba und den 40 Räubern. Tief unten in der verzweigten Höhle, hinter einem Ziegelwall, fanden die GIs den Schatz der Reichsbank: Stapel von wertvollen Gemälden, 2,86 Milliarden Reichsmark in Banknoten, gefüllt in 3682 Kisten und Säcke, 80 Koffer voller Devisen, Briefmarken, 63 Säcke voll Silber, sechs Säcke mit Platin sowie Goldbarren. Vier Fünftel des Goldes aus Hjalmar Schachts Tresoren lag dort, darunter auch Raubgold aus den von Deutschland besetzten Ländern. Die Nofretete-Büste war dabei, die vier Evangelisten aus dem Riemenschneider-Altar sowie Rembrandts »Der Mann mit dem Goldhelm«. Die GIs entdeckten auch 207 Säcke mit Juwelen, Silber, Goldzähnen, Uhren, Goldmünzen und Zigarettenetuis, die »eindeutig Verfolgten abgenommen worden waren, aber auch ermordeten KZ-Insassen«, heißt es im Bronfman-Report. Allein die Juwelen wogen eine Tonne. Der Schatz von Merkers war damals eine halbe Milliarde Dollar wert, das Gold allein 300 Millionen.

Die Amerikaner bewachten den Lastwagenkonvoi von Salzburg nach Frankfurt mit zehn mobilen Flakgeschützen, einigen Flugzeugen und Einheiten der Infanterie. Trotzdem verschwanden drei der Lastwagen auf mysteriöse Weise auf dem Weg nach Frankfurt.

Drei Wochen später machte ein Major der U.S. Army eine weitere Entdeckung. Nahe dem Konzentrationslager Buchenwald fand er 313 Koffer, Kisten und Fässer, gefüllt mit Goldbarren, Goldmünzen, Dollars, Diamanten und anderen Edelsteinen, mit Silberlöffeln, Eheringen, Modeschmuck, Goldzähnen und Uhren. Alles zusammen wog 21 Tonnen. Die Armee brauchte neun Lastwagen, um das alles in das Foreign Exchange Depository zu schaffen.

In der Mine von Merkers waren Unterlagen der Reichsbank über andere Verstecke gewesen. Darauf gestützt, sollte die U.S. Army noch weiteres Raubgut finden. In das Foreign Exchange Depository sollten in den kommenden Monaten und Jahren Gold, Juwelen und Kunstwerke aus ganz Deutschland eingeliefert werden, deren Wert nur noch annähernd geschätzt werden konnte: In Halle wurden Kisten mit Gold gefunden, das vermutlich aus Frankreich kam, in Nürnberg Goldbarren wohl aus Holland, in Plauen Goldmarkmünzen, die Heinrich Himmler gehortet hatte, in Magdeburg Silberbarren und Aktien, die aus Ungarn stammten. Zwischen 1945 und 1947 kamen 121 Lieferungen von Silber- und Goldbarren, Reichsmark und Devisen an. Neben dem ungarischen Goldzug wurden noch viele andere Züge, auf die der Besitz von Banken und Museen geladen war, im Frühjahr 1945 von der U.S. Army beschlagnahmt. Gold im Wert von Hunderten von Millionen Dollar landete im Depot von Frankfurt. »Davon hat ein substanzieller Anteil Holocaust-Opfern gehört«, heißt es in *Plunder and Restitution*.

*

Als die U.S. Army in Italien und in der Normandie landete, wussten die Verantwortlichen, dass die Museen geschützt werden mussten und dass den Soldaten gewaltige Mengen von Wertsachen in die Hände fallen würden. Aus diesem Grund wurde eine Behörde ins Leben gerufen, die Monuments, Fine Arts and Archives (MFA&A). Sie erarbeitete Richtlinien, um Kunst zu bewahren. Deren Agenten sollten sicherstellen, dass die Beutekunst keinen Schaden bekam. Vor allem sollten sie Plünderungen durch Soldaten unterbinden. Doch das MFA&A war chronisch unterbesetzt. In Italien waren nur fünf Mitarbeiter beim Einmarsch dabei. In Frankreich wurden größere Einbußen nur vermieden, weil die U.S. Army den Schutz von Museen den Franzosen überließ. Und in Deutschland streckte die MFA&A ihre Waffen vor dem Chaos. Zwar wurde ein Regelwerk erstellt, aber es wurde niemals in Kraft gesetzt, so der Bronfman-Report.

Ebenfalls 1944 hatte das OSS in London die *Art* Looting Investigation Unit installiert, die Informationen über von Nazis geplünderte Kunst sammelte. Dazu zählten etwa die Kollektionen von Rothschild, Wassermann und Goudstikker. Das OSS stellte fest, dass deutsche Kunsthändler 1943 und 1944 Handel mit England und den USA betrieben hatten. Noch mehr war in Südamerika gelandet. Das OSS wusste auch, dass nicht wenig Raubkunst aus den besetzten Ländern, insbesondere aus Frankreich, in deutschen Museen hing. Infolgedessen behandelte die amerikanische Armee beim Einmarsch alle Kunst in Deutschland grundsätzlich als Raubgut. Aber da die Soldaten nun jede einzelne Museensammlung beschlagnahmten, waren sie bald mit der schieren Masse überfordert. »Die Einheiten im Feld konnten nicht zwischen Opferbesitz, Kriegsbeute und legitimem deutschem Eigentum unterscheiden«, heißt es im Bronfman-Report. Die U.S. Army brachte die Wertsachen in Hunderte von provisorischen Depots, die nicht vernünftig gesichert waren, da es »andere Prioritäten« gab.

Allein an Kunstverstecken hat die amerikanische Armee zunächst 232 aufgespürt – und das sind nur die, die sie offiziell registrierte. Das knappe Dutzend MFA&A-Mitarbeiter verzweifelte an der Katalogisierung sämtlicher Gegenstände. Ein MFA&A-Offizier, Captain Walker Hancock, beschwerte sich in einem Bericht, dass er innerhalb von vier Wochen von 230 Orten erfahren habe, wo die U.S. Army Gemälde hingebracht habe, und dass er nur 21 davon habe besichtigen können. Davon seien bereits mehr als ein Drittel durch US-Truppen, Flüchtlinge oder durch Bomben beschädigt gewesen. Statt nun Wachen aufzustellen, wurden oft nur Zettel an die Türen geklebt, um Plünderer fernzuhalten. Bis zur Kapitulation am 8. Mai 1945 hatte die U.S. Army fast 400 Verstecke mit Gold oder Kunstwerken entdeckt. »An vielen Orten wurde der Verlust von Wertsachen berichtet, die US-Soldaten als Andenken eingesteckt hatten«, so der Bronfman-Report (Roosevelt hatte die Truppe 1944 ermuntert, »Trophäen« zu finden, um die Moral zu heben).

Die U.S. Army hatte einen Großteil ihrer Beute der Tatsache zu verdanken, dass sie viel weiter in Deutschland vorgedrungen war, als es mit der Roten Armee vereinbart gewesen war. Oberbefehlshaber Dwight D. Eisenhower hatte auch Thüringen, Sachsen und Sachsen-Anhalt eingenommen. Zwar zog sich die amerikanische Armee wieder zurück, sammelte zuvor aber Kunst und Gold ein, statt dies den Russen zu überlassen. Auch die Schätze von Merkers und Buchenwald hätten nach dem Abkommen von Jalta der Sowjetunion zugestanden. Es wurden in der Folge weitere Armeedepots eingerichtet. Gemälde wurden von einem Depot zum nächsten geschleppt, wozu freigelassene Zwangsarbeiter angestellt wurden. Die MFA&A bat darum, Fachleute zu senden, aber das wurde abgelehnt.

Was an Geld beschlagnahmt wurde – auch an Devisen –, nahm die Armee ohnehin für sich in Anspruch, um »die Bedürfnisse des Militärs zu decken«, wie es im Bronfman-Report nachzulesen ist. Da es keinen Versuch gegeben hatte, von den Nazis geraubte Devisen von den sonstigen Geldern zu trennen, benutzte die U.S. Army vermutlich »geraubte Devisen oder Gelder, die durch den Verkauf von Opferbesitz erwirtschaftet wurden, um ihren Vormarsch zu finanzieren«.

In das Foreign Exchange Depository wurde das Gold nun lastwagenweise eingeliefert. Einiges davon war in KZs gefunden worden, in Buchenwald, Bergen-Belsen und Lublin. Es kamen Kisten voll Juwelen, Perlen, Säcke voll Münzen, vergoldetes Porzellangeschirr, umgeschmolzene Goldbarren, Ringe der ungarischen Militärpolizei, holländische Regierungsanleihen, russisch-orthodoxe Tabernakel und Kruzifixe, ein Rohblock Silber und 43 Silberbarren, von denen jeder 25 Kilo wog, die von der Gestapo in Prag konfisziert worden waren. Im Bronfman-Report heißt es: »Das allermeiste Gold, das bis 1950 in Europa eingesammelt wurde, fand schließlich seinen Weg in das Foreign Exchange Depository.«

Das Beutegut wurde nach einer Verfügung der U.S. Army im Mai 1945 in drei Kategorien sortiert: Wertsachen, die die Nazis in den besetzten Ländern geraubt hatten, Wertsachen, die Banken und anderen Institutionen gehörten, sowie Devisen, die Privatleute abgeliefert hatten. Das Personal, das aus 16 Offizieren und 130 Wehrpflichtigen ohne jegliche Archivierungserfahrung bestand, war damit heillos überfordert. In einem internen Armeebericht vom 6. November 1945 hieß es, das Personal sei »technisch nicht qualifiziert, ein Inventar zu erstellen«, Schlüssel kursierten unkontrolliert, es gebe keine Sicherheit. Von Oktober bis Dezember 1945 kamen acht Ladungen aus Deutschland, Österreich und der Tschechoslowakei, die gar nicht mehr dokumentiert wurden – was zu Diebstahl geradezu einlud. Nach einer groben Schätzung befanden sich im August 1945 allein an Gold und Geld rund 500 Millionen Dollar in Frankfurt.

Ein Teil dieses Goldes stammte aus Eheringen und Goldzähnen von Holocaust-Opfern, aber auch aus Raubgold der besetzten Länder. Welche Mengen das gewesen sein mögen, wurde laut dem Bronfman-Report nach dem Krieg nur in »Stichproben untersucht«. Ein Offizier schrieb damals, dass sehr viel von dem Gold eingeschmolzen wurde, sodass dessen Herkunft nicht mehr feststellbar sei.

Im September 1946 gründeten die Westalliierten und Frankreich in Paris die Tripartite Gold Commission, die über die Verwendung des Goldes entschied. Das Frankfurter Depot sandte nun Gold im Wert von 263 Millionen Dollar nach Paris. Die in Frankreich sitzende Kommission restituierte 66 Millionen Dollar an die Regierungen verschiedener europäischer Länder und 2,8 Millionen Dollar an Institutionen. 1,8 Millionen Dollar gingen an die International Refugee Organization. Nur 656 Dollar wurden an Individuen zurückgegeben. Den Rest, 270 Millionen Dollar, schafften die Amerikaner zur Federal Reserve Bank in die USA.

Dass auch das Gold und die Juwelen aus dem ungarischen Goldzug in das Depot nach Frankfurt geschafft worden waren, erfuhren die ungarischen Holocaust-Überlebenden erst, als die Zeitungen darüber schrieben. Die U.S. Army wurde mit Bittbriefen überschwemmt, und viele Opfer versuchten, wenngleich vergebens, in das Foreign Exchange Depository zu gelangen. Aber die Armeeführung verfügte, das ungarische Gold sofort nach New York bringen zu lassen. Auch die US-Legation für Ungarn lehnte eine Restitution explizit ab: Eine Rückgabe an Individuen sei »nicht machbar«, teilte sie mit. Die Wertsachen dem American Jewish Joint Distribution Committee und der Jewish Agency for Palestine zu überlassen, sei im »besten Interesse derer, die ausgeplündert worden sind«, zitiert der Bronfman-Report.

Das erste Schiff nach Amerika verließ Bremerhaven am 17. November 1947, das letzte Schiff am 16. Februar 1948. In der Kiste, die zum Schluss verfrachtet wurde, befanden sich 244 Teile Tafelsilber und zwei silberne Zigarettenetuis. Auf das Schiff wurden auch zwei Säcke mit Silbermünzen und Gold geladen, die GIs von der SS beschlagnahmt hatten, dazu vier Goldkästen aus einem tschechischen KZ.

1949 wurde das Raubgut aus dem ungarischen Goldzug in New York von der International Refugee Organization versteigert. Gold und Juwelen, böhmische Kelche und Wiener Porzellan, die den Juden Ungarns gehörten, kamen kistenweise in einem Auktionshaus auf Staten Island unter den Hammer, dazu die restlichen Orientteppiche. Nur 500 000 Dollar wurden dabei eingenommen – die Wertgegenstände waren für einen Spottpreis weggegangen. Die Goldkästen aus dem tschechischen KZ erzielten noch einmal 300 000 Dollar.

*

Derweil herrschte in Deutschland weiter Chaos. Die MFA&A hatte sich bereits im März 1945 über »beunruhigende Akte von Diebstahl« durch alliierte Truppen beschwert, wobei die Armee noch weniger Respekt vor deutschem Besitz habe als in den besetzten Ländern. Eisenhower gab daraufhin ausdrücklichen Befehl an seine Soldaten, das Plündern zu unterlassen. Doch es fehlte an Kontrolle. Die Armee schaffte es nicht einmal, zu überprüfen, was die Soldaten in ihren Paketen nach Hause schickten. Im Mai 1945 stellte Eisenhowers Adjutant bei einer Stichprobenkontrolle fest, dass es »Beweise für weit verbreiteten Diebstahl durch US-Truppen« gebe.

Die Sicherheitsprobleme verstärkten sich noch, als die Armee nach der deutschen Kapitulation viele Truppen nach Japan weiterschickte und dazu Millionen von Zwangsarbeitern und KZ-Insassen befreit wurden, die ohne rechte Versorgung in den Camps blieben. Im Juni 1945 empfing das Armee-Hauptquartier »tägliche Berichte von Plünderungen, Vergewaltigungen und Morden« durch DPs. Das Problem hatte sich ein Jahr später nicht gebessert, sodass die Armee begann, Flüchtlinge in die Länder zu deportieren, aus denen sie gekommen waren. Die U.S. Army befürchtete darüber hinaus, dass Zwangsarbeiter von den Nazis bestochen würden, Raubgold aus Deutschland zu schmuggeln. Es wurde verfügt, jeden DP, der die Grenze überquerte, zu kontrollieren. Aber angesichts der Masse der herumirrenden Flüchtlinge war das unmöglich.

Da die Armee den Platz in dem völlig überfüllten Frankfurter Depot für das Gold und die Devisen brauchte, wurden nun die Kunstwerke nach und nach in das Wiesbadener Landesmuseum ausquartiert. Dorthin gelangten mehr als 1000 Bilder, darunter die gesamte Rothschild-Kollektion, und zwei LKW-Ladungen mit jüdischen rituellen Objekten. Viele beschlagnahmte Kunstobjekte wurden auch in Marburg eingelagert, im Kunsthistorischen Museum und im Staatsarchiv. Im Oktober 1945 befanden sich dort 3511 Bilder, mehr als 12 000 Bücher und 17 Kilometer Archivmaterial.

Die Zahl der in der amerikanischen Besatzungszone entdeckten Verstecke war inzwischen auf 736 angestiegen. Da das Wachpersonal immer knapper wurde, begann die U.S. Army in Süddeutschland, Kunst, die nicht allzu wertvoll war, an deutsche Behörden oder Privatpersonen zurückzugeben. Als Legitimation diente lediglich die schriftliche Versicherung des Besitzers, er sei der Eigentümer.

Derweil rissen die Plünderungen durch amerikanische Soldaten nicht ab. Lucius D. Clay, der Oberkommandierende der amerikanischen Zone, beschwerte sich im September 1945 in einem Rundschreiben an alle Truppen, dass die »illegale Aneignung von Privateigentum durch US-Personal solche Ausmaße angenommen hat, dass sie das Kommando beschämt«. Da die amerikanische Armee Prozesse gegen Deutsche führe, die des Plünderns beschuldigt würden, aber das Gesetz selbst nicht beachte, setze sie sich dem Vorwurf der Heuchelei aus«, so Clay weiter.

Amerikanische Soldaten plünderten die Staatliche Kunstsammlung in Weimar und die Kunstsammlung im thüringischen Schwarzburger Schloss. Auch in einem Schloss bei Hochstadt in Hessen, in dem Kunst gelagert war, die die Nazis ihrerseits in der Sowjetunion geraubt hatten, machten GIs reiche Beute. Das Gleiche geschah im Schloss Rimberg im Landkreis Marburg. In einem MFA&A-Report heißt es im September 1945: »In den frühen Stadien der Besetzung wurden zahlreiche historische Schlösser und Paläste durch US-Truppen oder DPs besetzt. In dieser Zeit verschwand beträchtliches Material. In den meisten Fällen gibt es keine Informationen über die Identität der Plünderer.«

Ein besonders krasser Fall war die Entwendung der hessischen Kronjuwelen, die im Schloss Kronberg im Taunus deponiert worden waren. Zwei US-Offiziere, die dort stationiert waren, stahlen die Kronjuwelen und brachten sie in die USA, um sie auf dem Schwarzmarkt in Chicago anzubieten. Dort wurden sie allerdings von der Polizei geschnappt.

Auch das Landesmuseum in Wiesbaden, das kaum bewacht war, wurde von bewaffneten Soldaten heimgesucht. Der Leiter des Museums beschwerte sich im Januar 1947, dass das US-Militär »keinerlei Sicherheit, die der Erwähnung wert gewesen wäre, zur Verfügung gestellt hat«. Ähnlich sah es in einem Kunstdepot in München aus. Nicht nur US-Soldaten klauten, auch ein Wachmann, ein deutscher Zivilist, entwendete mehr als hundert Gemälde. Vor diesem Hintergrund war es unmöglich, Kontrolle über die von den Nazis geraubte Kunst zu erlangen. Die Armee sollte einzig amerikanischen Händlern eine Liste mit geklauten Gemälden geben, in der Hoffnung, dass davon wieder etwas auftauchen würde.

Der *Spiegel* berichtete im Juni 2001 über einige außergewöhnliche Fälle von US-Kunstraub. So sei sogar Clay selbst in Versuchung gekommen. »Er wollte, wie er ganz unverblümt ans Pentagon schrieb, die Briefmarkensammlung des Reichspostmuseums in den Vereinigten Staaten veräußern«, schreibt der *Spiegel*-Autor Erich Wiedemann. Der Plan scheiterte offenbar an einer höheren Instanz. Aber die acht wertvollsten Marken der Sammlung, darunter eine Blaue Mauritius, tauchten dann doch beim amerikanischen Zoll auf. Erst 1990 brachte US-Botschafter Vernon Walters diese Briefmarken persönlich nach Bonn zurück. Hingegen ist die Münzsammlung der Deutschen Reichsbank noch heute in Washington.

Um das Problem der Depotkunst möglichst schnell vom Hals zu bekommen, hatte das OMGUS (Office for Military Government for Germany) bereits im September 1945 damit begonnen, Richtlinien für eine Restitution von Beutekunst zu erarbeiten, juristisch beraten von Eleanor Dulles, der Schwester von Allen und John Foster Dulles. Die Depotkunst wurde in drei Kategorien unterteilt: Raubgut, Kunst, für die möglicherweise etwas bezahlt worden war, und legitimes deutsches Eigentum. Bilder aus den ersten beiden Kategorien wurden zurückgegeben, allerdings nicht an die individuellen Besitzer, sondern an die Regierungen der Länder, in denen diese lebten. Diese mussten dazu Listen beim OMGUS einreichen. Das Verfahren galt aber nur für befreundete Länder. Kunst, die Regierungen oder Privatpersonen aus früheren Feindländern gehörte, behielt die U.S. Army, um sie zu versilbern. Der Bronfman-Report lässt im Unklaren, welche Länder als verfeindet behandelt wurden. Praxis war, Ostblockländer, in denen Marionetten der Nazis geherrscht hatten (wie Bulgarien), als Feinde zu behandeln, ein Achsenland wie Italien mit einer starken Lobby in den USA hingegen als Freundesland.

Zudem erkannte das OMGUS – und später auch Eisenhower, nachdem er Präsident geworden war – die Jewish Restitution Successor Organisation (JRSO) als offizielle Erbin für jüdisches Eigentum an, für das es keine individuellen Erben mehr gab. Die JRSO war am 15. Mai 1947 in New York gegründet worden, um herrenlose

Gelder in Deutschland für Holocaust-Überlebende einzusammeln und zu verteilen. Damit konnte Kunst und anderes jüdisches Eigentum schnell an die JRSO restituiert werden.

Allerdings kam es bei dieser Restitutionswelle zu spektakulären Pannen. So tauchte 1949 in München ein Mann auf, der behauptete, Mate Topic zu heißen und der Direktor des Nationalen Museums von Jugoslawien zu sein sowie Beauftragter für die Restitution. Topic bekam von einer deutschen Komplizin, die im Münchner Depot arbeitete, eine Beschreibung der wertvolleren Kunstobjekte, darunter Tiziane und Tintorettos, die Topic dann als Eigentum des jugoslawischen Staates reklamierte. Das MFA&A und das OMGUS genehmigten den Transfer von 166 kostbaren Bildern, nur um später festzustellen, dass sie einem Betrüger aufgesessen waren (wobei ein Großteil davon wirklich im Nationalmuseum von Belgrad landete, sodass man annehmen darf, dass Topic mit Marshall Tito zusammengearbeitet hatte). Tatsächlich waren die Bilder vom Einsatzstab von Alfred Rosenberg, der darauf spezialisiert war, jüdisches Eigentum zusammenzuraffen, in Frankreich und Italien gestohlen worden. Das OMGUS brauchte ein Jahr, um das State Department davon zu informieren. Als sich die Regierungen von Frankreich und Italien beschwerten, bat das State Department seinen Justitiar um eine Stellungnahme. Der meinte, da die USA in gutem Glauben gehandelt hätten, seien sie moralisch nicht zu Schadensersatz verpflichtet. Da Amerika aber als Besatzungsmacht die Verantwortung habe, sei es aus juristischen Gründen besser, Stillschweigen über den Vorgang zu bewahren.

In den ersten drei Nachkriegsjahren wurden dem OMGUS zufolge 10,7 Millionen Kunstobjekte beschlagnahmt, die insgesamt mit fünf Milliarden Dollar bewertet wurden (wobei die Bewertungskriterien unklar waren). Der Wert aller Kunstobjekte und Bücher, die bis 1948 zurückgegeben wurden, betrug 2,1 Milliarden Dollar. Rund 3,2 Millionen Kunstwerke gab das OMGUS an deutsche Besitzer zurück. Dabei war es selten ein Kriterium, ob das Gut Nazis oder

Nazi-Opfern gehört hatte. Weitere 480 000 Kunstwerke gingen an Besitzer. Die Kommission schätzt allerdings, dass nach 1948 noch einige hunderttausend Bilder und Bücher im Gesamtwert von 100 Millionen Dollar zurückgegeben wurden. Der Rest – im Wert von schätzungsweise drei Milliarden Dollar – wurde als Kriegsbeute in die USA gebracht.

In welchem Umfang noch heute Raubkunst in amerikanischen Museen hängt, ist umstritten. Der Bronfman-Report vermutet, dass »nach dem Krieg die Schweiz ein Ort für Raubkunst wurde, die schließlich Eingang nach Amerika fand«. Aber es existieren keine annähernden Zahlen, wenngleich in der Presse schon mal von Tausenden von Bildern die Rede war. Jedenfalls musste das Museum of Modern Art in New York sich mit dem Vorwurf auseinander setzen, einen aus Wien gestohlenen Egon Schiele ausgestellt zu haben.

Inzwischen beschäftigt Raubkunst auch die Gerichte. Der spektakulärste Fall war der des Quedlinburger Domschatzes. Den Schatz aus dem 9. Jahrhundert hat ein Oberleutnant der U.S. Army namens Joe Meador aus einem Bergwerksstollen mitgehen lassen. Es sollte bis 1993 dauern, bis es der Kulturstiftung der Länder mithilfe der auf Kunstraub spezialisierten Anwälte Willi Korte und Thomas Kline gelang, den Domschatz für drei Millionen Dollar »freizukaufen« – und auch nur deshalb, weil ein gestohlener Solitär von solchem Rang auf dem internationalen Kunstmarkt unverkäuflich ist.

Dabei sei ein Fall, so Thomas Kline, in den Institutionen wie die Kulturstiftung oder die Kirche involviert seien, noch weit einfacher zu lösen, als wenn es um gestohlenes Gut von Holocaust-Opfern gehe. Der Anwalt hatte einst auch den Pariser Kunsthändler Paul Rosenberg vertreten und musste zwei Jahre gegen das Art Museum in Seattle um einen geraubten Matisse kämpfen, den das Kunstmuseum von einem Händler gekauft hatte.

*

Ebenso wurden Millionen von Büchern in die USA verschifft. Von August 1945 bis September 1948 beschlagnahmte die U.S. Army vier Millionen Bücher in Deutschland. Die Aktion geschah auf Initiative der Library of Congress in Washington, die ihre Bestände auffüllen wollte. Der Library war es gelungen, die Unterstützung des State Departement zu erhalten, das für den nötigen Befehl sorgte.

Die amerikanische Armee brachte sämtliche Bücher zunächst in das ehemalige IG-Farben-Gebäude in Offenbach. Zwei Millionen Bücher wurden zurückgegeben, zumeist an Bibliotheken in Europa, die restlichen zwei Millionen wurden in die USA verfrachtet und dort an 56 Bibliotheken umverteilt, darunter auch Harvard und Yale. Nur 50 Bibliotheken weigerten sich, Bücher zu nehmen, die von der U.S. Army geplündert worden waren. »Bis heute hat es keinen ernsthaften Versuch gegeben, diese Bücher zurückzugeben«, sagt David Moore, der für die deutsche Sammlung der Library of Congress zuständig ist.

In die Library of Congress gelangten Sammlungen von Nazis – wie die Privatbüchereien von Adolf Hitler und Eva Braun – und NS-Ministerien. Auch Bibliotheken von nunmehr verbotenen Industrien (etwa den Focke-Wulf-Flugzeugbetrieben) kamen in die USA sowie 60 000 ältere Bände des Reichskolonialbundes. Begründung: Diese Bücher würden die Deutschen nur an ihr früheres Kolonialreich erinnern und Unfrieden stiften.

Dazu gelangten 26 384 Filmrollen aus Deutschland in die Library of Congress, Tonaufnahmen der Reden von Nazi-Führern, das Archiv des Deutschen Auslandsinstituts und geheimdienstliche Sammlungen, darunter die Akten von Heinrich Himmler, die geheimen Akten über die KPD und über die Widerstandskämpfer des 20. Juli.

Die U.S. Army beschlagnahmte aber auch Bücher, die die Nazis von politischen Gegnern gestohlen hatten oder von Privatleuten, die, oft zu Unrecht, als Nazis denunziert wurden. Ein solcher Fall war Hans Reich. Er besaß einen Buchladen im Berliner Stadtteil Charlottenburg. Ein gewisser Max Loeb von der U.S. Army behauptete gegenüber dem OSS, Reich sei ein ehemaliger SS-Mann. Das OSS räumte dessen Geschäft aus. Loeb eröffnete mit dem Besitz von Hans Reich eine Buchhandlung in New York.

In Offenbach waren auch 137 809 hebräische Bücher eingeliefert worden, 49 000 religiöse Bücher in deutscher Sprache sowie 405 688 Bücher aus jüdischen Büchereien in Deutschland, dem Balkan und dem Baltikum. Die Sortierer, darunter Hannah Arendt, wollten damit eine jüdische Bücherei in Kopenhagen aufbauen, aber die Library of Congress wollte die Bücher selbst. Ein Teil ging auch nach Israel. Einige hunderttausend Bücher wurden letztlich als »Nazi-Propaganda« verbrannt – darunter vermutlich etliche Exemplare von Henry Fords *Der ewige Jude*.

*

Von dem ehemals jüdischen Vermögen, das in die USA geschafft wurde, wurde bislang kaum etwas restituiert. Das betrifft nicht nur Kunst oder Goldbarren, sondern auch Gelder auf so genannten nachrichtenlosen Konten. Dass diese Restitution so schleppend geschieht, ist eigentlich erstaunlich, denn die Bemühungen starteten schon recht früh. Bereits im Krieg beauftragte der American Jewish Congress zusammen mit dem Jüdischen Weltkongress ein Gutachten bei dem Anwalt Nehemiah Robinson, das 1944 unter dem Titel *Indemnification and Reparations* veröffentlicht wurde.

Robinson sollte feststellen, über welche Werte die Juden Europas verfügt hatten. Dem Anwalt zufolge betrug dieses Kapital 8,23 bis 8,62 Milliarden Dollar – ein Betrag, der heute mindestens das Zehnfache wert wäre. Allein die deutschen Juden hätten vor dem Krieg ein Vermögen im Wert von zwei Milliarden Dollar besessen, die polnischen Juden sogar 2,1 Milliarden. Das Eigentum der Juden Rumäniens bezifferte Robinson auf eine Milliarde Dollar, gefolgt von der Tschechoslowakei (700 bis 800 Millionen Dollar), Frankreich (600 bis 800 Millionen), Ungarn (400 Millionen Dollar) und Österreich (350 bis 400 Millionen Dollar). Selbst Estland brachte es auf zehn Millionen Dollar. Viele Juden, so Robinson, hätten ihre Mittel in Palästina investiert, andere hätten sie ins Ausland geschickt, vornehmlich in die USA, Großbritannien, die Schweiz und Holland.

Jedoch könnten diese Restitutionsansprüche erst nach dem Krieg geltend gemacht werden, so Robinson in seinem Bericht von 1944. Bis dahin aber seien die jüdischen Eigentümer möglicherweise tot, viele hätten auch alle Verwandten verloren, weshalb es oft keine Erben mehr geben würde. Zudem handele es sich bei jüdischem Besitz oft um Gemeinschaftseigentum. Aus all diesen Gründen schlägt Robinson vor, dass der restituierte Besitz an eine zu gründende Jewish Agency for Reconstruction gehen solle (mit Sitz in den USA). Auf keinen Fall dürften die Staaten, in denen die Juden gelebt hätten, Anspruch auf deren Eigentum erheben. Zudem sollten diese Ansprüche Priorität gegenüber anderen Reparationsforderungen haben, obgleich die Nazis, wie Robinson einräumt, »sicherlich auch Diskriminierungen gegenüber Nichtjuden« begangen hätten.

Tatsächlich wurde eine solche Agency gegründet, aber sonst verliefen die Vorschläge im Sande. Erst im Jahr 1999 gab es eine zweite, etwas genauere Vermögensschätzung anlässlich der Debatte um die Schweizer Banken und ihre Rolle hinsichtlich der Verwaltung jüdischer Vermögen. Damals veröffentlichte eine unabhängige Kommission unter Paul A. Volcker, dem früheren Vorsitzenden der Federal Reserve Bank, den Volcker-Report. Dieser untersuchte, in welchem Ausmaß europäische Juden Geld auf Schweizer Banken deponiert hatten und wie viel davon womöglich noch dort lag. Er befasste sich aber auch mit den Summen, die in andere Länder gebracht wurden, hauptsächlich Amerika. Viele Juden hatten in der Hoffnung, ein Visum für die USA zu bekommen, schon einmal Geld dorthin transferiert. Das geschah meist, um Verwandte oder Bekannte zu motivieren, als Bürgen aufzutreten.

Diese Untersuchung war – wie die Autoren selbst einräumen – sehr kompliziert gewesen. So wurden in den Einkommensstatistiken der meisten Länder Juden nicht eigens geführt. Dazu kam, dass viele deutsche Juden zunächst in Nachbarländer flohen und einen Teil ihres Geldes mitnahmen, dies oft unregistriert. Als dann Frankreich, Holland und Belgien besetzt wurden, wurden viele jüdische Flüchtlinge interniert, andere schafften es bis England oder in die USA, wobei einige ihr Geld zurücklassen mussten (schon deshalb, weil Pariser Bankfilialen von Chase und J. P. Morgan die jüdischen Konten an die Nazis auslieferten). Die Schätzung der Einkommen sei bereits schon schwierig genug, da man sich auf Steuerdaten stützen müsse und nicht wisse, wie hoch die Steuerehrlichkeit war, so der Volcker-Report. Die Schätzung von Immobilienvermögen, Gold oder Devisen jedoch sei nahezu unmöglich. Zur Vereinfachung konzentrierte sich der Report auf die Mittelschicht in sechs Ländern, nämlich Deutschland, Österreich, Holland, Ungarn, Frankreich und Polen.

Mit all diesen vorsichtigen Einschränkungen kam der Volcker-Report auf ein deutlich höheres jüdisches Gesamtvermögen als Nehemiah Robinson, nämlich auf rund 12,9 Milliarden Dollar (heute um die 150 Milliarden Dollar). Allein die deutschen Juden hätten etwa sechs Milliarden Dollar besessen. Insgesamt seien ungefähr drei Milliarden Dollar ins Ausland transferiert worden oder könnten zumindest ins Ausland geschafft worden sein. Davon sei mehr als die Hälfte aus Deutschland gekommen. Holländische Juden (die im europäischen Durchschnitt die Vermögendsten gewesen waren) hätten ihr Geld vornehmlich in die USA gebracht, denn dazu hätten ihnen holländische Banken geraten. Amerika sei sicherer als die Schweiz, war deren Argument gewesen. Ungarische Juden hingegen hätten ihre Gelder lieber in der Schweiz deponiert, französische und polnische Juden wiederum brachten ihr Ersparnisse sowohl in die USA als auch in der Schweiz. Und österreichische Juden besaßen ihre Devisenkonten in der Regel in der Schweiz und in Frankreich. Wenn man die, wenngleich sehr grobe Schätzung des Volcker-Reports hochrechnet, gelangten aus diesen sechs Ländern ungefähr eine Milliarde Dollar in die USA.[32]

*

Was ist aus diesem Geld geworden? Auch das ist bis heute nicht einmal im Ansatz bekannt. Fünf Millionen Juden lebten in den sechs Ländern, die im Volcker-Report untersucht wurden; von denen wurden 3,5 Millionen ermordet. Wie viele der Überlebenden es nach Amerika geschafft haben, kann man nur schätzen, aber wohl höchstens 150 000 Juden, davon etwa 100 000 deutsche. Aber selbst deren Geld wurde in den USA vorübergehend beschlagnahmt. Und was aus den Konten derjenigen wurde, die in Europa überlebt haben, ist vollkommen unklar.

Sicher ist nur, dass einiges von dem Geld, das zur Lebensrettung dienen sollte, in den Schatzkammern der US-Regierung landete. Denn mit dem Kriegseintritt der USA galten alle Deutschen als »Enemy Aliens«. Das bedeutete, dass ihre Konten eingefroren wurden, aber auch ihre Immobilien, Firmen, Aktien oder Schließfächer. Dabei wurde kein Unterschied zwischen deutschen Juden, politischen Flüchtlingen und Arbeitsimmigranten gemacht. Selbst amerikanische Konten von Deutschen, die nicht in den USA lebten, wurden eingefroren ohne Ansehen der Person. »Während des Krieges wurde kaum zwischen Opfern und Nicht-Opfern unterschieden«, so der Bronfman-Report. Erst mit Kriegsende habe die Politik angefangen, den speziellen Status von Opfern zu berücksichtigen.

Ein eingefrorenes Konto bedeutet zunächst nur, dass die Gelder oder Aktien der Verfügung des Eigentümers entzogen und quasi einem Staatskommissar unterstellt waren. Der konnte verhindern, dass Geld abgehoben oder ausgeführt wurde. Damit die Wirtschaft nicht völlig zusammenbrach, wurde ein kompliziertes Regelwerk entwickelt, nachdem einzelne Transaktionen genehmigt werden konnten. Letztlich bedeutete diese Maßnahme zwar keine reale Enteignung, aber daraus konnte sich eine schleichende Enteignung entwickeln.

Die Betroffenen von eingefrorenen Konten bestanden aus zwei Gruppen: aus Ausländern im Ausland, die aus irgendeinem Grund ein Konto in den USA hatten (dies waren meistens Unternehmer), und aus Immigranten, die es noch nicht zu einem US-Pass gebracht hatten. Bei Kriegsausbruch lebten 4,9 Millionen solcher Immigranten in Amerika. Alle Ausländer sowie sämtliche Firmen in ausländischem Besitz wurden nunmehr gesetzlich verpflichtet, ihren ganzen Besitz – Geld, Gold, Kunst, Aktien – beim Schatzamt registrieren zu lassen. 1941 erstellte das Schatzamt eine Liste, nach dieser besaßen die Ausländer in den USA insgesamt 12,7 Milliarden Dollar, davon gehörten 8,5 Milliarden Dollar Europäern. Das Gros davon – 63 Prozent – war Firmeneigentum.

Als Erstes wurden die Bürger der Achsenmächte zu »Enemy Aliens« erklärt, zu feindlichen Ausländern, allen voran Deutsche, Italiener und Japaner, wobei Letzteren die amerikanische Staatsbürgerschaft de facto sogar entzogen wurde. Aber auch von Deutschland besetzte Länder erhielten den Feindesstatus, also Länder wie Dänemark, Frankreich oder Ungarn. Die Idee dahinter war, dass Deutschland deren Gelder (soweit sie sich in den USA befanden) nicht nutzen konnte. Roosevelt erklärte zuletzt auch die Bürger neutraler Länder wie die Schweiz und Schweden zu »Enemy Aliens«. Zwischenzeitlich waren sogar die Gelder der Sowjetunion in den USA blockiert. Schließlich war ganz Kontinentaleuropa »eingefroren«. Einzig die Türkei durfte noch frei wirtschaften, obgleich sie ein Alliierter Deutschlands war.

In den Monaten nach Pearl Harbor begann die US-Regierung darüber hinaus, das Eigentum von »Enemy Aliens« sogar zu beschlagnahmen. So genannte »Vesting Orders« wurden erlassen. Damit ging der Besitz in die Hand des amerikanischen Staates über, und zwar zum Alien Property Custodian. Beschlagnahmt wurde Eigentum, das dem Feind im Krieg nutzen konnte, und zwar auch dann, wenn es Amerikanern gehörte (die aber, im Gegensatz zu »Enemy Aliens«, Einspruch einlegen konnten). Die erste Vesting Order vom 16. Februar 1942 richtete sich gegen Standard Oil of New Jersey. Damit wurden aber auch Gelder, die deutsche Juden in die USA geschickt hatten, einbehalten.

Einiges von dem beschlagnahmten Feindeigentum wurde vom Alien Property Custodian lediglich verwaltet, anderes verkauft, oder aber es wurde ein Fremdverwalter eingesetzt. Die Behörde sammelte bald einen ungeheuren Besitz an. Sie eignete sich Aktien von Chemiefirmen und Kameraproduzenten an, verwaltete Grundbesitz japanischer Kinder, kontrollierte Banken, Geschäfte und Molkereien. Rund 46 000 Patente und 200 000 Copyrights wurden requiriert, um sie zu versilbern (allein die Patente brachten 8,3 Millionen Dollar). Darunter waren die Buchrechte von Guy de Maupassant, Georges Simenon, Georges Clemenceau, Marie Curie und Tania Blixen, die Musikrechte an Claude Debussys *Clair de Lune* und Giacomo Puccinis *La Bohéme,* Rechte an wissenschaftlichen Büchern aus Deutschland und sogar das Copyright an dem französischen Kinderbuch »Babar, der Elefant«.

Der Alien Property Custodian riss sich auch Kunstwerke unter den Nagel, wie der *Spiegel* 2001 berichtete. Marie Schintling von der Münchner Bankiersfamilie Schintling hatte 1939 den berühmten »Wasserfall« von Franz Marc für eine Ausstellung in San Francisco zur Verfügung gestellt. Da der »Wasserfall« nach Ansicht der Nazis »entartete Kunst« war, ließ sie das Ölgemälde bei amerikanischen Freunden. Dort wurde das Bild beschlagnahmt und für 800 Dollar an einen Rechtsanwalt in San Francisco verkauft. Marie Schintling, die nach dem Krieg völlig verarmt war, wurde 1948 mitgeteilt, ihre Ansprüche seien verjährt. 1999 versteigerte Sotheby's den »Wasserfall« für etwa acht Millionen Dollar.

Es gab damals Beschwerden, aber auch Beschwichtigungen. Nichts in den Debatten des Kongresses deute darauf hin, dass die leiseste Absicht bestünde, das Eigentum »freundlicher Ausländer, neutraler Bürger oder der Opfer deutscher Aggressionen zu konfiszieren«, schrieb 1943 der Anwalt John Foster Dulles.

Italienisches Eigentum wurde ab Anfang 1944 nicht mehr angetastet. Hingegen gab es nach Kriegsende eine neuerliche Verordnung, den Besitz von Deutschen und Japanern einzuziehen. Sie diente dazu, Kriegsschäden von Amerikanern zu bezahlen. Beschlossen wurde sie von Finanzminister Henry Morgenthau im Frühjahr 1945. Demzufolge wurden Konten, Versicherungspolicen, Bargeld, Erbschaften, Aktien und Immobilien von Privatleuten, Firmen und Regierungen requiriert. Der Alien Property Custodian erhielt dadurch noch einmal 900 Millionen Dollar. Von Privatleuten stammten 220 Millionen Dollar, davon 188 Millionen von Deutschen.[33] Die Aktion lief bis zum 17. April 1953. Zwar ließ das Gesetz die Option zu, deutsche Juden zu verschonen, aber die Betroffenen mussten erst beweisen, dass sie Verfolgte waren.

Die Hälfte des Geldes wurde in einen War Claims Fund eingespeist, aus dem US-Firmen für Kriegsschäden entschädigt wurden, die ihre deutschen Töchter erlitten hatten. Darunter waren die Ford Motor Company sowie General Motors, die die Wehrmacht aufgerüstet hatten. Ford bekam 785 321 Dollar aus dem Fonds, General Motors sogar 33 Millionen Dollar.

Im August 1946, mehr als ein Jahr nach Kriegsende, beschlossen die USA, Konten von NS-Opfern in Ruhe zu lassen. Das »Office of Alien Property« – wie der Alien Property Custodian seit Kriegsende hieß – hat »ab 1946 große Anstrengungen unternommen, das Vermögen solcher Leute nicht mehr zu beschlagnahmen«, heißt es im Bronfman-Report. Klartext: Ob dies in jedem Einzelfall gelungen ist, weiß keiner. Da inzwischen aber viele Immigranten Sturm gegen die Beschlagnahme liefen, wurde 1947 ein Gesetz verabschiedet, wonach Privatleute ihr Geld zurückbekommen konnten.

Das geschah auch – während gleichzeitig noch weiter beschlagnahmt wurde. Welches die Kriterien für eine Rückgabe waren, ist selbst den Autoren des Bronfman-Reports verborgen geblieben. Eine wesentliche Voraussetzung war aber, dass der Betroffene persönlich und bis 1955 beim Office of Alien Property einen Antrag stellte. Damit konnten zwar deutsche Juden, die es rechtzeitig in die USA geschafft hatten, ihr Geld zurückerhalten. Wer aber ermordet worden war, dessen Konto fiel an den Staat. Zwar wurde auch an Erben ausgezahlt, aber für »Erben wurde es letztlich viel schwieriger gemacht als für die, auf deren Name das Konto lief«, so der Report.

Unklar ist auch, um welche Summen es dabei gegangen war; schon deshalb, weil die amerikanischen Behörden die entsprechenden Unterlagen vernichtet haben. Selbst wer den Holocaust überlebt hatte, sah womöglich sein in den USA deponiertes Geld nicht wieder. Bis 1953 galten Deutsche als »Enemy Aliens«, die kein Visum bekamen – und sein Recht aus dem Ausland durchzusetzen, war schwierig und teuer. Und 1955 war die Frist abgelaufen.

Dazu kam, dass sich sowohl die Mitarbeiter des Office of Alien Property als auch die des War Claims Fund mit allerlei bürokratischen Schikanen gegen jegliche Rückzahlung sperrten. Diese Strategie rief damals schon Unmut hervor. Der amerikanische Anwalt Malcolm Mason erstellte 1951 ein Gutachten über diese Praxis. Darin schrieb er: »Die Frage, ob das Eigentum von jüdischen Familien, die in Auschwitz oder Buchenwald vernichtet wurden, weiterhin im Besitz der Vereinigten Staaten bleiben soll, sollte danach entschieden werden, was gerecht ist, und nicht danach, ob der War Claims Fund das Geld braucht.«

1953 stellte eine Kommission des US-Senats fest, dass das Office of Alien Property »ineffizient und säumig« arbeite und mehr als drei Jahre pro Fall brauche. Von rund 15 000 Anträgen waren zu dem Zeitpunkt nur 6000 bearbeitet worden. Fünf Jahre später waren 3700 Beschlagnahmungen rückgängig gemacht worden, von insgesamt 19 000, die ausgesprochen worden waren. 15 Millionen Dollar wurden nicht beansprucht. Womöglich hatten diese deutschen Juden gehört.

Was die eingefrorenen Guthaben betraf, begannen die USA zwischen 1948 und 1962 die meisten davon freizugeben. Am 1. Juni

1953 wurden alle Konten mit weniger als hundert Dollar entblockt, gefolgt von einem zweiten Erlass vom 27. Juni 1953, der die Gelder von Staatsangehörigen der Schweiz, Liechtenstein, Japan und Westdeutschland freigab. Etwa eine Milliarde Dollar blieb allerdings eingefroren, größtenteils von Bürgern des Ostblocks. 1983 wurden weitere 900 000 Dollar gefunden, die Balten, Tschechen und Ostdeutschen gehörten.

Seymour Rubin, der frühere Rechtsberater des American Jewish Committee, war über diese Praxis unzufrieden. Er wusste, dass das Geld der ermordeten Juden in den USA dem Office of Alien Property (oder aber den Banken, auf denen es lag) zufallen würde. Deshalb begann Rubin, nach nachrichtenlosen Konten zu suchen. Ihm gelang es, bei mehreren New Yorker Banken insgesamt sechs Millionen Dollar aufzuspüren. Der US-Kongress bewilligte aber 1963, nach langem Hin und Her, nur die Auszahlung von 500 000 Dollar. Das Geld ging an die Jewish Restitution Successor Organisation (JRSO). Laut dem Bronfman-Report wurde das Geld dazu verwandt, Wohnungen für Holocaust-Überlebende in New York zu bauen.

Der Report räumt ein, dass diese 500 000 Dollar zu wenig gewesen seien. Eine Nachzahlung forderte die Kommission aber nicht. Dabei waren ja bereits die sechs Millionen Dollar, die Rubin aufgespürt hatte, nur regional begrenzte Zufallsfunde. Ohnehin befinden sich diese Gelder wohl nicht mehr bei den Banken, denn die müssen nachrichtenlose Konten nach fünf Jahren an die Finanzämter abführen. Jedoch hat die Kommission weder überprüft, ob dies tatsächlich geschehen ist, noch wurde beim Fiskus nach solchen Geldern gesucht. Rubin, heute dazu befragt, ist enttäuscht. Er sagt: »Es ist völlig klar, dass die USA Geld von Holocaust-Opfern einbehalten haben. Aber weder die Staaten noch die Banken sind dazu verpflichtet worden, es zurückzugeben.«

*

Lange Zeit interessierte sich niemand in den USA für eine Restitution. Nur die Tripartite Gold Commission vergab in den Nachkriegsjahren weiteres Gold an europäische Länder, wozu der Report aber keine Zahlen nennt. Eine letzte Rate ging 1996 an Albanien. Danach wurde die Kommission aufgelöst. 5,5 Tonnen Gold im Wert von 75 Millionen Dollar gab die Kommission an einen Fonds für Holocaust-Überlebende.

Ungefähr um 1996 begann sich der World Jewish Congress unter Edgar M. Bronfman für Restitutionen einzusetzen. Bronfman ist der langjährige Vorsitzende von Seagram und dem Filmstudio Universal, dessen Familie bis 1996 auch der Chemieriese DuPont gehörte. Dem World Jewish Congress gelang es, die Banken der Schweiz, aber auch von Frankreich und England sowie deutsche Konzerne, die Zwangsarbeiter beschäftigt hatten, zu Entschädigungen zu bewegen. Sie zahlten inzwischen mehrere Milliarden Dollar in einen Fonds ein. Die Verteilung der Gelder, die auf Schweizer Banken liegen, steht voraussichtlich Ende 2004 an.

Forderungen an amerikanische Firmen und Banken stellte allerdings bisher niemand. Die Bronfman-Kommission hat dazu eine Reihe Vorschläge gemacht. So soll das Pentagon unter Veteranen dafür werben, geplünderte Wertgegenstände freiwillig zurückzugeben. Banken sollen – ebenfalls auf freiwilliger Basis – in ihren Unterlagen nach einschlägigen Konten aus der Zeit vor 1945 suchen. Aber Druck auf Banken auszuüben, dass tatsächlich gezahlt wird, hält Elan Steinberg, der Sprecher des Jüdischen Weltkongresses, für unnötig. Es gebe ja Vereinbarungen für eine freiwillige Rückgabe. Das Wichtigste sei, dass die USA die Wahrheit ans Licht gebracht habe. Es habe vor allem »Irrtümer und Unsensibilitäten« gegeben. »Aber insgesamt stehen wir gut da.«

Um die Restitution gegenüber Banken kümmerte sich zunächst der Anwalt Neal Sher. Der trat allerdings im Juni 2002 zurück, als die Staatsanwaltschaft gegen ihn ermittelte. Sher war der Stabschef einer Arbeitsgruppe, die Ansprüche von Holocaust-Opfern gegenüber Versicherungen durchsetzen wollte. Die Arbeitsgruppe hatte mehr als doppelt so viel für Spesen ausgegeben – 40 Millionen Dollar nämlich –, als an Überlebende ausgezahlt wurde. Seitdem passiert hier erst einmal nichts mehr.

Kurz nach Erscheinen des Bronfman-Reports haben ungarische Juden, die heute in den USA wohnen, eine Sammelklage gegen die Vereinigten Staaten eingereicht. Es geht um zwei Milliarden Dollar, das Raubgut aus dem ungarischen Goldzug. Eine der Klägerinnen ist Veronika Klein, die erst 13 Jahre alt war, als ihr Vater 1944 nach Bergen-Belsen gebracht wurde und ihre Mutter nach Ravensbrück. Nur ihre Mutter kam zurück, aber sie war todkrank. Die Wohnung in Budapest war leer geräumt, aber sie fanden noch die Quittung für das Gold, das ihr Vater, ein Zahnarzt, auf der Bank deponiert hatte. »Aber die Bank meinte, dass die Nazis es genommen haben«, sagte Veronika Klein. Das US-Justizministerium wehrt sich gegen Ansprüche dieser Art: Die Opfer seien zur Zeit des Diebstahls keine US-Bürger gewesen, daher sei die amerikanische Justiz nicht zuständig.

Dieselbe US-Regierung hatte die Schweiz zu Pauschalzahlungen verpflichtet. Der Unterhändler war damals Bill Clintons Staatssekretär Stuart Eizenstat gewesen, auf dessen Druck hin Schweizer Banken 1,25 Milliarden Dollar gezahlt haben. So viel möchte er dem amerikanischen Steuerzahler jedoch nicht zumuten. Er hält eine »bescheidene symbolische Zahlung« für angemessen. Gewinnen die ungarischen Juden vor Gericht, wäre das für die USA ein gefährlicher Präzedenzfall. Was, wenn die Direktoren des geplünderten Nationalmuseums von Bagdad die U.S. Army auf Schadensersatz verklagen?

Am 11. September 2001 ist das Archiv des amerikanischen Zolls, in dem die Informationen über Raubkunst in den Museen und Galerien der USA gesammelt wurden, eingeäschert worden. Es befand sich im World Trade Center.

Anhang

Anmerkungen

1 In ähnlicher Weise wurden in den vergangenen Jahren *French Fries* in *Freedom Fries* umbenannt.
2 Ironischerweise war es auch die *Times* aus London, die dem *Stern* die – ebenfalls gefälschten – Hitler-Tagebücher abkaufte, die wenig später ebenfalls zurückgezogen werden mussten.
3 Eine häufig geäußerte Verschwörungstheorie, die aber falsch ist: Roosevelts Vorfahren stammten aus Holland.
4 Der Ausschuss sollte zu dem berüchtigten HUAC mutieren, der mit dem Senator Joe McCarthy nach dem Krieg Kommunisten verfolgte.
5 Es gibt aber auch heute noch antisemitische Politpfarrer in den USA, wie etwa Richard Butler aus Coeur D'Alene, Idaho, der die faschistische und antisemitische Organisation Aryan Nations leitet.
6 Eine Haltung, die für Architekten so ungewöhnlich nicht ist, wenngleich wenige es offen aussprechen.
7 Isidor und Ida Straus ertranken 1912 mit der *Titanic,* da sie in ihrer Kabine geblieben sind, statt in eines der Rettungsboot zu gehen – eine Szene, die in dem gleichnamigen Film von 1997 nachgestellt wurde.
8 In der Balfour-Deklaration von 1917 hatten die Briten ihre grundsätzliche Zustimmung zu einem jüdischen Heimatland erklärt, wobei allerdings auch die Interessen der Araber berücksichtigt werden müssten (auf deren Öl die westliche Welt schon damals angewiesen war).
9 Heute vermutet man, dass Hauptmanns früherer Geschäftspartner Isidor Fisch der wirkliche Täter war. Vollständig geklärt ist der Fall aber nicht.

10 Palästina stand damals zwar noch unter britischer Verwaltung, jedoch reisten bereits viele Juden ein.
11 Daraus sollte, viele Jahre später, das berüchtigte HUAC (House on Un-American Activities Committee) erwachsen, das unter dem Senator Joseph McCarthy echte und vermeintliche Kommunisten in den USA verfolgte.
12 Dabei fiel der *Times* nicht auf, dass es sich bei der »belastenden amerikanischen Verbindung« um Prescott Bush handelte, immerhin der Vater des 1983 amtierenden Vizepräsidenten der USA, George H. W. Bush.
13 Die erste US-Ausgabe von *Mein Kampf* erschien gekürzt; die vollständige Fassung war erst 1939 erhältlich. Aber Gerard verwendete bei seiner Besprechung auch das deutsche Original.
14 Heute ist Jack Valenti der Vorsitzende der Motion Picture Association of America (MPAA).
15 Dass Chaplin Jude sei, wurde immer wieder behauptet, sowohl von Filmkritikern in Hollywood als auch von den Nazis, die ihn als »jüdischen kommunistischen Millionär« denunzierten (das FBI sollte ihm den Tarnnamen »Israel Thonstein« verpassen). Chaplin selbst weigerte sich zeit seines Lebens, dies zu kommentieren, da er es für beleidigend hielt. Tatsächlich war der Schauspieler britischer Herkunft.
16 Eine Hommage an die Roadrunner-Wile-E.-Coyote-Cartoons.
17 Die berühmte Zeile »Ich schau dir in die Augen, Kleines« heißt im englischen Original: »Here's looking at you, kid«, so viel wie: »Ich trinke auf deinen Anblick.«
18 In der echten U.S. Army galt derweil noch die Rassentrennung, bis hin zu getrennten Blutbanken.
19 Das sollte Warner Bros. nicht abhalten, 1991 den Film *Guilty by Suspicion (Schuldig bei Verdacht,* mit Robert de Niro) über die Hollywood-Ten auf den Markt zu bringen.
20 Einer der Eigentümer der Bank war Bernard Marcus, der Onkel

von Roy Cohn, der später als juristischer Berater von Senator Joseph McCarthy anhaltende Berühmtheit erlangen sollte.
21 Dow Chemical wurde in den sechziger Jahren berüchtigt, als der Konzern Napalm und Agent Orange herstellte, die von der U.S. Army in Vietnam gegen die Zivilbevölkerung verwendet wurden.
22 1939 gehörten Standard Oil laut der bereits erwähnten Liste des Reichs-Wirtschaftsministeriums ganz oder teilweise die Deutsch-Amerikanische Petroleum GmbH, die Baltisch-Amerikanische Petroleum-Import GmbH, die Allgemeine Ölhandels GmbH, die Deutsche Erdöl-Raffinerie, die Gewerkschaft Austrogase Wien, die Glückauf GmbH, die Mineralöl-Raffinerie vorm. August Korff, die Norddeutschen Mineralölwerke Stettin, die Rumänien Mineralöl-GmbH, die Reichskraftsprit GmbH, die Benzin- und Ölindustrie AG vorm. Gustav Koenig, die Deutsche Vacuum Öl AG, die Gewerkschaft Siegfried Celle, die Hydrierwerke Pölitz AG, die Standard Vacuum Oil Co., die Waried Tankschiff-Reederei GmbH, die Vacuum Oil Corp. und die Rohöl-Gewinnungs AG Wien.
23 Casey sollte unter Ronald Reagan Chef der OSS-Nachfolgerin CIA werden, wo er für den Iran-Contra-Skandal und die Aufrüstung der afghanischen Mujaheddin verantwortlich war, die Vorgänger der Taliban.
24 Tatsächlich glauben noch heute viele Amerikaner, dass nur die Briten Zivilisten getötet hätten, während sie selbst sich auf industrielle Ziele beschränkt hätten.
25 Nach dem Krieg behauptete er, Henry Kissinger sei vermutlich ein sowjetischer Spion.
26 Sarin wurde später das Standard-Nervengas der U.S. Army; es wurde auch in Vietnam eingesetzt.
27 Die Geschichte von Strughold wurde als Material für eine Folge der Serie *Akte X* verwendet.
28 Was andererseits – verglichen mit der heutigen Informationsbe-

schaffung der CIA über die bisherigen Pläne und den weiteren Verbleib von Osama Bin Laden – noch recht ordentlich ist.
29 John desertierte einen Monat nach einem Besuch bei Dulles in Washington in die DDR. Bei seiner Rückkehr in die BRD sagte er, er sei unter Drogen gesetzt und entführt worden.
30 Shultz wurde danach Vorstand von Bechtel, die sich am Boykott der Araber gegen Israel beteiligten.
31 Die französische Regierung hat später die Goldbarren an Ungarn zurückgegeben.
32 Bis heute ist noch nicht einmal vollständig geklärt, welche Summen von ehemals jüdischen Eigentümern wirklich auf Schweizer Konten liegen geblieben sind. Die Zahlen in Presseberichten schwanken zwischen 40 Millionen und 900 Millionen Dollar. Der Volcker-Report schätzte 250 Millionen Dollar.
33 Die meisten Japaner waren bereits 1942 anlässlich ihrer Internierung enteignet worden.

Literatur

Hinweis: Ich habe nur Bücher aus dem Englischen benutzt und die Zitate selbst ins Deutsche übersetzt; soweit deutschsprachige Ausgaben vorliegen, sind im Text und im Literaturverzeichnis diese Ausgaben angegeben. E.S.

Abbott, Edith: *Immigration. Select Documents and Case Record.* Chicago, Ill.: University of Chicago Press, 1922
Abzug, Robert H.: *Inside the Vicious Heart. Americans and the Liberation of Nazi Concentration Camps.* New York: American Philological Association, 1985
Alford, Kenneth: *The Spoils of World War II.* New York: Birch Lane Press, 1994
Arad, Gulie Ne'eman: *America, It's Jews, and the Rise of Nazism.* Bloomington, ID: Indiana University Press, 2000

Baldwin, Neil: *Henry Ford and the Jews. The Mass Production of Hate.* New York: Public Affairs, 2001

Bendersky, Joseph: *The »Jewish Threat«. Anti-Semitic Politics of the U.S. Army.* New York: Basic Books, 2001

Berg, A. Scott: *Charles Lindbergh.* München: Blessing, 2001

Berger, Meyer: *The Story of The New York Times 1851–1951.* New York: Simon and Schuster, 1951

Beschloss, Michael R.: *Kennedy and Roosevelt. The Uneasy Alliance.* New York: Norton, 1980

Beschloss, Michael: *The Conquerors. Roosevelt, Truman and the Destruction of Hitler's Germany, 1941-1945.* New York: Simon and Schuster, 2002

Bilby, Kenneth: *The General. David Sarnoff and the Rise of the Communications Industry.* New York: Harper and Row, 1986

Bird, Kai: *The Chairman. John J. McCloy, The Making of the American Establishment.* New York: Simon & Schuster, 1992

Birdwell, Michael E.: *Celluloid Soldiers. The Warner Bros. Campaign Against Nazism.* New York: New York University Press, 2001

Black, Edwin: *IBM und der Holocaust.* Propyläen, Berlin, 2001

Black, Edwin: *The Transfer Agreement. The Dramatic Story of the Pact Between the Third Reich and Jewish Palestine.* Berkeley, CA: Carroll & Graf, 2001

Black, Edwin: *War Against the Weak. Eugenics and America's Campaign to Create a Master Race.* New York: Four Walls Eight Windows, 2003

Borkin, Joseph: *The Crime and Punishment of IG Farben.* New York: Free Press, 1978

Breitman, Richard und Alan M. Kraut (Hrsg.): *American Refugee Policy and European Jewry, 1933-45.* Bloomington: Indiana University Press, 1987

Breitman, Richard: *Staatsgeheimnisse.* München: Blessing, 1999

Brysac, Shareen Blair: *Mildred Harnack und »Die Rote Kapelle«.*

Die Geschichte einer ungewöhnlichen Frau und einer Widerstandsbewegung. Frankfurt am Main: Scherz, 2002

Casey, William: *The Secret War Against Hitler.* Washington, DC: Regenery, 1986

Chernow, Ron: *The House of Morgan. An American Banking Dynasty and the Rise of Modern Finance.* New York: Atlantic Monthly Press, 1990

Chernow, Ron: *John D. Rockefeller. Die Karriere des Wirtschafts-Titanen.* Financial Times Prentice Hall. München, 2000

Cordasco, Francesco (Hrsg.): *Dictionary of American Immigration History.* Metuchen, NJ: The Scarecrow Press, 1990

Coulter, Matthew Ware: *The Senate Munitions Inquiry of the 1930s. Beyond the Merchants of Death.* Contributions in American history, no. 177. Westport, Conn.: Greenwood Press, 1997

Delattre, Lucas: *Fritz Kolbe. Der wichtigste Spion des Zweiten Weltkriegs.* München: Piper, 2004

Dilling, Elizabeth: *The Red Handbook. A »Who's Who and Handbook of Radicalism for Patriots.* Manchester, NH: Ayer Co. Publishing, 1935

Dinnerstein, Leonard: *Antisemitism in America.* New York/Oxford: Oxford University Press, 1994

Dinnerstein, Leonard: »The U.S. Army and the Jews: Policies after Displaced Persons after WW II.«, in: Michael R. Marrus (Hrsg): *The End of the Holocaust.* London: Meckler, 1989

Divine, Robert A.: *American Immigration Policy, 1924-1952.* New Haven: Yale University Press, 1957

Dodd, William Edward: *Ambassador Dodd's Diary, 1933-1938;* hrsg. von William E. Dodd jr. und Martha Dodd. New York: Harcourt, Brace and Company, 1941

Domke, Martin: *Trading With the Enemy.* New York: Central Books, 1943

Dryfoos, Susan: *Iphigene. Memoirs of Iphigene Ochs Sulzberger of The New York Times Family*. New York: Dodd, Mead and Company, 1979

Dulles, Allen Welsh: *Verschwörung in Deutschland*. Hamburg: Europa-Verlag, 1948

Dulles, Allen Welsh: *Der lautlose Krieg*. München: Nymphenburger Verlagsbuchhandlung, 1969

Dulles, John Foster: *Krieg oder Frieden*. München: Humboldt, 1950

Eglau, Hans Otto: *Fritz Thyssen. Hitlers Gönner und Geisel*. Berlin: Siedler, 2004

Eisner, Michael: *Von der Mickey Maus zum Weltkonzern*. München: Heyne, 2000

Eliot, Marc: *Walt Disney*. München: Heyne, 1996

Farrer, David: *The Warburgs. The Story of a Family*. New York: Stein and Day, 1975

Feingold, Henry L.: *The Politics of Rescue. The Roosevelt Administration and the Holocaust, 1938-1945*. New Brunswick, NJ: Rutgers University Press, 1970

Fitch, Robert: *The Assassination of New York*. New York: Verso, 1993

Fitzgerald, Scott F.: *Der letzte Taikun*. Zürich: Diogenes, 1998

Ford, Henry: *Der internationale Jude*. Leipzig: Hammer-Verlag, 1939

Frankel, Max: *The Times of My Life and My Life With the Times*. New York: Random House, 1999

Fry, Varian: *Assignment. Rescue. An Autobiography*. New York: Scholastik Book, 1997

Fry, Varian: *Auslieferung auf Verlangen*. München: Carl Hanser, 1986

Gabler Neal: *Ein eigenes Reich*. Berlin: Berlin Verlag, 2004

Gay, Ruth: *Jews in America. A Short History*. New York: Basic Books, 1965

Gehlen, Reinhard: *Der Dienst. Erinnerungen 1942-1971*. Mainz: Hase und Köhler, 1997

Gellman, Irwin F.: *Secret Affairs. Franklin Roosevelt, Cordell Hull, and Sumner Welles*. Baltimore, MD: Johns Hopkins University Press, 1995

Gilbert, Martin: *Auschwitz und die Alliierten*. München: C. H. Beck, 1985

Gisevius, Hans Bernd: *To the Bitter End. An Insider's Account of the Plot to Kill Hitler, 1933-1944*. Cambridge, MA: Da Capo Press, 1998

Goldberg, Jonathan Jeremy: *Jewish Power. Inside the American Jewish Establishment*. Reading, MA: Addison-Wesley, 1996

Gottlieb, Moshe R.: *American Anti-Nazi Resistance, 1933-1941. An Historical Analysis*. New York: Ktav Publishing House, 1982

Grant, Madison: *Passing of the Great Race*. Manchester, NH: Ayer Co. Publishing, 1970

Gruber, Ruth: *Die Irrfahrt der Exodus*. Zürich: Pendo, 2002

Hanfstaengl, Ernst: *Zwischen Weißem und Braunem Haus. Memoiren eines politischen Außenseiters*. München: Piper, 1982

Hecht, Ben: *A Child of the Century*. New York: Dutton Books, 1985

Heilbut, Anthony: *Kultur ohne Heimat. Deutsche Emigranten in den USA nach 1930*. Reinbek: Rowohlt, 1991

Hersh, Burton: *The Old Boys. The American Elite and the Origins of the CIA*. New York: Scribner's, 1992

Higham, Charles: *American Swastika. The Shocking Story of Nazi Collaborators in Our Midst from 1933 to the Present Day*. New York: Doubleday, 1983

Higham, Charles: *Trading With the Enemy. The Nazi-American Money Plot, 1933-1949*. New York: Barnes & Noble Books, 1983

Hitler, Adolf: *Mein Kampf. Complete and Unabridged*. New York: Reynal & Hitchcock, und Boston: Houghton Mifflin, 1939

Hofer, Walther und Herbert R. Reginbogin: *Hitler, der Westen und die Schweiz 1936-1945*. Zürich: Verlag Neue Zürcher Zeitung, 2003

Hunt, Linda: *Secret Agenda. The United States Government, Nazi*

Scientists, and Project Paperclip 1945 to 1990. New York: St. Martin's Press, 1992

Jerome, Fred: *The Einstein File. J. Edgar Hoover's Secret War Against the World's Most Famous Scientist.* New York: St. Martin's Press, 2002

Koppes, Clayton R. und Gregory D. Black: *Hollywood Goes to War. How Politics, Profits and Propaganda Shaped World War II Movies.* New York: Free Press, 1987

Kouwenhoven, John Atlee: *Partners in Banking. A Historical Portrait of a Great Private Bank, Brown Brothers Harriman & Co.* Garden City, NJ: Doubleday,1968

Kugler, Anita, Reinhold Billstein, Karola Fings und Nicholas Levis: *Working for the Enemy. Ford, General Motors, and Forced Labor in Germany During the Second World War.* New York: Berghahn Books, 2004

Kurian, George Thomas: *Datapedia of the United States 1790-2000. America Year by Year.* Lanham, MD: Bernan Press, 2001

Lee, Albert: *Henry Ford and the Jews.* New York: Stein and Day, 1980

Lipstadt, Deborah: *Beyond Belief. The American Press and the Coming of the Holocaust.* New York: Simon & Schuster, 1986

Lisagor, Nancy and Lipsius, Frank: *A Law Unto Itself. The Untold Story of the Law Firm Sullivan & Cromwell.* New York: Paragon House, 1989

Loftus, John und Mark Aarons: *The Secret War Against the Jews. How Western Espionage Betrayed the Jewish People.* New York: St. Martin's Press, 1994

Loth, David: *The City Within a City. The Romance of Rockefeller Center.* New York: William Morrow & Company, 1966

Marino, Andy: *A Quiet American. The Secret War of Varian Fry.* New York: St. Martin's Press, 1999

Miller, Arthur: *Zeitkurven. Ein Leben.* Frankfurt am Main: Fischer, 1987

Mintz, Morton und Jerry S. Cohen: *Amerika GmbH. Wer besitzt und beherrscht die USA?* München: BLV, 1984

Morse, Arthur: *While Six Millions Died. A Chronicle of American Apathy.* New York: Overlook Press, 1998

Mosedale, John: *The Men Who Invented Broadway.* New York: Richard Marek Publishers, 1981

Mosley, Leonard: *Blood Relations. The Rise and Fall of the du Ponts of Delaware.* New York: Atheneum, 1980

Mosley, Leonard: *Dulles. A Biography of Eleanor, Allen and John Foster Dulles and Their Family Network.* New York: Dial Press, 1979

Nasaw, David: *The Chief. The Life of William Randolph Hearst. The Rise and Fall of the Real Citizin Kane.* New York: Houghton Mifflin Company, 2000

Nawyn, William D.: *America Protestantism's Response to Germany's Jews and Refugees 1933-1941.* Ann Arbor, Mich.: UMI Research Press, 1981

Novick, Peter: *Nach dem Holocaust.* München: DVA, 2001

Okrent, Daniel: *Great Fortune. The Epic of Rockefeller Center.* New York: Viking Press, 2003

Oney, Steve: *And the Dead Shall Rise. The Murder of Mary Phagan and the Lynching of Leo Frank.* New York: Pantheon Books, 2003

Persico, Joseph E.: *Geheime Reichssache. Der Kampf der CIA gegen die deutsche Abwehr.* Rastatt: Pabel/Moewig 1986

Peterson, Neal H.: *Dulles. From Hitler's Doorstep. The Wartime Intelligence Reports of Allen Dulles, 1942-1945.* University Park, Pa.: Pennsylvania State University Press, 1996

Phillips, Kevin: *American Dynasty. Aristocracy, Fortune, and the Politics of Deceit in the House of Bush.* New York: Viking Press, 2004

Pool, James und Suzanne Pool: *Hitlers Wegbereiter zur Macht.* München: Scherz, 1982

Pruessen, Ronald W.: *John Foster Dulles. The Road to Power.* New York: The Free Press, 1982

Puttnam, David: *Movies and Money.* New York: Alfred A. Knopf, 1998

Reckendrees, Alfred: *Das »Stahltrust«-Projekt. Die Gründung der Vereinigten Stahlwerke und ihre Unternehmensentwicklung 1926–1933/34.* München: C. H. Beck, 2000

Riegner, Gerhart: *Niemals verzweifeln. Sechzig Jahre für das Jüdische Volk und die Menschenrechte.* Gießen: Psychosozial-Verlag, 2001

Rimscha, Robert von: *Die Bushs. Weltmacht als Familienerbe.* Frankfurt am Main: Campus Verlag, 2004

Ryan, Donna F.: *The Holocaust and the Jews of Marseille. The Enforcement of Anti-Semitic Policies in Vichy France.* Urbana, Ill.: University of Illinois Press, 1996

Sampson, Anthony: *Weltmacht ITT. Das politische Geschäft eines multinationalen Konzerns.* Reinbek: Rowohlt, 1982

Saunders, Frances Stonor: *Wer die Zeche zahlt ... Der CIA und die Kultur im Kalten Krieg.* Berlin: Siedler, 2001

Schulberg, Budd: *Lauf, Sammy!* Rastatt: Pabel/Moewig 1993

Seldes, George: *Facts and Fascism.* Imprint New York, In Fact, inc. [1943]

Shandler, Jeffrey und J. Hoberman: *Entertaining America. Jews, Movies, and Broadcasting.* Princeton, New Jersey: Princeton University Press, 2003

Shirer, William L.: *Berliner Tagebuch. Aufzeichnungen 1934-1941.* Köln: Kiepenheuer, 1991

Shirer, William L.: *Aufstieg und Fall des Dritten Reiches.* München: Droemer Knaur, 1963

Shirer, William L.: *This is Berlin. Rundfunkreportagen aus Deutschland 1939-1940,* hrsg. von Clemens Vollnhals. Köln: Kiepenheuer & Witsch, 2001

Shirer, William L.: *Twentieth Century Journey.* Boston: Little Brown, 1984

Shull, Michael S.: *Hollywood War Films, 1937-1945. An Exhaustive Filmography of American Feature-length Motion Pictures Relating to World War II*. Jefferson, N.C.: McFarland & Co., 1996

Simpson, Christopher: *Der amerikanische Bumerang. NS-Kriegsverbrecher im Sold der USA*. Nürnberg: Ueberreuther, 1969

Simpson, Christopher: *The Splendid Blond Beast. Money, Law, and Genocide in the Twentieth Century*. Monroe, ME: Common Courage Press, 1993

Sinclair, Upton: *König Kohle*. Bonn: Dietz, 1949 (Original 1937)

Smith, Harris R.: *OSS. The Secret History of America's First Central Intelligence Agency*. Los Angeles: University of California Press, 1972

Snell, Bradford: *General Motors*. New York: Alfred A. Knopf, 2005 (im Erscheinen)

Sobel, Robert: *The Life and Times of Dillon, Read*. New York: Dutton-Penguin, 1991

Sorkin, Michael: *Exquisite Corpse. Writings on Buildings*. New York/London: Verso, 1991

Srodes, James: *Allen Dulles. Master of Spies*. New York: Regnery, 1999

Stauber, John: *Toxic Sludge Is Good For You. Lies, Damn Lies, and the Public Relations Industry*. Monroe, ME: Common Courage Press, 1995

Stoddard, Lothrop: *Into the Darkness. A Sympathetic Report from Hitlers Wartime Reich*. Newport Beach, CA: Noontide Press, 2000

Strauss, Herbert A. (Hrsg.): *Jewish Immigrants of the Nazi Period in the USA*. New York: K. G. Saur, Distributed by Gale Research, 1978-1987

Swanberg, William A.: *Citizen Hearst. A Biography of William Randolph Hearst*. New York: Charles Scribnes's Sons, 1961

Talese, Gay: *The Kingdom and the Power*. New York: Doubleday, 1978

Taylor, John Russell: *Fremde im Paradies. Emigranten in Hollywood 1933-1950.* München: Siedler, 1984

Thyssen, Fritz: *I Paid Hitler.* Published with Cooperation Publishing Co., Inc., New York. London: Hodder and Stoughton, Ltd., 1941

Tifft, Susan E. und Alex S. Jones: *The Trust. The Private and Powerful Family Behind the New York Times.* New York: Little Brown, 1999

Wallace, Max: *The American Axis. Henry Ford, Charles Lindbergh, and the Rise of the Third Reich.* New York: St. Martin's Press, 2003

Wise, Stephen: *Challenging Years. The Autobiography of Stephen Wise.* New York: Putnam, 1949

Wyman, David S.: *A Race Against Death. Peter Bergson, America and the Holocaust.* New York: New Press, 2002

Wyman, David S.: *The Abandonment of the Jews. America and the Holocaust, 1941-1945.* New York: New Press, 1998

Zucker, Bat-Ami: *In Search of Refuge. Jews and US Consuls in Nazi Germany, 1933-1941.* London/Portland, OR: Vallentine Mitchell, 2001

Zeitungs- und Zeitschriftenartikel

Black, Edwin: »How IBM Helped Automate the Nazi Death Machine in Poland«. In: *The Village Voice*, 2. April 2002

Broder, Henryk M.: »Indiana Jones in Auschwitz«. In: *Der Spiegel*, 13. September 1999

Brumlik, Michael: »Die Rehabilitation des Namens Flick wirft in den USA Fragen auf«. In: *Frankfurter Rundschau*, 3. März 2004

Buchanan, John und Stacey Michael: »Bush.Nazi Dealings Continued Until 1951. Federal Documents«. In: *The New Hampshire Gazette*, 7. November 2003

Conason, Joe: »In America, the Sins of the Fathers Are Not Held

Against the Children. Bush ›Nazi‹ Smear Unworthy of Critics«. In: *New York Observer*, 27. Oktober 2003

Dobbs, Michael: »Partners. Ford and GM Scrutinized for Alleged Nazi Collaboration«. In: *The Washington Post*, 30. November 1998

Eizenstat, Stuart: »Justice Remains Beyond Grasp Of Too Many Holocaust Victims«. In: *Forward*, 18. Oktober 2002

Elfenbein, Stefan: »Sie sah nur die Lichter von Miami«. In: *Berliner Zeitung*, 29./30. Mai 1999

Forward: »Restitution Leader Disbarred by Court After Investigation Of Job Misconduct«, 5. September 2003

Forward: »Survivors' Lawsuit Seeks $40 Billion From U.S. for Not Bombing Auschwitz«, 6. April 2001

Frankel, Max: »Turning Away From the Holocaust«. In: *The New York Times*, 14. November 2001

Friedman, John S.: »Kodak's Nazi Connections«. In: *The Nation*, 26. März 2001

Gedye, G. E. R.: »Nazis to Hold 5,000 in Camp at Dachau. 300 Communist' Prisoners Are Preparing Buildings of Old Munitions Plant«. In: *The New York Times*, 5. April 1933

Gerard, James W.: »Hitler As He Explains Himself. The German Dictator's Autobiography in an Abridged Version«. In: *The New York Times*, 15. Oktober 1933

Guardian: »Communists to be Interned. First Camp in Bavaria to Hold 5,000 Men«, 21. März 1933

Guardian: »Leni Riefenstahl's Propaganda Films for the Nazi Party in the 1930s Brought Her Praise For Their Beauty and Power. But She Spent Her Life Defending Her Artistic Association With Adolf Hitler«, 9. September 2003

Hess, David: »The Gold Train«. In: *The National Journal*, 31. Januar 2004

Higham, Charles: »The Back Half. The Missing Errol Flynn File«. In: *The New Statesman*, 17. April 2000

Ignatius, David: »How Churchill's Agents Secretly Manipulated the U.S. Before Pearl Harbor«. In: *The Washington Post*, 17. September 1989

James, Edwin L.: »Schacht Will Measure Cost of Anti-Semitism. Head of Reichsbank, Here for White House Talks, Faces Opportunity Gauge Criticism of Nazis«. In: *The New York Times*, 13. Mai 1933

Janssen, Karl-Heinz: »Sklavenarbeit: Flicks böses Erbe. 22 Jahre zu spät: Die Deutsche Bank begleicht eine Fünf-Millionen-Schuld«. In: *Die Zeit*, Nr. 4, 1986

Kaufman, Michael T.: »Jan Karski Dies at 86. Warned West About Holocaust«. In: *The New York Times*, 15. Juli 2000

Koldehoff, Stefan: »Ein Freund, ein guter Freund. Wie Ölmilliardär J. Paul Getty das Nazi-Regime unterstützte«. In: *Süddeutsche Zeitung*, 27. August 2003

Kranish, Michael: »An American Dynasty. Triumph, Troubles Shape Generations«. In: *The Boston Globe*, 23. April 2001

Leff, Laurel: »A Tragic Fight in the Family. The New York Times, Reform Judaism and the Holocaust«. In: *American Jewish History*, 2001

Markham, James M.: »An Unsung ›Good German‹: Fame Comes at Last«. In: *The New York Times*, 9. November 1983

McCormick, Anne O'Hare: »Hitler Seeks Jobs For All Germans. ›Does Anything Else Matter?‹ He Asks, Stressing Efforts to End Unemployment«. In: *The New York Times*, 10. Juli 1933

McCormick, Anne O'Hare: »The Man the World Watches. How Does Mussolini's Mind Work? An Effort to Penetrate Behind the Dictator's Mask«. In: *The New York Times*, 1. September 1939

Mintz, Martin: »Why Didn't We Bomb Auschwitz? Can John McCloy's Memories Be Correct?« In: *The Washington Post*, 17. April 1983

NBC News Transcripts: »Mark of Dishonor? Documents Show Chase Manhattan Bank Helped Raise Money for Hitler«, 9. August 2000

New York Times: »11 Allies Condemn Nazi War on Jews. United Nations Issue Joint Declaration of Protest on ›Cold-Blooded Extermination‹«, 18. Dezember 1942

New York Times: »Allen W. Dulles, Director of Central Intelligence from 1952 to 1961, is Dead at 75«, 30. Januar 1969

New York Times: »Berlin Hears Ford is Backing Hitler. Bavarian Anti-Semitic Chief has American's Portrait and Book in His Office«, 20. Dezember 1922

New York Times: »Big Polish Concern Asks Receivership. Upper Silesian Coal & Steel Company is Largest Industrial Unit in Country«, 18. März 1934

New York Times: »Buys Silesian Steel Mills. Harriman Interests in $ 50,000,000 Deal. Warsaw Appoves It«, 4. August 1928

New York Times: »Deficit in Exports Shocks the Nazis. Imports Show Excess for the First Time in Four Years. Jews Are Blamed. Shift is Laid to Boycott«, 17. Februar 1934

New York Times: »Excerpts from the Official Translation of Hitler's Speech before the Reichstag«, 31. Januar 1939

New York Times: »Hanfstaengl Here, Avoids Foes at Pier. Nazi, On Way to Harvard. Dodged 1,500 By Taking to Tugboat«, 17. Juni 1934

New York Times: »Nazis Blame Jews for Big Bombings. Goebbels Says ›Extermination‹ of All in Europa ›and Perhaps Beyond‹ Will Result«, 13. Juni 1942

New York Times: »Says Ford Aids Royalists. Auer Charges Financial Help to Bavarian Anti-Semites«, 8. Februar 1923

Pearson, Drew: »The Washington Merry-Go-Round. The Struggle for the Ruhr«. In: *The Washington Post*, 23. November 1948

Racusin, M. Jay: »Thyssen Has $3,000,000 Cash in New York Vaults«. In: *New York Herald Tribune*, 31. Juli 1941

Raddatz, Fritz J.: »Der amerikanische Albtraum. Das FBI hat seine

Brecht-Akte freigegeben. Eine Erinnerung an McCarthys Hexenjagd auf Intellektuelle«. In: *Die Zeit*, Nr. 18., 2001

Rauterberg, Hanno: »Der große Verwandler. Ein *Zeit*-Gespräch mit dem Architekten Philip Johnson«. In: *Die Zeit*, Nr. 29, 2002

Snell, Bradford: »General Motors and the Nazis«. In: *Ramparts Magazine*, June 1974

Silverstein, Ken: »Ford and the Führer. New Documents Reveal the Close Ties Between Dearborn and the Nazis«. In: *The Nation*, 24. Januar 2000

Stallbaumer: Lisa: »Big business and the Persecution of the Jews. The Flick Concern and the ›Aryanization‹ of Jewish Property Before the War«. In: *Holocaust and Genocide Studies*, Volume 13, Issue 1, S. 1-27

Stone, I.F.: »Esso Family Reunion.« In: *The Nation*, June 1943

Strauss, Monika: »Hillel Kook, Known as Peter Bergson, Dies in Israel at 86. Moving Force Behind the U.S. War Refugee Board«. In: *Der Aufbau*, August 2001

Süddeutsche Zeitung: »Der Enkel wäscht den Namen rein«, 12. November 2003

Verbeef, Marikus: »Deutsche in US-Lagern. Wunden in der Seele«. In: *Der Spiegel*, 16. Juni 2004

Wall Street Journal: »Schacht Returned as Reichsbank Head. Business and Finance Pleased With Selection of Conservative Non-Inflationist«, 13. Mai 1933

Widman, Carlos: »Play it Again, Putzi«. In: *Der Spiegel*, 8. März 1999

Archivquellen

Bush, Prescott Sheldon: *Reminiscences of Prescott Sheldon Bush: Oral history, 1966.* Transcript. Interviewed by John T. Mason, Jr., Columbia University Oral History Collection, Part IV, published by Meckler Publishing, Westport, CT. Copyright by The Trustees of Columbia University in the City of New York, 1980

Directory of Directors Company: *The Directory of Directors in the City of New York.* New York: Jahrgänge: 1933, 1936 und 1939

Ford Motor Company: *Research Findings About Ford-Werke Under the Nazi Regime, Prepared by Ford Motor Company Archives* (Dearborn, MI: Ford Motor Co, 2001, darin auch enthalten: Dowler, Lawrence: *An Independent Assessment of the Ford Motor Company Research Project on Ford-Werke Under the Nazi Regime)*

Reich Simon: *Ford's Research Efforts in Assessing the Activities of it's Subsidiary in Nazi Germany*

Independent Commission of Eminent Persons (ICEP): *Report on Dormant Accounts of Victims of Nazi Persecution in Swiss Banks* (Bericht über nachrichtenlose Konten von Opfern des Nationalsozialismus bei Schweizer Banken). Bern: Stämpfli Verlag, 1999

Jones, Eleanor und Florian Ritzmann: *Coca-Cola Goes to War.* Diplomarbeit an der University von Virginia, undatiert.

National Archives, Maryland MD:
Records of the Alien Property Custodian, Vesting Orders 248, 259, 261, 370
Records of the Federal Bureau of Investigation, IG Farben File
Records of the Foreign Service Post of the Departments of State, Swiss Banks/Silesian American
Records of the Office of Strategic Services, Dulles Wartime Telegrams
Records of the Property Control and External Assets Branch
Records of the U.S. Control Council: Thyssen Interrogation File

Nye Gerald: »War Propaganda. Out Madness Increases a Out Emergency Shrinks.« In: *Vital Speeches of the Day.* Washington, 15. September 1941

Papers of W. Averell Harriman, 1869-1988 (bulk 1895-1986). Archival Manuscript Material (Collection), Library of Congress

Plunder and Restitution. The U.S. and Holocaust Victims' Assets. Findings and Recommendations of the Presidential Advisory Commmission on Holocaust Assets in the United States. Washington DC, 2000 http://www.pcha.gov/PlunderRestitution.html/html/Home_Contents.html

Reichswirtschaftsministerium, Referat II: *Liste der Feindbetriebe mit amerikanischer Beteiligung.* Berlin, 1939

Robinson, Nehemiah: *Indemnification and Reparations, Jewish Aspects.* New York: Institute of Jewish Affairs of the American Jewish Congress and World Jewish Congress, New York, 1944

Nuernberg Military Tribunals: *Trials of War Criminals before the Nuernberg Military Tribunals under Control Council Law No. 10. Nuernberg, October 1946-April 1949.* Voluma VI. U.S. Government Printing Office: Washington, 1952

United States House of Representatives, Seventy Third Congress: Special Committee to Investigate the Munitions Industry: *Munitions industry / report[s] of the Special Committee on Investigation of the Munitions Industry, United States Senate, pursuant to S. Res. 206 (73d Congress) a resolution to make certain investigations concerning the manufacture and sale of arms and other war munitions.* Report; 944: Washington: U.S. Govt. Print. Off., 1935-1936

United States House of Representatives, Seventy Third Congress: *Investigation of Nazi Propaganda Activities and Investigation of Certain Other Propaganda Activities: Public Hearings before A Subcommittee of the Special Committee on Un-American Activities, New York City, July 9-12, 1934.* Hearings No. 73-NY-7 (Washington: U.S. Govt. Printing Office, 1934)

U.S. Department of Commerce/Bureau of the Census: *Historical Statistics of the United States, Colonial Times to 1970, Part 1.* Washington DC, 1975

U.S. Intelligence and the Nazis. Hrsg. von Breitman, Richard und Norman J. W. Gods, Timothy Naftali, Robert Wolfe. National Archives Trust Fund Board for the Nazi War Crimes and Japanese Imperial Government Records Interagency Working Group, Washington DC, 2004

Register

A

Aarons, Mark 87
ABC 159
Abetz, Otto 224
Abwehr, dt. Auslandsgeheimdienst 268 f., 306, 321
Acheson, Dean 72, 222, 317
Adam Opel AG 229 f., 254, 257, 260, 264
Adenauer, Konrad 316, 319, 323 f.
Adler, Cyrus 37
Adler, Julius 158
Adorno, Theodor W. 327
AEG 99, 165, 230, 236
Afri-Cola 249
Agfa 233
Agfa Ansco 236
Agudath Israel 39, 72, 297
Albert & Westrick 114, 214, 232, 243–248, 258, 285
Albert, Heinrich 114, 214, 232, 258, 261, 285, 313
Alcoa 87, 229, 234
Aldrich, Winthrop 198, 211, 218, 222, 225 f.
Alexander Bernstein Co. 39
Alexander II., Zar von Russland 15
Alford, Kenneth 337 f., 340 f.
Alien Property Custodian 83 ff., 118 ff., 239, 263, 265 f., 282, 359 ff.
Allende, Salvador 335
Allied Patriotic Societies 60
Allied Purchasing Commission 90
Alliiertes Oberkommando 261
Alonquin Round Table 190
Alsop, Stewart 314
Altaffer, Maurice W. 117
Altmann, Klaus *siehe* Barbie, Klaus
Ambros, Otto 329
America First Committee 43 f., 177, 184, 219 f.
American Chemical Society 29
American Coalition of Patriotic Societies 51
American Express 215, 230
American Federation of Labour 28
American Federation of Teachers 143
American Friend of a Jewish Palestine 45 f.
American Friends of German Freedom 65
American Gas Co. 194
American IG Chemical Corp. 234, 236 ff.

American International Corp. (AIC) 91
American Jewish Committee 18, 22, 35 ff., 40, 45, 55, 57, 74, 81, 130, 194, 362
American Jewish Congress 18, 35 ff., 39, 44, 46, 50, 55, 71, 136, 152, 203, 282, 354
American Jewish Joint Distribution Committee 57, 347
American League for the Defense of Jewish Rights 37
American Legion 60
American Liberty League 29 f., 252
American Nazi Party 30 f.
American Olympics Committee (AOC) 39
American Ship and Commerce Corp. 92, 103, 105
American Zionist Emergency Council 154
Anaconda 113
Anaconda Copper 96
Anaconda Mining Co. 98 f.
Angleton, James Jesus 325
Anglo-Saxon Federation of America 29
Anti-Defamation League (ADL) 14, 18, 34 ff., 123, 276
Arad, Gulie Ne'eman 18
Aramco 235
Arendt, Hannah 68, 354
Arlosoroff, Chaim 38, 55
Army Corps of Engineers 341
Army War College 296
Arnold, Thurman 240 f.
Art Looting Investigation Unit 344
Art Museum, Seattle 353
Aryan Book Store 176
Associated Press (AP) 127, 134
AT&T 244
Auer, Erhart 25
Augsburg, Emil 322, 324
August-Thyssen-Bank 84, 113
Auschwitz, KZ 71 f., 76, 81, 85, 110, 117 f., 121, 147, 156, 158, 162, 223, 228 ff., 249, 264, 270 f., 278, 282, 291, 294 f., 297 f., 302, 316, 318, 329, 331, 334, 336
Auswärtiges Amt 100, 128, 210, 274, 288 f., 291, 302
Avar, László 339

B

B'nai B'rith 14, 35, 46, 177
Babbitt, Arthur 176 f.
Bacall, Lauren (Betty Perske) 168, 193
Back, John 339
Badoglio, Pietro 290
Baerwald, Paul 57
Bailey, S. P. 224
Baldwin, James 327
Baldwin, Neil 258
Bancroft, Mary 285
Bank for International Settlements (BIS) 197, 208 f., 221 ff., 226, 257, 311 f.
Bank of England 55, 206, 221
Bank of Manhatten 216
Bank of the United States 209
Bank voor Handel en Scheepvaart 84, 95, 99, 102, 105, 111 ff.
Banque de France 222
Barbie, Klaus (Altmann) 326, 333
Barth, Alfred W. 225
Bartók, Béla 64
Baruch, Bernard 262
BASF 233 ff., 265
Baun, Hermann 321
Bayer AG 233, 265
Bayer Corp. 236
Bayerische Motoren Werke 254
BBC 151
Beaulac, Willard 247 f.
Behn, Sosthenes 211, 232, 239, 243–247, 263, 312
Belgische Nationalbank 221, 311 f.
Belgische Zentralbank 208
Belmont, August 129, 131
Bendersky, Joseph 81, 296, 305 f., 310 f.
Bendix-Weiss 255
Benjamin, Walter 68
Berger, Meyer 159
Bergery, Gaston 259
Bergman, Ingrid 188
Bergson, Peter (Hillel Kook) 44 f., 73, 154, 190
Bergson-Gruppe 44, 46, 73, 75, 156
Bergwerksgesellschaft Georg von Giesches Erben 85, 97–102, 113–118, 121, 231, 282
Berle, Adolf 279
Bernays, Edward L. 135
Bernstein, Bernard 341
Bernstein, Leonard 327
Beschloss, Michael 52, 283 f., 298
Bingham, Theodore 15
Birchall, Frederick T. 135, 139, 145
Bird, Kai 265, 296, 300, 320
Bismarckhütte 100, 110
Black Legion 31
Black, Edwin 15 ff., 248 ff.
Black, Percy 297
Blixen, Tania 359
Blome, Kurt 316
Bluestein, Abraham 39
Blum, Leon 305
Blumenthal, Charles 203
Boeing 254
Bogart, Humphrey 173, 188, 193
Boker, John R. 306
Bolschwing, Otto Albrecht von 331 f.
Bonhoeffer, Dietrich 274, 288 f.
Borkin, Joseph 233, 241
Bormann, Martin 335
Borsig 232
Bosch, Carl 234, 236, 258, 261
Bossard, Samuel 323
Boston First National 198
Boykott Council 37, 39
Brandeis, Louis 18, 29
Brasol, Boris (alias Ben Marcin) 22, 25, 32, 202
Braun, Eva 353
Braun, Wernher von 120, 304, 315, 318, 329 f.
Breaker 299
Brecht, Bert 175, 193, 327
Breen, Joseph 175 f., 179 f.
Breitman, Richard 69, 147, 149 f., 270 f., 274, 278, 280, 283, 290, 294 f.
Breitscheid, Rudolf 68
Brigham, Daniel 151
Brinckmann, Rudolph 108
British Security Coordination (BSC) 151, 185, 276
Broder, Henryk M. 195
Bronfman, Edgar M. 337 ff., 342, 344 ff., 351 f., 358, 361 ff.
Brown Brothers 103
Brown Brothers Harriman 71, 84 f., 89, 103 f., 108 f., 112, 118–122, 206, 312
Brown Shipley 206
Brown, Thatcher 104
Brundage, Avery 38 f.
Brunner, Alois 328
Brush, Matthew 91
Brysac, Shareen Blair 134, 272 ff., 303, 315

Buckeye Steel 88
Buick 255
Bullitt, William C. 67, 273
Buna 295
Bund (Gewerkschaft) 280
Bund der Jüdischen Kriegsveteranen Deutschlands 36
Bund Deutscher Jungen 324
Bundesamt für Verfassungsschutz 323
Bundeskriminalamt (BKA) 334
Bundesnachrichtendienst 324
Bureau of Motion Pictures 186
Busemann, Adolf 316
Bush, Dorothy 88
Bush, George Herbert Walker 85, 87, 89, 97, 122, 332, 335
Bush, George W. 85, 97, 122 f.
Bush, Jeb 123
Bush, Prescott Sheldon 85–92, 95 ff., 101–107, 109 f., 112 f., 115 ff., 119 f., 122 ff., 198, 211
Bush, Samuel 88 f., 91
Bush, William 89
Bütefisch, Heinrich 211
Butler, Smedley 30 f.

C

Cable & Wireless 246
Cameron, William 29, 43
Canaris, Erika 328
Canaris, Wilhelm 269, 287, 299 f., 328
Cantor, Eddie 175, 193
Carlyle Group 159
Carnegie Institution 15, 27, 46, 320
Carnegie, Andrew 15
Casey, William 270, 321, 334
Central Intelligence Agency (CIA) 87, 121, 150, 199, 209, 301, 313 f., 316, 320–328, 330–335
Central Intelligence Group (CIG) 314
Central-Verein deutscher Staatsbürger jüdischen Glaubens 136 f.
Centre Americaine de Secours 66
Chagall, Marc 68
Chamberlain, Neville 218
Chance-Vought 254
Chaplin, Charlie 165, 169 f., 179, 182 f., 193
Charles Pathé 164 f.
Chase Manhattan Bank 86, 184, 227, 327
Chase National Bank 86, 96, 159, 184, 196 ff., 200, 209, 211, 215 ff., 222–226, 228, 267, 356
Chauncey, Harrison 251

Chemical Bank 216
Chemische Werke Odin 231
Cheney, Dick 97
Chernow, Ron 41, 200 ff., 205 f., 208, 212 f., 217, 219, 224, 226, 230
Christian Front 33
Christian Mobilizers 43
Christian Scientists 163
Chrysler, Walter 101
Churchill, Winston 72, 119, 158, 203, 220, 283 f., 287, 291 f., 294 ff., 302, 307
CIO (Gewerkschaft) 280
Citibank 198, 227
Citroën, André 101
Clark's Crusaders 30
Clay, Lucius D. 226, 307, 311, 314, 319 ff., 349 f.
Clemenceau, Georges 359
Clinton, Bill 197, 271, 337, 364
Cloud Room (Club) 235
Coca-Cola 229 f., 247 ff., 254, 331
Coffee, John D. 222
Cohen, Roger 159
Cohn, Harry 163, 167, 169 f., 191
Cohn, Roy 328, 335
Colescott, James 184
Collins, Harry J. 339
Collins, James L. 304
Colt's Patent Firearms Manufacturing Co. 253
Columbia Broadcasting System (CBS) 96, 127
Columbia Pictures 163, 169 f., 174, 190
Columbia University 15, 17, 90, 101, 129, 192, 310
Columbia-TriStar 195
Comintern 320
Commerzbank 212
Compagnie Générale 246
Compañía Telefónica de España 244
Conason, Joe 123 f.
Concordia (Club) 167
Conley, Jim 13
Consolidated Silesian Steel Corp. 85, 100, 110
Cooper, Gary 193
Coordinator of Information (COI) 275 ff.
Cordasco, Francesco 64
Cosmopolitan 131 f.
Coughlin, Charles 19, 32 ff., 40, 43 f., 132, 180, 196, 258
Coulter, Matthew 106
Counterintelligence Corps (CIC) 277, 323 f., 326, 330, 334

Crafts, Wilbur Fisk 168
Creditanstalt 210
Critchfield, James 323 f.
Cromwell, Oliver 125
Crowley, Leo T. 84, 120 f., 239, 241
Cunard Line 201
Cuno, Wilhelm 92 f., 233
Curie, Marie 359
Czeija-Nissl GmbH 245

D
D'Amato, Al 334
Dachau, KZ 86, 111, 137, 158, 191, 212, 225, 305, 316 f.
Daluege, Kurt 278
Danat-Bank 210
Dannecker, Theodor 290
Darwin, Charles 15
Daughters of the American Revolution 60
Davenport, Charles 15 f., 27 f., 41, 296
Davies, Marion 141
Davis, James 17
Dawes, Charles Gates 205 ff., 230
DeMille, Cecil B. 162 f.
Dearborn Independent 20 ff., 29, 203
Debus, Kurt 329
Debussy, Claude 359
Defenders of Christian Faith 28
Delapré, Camille 67
Delattre, Lucas 289
Demokraten (USA) 105
Deppner, Erich 322, 324
Deutsch-Amerikanische Petroleum AG (DAPAG) 211 f., 231, 235
Deutsch-Atlantische Telegraphen AG 109, 231
Deutsche Bank 37, 99, 165, 212, 231
Deutsche Botschaft Paris 224
Deutsche Erdöl 212
Deutsche Golddiscontbank 216
Deutsche Hollerith-Maschinen AG (Dehomag) 229, 231, 249 ff.
Deutsche Lichtbild Gesellschaft 165
Deutsche Reichsbank 40, 55 ff., 94, 108, 197, 205 ff., 209, 212 ff., 216 ff., 221, 223, 257, 312, 342 f., 350
Deutsches Auslandsinstitut 354
Deutsches Konsulat New York 196
Deutschnationale 107, 208
Dewey, Thomas 220
Diamond, Sander 31

Diaz, Porfirio 132
Dickey, Charley 104
Dickstein, Samuel 31, 107, 237, 327
Dies, Martin 183 f.
Dilling, Elizabeth 28, 43
Dillon, Clarence 91, 101
Dillon, Read (Bank) 86, 91, 98, 101, 121 f., 198, 208, 215, 231, 239, 314
Disney 159
Disney, Elias 170
Disney, Walt 24, 161, 170 f., 174, 176 f., 186 ff., 193, 195
Döblin, Alfred 175
Dodd, Bill 272
Dodd, Martha 272
Dodd, William 132 f., 143, 233, 254, 271 ff.
Dohnanyi, Hans von 274, 288
Dollfus, Maurice 262
Dollmann, Eugen (Enrico Larcher) 325 f.
Domestic Fuel Corp. 95, 112
Domke, Martin 70
Donnerkreuz 320
Donovan, William 203, 275 f., 278 f., 289, 299 f., 312 ff.
Dornberger, Walter 304, 315
Dos Passos, John 24
Dow Chemical 234
Draper, William 215, 226 f., 314
Dresdner Bank 99, 165, 199, 205, 210, 212
Dresser Industries 96 f., 303
du Maurier, Daphne 183
du Pont de Nemours, Éleuthère Irénée 252
du Pont, Alfred 253
du Pont, Ethel 31
du Pont, Familie 105, 252, 314, 327
du Pont, Felix 252 f.
du Pont, Irénée 19, 29 ff., 232, 252 f., 256
du Pont, Lammott 29 ff.
du Pont, Madie 253
du Pont, Pierre 29 ff., 252
Duchamp, Marcel 68
Duisberg, Walter 237
Duke of Windsor 178
Duker, Abraham 270
Dulles, Allen Welsh 87, 92, 109, 118 ff., 128, 198 ff., 206, 214, 222, 229, 232, 234, 240 f., 247, 252, 264, 268 ff., 275 f., 280 f., 284–289, 292, 295, 297, 299–303, 307, 311 ff., 320 f., 323 ff., 327 f., 330, 335, 350
Dulles, Eleanor Lansing 200, 226, 350

Dulles, John Foster 30, 87, 91 f., 98, 109 f., 121, 198 ff., 204 ff., 209, 213 f., 219 f., 222, 232, 234, 239, 241, 243, 265 f., 314, 319, 327, 350, 360
DuPont 106, 159, 202, 230 f., 233 f., 253 f., 261, 363
Duranty, Walter 137
Düsseldorfer Industrieclub 102, 210
Dwork, Charles Irving 270
Dynamit Nobel 230 f., 253

E
Eastman Kodak 231
Eckart, Dietrich 25
Eden, Anthony 74, 292, 294
Edison, Thomas Alva 20, 24
Edward VIII., König von England 178
Eglau, Hans Otto 101
Eichmann, Adolf 76 f., 278, 326, 329 ff.
Einstein, Albert 22, 29, 45, 64, 145, 327 f.
Eisenhower, Dwight D. 199, 265, 296, 307, 310, 320, 327, 334, 345, 348, 351
Eisenstein, Sergej M. 173
Eiserne Garde 320, 331
Eizenstat, Stuart 364
Eliot, Marc 171, 176 f., 188
Elting, Howard 72
Elting, Hugo 247
Emergency Rescue Committee 66 ff.
Enderis, Guido 151
Erben, Hermann 177 f.
Ernst, Max 67 f.
Esso 266
Ethyl Export Corp. 256
Ethyl Gasoline Corp. 108, 255 f.
Eugenics Record Office 15, 17, 41, 46
Eugenics Research Association 41
Exxon 266
Exxon Mobil 266

F
Fairchild, Henry Pratt 51
Falange 176
Farish, William 109, 122, 229, 232, 235, 238, 240 f.
Farish, William III. 122
Federal Bureau of Investigation (FBI) 33, 118, 177, 179, 188, 191, 196 f., 216, 218, 239, 246, 255, 257, 271, 275 f., 279, 327
Federal Reserve Bank 197, 209, 236, 347, 356

Federal Reserve Bank of Cleveland 88
Feiner, Leon 292
Feingold, Henry 55 f., 69
Felfe, Heinz 324
Feuchtwanger, Lion 67
Fiebig, Konrad 322, 324
Field, Noel 287, 313
Fight for Freedom 185
Fings, Karola 248
First National Bank 202
Fischer, Eugen 27
Fish, Hamilton 50
Fish, Mildred *siehe* Harnack, Mildred
Fisher, P. C. 149
Fitzgerald, F. Scott 175
Flaherty 340
Fleischer, J. M. 149
Flick, Friedrich 84 ff., 96 f., 99 f., 102, 110 f., 118, 120 f., 124, 199, 208, 210 f., 233, 253, 264, 285, 319
Flynn, Errol 177 f.
Focke-Wulf 230, 245, 247, 263, 353
Fonda, Henry 176, 193
Forbstein, Leo 168
Ford Motor Co. 19, 24, 31 f., 46, 86 f., 159, 194, 230, 232 f., 236, 245, 251 f., 254 ff., 258–264, 285, 360
Ford, Edsel 42, 236, 239, 243, 258, 261 f.
Ford, Henry 19–26, 29, 31 f., 34, 41 ff., 46, 101, 132, 168, 177, 202 f., 230 ff., 235, 257 ff., 261 f., 354
Ford, Henry II. 320
Ford-Werke AG 258–263
Foreign Exchange Depository 341 ff., 345 ff.
Forrestal, James 122, 226 f., 239, 264, 323
Fort Knox 337
Foster, John Watson 198
Fox, William 22 f., 163, 174
Franco Bahamonde, Francisco 33, 132, 176, 178, 243, 289
Frank, Anne 194
Frank, Leo 13 f., 47
Frankel, Felix 48
Frankel, Jakob 60 ff., 81
Frankel, Marie 60–65
Frankel, Max 48, 60–65, 81, 153, 160
Frankel, Victor 48
Frankfurter, Felix 71 f., 130, 132
Französische Nationalbank 222
Französische Zentralbank 208

Freies Deutschland (Komitee) 299
Fremde Heere Ost 306, 321
Freud, Sigmund 135, 328
Freundeskreis Heinrich Himmler 86, 210, 212, 244
Frick, Wilhelm 41, 114
Friedrich Leopold von Preußen, Prinz 305
Friends of Germany 31
Friends of the New Germany 107
Frigidaire 231
Frischer, Ernest 297
Fry, Varian 66 ff., 82
Fuchs, Klaus 328
Fullerton, Hugh 67 f.
Fummi, Giovanni 219
Funk, Walter 221 f.

G
G-2 297, 317 f., 325, 327
Gable, Clark 169, 188
Gabler, Neal 163 f., 167, 169, 179, 183, 187, 193
Gallup 73
Galopin, Alexandre 221
Garbo, Greta 169, 189
Gaulle, Charles de 246, 285
Gausebeck August 196, 218
Gedye, G. E. R. 137
Gehlen, Reinhard 306 f., 321 ff., 328, 331, 335
Gehlen-Organisation (Rusty) 321 ff.
Gellman, Irwin 50 f.
Gelsenkirchener Bergwerks AG (GBAG) 97, 99, 111
General Aniline & Film Corp. (GAF) 85, 87, 232, 236, 239, 243, 265 f.
General Electric 202, 208, 211, 229 f., 236
General Motors (GM) 29 f., 87, 108, 159, 180, 199, 202, 229 f., 232 f., 243, 245, 251 f., 254–264, 285, 360
Gerard, James W. 126, 165
German Liberty Movement 25
German-American Bund 19, 31 ff., 44, 176, 183, 258
German-American Cable Co. 109
Gestapo 62, 64 ff., 83, 111, 149, 161, 178, 225, 268, 273, 275, 278, 287, 288, 290, 300 f., 321 f., 326, 332 f., 346
Getty, Paul 229, 242
G. H. Walker and Co. 103, 105, 118
Gibson, Mel 195

Gilbert, Martin 295
Giraud, Henri 285
Gisevius, Hans Bernd 268 ff., 287 ff., 299 f., 302, 328
Glickman, Marty 39
Globe Pictures 182
Globke, Hans 323
Goebbels, Joseph 21, 33, 36, 46, 112, 132, 134 f., 143, 150, 152, 155, 171 f., 186, 210, 248, 275, 283, 294, 313
Goerdeler, Carl 274, 289, 299 f.
Goldberg, Arthur 280
Goldberg, J. J. 15, 130
Goldman 52
Goldman, Emma 18, 203
Goldman, Henry 202
Goldman Sachs 198, 201 f.
Goldmann, Nahum 297
Goldschmied, Joseph 280
Goldwyn, Samuel 162, 172, 191
Goodyear 231, 240
Gorby, Benjamin 334
Göring, Hermann 42, 86, 102, 112, 132 ff., 210, 226, 243, 249, 254 ff., 273, 337
Gottlieb, Moshe 35, 38, 40
Goudstikker 344
Gould, Alan 138 f.
Gowen, William 324 f.
Grant, Madison 16, 29
Greeley, Horace 205
Griesheim-Elektron 233
Gruber, Ruth 53, 78 f., 81
Grynszpan, Herschel 39
Guaranty Trust Co. 86, 96, 98, 224
Guggenheim, Familie 202
Guggenheim, Paul 72
Gulf Oil 231
Gutehoffnungshütte Oberhausen 85
Györ, Städtisches Museum 338

H
Haber, Fritz 234
Halliburton 97, 303
Hamburg-Amerika-Linie 85, 92, 96, 100, 105 ff., 140, 165, 196, 201, 211 f., 215, 220, 233, 236
Hammerstein, Oscar 175
Hammett, Dashiell 175, 193
Hancock, Walker 344
Handelscompagnie Ruilverkeer 113

389

Handelskammer, deutsch-amerikanische 136
Hanfstaengl, Egon 157
Hanfstaengl, Ernst Franz Sedgwick »Putzi« 24, 139 ff., 157 f., 272
Hapag 92, 108
Hapag-Lloyd 92
Harkins, Dan 105
Harnack, Arvid 272 f., 275, 288, 315
Harnack, Falk 315
Harnack, Mildred (geb. Fish) 272 f., 275, 303
Harriman Anaconda 113
Harriman Fifteen Corp. 101, 103, 110, 113, 116
Harriman, E. Roland 85, 89 ff., 95, 98, 104, 112, 116
Harriman, Earl 70
Harriman, Edward Henry 15, 88, 90, 201
Harriman, Mary 15
Harriman, William Averell 84 ff., 89–95, 97–101, 103 ff., 108–113, 115–122, 124, 198, 206, 208, 211 f., 226 f., 264, 282, 301, 319
Harris, Arthur 295
Harrison, Earl 310
Harrison, Leland 72, 282
Harvard University 15, 17, 203, 353
Hashomer Hazair 83
Hauptmann, Bruno 42
Hawks, Howard 168
Hays, William 168 f., 175 f., 179
Hearst, William Randolph 34, 43, 127, 131–135, 141 ff., 147 f., 151, 156 f., 159, 163, 228
Heath, Donald 273
Heath, Donald Jr. 273
Hecht, Ben 44 ff., 52, 73, 154, 175, 190 f., 193
Heidinger, Willy 250
Heine, Edmund 259
Held, Adolph 56
Helfferich, Emil 211
Heller, Fritz 258
Hellman, Lillian 327
Helms, Hans G. 262
Helms, Richard 209, 313 f., 321, 323, 331, 335
Hemingway, Ernest 313 f.
Henreid, Paul 188
Henry Mann 312
Hersh, Burton 121, 300, 312 f.
Hertzberg, Arthur 45
Heß, Rudolf 102, 211
Hess, Rudolf 39
Heuvel, Frederick van den 286
Heydrich, Reinhard 278, 280 f.
Hier, Marvin 334

Higham, Charles 19, 29 f., 177 f., 211, 221, 223, 231 f., 235, 239, 245 f., 285
Hilferding, Rudolf 68
Hilger, Gustav 316
Hillcrest Country Club 167
Hillenkoetter, Roscoe H. 314
Himmler, Heinrich 69, 71, 112, 117, 179, 189, 212, 223, 234, 278, 281, 292, 300 f., 317, 343, 354
Hindenburg, Paul 107
Hineman, John W. 296
Hiss, Alger 327
Hitchcock, Alfred 182
Hitler, Adolf 21, 23–30, 32 ff., 37–42, 49, 55 f., 63, 69 ff., 74, 76, 79, 84, 86, 88, 93 f., 102, 107 f., 111 f., 114 f., 119, 121, 123, 125 f., 128 f., 131–137, 139–143, 146, 152, 156 ff., 161, 163, 165, 169, 171 ff., 175 f., 178 ff., 183 f., 186 f., 189, 192 f., 195, 197 ff., 205, 210–214, 218 ff., 226, 228, 230 f., 233 f., 241 f., 244 ff., 250, 252 f., 255, 257 f., 268 ff., 272 ff., 281, 287 ff., 291, 294, 299 f., 306, 312, 324, 326, 331, 335, 337, 353
Hitlerjugend 21, 32
Hodosy-Strobl, Paul 323
Hoechst 233, 265
Hohenlohe, Prinz Maximilian von 300 f.
Hohenthal, W. D. 149
Holland-American Investment Corp. 95
Holland-American Trading Corp. 85, 95
Holländische Nationalbank 221
Hollywood Anti-Nazi League 175 f., 179, 184
Holocaust Museum Florida 87, 123, 233, 332
Holtzmann, Elizabeth 332
Hoover, Herbert 157, 169
Hoover, J. Edgar 196, 276, 327
Hopper, Hedda 191
Horthy, Miklós 76 f.
Höß, Rudolph 278
Hotel Esplanade, Berlin 207
Hotel Kaiserhof, Berlin 133
Hotel Pierre, New York 242
Hotel Splendide, Marseille 66
Hotel Waldorf Astoria, New York 101, 193, 243
House Committee on Un-American Activities (HUAC) 31, 107, 156, 176, 183, 192 f., 237, 327
Howard, Frank 235, 237 ff., 241
Hugenberg, Alfred 165 f.
Hull, Cordell 50 f., 53, 61, 67, 72, 74, 114 f., 128, 157, 213, 274, 282, 298

Hull, Frances 50
Hunt, Linda 304, 316, 330
Huntington National Bank 88
Husted, Clark 67
Hutz, Rudolph 239

I
IBM 159, 229, 231, 247, 249 ff.
Ickes, Harold 53, 72, 78
IG Chemie 118, 236, 265
IG Farben 85 f., 107, 114, 118, 122, 159, 199, 210 f., 214, 221, 229 f., 232–243, 249, 253, 255 f., 258, 261 f., 264 ff., 274, 276, 285, 295, 318, 329, 353
Ilberg, Konrad von 119
Ilgner, Max 264
Ilgner, Rudolph 239
Immigration and Naturalization Service (INS) 49, 54, 79 f.
Imperial Chemical Industries 234
Ingram, Rex 190
Innenministerium, deutsches 68
Insdorf, Annette 195
Intergovernmental Committee on Refugees (IGC) 53, 55, 57, 341
Interhandel 265
Intermarium 324 f.
Internal Reform Bureau 168
International Film Chamber 186
International Harvester 230, 254
International Nickel 87, 232
International Refugee Organization 346 f.
International Standard Electric 244
International Telephone & Telegraph Corp. (ITT) 86 f., 109, 199, 211 f., 229 ff., 239, 243 ff., 263, 278, 285, 312
Internationale Handelskammer 250
Internationaler Weltwährungsfonds 222
Irgun 45, 154, 190 f.
Isabella, Königin von Spanien 20
Italcable 229, 246
Italienische Zentralbank 208
ITT-Lorenz 246

J
Jabotinsky, Vladimir 38, 45
Jackson, Andrew 14
Jacobsson, Per 312
James, Ellery 104
Jewish Agency 277

Jewish Agency for Palestine 347
Jewish Agency for Reconstruction 355
Jewish American Film Arts 173
Jewish Labor Committee 56
Jewish Restitution Successor Organisation (JRSO) 351, 362
Jewish Telegraphic Agency 147
Jewish War Veterans 37
J. H. Stein Bank 212
J. Henry Schroeder Bank 109, 121, 197, 211, 214, 216 f., 227, 269, 313
John, Otto 323
Johnson, Lyndon B. 122
Johnson, Philip 33 f., 47
Joint American Study Co. (Jasco) 236, 238, 266
Joint Boycott Council 56
Joint Intelligence Objective Agency (JIOA) 315 ff., 329 f.
Jones, Alex 130 f.
Jones, Eleanor 248 f.
J. P. Morgan & Co. 30, 86, 104, 196, 198, 200, 202, 204 f., 208, 213, 219, 221, 224, 227, 230, 244, 252, 356
J. P. Morgan Chase 159, 227
Jüdischer Weltkongress 71 f., 75, 117 f., 126, 227, 270, 282, 297, 337, 354, 363 f.

K
Kahn, Otto 202 f.
Kahn, Loeb & Co. 203
Kaiser-Wilhelm-Institut 27
Kaltenbrunner, Ernst 290 f.
Kapp, Karl 257 f.
Kapp, Wolfgang 92 f., 199
Kappler, Herbert 290 f., 303
Karski *siehe* Kozielewski, Jan
Kattowitzer Bergbau AG 100
Kauffmann, Joe 172
Kaufman, George S. 175
Kaufman, Theodore 274 f.
Kazan, Elia 193
Keith, Max 248 f.
Kelley, Cornelius 98, 114
Kemp, Joseph 183
Kennedy Space Center 330, 332
Kennedy, Jackie 265
Kennedy, John F. 180, 265, 329, 335
Kennedy, Joseph 19, 43, 88, 180, 184, 228, 238, 257, 265 f.
Kennedy, Robert 265

391

Keppler, Wilhelm 108, 210, 244, 248
Keppler-Kreis 210 ff., 225, 234, 245, 301
Kerr, Alfred 145
Kesten, Hermann 65
Keynes, Lord John Maynard 222
KGB 272, 321
Kinicutt, Francis 60
Kirdorf, Emil 212
Kissinger, Henry 64, 320
Klarsfeld, Beate 333
Klein, Veronika 364
Kline, Thomas 352 f.
Knauth, Percy 127
Knepper, Max 175
Knieriem, August von 238, 266
Knopf, Alfred A. 251
Knudsen, William S. 30, 254
Kodak 231 f., 247 f., 285
Koestler, Arthur 68
Kolb, Erna 83
Kolbe, Fritz (George Wood) 288 f., 291, 299 f., 302
Kommunistische Internationale 203
Kommunistische Partei der USA 307
Königshütte 100, 110
Kook, Hillel *siehe* Bergson, Peter
Koppelmann, Isidor 71 f., 117
Korte, Willi 352
Kouwenhoven, Hendrick J. 84, 95
Kozielewski, Jan (Karski) 292 f., 302
KPD 107, 354
Kracauer, Siegfried 68
Kranish, Michael 89, 95
Krauch, Carl 261, 318
Kreisauer Kreis 288
Krock, Arthur 220
Krupp von Bohlen und Halbach, Gustav 93, 204, 207 f., 226, 229, 233, 253, 264, 272, 319
Krupp-Konzern 83, 285, 298
Ku-Klux-Klan 13 f., 22, 24, 31, 43, 173, 184
Kugler, Anita 257, 260
Kuhlman, Ernest 216
Kuhn, Abraham 201
Kuhn, Fritz Julius 19, 31 ff., 43 f., 258
Kuhn, Loeb & Co. 18, 40, 92, 201 f., 227
Kulturstiftung der Länder 352 f.
Kunsthistorisches Museum Marburg 348
Kunstsammlung Schwarzburger Schloss 349

L

Laemmle, Carl 134, 164 ff., 172
LaGuardia, Fiorello 128
Lamont, Thomas 30, 204, 206, 214, 219, 230
Landesmuseum Wiesbaden 348 f.
Landon, Alf 30
Lang, Fritz 165, 175
Lansing, Robert 198
Larcher, Enrico *siehe* Dollmann, Eugen
Lasky, Jesse L. 162 ff.
Lasky, Melvin 312 f., 320
Laughlin, Harry 16 f., 28, 41, 46
Laurahütte 100, 110 f.
Lazard (Bank) 201
League Against War and Fascism 143, 173
Leber, Julius 288, 299
Lee, Albert 20 ff., 26, 28 f., 31, 42, 46, 230, 259
Lee, Ivy 236 f.
Leff, Laurel 126 f., 130, 145, 155, 158, 160
Legion of Decency 180
Lehman Bros. 201, 227
Lehman, Herbert 50
LeRoy, Mervyn 47
Lessing, Gunther 177
Leuschner, Karl 299
Lévi-Strauss, Claude 68
Library of Congress 337, 353 f.
Lichtenberg, Bernard 148
Liebold, Ernest 22, 29
Lievense, Cornelis 84, 95, 113
Likud 38
Lileikis, Aleksandras 331
Limbaugh, Rush 32
Lincoln, Abraham 32
Lindbergh, Charles 19, 42 ff., 177, 184, 220, 297
Lindemann, Karl 211, 245
Lions Gate 195
Lipchitz, Jacques 68
Lippman, Walter 71, 139, 151
Lipsius, Frank 199, 206 f.
Lipstadt, Deborah 60, 124, 127 f., 134, 136, 147 f.
Lisagor, Nancy 199, 206 f.
Litvak, Anatole 179
Löbe, Paul 289
Lochner, Louis 134, 150
Lockheed 187, 316
Loeb, Max 354
Loeb, Nina 201
Loeb, Solomon 109, 201
Loew, Markus 163

Loews 230
Loftus, John 87, 103 ff., 123, 233, 240, 242, 276, 285 f., 332
Long, Breckinridge 61 f., 75
Long, Huey 34, 132
Lord, Daniel 176
Lorenz AG 230 f., 244, 246
Louis Ferdinand, Prinz von Preußen 25
Lovett, Robert 91, 104, 122, 319
Lubitsch, Ernst 165, 175
Lüdecke, Kurt 25
Ludendorff, Erich von 94, 102, 165
Lüer, Carl 260 f.
Lufthansa AG 42
Luftwaffenforschungsanstalt Hermann Göring 316
Luxemburg, Rosa 203

M

MacArthur, Douglas 296, 309
Machiavelli, Niccolò 21
Mackenzie, Howard A. 341
MacLeish, Archibald 150, 156, 276, 327
Macy's 37, 129
Magnin, Edgar 167, 194
Mahler-Werfel, Alma 67
Mahler-Werfel, Hans 67
Mailer, Norman 327
Manchester Guardian 128 f.
Mankiewitz, Herman 176
Mann, Erika 65
Mann, Heinrich 67 f.
Mann, Thomas 64, 175, 327 f.
Marc, Franz 359
Marchetti, Victor 322
Marcus, Ilse 58 f., 81
Marino, Andy 67
Marshall, George Catlett 319
Marshall, Louis 18, 22
Martin Marietta 316
Marx Brothers 173
Marx, Groucho 179, 190, 193
Maschinenöl Import 231
Mason, Malcolm 361
Maupassant, Guy de 359
May, Karl 24
Mayer, Louis B. 141 f., 157, 163, 167, 169, 172, 174, 180, 191, 193
McArthur, Douglas 30
McCarthy, Joe 82, 327 f., 335

McCloy, John 71, 76, 121, 151, 157, 206, 264 f., 296 ff., 307, 312, 318 ff., 322, 327, 329, 335
McCormick, Anne O'Hare 125, 137
McCormick, Robert 134, 156 f.
McGarrah, Gates W. 209
McKinley, William 131
McKittrick, Thomas 221 ff., 226, 311
McNamara, Robert 330
Meador, Joe 352
Medizinisches Institut der Luftwaffe 305
Mehring, Walter 68
Mendelssohn-Bartholdy, Otto von 234
Mengele, Josef 326, 334
Menzies, Stewart 104, 286
Mercer, Joseph 339
Merriam, Frank 174
Messerschmitt 256
Messersmith, George 254
Metallgesellschaft AG 234
Metro Goldwyn Mayer (MGM) 131, 141, 163, 166, 169, 172 ff., 189
– Berlin 230
Metropolitan Opera 203
Meyer, Emil 210
Meyerhoff, Otto 68
MI6 104, 178, 271, 277, 286, 289, 321, 323
MID 203
Mihailovic, Draza 285
Mildenstein, Leopold von 330 f.
Military Intelligence Division 22, 275
Miller, Arthur 327
Miramax 194
Mitchell, Charles E. 236
Mittelbach, Ernst 83
Mittelbau Dora 304, 333
Mitteldeutsche Stahlwerke 99
Mix & Genest 230
M. M. Warburg 210
Mobil Oil 266
Moellhausen, Eitel Friedrich 291 f.
Mohammed Resa Pahlewi, Schah von Persien 328
Molden, Fritz 287
Montesquieu, Charles de 21
Montt Rivas, Gomzalo 279
Monuments, Fine Arts and Archives (MFA&A) 343 ff., 348 f., 351
Mooney, James D. 243, 254 ff.
Moore, David 353
Morgan, J. Pierpont 129, 198, 201

Morgan, J. Pierpont jr. 139
Morgan, Jack 19, 198, 201 ff., 206, 208
Morgenthau, Henry 44, 53, 73, 75 f., 116, 155, 187 f., 218, 222 ff., 239 f., 262, 273, 279, 285 f., 297 f., 360
Morgenthau, Henry III. 298
Morris, Ray 104, 112, 114
Mosedale, John 131
Mosley, Leonard 200, 207, 276, 285 f., 302
Mossadegh, Mohammed 328
Motion Picture Alliance 193
Motion Picture Producers and Distributors of America (MPPDA) 168, 175, 180, 192
Moulin, Jean 326
Münchhausen, Klaus von 250
Museum of Modern Art, New York 47, 352
Mussolini, Benito 19, 29, 33 f., 61, 90, 97, 125, 132 ff., 137, 169 f., 186, 219 f., 228 ff., 258, 285, 290

N

Naftali, Timothy 291
Napoleon I. Bonaparte 14
NASA 120, 316 f., 330
Nasaw, David 133, 143
Nasser, Gamal Abdel 328, 331
National Archives Washington 197, 247, 259
National Broadcasting Co. (NBC) 127
National City Bank 86, 92, 96, 198, 200, 202, 224, 227, 236, 244, 312
National Committee for a Free Europe 320
National Intelligence Authority 314
National Pencil Factory 13
National Security Agency (NSA) 271
Nationalbank für Deutschland 205
Nationalgarde 33
Nationalmuseum Bagdad 337, 365
Nationalmuseum Belgrad 351
Naval War College 296
Navasky, Victor 192
Nawyn, William 50
Neuberger, Julius 83
Neue Synagoge, Berlin 83
New York Life 198
New York Overseas Corp. 216
New York Times 125 ff., 129 ff., 135 ff., 139, 144 ff., 151–156, 158 ff.
New York Times Co. 130, 159
New York Zoological Society 16
Nichols, F. C. 253

Niedermann, Carlos 224 f.
Niemöller, Martin 269, 287, 305
Nietzsche, Friedrich W. 202
Nissl, Franz 245
Nixon, Richard 327, 333
No Foreign Wars Committee 41
Noble, Peter 190
Non-Ferrum GmbH 116
Non-Secretarian Committee for German Refugee Children 59
Norddeutsche Affinerie 232
Norddeutsche Lloyd 165
Norman, Montagu 55, 206 ff., 211, 214, 218, 221, 226
North American Aviation 316
Northrup 254
NSDAP 24, 30 f., 42, 83 f., 93 f., 102, 107, 133 f., 139, 171, 208, 210 f., 213, 268, 336
– Rassenpolitisches Amt 28
Nürnberger Kriegsgericht 86, 121, 212 f., 226, 245, 264, 311, 316
Nye, Gerald 43, 105, 184 f., 252
Nye-Committee 105, 252 ff.

O

Oakes, John 150
Oberschlesische Hüttenwerke 99
Ochs-Sulzberger, Familie 129
Ochs, Adolph 13, 129 ff., 163
Oechsner, Fred 127, 149
Office for Military Government for Germany (OMGUS) 307 f., 350 ff.
Office of Alien Property 360 ff.
Office of Censorship and Documentation 275
Office of Facts and Figures 150
Office of Policy Coordination (OPC) 314 f., 320
Office of Special Investigation (OSI) 332
Office of Strategic Services (OSS) 87, 118 f., 150, 199, 203, 222, 229, 247, 268 ff., 276 f., 280 ff., 284, 287 f., 290, 299, 301, 307, 312 ff., 321, 325, 344, 354
Office of War Information 150, 156, 186, 276, 281, 327
Ohnesorge, Wilhelm 245
Opel, Fritz 254
Opinion Research Corp. 59
Oppenheim Kurt 234
Osenberg, Werner 317
Osram 230
Österreichische Nationalbank 221

Österreichische Zentralbank 218
Ostrow, Martin 45
Owens, Jesse 161

P
Palmer, A. Mitchell 18
Palmer, Casimir 31
Pan American Airlines 96, 120
Pan-Germanische Liga 25
Papen, Franz von 211
Papon, Maurice 83
Paramount 162 f., 166, 172 f., 176, 181, 189, 194, 230
Park Synagoge 155
Parker, Dorothy 175, 190, 193
Patton, George S. 297, 306, 310 f., 334
Patton, George S. III. 334
Paul, Randolph 50
Pearson, Drew 121 f., 151, 208, 266, 314, 318, 325, 335
Pehle, John 76, 297 f.
Pelley, William Dudley 28, 44, 184
Pennington, H. D. 112
Pentagon 157, 162, 188, 330, 333, 350, 363
People's Campaign Against War 41
Perry, Lord 259
Persico, Joseph E. 277, 284, 287, 289
Perske, Betty *siehe* Bacall, Lauren
Petain, Henri 67
Petain, Henri-Philippe 224
Petschek, Familie 110
Pfeilkreuz 320, 325
Phagan, Mary 13
Philby, Kim 289
Phillips, Kevin 87 ff., 91, 107 f., 119
Philp, William Russell 306
Phoenix-Stahlwerke 99
Picasso, Pablo 320
Pinochet Ugarte, Augusto 304, 333
Pius XII., Papst 324
Planungsamt des Reichsforschungsrats 317
Political Warfare Executive 151, 282
Pool, James 21, 25 f., 140
Pool, Suzanne 21, 25 f., 140
Population Association of America 51
Porsche, Ferdinand 120
Portal, Charles 294
Porter, Cole 160
Pratt & Wittney 254
Princeton University 15, 17

Production Code Administration 175
Propagandaministerium 135, 143
Property Control Division 339, 341
Proskauer, Joseph 74
Pryor, Samuel 86, 90 ff., 95, 105 f.
Pryor, Samuel jr. 120
Psychological Warfare Division 312
Puccini, Giacomo 359
Puhl, Emil 221 ff., 226, 257, 312
Puttnam, David 164, 166, 181

Q
Quinn, William 314

R
Radio City Music Hall 228
Radio Corporation of America (RCA) 202, 208, 226, 228 f., 246
Radio Free Europe 320
Radio Keith Orpheum (RKO) 170, 173, 184, 194, 228, 230
Radio Liberty 320
Radiofilm 230
Radziwill, Prinz Stanilas 265
Rajakowitsch, Erich 331
Raskin, John 192, 264
Raskob, John 180
Rath, Ernst von 39
Rath, William von 236
Rauff, Walter 332 f.
Reagan, Ronald 122, 162, 188, 193, 320, 333
Reams, R. Borden 74
Reckendrees, Alfred 100
Reginbogin, Herbert 239
Reich, Hans 354
Reich, Simon 230, 257, 261 f.
Reichskolonialbund 353
Reichskriegsministerium 237
Reichspostmuseum 350
Reichssicherheitshauptamt 290
Reichstag 107, 146
Reichswehr 135
Reichswirtschaftsministerium 230, 257
Reid, Helen Ogden 151, 157
Remarque, Erich Maria 171, 182
Rembrandt 342
Remington Arms 86, 90 ff., 95, 105 f., 230, 252
Repräsentantenhaus 271
Republikaner (USA) 81, 85, 105, 180
Résistance 83, 285, 326

Revisionisten 38
Rheinmetall-Borsig 85
Ribbentrop, Joachim von 55, 316
Richards, Bernard 155
Rickhey, Georg 304, 315
Rieber, Torkild 242 f.
Riefenstahl, Leni 161, 179 f., 195
Riegner, Gerhart 71 ff., 75, 117 f., 270, 282
Riemenschneider, Tilman 342
Ries, Henry 54, 81
Rimscha, Robert von 110
Ringer, Fritz 238
Ritter, Karl 288
Ritzmann, Florian 248 f.
Robert Bosch Co. 241
Robert Bosch GmbH 165, 214
Robert C. Mayer & Co. 196, 216, 218
Robertson, Charles 305
Robinson, Edward G. 179 f., 193
Robinson, Nehemiah 355 f.
Rockefeller Foundation 16, 27, 320
Rockefeller, Avery 217
Rockefeller, Blanche 47
Rockefeller, David 267
Rockefeller, David jr. 28
Rockefeller, Familie 86, 109, 113, 159, 184, 197 f., 215, 231, 236, 241, 267, 314
Rockefeller, John D. 19, 91, 198, 228, 235, 264
Rockefeller, John D. jr. 16, 198, 222, 228 f., 240 f., 266
Rockefeller, John D. III. 47
Rockefeller, Nelson 240, 267, 279
Rockefeller, Percy 91 f., 198
Rogers, Edith 59
Röhm, Ernst 107, 141
Rommel, Erwin 194
Roosevelt for President (Organisation) 180
Roosevelt, Eleanor 29, 66
Roosevelt, Elliott 143, 284
Roosevelt, Franklin D. 24, 28 ff., 34, 36, 42 ff., 50 ff., 56 f., 61 f., 64, 72 ff., 79, 90, 117, 119, 125, 128, 130 ff., 137, 139 ff., 145, 153 ff., 157 f., 180 ff., 185, 188 f., 206, 213, 218 ff., 230 f., 233, 241, 252, 254, 257, 262, 268 f., 273, 276, 283 ff., 289, 291 ff., 297–302, 307 f., 312, 321, 327, 345, 358
Roosevelt, Franklin Jr. 31
Roosevelt, James 182
Roosevelt, Sara 52
Roosevelt, Theodore 139

Rosenbaum, Eli 332
Rosenberg, Alfred 142, 337, 351
Rosenberg, Ethel 328
Rosenberg, Julius 328
Rosenberg, Paul 353
Rosenheim, Jacob 297
Rosenthal, Abraham/A. M. 130, 160
Rossi, Irving 98, 100
Rote Armee 77, 81, 147, 156, 158, 281, 300, 311, 313, 320 f., 338, 345
Rote Kapelle 272 f., 275, 315
Rotes Kreuz 76
Rothschild, Baron Louis de 218
Rothschild, Dirk 194
Rothschild, Familie 242, 344, 348
Rothschild, James de 293
Rovensky, Joseph 216
Royal Air Force (RAF) 287, 293 f.
Rubin, Seymour 362 f.
Rublee, George 53, 55
Rudolph, Arthur 304, 329, 332 f.
Ruff, Siegfried 317

S

SA 25, 39, 58, 109, 141, 172
Sacco, Nicola 19
Saevecke, Theodor 331 f., 333
Sagalowitz, Benjamin 72, 117
Sampson, Anthony 244 f., 247, 263
Sapiro, Aaron 23
Sarfatti, Margherita 133, 169
Sarnoff, David 208, 226, 228, 246
Saunders, Frances Stonor 308, 312, 315
Savage, Michael 32
Schacht, Hjalmar Horace Greeley 40, 55 ff., 90, 94, 108, 120, 129, 137, 205–210, 212–222, 225 f., 232 ff., 254, 273, 328, 342
Schacht, Norman Hjalmar 219
Schellenberg, Walter 245 f., 300
Schenck, Nicholas 174, 181
Schieber, Walter 316
Schieffelin, William 40
Schiele, Egon 352
Schiff, Frieda 201
Schiff, Jacob 18, 129, 201 f.
Schindler, Oscar 162
Schintling, Marie 359 f.
Schirach, Baldur von 21
Schleicher, Kurt von 141
Schmidt, Fritz 322

Schmidt, Robert 261
Schmitz, Dietrich 236, 243, 265
Schmitz, Hermann 211, 221, 232, 234 ff., 239, 264 f.
Schmitz, Robert 265
Schneider, Henry 259
Schöller, Joachim 65
Schröder, Baron Kurt von 97, 109, 111, 197, 210 ff., 217, 221 f., 226, 233, 244 f.
Schröder, Dieter 242, 260
Schröder, Joachim 242, 260
Schroeder, Bruno von 211, 217
Schroeder, John 107
Schulte, Eduard 71, 97 ff., 102, 114 f., 117 f., 270, 282
Schultz, Sigrid 134
Schulze-Boysen, Harro 272 f., 275
Schulze-Boysen, Libertas 272
Schulze-Gaevernitz, Gero von 269, 288, 299, 303, 312, 328
Schuschnigg, Kurt 305
Schutzstaffel (SS) 71, 85 f., 117, 121, 141, 146, 148, 210, 212, 234, 244 f., 264, 274, 278, 280 f., 290 ff., 301, 311, 315 ff., 321 f., 325, 328 f., 332, 336, 347
– Schwarzes Korps 148
Schwab, Charles 101
Schwartzbart, Ignacy 147, 278, 280
Schwarze Hundert 22
Schwarze Legion 252
Schweizer Nationalbank 223
Schweizerisch-Israelitischer Geheimbund 117
Seagram 159, 363
Seamless Steel Equipment Corp. 85, 95
Sears, Roebuck & Co. 17
Secret Service 273, 275
Seghers, Anna 68
Seldes, George 132
Seligman, Theodore 201
Selznick, David O. 183, 191
Selznick, Lewis 163
Sempell, Oskar 100
Senate Immigration Committee 41
Senate Subcommittee on Interstate Commerce 185 f.
Shamir, Yitzhak 162
Shandler, Jeffrey 167, 171, 175
Sher, Neal 364
Shine, David 335
Shirer, William 34, 42, 133, 205

Shoa-Stiftung 195
Shrine of the Little Flower 32
Shuler, Robert 169
Shull, Michael 187, 189 f.
Shultz, George 334
Sicherheitsdienst (SD) 322
Siemens 214, 229 f., 246, 298
Sikorski, Wladyslaw 293
Sikorsky 254
Silesian Holding Co. 98, 100, 113, 116, 119
Silesian-American Corp. 85, 98, 110, 113 ff., 118 f., 282
Silver Shirts 28, 34, 43 f., 176, 184
Silver, Abba Hillel 57, 154
Silverman, Sidney 72
Simenon, Georges 359
Simon-Wiesenthal-Zentrum 329, 334
Simpson, Christopher 51, 199, 208, 214 f., 230, 293 f., 322, 325
Sinclair, Upton 25, 174
Sitting Bull 14
Six, Franz Alfred 322
Skorzeny, Otto 328
Skull & Bones 90
Slitinski, Michel 83
Sloan, Albert P. 232, 254 f.
Smith, Gerald K. 34, 43, 50, 184, 192
Smith, Truman 139, 297, 328
Snell, Bradford 251 f., 256 f., 261
Sommer, Hans 322
Sony Classic 194
Sorkin, Michael 47
Sotheby's 360
Spanknoebel, Heinz 31
SPD 25, 35, 107
Special Committee on Investigation of the Munitions Industry 105 f., 252
Speer, Albert 86, 120, 226, 228, 249, 251, 265, 319
Spielberg, Steven 194 f.
Spitzer, Margaretha 78
Staatliche Kunstsammlung Weimar 349
Staatsarchiv Marburg 348
Stadler, Glen 149
Stahlhelm, Bund der Frontsoldaten 208, 268
Stalin, Josef 43, 90, 119, 138, 147, 158, 175, 242, 281, 283 f., 287, 299 ff., 307, 312
Stallbaumer, Lisa 121
Standard Elektrizitäts GmbH 244
Standard Elektro 231

Standard Oil Co. 86 f., 109, 122, 198 f., 211 f., 222, 228, 231 f., 235 ff., 240 ff., 245, 254 ff., 280, 285
Standard Oil of California 235 f., 239
Standard Oil of New Jersey 86, 98, 108, 159, 229 f., 235, 239, 255, 266, 359
Standard-IG Co. 236 f.
State Department 41, 46, 48, 50 f., 62–66, 68 f., 72 ff., 106, 126, 128, 152, 154, 172, 177, 181, 193, 198, 202, 206, 217, 222, 243, 252, 271, 276, 314 ff., 318, 325 f., 333 f., 338, 340 f., 351, 353
– Division of European Affairs 74
Stauber, John 135
Stauffenberg, Claus Graf Schenk von 158, 269, 287 f., 299 f.
Stauss, Georg Emil von 165, 212
Stein, Heinrich von 212
Steinbeck, John 313
Steinberg, Elan 227, 364
Steinberg, Milton 155
Steinbrinck, Otto 210
Steinkopf, Alvin 149
Stephenson, William 276
Sterling 243
Stillman, James 92
Stimson, Henry 151, 296, 307, 310, 312
Stoddard, Lothrop 16, 41, 296
Stoller, Sam 39
Stone, I. F. 241
Strasser, Gregor 141
Straus, Familie 37
Straus, Isidor 129
Streicher, Julius 42
Stresemann, Gustav 92
Stroessner, Alfredo 334
Strughold, Hubertus 305, 316 f.
Studio 54 335
Sturzenegger, Hans 118
Sullivan & Cromwell 87, 114, 198 ff., 204, 207, 214, 229, 232, 276, 285, 313 f., 320
Sulzberger, Arthur „Punch" 130
Sulzberger, Arthur Hays 129 ff., 145, 150 f., 154 f., 157 ff., 327
Sulzberger, Arthur Jr. 159 f.
Sulzberger, Cy 73, 158
Sulzberger, Iphigene 145, 160
Sureté 67 f.
Swanberg, William A. 132, 141 f.
Syndicate of American Creditors 108
Szalasi, Ferenc 77
Szilard, Leo 64

T

Taylor, William 105 f.
Teagle, Walter 109, 211, 229, 232, 235–241
Telefunken 246
Teller, Edward 64
Tenenbaum, Joseph 56
Tengelmann 212
ter Meer, Fritz 236 f., 264
Teutonia 31
Texaco 159, 229, 232, 242 f., 285
Thalberg, Irving 172, 174
Thalmann, Carl 248
Thälmann, Ernst 93
Thälmann-Bataillon 178
Thompson 106
Thyssen, August 93
Thyssen, Fritz 84 ff., 93–97, 99, 101 f., 105, 110 ff., 120, 123, 199 f., 208, 210 ff., 226, 233, 264
Tifft, Susan 130 f.
Tillich, Paul 150
Tito, Josip 285, 325, 351
Topic, Mate 351
Toscanini, Arturo 64
Totenkopfdivision 141, 211, 244
Traficant, James 333
Transmares 269
Transradio Consortium 246
Trevor, John B. 51
Tripartite Gold Commission 346, 363
Trott zu Solz, Adam von 269, 274, 288, 299 f.
Trotzki, Leo 203
Truman, Harry S. 79, 87, 121, 187, 241, 312, 314, 317 f., 327
Tschechische Nationalbank 221
Turner, Henry 261
Turrow, Leon G. 179
Twentieth Century Fox 23, 163, 172, 174, 181, 188, 191, 194, 230

U

Union Bank Zürich 115
Union Banking Corp. (UBC) 84, 95 f., 102, 105, 110 ff., 120, 123
Union League Club 201
Union Pacific Railroad 88, 90 f., 319
United Aircraft Exports Inc. 254

United Artists Corp. 182 f., 194
United Auto Workers 143
United European Investors Ltd. 230
United Press International 127
Universal Pictures 134, 162, 164, 166, 171, 182, 195, 230, 363
Universum-Film AG (UFA) 165 f.
Untermyer, Samuel 203
US-Botschaft Berlin 42, 54, 273, 275
US-Botschaft Bern 72 f.
US-Finanzministerium 262, 273, 315
US-Flüchtlingskomitee 310
US-Justizministerium 83, 181, 218, 266
US-Kongress 50, 79, 81, 107, 125, 168, 197, 215, 219, 223, 271, 309, 319, 337, 360, 362
US-Konsulat Berlin 48 f., 54, 60 f., 63 f.
US-Konsulat Genf 72
US-Konsulat Marseille 67 f.
US-Kriegsministerium 191, 239, 256, 314, 318
US-Schatzamt 53, 218, 223 ff., 358
US-Senat 50, 60, 192, 237, 251, 362
US-Zoll-Archiv 365
U.S. Air Force 295, 316
U.S. Army 14, 22, 44, 70, 76 f., 90, 120, 150, 158, 187, 189, 205, 225 f., 240 f., 246, 259 f., 271, 277, 296, 303–307, 309 ff., 314, 316, 318, 321, 335, 337, 339–354, 365
U.S. Army Chemical Corps 329
U.S. Navy 105, 178, 187, 196, 227, 239, 243, 246, 275, 314
U.S. Rubber 95, 240
U.S. Senate War Investigating Committee 241
U.S. Supreme Court 29
USO 113

V

Vajda, Ferenc 325
Van Horn Moseley, George 297, 309
Vanadium Corporation of America 96
Vanderlip, Frank 92, 198
Vanzetti, Bartolomeo 19
Veesenmayr, Edmund 251
Veidt, Conradt 175, 188
Vereinigte Schuhmaschinen 231
Vereinigte Stahlwerke 84, 87, 96 f., 99 ff., 109 ff., 199, 210, 212, 214, 232, 285
Vereinte Nationen 309
Versuchsanstalt Peenemünde 304
Vitagraph 165
Vögler, Albert 99 f., 102, 111, 120, 210, 212, 233

Voice of America 320
Volcker, Paul A. 356 f.
Völkischer Beobachter 140
Volunteer Christian Boykott Committee 40
Vrba, Rudolf 295, 297

W

Waffen-SS 322, 324
Wagner, Heinrich 261
Wagner, Richard 26, 202
Wagner, Robert 59 f.
Wagner, Siegfried 25
Wagner, Winifred 25 f.
W. A. Harriman and Co. 84, 86, 91 f., 95 ff., 100, 103, 108, 198, 231
Waibel, Max 301
Waldersee, Alfred Graf von 289
Walker, Dorothy 88
Walker, Elsie 89
Walker, George Herbert 84–92, 94 f., 98 f., 101, 103, 105 ff., 110, 113, 115 ff., 119, 122, 124, 198
Walker, Herbie 89
Walker, Ray 89
Wallace, Henry 72, 286, 289
Wallach, Ernst 36
Wallenberg, Familie 241
Wallenberg, Raoul 77
Walter, Bruno 64
Walters, Vernon 350
Wannsee-Institut 322
War Claims Fund 361
War Industries Board 90 f.
War Refugee Board 76 ff., 155 f., 297
Warburg, Eric 37, 226, 264
Warburg, Felix 18, 57, 92, 109, 201 f., 210
Warburg, Frederick 37
Warburg, Ingrid 65
Warburg, James 220 f.
Warburg, Max 37, 57, 92, 97, 108, 201, 204, 210, 213, 220, 226, 234
Warburg, Paul 92, 201, 210, 236
Warburg-Bank 40, 108
Warhol, Andy 335
Warner Bros. 163, 165, 172 ff., 179 ff., 187 f.
Warner Music 168
Warner, Albert 163
Warner, Harry 163, 167, 173, 179, 181, 185, 191
Warner, Jack 163, 167, 179 f., 187 f., 191, 193
Warner, Sam 163

399

Warren, Avra 62
Warren-Kommission 335
Warschauer Ghettopolizei 83
Washington Post 155 f.
Wassermann, Oscar 37, 344
Watson, Thomas 250 f.
Watson Brown, Tom 47
Watson, Tom 13
Wayne, John 188
Weber, Christian 24
Wehrmacht 43, 57, 63, 65 f., 78, 85 f., 109, 111, 113 ff., 119, 147, 158, 185 f., 194, 196, 217, 221, 224, 229, 231, 235, 238 f., 242 f., 246, 255 f., 259, 273, 281, 284, 288, 290, 292, 297, 308, 311, 338, 360
Weiler-ter Meer 233
Weill, Kurt 45, 175
Weinberg, Arthur von 234
Weiss, Carl 34
Weiss, William 243
Weizmann, Chaim 22
Weizsäcker, Ernst von 291
Welles, Orson 132, 228
Welles, Sumner 72 ff.
Wenner, Eugen 325
Wenzel, Hermann 111
Wertheim, Maurice 293
Westarp, Graf 253
Western Union 17
Westrick, Gerhardt A. 214, 232, 243, 264, 285, 312 f.
Wetzel, Alfred 295, 297
Wexley, John 179
Whalen, William Henry 315, 330
White, Harry Dexter 223, 225
White, William 112
Wiedemann, Erich 350
Wiegand, Karl von 134 f., 156
Wiehle, Dr. 83
Wiesel, Elie 160

Wilder, Billy 175, 193
Williams, Tennessee 313
Willkie, Wendell 185
Wilson, Hugh 273
Wilson, Woodrow 104, 165, 199
Winchell, Walter 151, 156, 192
Winrod, Gerald 28
Winslow, Scott 242
Winter, Eduard 254
Winthrop Chemical 236
Wise, Stephen 18, 35 f., 38, 44, 46, 50, 56, 72 ff., 282, 298, 318, 327
Wisner, Frank 313 ff., 320, 326, 332, 335
Wohltat, Helmut 57
Wolff, Karl 290 f., 301 ff., 325
Woolley, Knight 103 f., 112
Woolworth 37, 230
World Jewish Congress *siehe* Jüdischer Weltkongress
Wyman, David 36, 46, 62, 72, 74 f., 80, 156, 295

X

X-2 290, 321

Y

Yad Vashem 82
Yale University 15, 17, 89 f., 353
Yeaton, Ivan 297
YMCA 29, 66
Yorck von Wartenburg, Peter Graf 288
Young, Owen D. 208 f.

Z

Zanuck, Darryl F. 185, 191
Zentralunion der deutschen Juden 36
Zinn, Louis 145
Zukor, Adolph 163, 167, 172
Zukor, Arthur 172
Zygielbojm, Szmuel 147, 278, 280, 292